Martin Luther

C(

Lucien Febvre

MARTIN LUTHER

Herausgegeben, neu übersetzt und mit einem
Nachwort von Peter Schöttler

Campus Verlag Frankfurt/New York
Editions de la Fondation Maison des Sciences
de l'Homme Paris

Die Originalausgabe »Martin Luther, un destin« erschien 1928 bei Presses
Universitaires de France, Paris
Copyright © Presses Universitaires de France 1928
Die Übersetzung basiert auf der überarbeiteten Ausgabe von 1945

Dieses Buch erscheint im Rahmen eines 1985 getroffenen Abkommens zwischen der
Wissenschaftsstiftung Maison des Sciences de l'Homme und dem Campus Verlag.
Das Abkommen beinhaltet die Übersetzung und gemeinsame Publikation deutscher und
französischer geistes- und sozialwissenschaftlicher Werke, die in enger Zusammenarbeit mit
Forschungseinrichtungen beider Länder ausgewählt werden.

Cet ouvrage est publié dans le cadre d'un accord entre la Fondation Maison des Sciences de
l'Homme et le Campus Verlag. Cet accord comprend la traduction en commun d'ouvrages
allemands et français dans le domaine des sciences sociales et humaines. Ils seront choisis en
collaboration avec des institutions de recherche des deux pays.

Die Deutsche Bibliothek – CIP-Einheitsaufnahme

Febvre, Lucien:
Martin Luther / Lucien Febvre. Hrsg., übers.
und mit einem Nachw. von Peter Schöttler. –
Frankfurt/Main ; New York: Campus Verlag ;
Paris: Ed. de la Fondation Maison des Sciences
de l'Homme, 1996
Einheitsacht.: Martin Luther, un destin <dt.>
ISBN 3-593-35467-5 (Campus Verl.) Gb.
ISBN 2-7351-0563-6 (Ed. de la Fondation Maison des
Sciences de l'Homme)

Umschlaggestaltung: Atelier Warminski, Büdingen
Abbildung auf Seite 2: »Martin Luther als Augustinermönch«. Gemälde von Lucas Cranach d. Ä.
Satz: Leingärtner, Nabburg
Druck und Bindung: Druckhaus Beltz, Hemsbach
Gedruckt auf säurefreiem und chlorfrei gebleichtem Papier.
Printed in Germany

Für Jules Bloch,
in alter Freundschaft

INHALT

Editorische Notiz 11

Vorwort zur ersten Ausgabe (1928) 13

Vorwort zur zweiten und dritten Ausgabe (1945/1952) 15

ERSTER TEIL
EINSAME ANSTRENGUNG

1 *Von Julius Köstlin zu Heinrich Denifle* 23
   Vor der Reise nach Rom
   Von Rom zum Kirchenablaß
   Ein Störenfried
   Denifles Argumente

2 *Revisionen I: Vor der Entdeckung* 43
   Das Mönchlein Luther
   Von Gabriel Biel zu Johannes Staupitz

3 *Revisionen II: Die Entdeckung* 57
   Worin Luthers Entdeckung besteht
   Die Folgen der Entdeckung
   Luther 1516

ZWEITER TEIL
ENTFALTUNG

4 *Die Ablaßaffäre* 77
   Albrecht, Fugger, Tetzel
   Luthers Reaktion
   Die 95 Thesen

5 *Deutschland im Jahr 1517 und Luther* 93
   Politische Misere
   Soziale Unruhen
   Luther und Deutschland

6 *Erasmus, Hutten, Rom* 110
   Du bist nicht fromm!
   Hutten und seine Freunde
   Credis, vel non credis?

7 *Der Idealist von 1520* 133
   Das »Manifest« an den Adel
   Eine Kirche gründen?
   Worms – Luthers Mut

8 *Die Monate auf der Wartburg* 159
   Unruhiges Deutschland
   Mühsal auf der Wartburg
   Ein Stil wird geprägt
   Idealismus vor allem
   Mit Gewalt oder mit Gottes Wort?
   Ein Gläubiger, kein Führer

DRITTER TEIL
SELBSTABKAPSELUNG

 9 *Wiedertäufer und Bauern* 189
    Zwickau
    Predigen oder handeln?
    Kirche und Staat
    Die Bauern
    Die zwei Reiche

10 *Nach 1525: Idealismus und Lutheranertum* 213
    Pro fide: Erasmus oder die Vernunft
    Der Welt zum Hohn: Katharina
    Der Obrigkeit gehorchen
    Luthertum und Lutheranertum

Schlußbemerkungen 239

Abkürzungen 248

Anmerkungen 249

Bibliographie 265

Nachwort von Peter Schöttler: *Lucien Febvre, Luther und die Deutschen* 279

Bildnachweise 336

Register 337

EDITORISCHE NOTIZ

Lucien Febvres Buch *Un destin: Martin Luther* erschien 1928 zum ersten Mal. Zehn Jahre nach dem Ende des Ersten Weltkriegs, in einer Zeit scharfer deutsch-französischer Gegensätze. Es war der Versuch, Luther, der auf beiden Seiten des Rheins zum »ewigen Deutschen« stilisiert wurde, ohne konfessionelle oder politische Vorurteile allein aus seiner Epoche heraus zu verstehen und zu interpretieren. Febvres Essay über den Menschen, den Propheten und den Gelehrten Luther ist also zugleich auch ein Buch über das Deutschland der Reformation und über die »deutsche Mentalität« – aus der Sicht des Begründers der Mentalitäten-Geschichte.

Während Febvres Buch bereits 1929 ins Englische und 1949 ins Italienische übersetzt wurde, erschien erst 1976 eine deutsche Übersetzung. Sie trug den Titel: *Martin Luther. Religion als Schicksal* (Ullstein-Verlag). Leider war sie nicht nur sprachlich unzulänglich, sondern auch inhaltlich weitgehend falsch. Febvres Thesen und Argumente wurden häufig in ihr Gegenteil verkehrt, Luther-Zitate fast immer aus dem Französischen zurückübersetzt. Sogar die Reihenfolge der drei Teile des Buches wurde verändert. Deshalb war eine vollständige Neuübersetzung erforderlich.

Für nähere Hinweise zur Entstehungsgeschichte des Buches, seiner Rezeption und seiner Bedeutung für die Geschichte der Historiographie sei auf das Nachwort verwiesen.

Henri Febvre und Lucile Richard-Febvre, der Sohn und die Tochter des Historikers, haben dieses Projekt auf vielfältige Weise unterstützt. Bertrand Müller und Jacqueline Pluet gaben zahlreiche Hinweise. Barbara

Hahn hat auch dieses Manuskript kritisch gelesen und zu seiner Verbes-
serung beigetragen. Den BibliothekarInnen des Instituts für Spätmittelalter und Reformation an der Universität Tübingen und des Evangelischen
Seminars der Freien Universität Berlin danke ich für die freundliche Auf-
nahme.

Hinweise zur Textgestaltung

Die Übersetzung beruht auf der zweiten überarbeiteten Ausgabe von
1945, die 1968 mit einem kurzen Nachwort von Robert Mandrou neu
aufgelegt und 1988 nachgedruckt wurde. Inhaltliche Einfügungen oder
Anmerkungen des Übersetzers wurden durch eckige Klammern [ ] gekennzeichnet.

Bei *Zitaten* aus den Schriften oder Reden Martin Luthers, die Febvre
selbst aus dem Deutschen oder Lateinischen übersetzte, wurde folgendes
Vorgehen gewählt: Alle ursprünglich auf Deutsch verfaßten Texte werden
in der zeitgenössischen Schreibweise wiedergegeben. Dazu wurden die
sogenannte »Erlanger Ausgabe« und die historisch-kritische »Weimarer
Ausgabe« herangezogen, die beide von Febvre benutzt wurden. Lateinische Texte werden dagegen möglichst nach einer neueren deutschen Übersetzung zitiert, wobei v. a. die »Ausgewählten Schriften« der sogenannten
»Insel-Ausgabe« und die Edition »Luther Deutsch« herangezogen wurden. In einigen Fällen mußten darüber hinaus ältere Übersetzungen aus
der Werk-Ausgabe von Johann Georg Walch benutzt werden. Dennoch
gibt es einige Zitate (v. a. aus Briefen), für die keine Übersetzung greifbar
war; sie wurden daher direkt aus dem Lateinischen – unter Berücksichti-
gung von Febvres französischer Fassung – übersetzt. Dies wird in den
Anmerkungen durch den Hinweis [lat.] signalisiert. In Zweifelsfällen
wurden alle deutschen Übersetzungen mit dem lateinischen Original ver-
glichen und manchmal geringfügig modernisiert. Schließlich blieben noch
einige Fälle, in denen sich keine genaue Belegstelle ermitteln ließ, weil
Febvre aus dem Gedächtnis oder aus zweiter Hand zitierte; *nolens volens*
mußte dann aus dem Französischen zurückübersetzt werden.

Peter Schöttler
Paris-Berlin, November 1995

VORWORT
ZUR ERSTEN AUSGABE

> Eines Tages sagte ein Freund zu ihm, daß er der
> Retter der Christenheit sei. »Ja«, antwortete er, »das
> bin ich und war ich. Aber wie ein blindes Pferd, das
> nicht weiß, wohin sein Herr es führt.«
> *Mathesius, VII**

Dieses Buch ist keine Luther-Biographie. Und es fällt auch kein positives
oder negatives Urteil über Luther. Vielmehr habe ich versucht, die Bahn
eines Schicksals nachzuzeichnen, das einfach und tragisch zugleich war.
Ich wollte die wenigen tatsächlich wichtigen Stationen benennen, die
diese Bahn durchlaufen mußte, und zeigen, wie und unter welchen
Umständen ihr anfänglicher Elan geschwächt wurde, so daß sie von ihrer
ursprünglichen Richtung abkommen mußte. Es galt, am Beispiel eines
Menschen von ungewöhnlicher Vitalität über das Problem der Beziehung
zwischen Individuum und Gesellschaft, von persönlicher Initiative und
sozialer Notwendigkeit nachzudenken, das vermutlich das wichtigste
Problem der Geschichte ist.

Indem ich versuchte, dies auf wenigen Seiten zu tun, nahm ich von
vornherein gewaltige Beschränkungen in Kauf. Es wäre ungerecht, mir
dies zum Vorwurf zu machen. Auch möge man sich nicht wundern, daß
ich, zur Auswahl gezwungen, ganz bewußt der Untersuchung des aufstre-
benden Luther, der zwischen 1517 und 1525 vor aller Welt die Helden-
rolle des erleuchteten Propheten spielte, den Vorzug gab gegenüber dem
hypothetischen Luther der Jugendjahre oder dem müden, erschöpften
und enttäuschten Luther, der von 1525 bis 1546 allmählich seinen Glanz
verlor.

Ich muß wohl kaum hinzufügen, daß ich beim Schreiben dieses Buches
nur *eine* Absicht verfolgte, nämlich zu verstehen – und dieses Verständnis,
soweit mir dies möglich war, zu vermitteln. Aber ich möchte betonen, wie
sehr es mich freuen würde, wenn selbst die qualifizierten Exegeten des

lutherischen Denkens in dieser Studie, die sowohl der Popularisierung als auch der Reflexion dienen soll, zumindest ein stetes Bemühen erkennen würden: die subtile Vielfalt eines Werkes, das entsprechend dem Zeitgeschmack nicht melodisch, sondern polyphon war, nicht allzu sehr durch grobe Vereinfachungen zu beschneiden.

Lucien Febvre
Sèvres, Le Bannetou, August 1927

VORWORT ZUR ZWEITEN UND DRITTEN AUSGABE

Sechzehn Jahre sind vergangen, seit dieses dem Umfang nach kleine, dem Thema nach große Buch 1928 erschienen ist. Es war schnell vergriffen. Von verschiedenen Seiten wurde ich gebeten, es neu herauszubringen. Also habe ich es noch einmal aufmerksam gelesen. Zunächst durch die Brille eines Kurzsichtigen – und ich hoffe, dabei alle Satz- und anderen Fehler, die sich in den Text eingeschlichen hatten, getilgt zu haben. Anschließend habe ich das Buch noch einmal mit klaren Augen gelesen, um es als Ganzes und mit Abstand zu betrachten. Zu meiner Schande vielleicht muß ich bekennen: Ich habe nichts gefunden, was ich ändern müßte.

Wohlwollende Kritiker – und dieses Buch hat meiner Kenntnis nach keine anderen gefunden – haben mir seinerzeit vorgeworfen, daß ich meine Untersuchung nicht über 1525 hinaus ausgedehnt habe und dem Luther der Jahre 1525 bis 1546 zu wenig und aus allzu großer Entfernung auf seinen Lebenswegen gefolgt bin. Das entsprach meinem damaligen Begriff des *repli* (Rückzug, Abkapselung), der einige meiner Leser verstört zu haben scheint[1], an dem ich aber noch heute festhalte. In der vorliegenden Neuausgabe habe ich nun, um meinen Gedanken zu präzisieren, diesen Begriff um zwei Wörter erweitert und spreche von *repli sur soi* (Selbstabkapselung). Aber jene freundschaftliche Kritik hat mich nicht veranlaßt, meine Meinung zu ändern. 1927 habe ich genau das getan, was ich vorhatte. Ich habe, so gut ich konnte, den jungen Luther beschrieben, seine Kraft und Leidenschaft und alles, was er der Welt an Neuem brachte, indem er er selbst war: beharrlich er selbst und nichts anderes als er selbst. Was aber brachte er Neues? Eine neue Art, das Christentum zu denken, zu fühlen und zu praktizieren. Sie konnte weder von den Kirchenführern im Keim erstickt, noch als solche anerkannt oder gütlich vereinnahmt werden, weshalb sie sich ganz selbstverständlich zu einer neuen Religion, einem neuen Zweig des alten Christentums entwickelte. Sie schuf zwar keine neuen Menschen, aber immerhin eine neue Variante der christlichen Spezies: die lutherische. In ihrer äußeren Erscheinungsform war diese Spielart vielleicht weniger scharf umrissen, weniger markant und weniger dazu geeignet, über ihr Ursprungsland hinaus zu wirken als jene andere lebendige und fruchtbare Variante, die dreißig Jahre später von dem aus der Picardie stammenden Jean Calvin entwickelt wurde. Aber sie war hartnäckig. Und dauerhaft. Und fähig, sich mancherlei Ereignissen anzupassen. Sie war von solcher Anziehungskraft, daß sie manchmal sogar, wie es scheint, die benachbarte Variante verfälschen und den eifersüchtigen Hütern ihrer Reinheit Furcht einflössen konnte. Jedenfalls war sie von großer historischer Bedeutung, da sie unter anderem einen Teil Deutschlands erobert hat und der lutherische Geist in starkem Maße der Mentalität der Völker entgegenkommt, die ihn angenommen haben.

Daß man die Entwicklung Luthers nach 1525 ebenso untersuchen muß wie die des frühen Luther, versteht sich von selbst. Daß diese beiden Luther-Figuren durch keinen tiefen Einschnitt getrennt sind, ja, daß es nicht zwei Luther, sondern nur einen einzigen gibt; daß der Luther von 1546 in seinem Glauben noch immer der Luther von 1520 ist – einverstanden. Ich habe nie etwas anderes behaupten wollen, nie das Gegenteil gesagt. Vielmehr habe ich stets die von manchen als paradox betrachtete These vertreten, daß der Luther des Bauernkrieges, der mit solcher Leidenschaft, Vehemenz und Grausamkeit die revoltierenden Bauern verurteilte, kein anderer Luther war als der Luther von 1520, der die großen liberalen Traktate verfaßte. Und trotz manch gegenteiliger, wohlbegründeter Meinung habe ich immer wieder die tiefe, dauerhafte Einheit der lutherischen Tendenzen während dieser Ereignisse, mögen sie noch so verwirrend sein, zu zeigen versucht. Deshalb ist es sicher völlig unangebracht, daß ich mich für einen Irrtum entschuldige, den ich weder tatsächlich noch in Gedanken begangen habe. *Rückzug* und *Abkapselung* (repli) bedeuten nicht *Zäsur* oder *Einschnitt* (coupure). Ein Wesen, das mit seinen Fühlern überall auf eine feindliche Umwelt stößt, zieht sich soweit wie möglich in sein Schneckenhaus zurück, um dort ein Gefühl inneren Friedens und heilsamer Freiheit zu erlangen – aber ein solches Wesen spaltet sich nicht auf. Wenn es wieder hervorkommt, ist es immer noch dasselbe, das erneut eine feindlich eingestellte Umwelt abzutasten beginnt; und umgekehrt. Wer jedoch bei Luther dieses alternierende Spiel des Hervorkommens und Verkriechens, des Erkundens und Zurückziehens verstehen will, darf nicht erst 1525 oder 1530 ansetzen. Sondern erheblich früher. Bei den Anfängen. Er muß also diesen Anfangspunkt in Luthers Leben genau bestimmen; die allerersten, keimhaften Entwicklungen des »Luthertums« verfolgen, die eine aufmerksame Untersuchung zu erkennen vermag, noch bevor Luther zu Luther wurde; betrachten, wie Luther in Luther geboren wurde, heranwuchs und sich durchsetzte – und dann, nach dieser Durchsetzung stehen blieb; beobachten, wie der Mensch mit anderen Menschen ringt, seine Lehre mit anderen Lehren, sein Geist mit dem Geist anderer, die er entweder bekämpfen oder für sich gewinnen muß (und man gewinnt nie Menschen und Geister für sich, man ersetzt nie eine Lehre durch eine andere, ohne daß nicht auch zwangsläufig der eigene Geist von einem anderen erobert wird, ein anderer Mensch die eigene Menschlichkeit durchdringt, andere Lehren auf die eigene Lehre einwirken). All dies habe ich zu tun versucht. Und all dies bildet eine notwendige, unerläßliche Voraussetzung für eine Studie über Luther nach 1525. Eine solche Studie darf nicht isoliert dastehen. Sie setzt eine solide Kenntnis Luthers vor 1525 voraus – aber sie kann diesen Luther nicht erhellen, nicht in der Retrospektive verstehen, erklären und verständlich machen. Eine Studie über Luther vor 1525 dagegen – vermag den ganzen Luther zu erfassen. Dies war in Frankreich 1927 ein Desiderat. Auch 1944 ist dafür noch immer Bedarf.

Ich schreibe diesen Satz, obwohl ich weiß, daß seit 1927 manches geschehen ist, bei dem Luther eine Rolle gespielt hat, bzw. bei dem Luther eine Rolle zugewiesen wurde. Ich will nicht übertreiben, aber eine gewisse Rolle spielte er doch. So wurden schon 1933 in Deutschland silberne Fünfmarkstücke mit dem Bild des Aufrührers geprägt, die das deutsche Volk hinlänglich vorwarnten. Daneben entstand eine ganze Literatur über Luther, auf die wir bereits 1934 das französische Publikum aufmerksam machten.[2]

Seither ist angeblich ein neuer Luther entstanden. Ein Luther, von dem es heißt, daß wir ihn als Franzosen, als Fremde, nicht verstehen könnten. Ein neuer Luther, der fast die gesamte vor 1933 entstandene Literatur über den Reformator als überholt erscheinen läßt. Ein Luther, in dem wir nicht mehr eine religiöse, sondern hauptsächlich eine politische Persönlichkeit zu sehen hätten, deren unvoreingenommenes Studium geeignet sei, uns »ein neues Verständnis der wahren Natur des deutschen Volkes« zu vermitteln. Ähnlich äußerte sich schon 1934 der Autor einer französischen Luther-Biographie, der behauptete, daß die Fragen, die durch die Geschichte des einst als Reformator Bezeichneten aufgeworfen wurden, »so erstaunlich dies klingen mag, keine religiösen sind – sondern soziale, politische und sogar ökonomische«.[3] Im Laufe seines Buches fügte er noch hinzu, daß »für die Geschichte Luthers und des Lutheranismus die Lehre im eigentlichen Sinne am allerwenigsten interessant« sei. Denn »was den Reformator zu einer mächtigen Figur macht, ist allein der Mensch; seine Lehre ist kindisch«.

Dagegen denke ich – ein altes Kind – 1944 ebenso wie 1927, daß Luthers Lehre keineswegs uninteressant ist. Dies gilt sogar für ein angemessenes Verständnis der kollektiven Psychologie und der kollektiven Reaktionen eines Volkes, nämlich des deutschen, und einer Epoche, der Luthers, auf die noch viele weitere gefolgt sind, die alle gleichermaßen durch das Luthertum geprägt wurden. Man wird mir also verzeihen, wenn ich dieses kleine Buch in derselben Form wieder auflege, in der es wohlwollend aufgenommen und unter anderem von Otto Scheel in die Literaturliste der zweiten Auflage seiner wertvollen *Dokumente zu Luthers Entwicklung* aufgenommen wurde.

In derselben Form, aber, wie gesagt, mit einigen kleinen Korrekturen und Ergänzungen. Beim Wiederlesen meines Buches hatte ich den Eindruck, daß ich viel zu schnell über die Bibelübersetzung hinweggegangen war, die der Luther *otiosus* während der »trägen« Monate auf der Wartburg in Angriff nahm und deren Qualität uns verblüfft und mit Bewunderung erfüllt, weil sie die außergewöhnliche Arbeitsfähigkeit und schöpferische Kraft des für vogelfrei erklärten Augustiners zeigt. Bei dieser Gelegenheit ist auch auf seinen einzigartigen und bisher allenfalls unter sprachgeschichtlichen Gesichtspunkten untersuchten Stil aufmerksam zu machen: Noch eindeutiger als in vielen anderen Fällen ist hier der Stil mit dem Menschen und seiner Epoche identisch – jener unruhigen, einzigartigen Epoche Luthers, die der unseren so nah und fern zugleich ist. Allerdings meinen wir immer nur, daß sie uns nahe sei, und begreifen im Falle des Augustiners aus Eisleben ebensowenig wie im Falle des Franziskaners aus Chinon – jenes weiteren einzigartigen Stilisten –, daß diese Menschen im wahrsten Sinne des Wortes anders dachten als wir und ihre Sprache uns darüber Auskunft gibt.[4] Allein, wir müssen sie darüber befragen, ihr diese Auskunft zu entlocken wissen.

Paris, 31. Januar 1944

Dieses Buch ist immer noch so gefragt, daß der Verlag eine weitere Auflage drucken will. Sein Erfolg wird nicht nur durch diese Nachauflagen, sondern auch durch die Publikation einer belgischen Ausgabe bezeugt, die, beruhend auf der ersten Auflage, 1945 in Brüssel erschienen ist, sowie einer italienischen Übersetzung, die 1949 im Verlag Barbera herauskam. Ich sehe keinen Grund, meinen ursprünglichen Text zu verändern. Vielmehr lege ich ihn meinen Lesern und Kritikern erneut vor – voller Vertrauen.

Lucien Febvre
Paris, 20. Januar 1951

Erster Teil

EINSAME ANSTRENGUNG

Abbildung 1: Das älteste Bildnis Luthers. Es erschien als Titelblatt seiner Leipziger Predigt vom 29. Juni 1519 (»Ein Sermon, gepredigt zu Leipzigk uffm Schloß am tag Petri und Pauli ym xviiii Jahr).

Kapitel 1

VON JULIUS KÖSTLIN
ZU HEINRICH DENIFLE

Am Morgen des 17. Juli 1505 schritt ein junger Laie durch das Tor des Augustiner-Klosters zu Erfurt. Er war zweiundzwanzig Jahre alt und hieß Martin Luther. Unempfänglich für die Einwände seiner Umgebung, die von ihm als Krönung erfolgreich begonnener Universitätsstudien eine lukrative weltliche Laufbahn erwartete, suchte er im Kloster Zuflucht vor den Leiden und Gefahren des Jahrhunderts. Ein banales Ereignis. Eigentlich betraf es nur den Aspiranten auf das Noviziat, seine Verwandten sowie einige Freunde von niederem Stand. Doch im Keim enthielt es die lutherische Reformation.

Gewiß, die Kutte, die der verängstigte und verstörte junge Mann zu tragen begehrte, dieses aus grober Wolle gestrickte Kleid der Augustinereremiten, wird er eines Tages wieder ablegen und gegen die pelzbesetzte Robe des Professors eintauschen. Aber hätte Martin Luther dieses von allen praktischen Bürgern verachtete Kleid nicht getragen, hätte er nicht fast fünfzehn Jahre im Kloster verbracht und hätte er nicht die persönliche – und schmerzhafte – Erfahrung des Klosterlebens gemacht – er wäre nicht Martin Luther gewesen. Einen Erasmus, der, ob freiwillig oder unfreiwillig, nicht ins Kloster zu Steyn eingetreten wäre, könnte man sich vorstellen. Ebenso einen Calvin, der von seiner Familie in irgendeinen Konvent gegeben wurde. Beide hätten sich kaum von jenem Erasmus oder jenem Calvin unterschieden, die wir zu kennen glauben. Ein Luther jedoch, der nur in seinem Jahrhundert gelebt, ein Luther, der an den Universitäten seine weltlichen Studien betrieben und seine juristischen Prüfungen abgelegt hätte, wäre alles andere gewesen – nur nicht der historische Luther.

Das »Mönchlein Luther« ist keine Anekdote. Luther wollte Mönch werden, und er ist es jahrelang mit Leidenschaft gewesen. Das hat ihn als Menschen unauslöschlich geprägt, und aus dieser Perspektive läßt sich sein Werk verstehen. Damit erklärt sich auch, warum in den letzten Jahren so viele Kommentare und widersprüchliche Hypothesen über ein an sich banales Ereignis formuliert wurden: Ein zweiundzwanzigjähriger Student tritt am Morgen des 17. Juli 1505 in Deutschland in ein Kloster ein.

Vor der Reise nach Rom

Allerdings erst in den letzten Jahren. Denn dreihundert Jahre lang haben Katholiken, Protestanten oder Neutrale, haben alle Historiker ihre Aufmerksamkeit übereinstimmend auf die Person, die Lehre und das Werk jenes Mannes konzentriert, der am 31. Oktober 1517 die hell erleuchtete Bühne der Weltgeschichte betrat und seine Landsleute zwang, sich entweder rückhaltlos für ihn oder gegen ihn zu entscheiden.

Ebenso wie das bekannteste Luther-Porträt einst den fünfzigjährigen Doktor zeigte, wie er um das Jahr 1532 herum gemalt oder gestochen wurde, interessierten sich seine Freunde oder Gegner lange Zeit nur für den Parteiführer, den schismatischen Kirchengründer, der seine Lehre von der Wittenberger Kanzel aus verkündete. Wie aber hatte sich dieser Parteiführer herausgebildet? Wie ist seine Lehre entstanden? Niemand bemühte sich ernsthaft, diese Fragen zu untersuchen.

Dazu gab es auch nur wenig Material. Luther selbst, in tägliche Kämpfe verwickelt, hatte über die Geschichte seines Denkens und seines Innenlebens vor 1519 lediglich eine summarische Skizze hinterlassen: einen späten und wie nebenbei über die eigene Schulter geworfenen Blick zurück. Dieser *Rückblick* des Meisters vom März 1545 diente einem der Bände seiner ersten Werkausgabe als Vorwort.[5] Melanchthon hatte ihm 1546, also im Todesjahr Luthers, einige Details hinzugefügt.[6] Selbst die Anspruchsvollsten haben sich damit begnügt, diese kurzen Texte zu kommentieren, die allenfalls um einige Notizen von Amsdorf, Cochläus oder Mylius ergänzt wurden. Und um das Ganze zu beleben, griff man kurzerhand auf eine ebenso ergiebige wie trübe Quelle zurück: die berühmten *Tischreden*.

Man weiß, wie zum großen Ärger Katharina von Boras, der umsichtigen und sparsamen Hausfrau Luthers (»Herr Doktor, unterrichten sie nicht gratis! Sie fangen schon so viele Dinge auf! Vor allem Lauterbach sammelt eine Menge äußerst nützlicher Dinge!«)[7], eine Gruppe gutwilliger junger Leute, die andächtig am Ende des großen Tisches saßen, an dem der Meister tafelte, sofort jeden seiner Aussprüche für die Nachwelt festhielt: vertrauliche Worte eines Mannes mit lebhafter Phantasie und außergewöhnlicher Empfindsamkeit, der es liebte, in bestem Glauben eine ferne Vergangenheit zu romantisieren, die er mit den Augen der Gegenwart sah. Diese Äußerungen wurden dann von verschiedenen Editoren, die sicher in frommster Absicht handelten, aber nicht an uns Historiker dachten, revidiert, korrigiert und modifiziert, bis sie schließlich die offizielle und immer wieder gedruckte Sammlung der *Tischreden* ergaben. Und auf dieser Basis wurde, ohne je den Versuch zu machen, das Zustandekommen dieser Editionen zu kritisieren und die ursprünglichen Aufzeichnungen wiederzufinden, die ungleich nützlicher und zuverlässiger waren, weil sie von den Zuhörern sofort aufgeschrieben wurden, die offizielle, halblegendäre und quasi-hagiographische Geschichte der Jugendjahre Martin Luthers komponiert und immer wieder umgeschrieben. Jeder meiner Generation hat sie gekannt. Unsere Schulbücher waren nichts anderes als eine mehr oder weniger ungenaue Zusammenfassung der großen Monographien von Julius Köstlin, Theodor Kolde oder – in Frankreich – Félix Kuhn.

Das Stück war gut komponiert und äußerst dramatisch.

Da haben wir zunächst das schmerzliche Tableau einer Kindheit ohne Liebe, ohne Freude und Schönheit. Luther wurde am 10. November, dem Vorabend des Martinstages, wahrscheinlich im Jahr 1483 in der kleinen thüringischen Stadt Eisleben geboren. Dreiundsechzig Jahre später kehrte er dorthin zurück, um zu sterben. Seine Eltern waren arm. Der Vater war Bergmann: hart gegen sich selbst und streng zu anderen. Die Mutter: eine erschöpfte und von schwerer Arbeit gezeichnete Hausfrau, die ein leicht zu beeindruckendes Kinderhirn mit ängstlichen Vorurteilen und abergläubischen Sprüchen vollstopfte. Von diesen freudlosen Menschen wurde der kleine Martin in dem von Bergleuten und Händlern bewohnten Städtchen Mansfeld aufgezogen.

Unter der Fuchtel derber Lehrmeister lernte das Kind lesen, schreiben,

Abbildung 2 und 3: Der Vater, Hans Luther. Die Mutter, Margarethe Luther.
Zwei Gemälde von Lucas Cranach d. Ä.

ein wenig Latein und seine Gebete. Zu Hause Geschrei und Schläge in der
Schule: eine harte Erziehung für ein sensibles und nervöses Kind. Mit
vierzehn Jahren zog Martin in die große Stadt Magdeburg. Er sollte dort
bei den »Brüdern vom gemeinsamen Leben« eine bessere Schule besu-
chen. Aber in dieser fremden Stadt fühlte er sich verloren, mußte sein Brot
von Tür zu Tür erbetteln und war außerdem krank, so daß er nur ein Jahr
in Magdeburg blieb, danach für kurze Zeit ins Elternhaus zurückkehrte
und schließlich nach Eisenach zog, wo er Verwandte hatte. Von diesen
wiederum sich selbst überlassen, traf er schließlich, nach neuen Leiden,
auf barmherzige Seelen, vor allem bei einer Frau: Ursula Cotta, die ihn
mit Zuneigung und behutsamer Zärtlichkeit umgab. So vergingen vier
Jahre, die ersten etwas freundlicheren Jahre dieser traurigen Jugend. 1501
brach Luther dann, wiederum auf Weisung seines Vaters, nach Erfurt auf,
wo es eine aufstrebende Universität gab.

Dort studierte er mit fieberhaftem Eifer an der Artistenfakultät. 1502
wurde er Bakkalaureus und 1505 Magister. Aber der Schatten einer traurigen Jugend lag weiterhin über einem unbestimmten Schicksal. Es folgten kurz hintereinander schwere Krankheiten, ein blutiger Unfall, der

Schrecken einer mörderischen Pestepidemie und schließlich die Erschütterung durch einen Blitzschlag, der Luther auf dem Weg zwischen Erfurt und dem Dörfchen Stotternheim beinahe getötet hätte. Diese Folge gewaltsamer Ereignisse, die auf Luthers unruhigen Geist und seine überempfindliche Sensibilität einwirkten, veranlaßte den späteren Häretiker zu einem Entschluß, der bei einem Mann seines Temperaments nach solchen Erfahrungen völlig selbstverständlich war. Er verzichtete auf eine Fortsetzung seiner weltlichen Studien, zerstörte damit die Hoffnung seiner Eltern auf einen baldigen sozialen Aufstieg und klopfte statt dessen an der Pforte des Erfurter Augustiner-Klosters an.

Mit diesem Schritt endet der erste Akt. Der zweite Akt versetzt den Leser ins Kloster selbst.

Als vorbildlicher Mönch unterwarf sich Luther in aller Demut den harten Klosterregeln. In nicht weniger als zwanzig Texten hat er zwischen 1530 und 1546 deren Grausamkeit geschildert[8]: »Wahr ists, ein frommer Münch bin ich gewest, und so gestrenge meinen Orden gehalten, daß ichs sagen darf: ist je ein Mensch gen Himmel kommen durch Müncherei, so wollt ich auch hinein kommen sein […]. Denn ich hätte mich (wo es länger gewähret hätte,) zu todt gemartert mit Wachen, Beten, Lesen und ander Aerbeit.«[9] Und an anderer Stelle: »Nachdem ich uber zwänzig Jahr ein frommer Mönch gewest, täglich Messe gehalten, und mich so mit Beten und Fasten geschwächt, daß mein nicht lange sollt gewest sein, wenn ich darin geblieben wäre.« Oder auch: »Und ich selbst, wo ich nicht durch den Trost des Evangeliums Christi wäre erhöret worden, so hätte ich nicht zwei Jahre leben können; also zermarterte ich mich und floh vor dem Zorn Gottes.«

Denn wozu all diese Bußübungen? Zur Erfüllung eines kümmerlichen Ideals – des einzigen, das die Kirche Luther zu bieten hatte. Die Ausbildung, die der leidenschaftlich fromme Mönch erhielt, der sich im Kloster vergraben hatte, um Gott zu begegnen, einem lebendigen Gott, einem Gott, der dieses elende Jahrhundert zu fliehen schien; die Lehre, die er aus den Büchern von Doktoren gewann, die als Meister christlichen Lebens galten; die Reden, Ratschläge und Ermahnungen, die ihm von seinen Vorgesetzten und Oberen zuteil wurden – all dies, bis hin zu den Kunstwerken in den Kapellen und Vorhallen der Kirchen, vermittelte dem jungen Luther das Bild eines schrecklichen, erbarmungslosen und rachsüchtigen Gottes, der über die Sünden eines jeden genau Buch führte und sie den zur

Buße Verdammten in ihr angsterfülltes Gesicht schleuderte. Eine fürchterliche Lehre, voller Hoffnungslosigkeit und Härte. Welch karge Nahrung für eine sensible Seele voller Zärtlichkeit und Liebe. 1537 schrieb Luther dazu: »Denn ich gläubte nicht an Christum, sondern hielt ihn nicht anders, denn fur einen strengen, schrecklichen Richter, wie man ihn malet auf dem Regenbogen sitzend.«[10] Und 1539: »Ich bin oft fur dem Namen Jesu erschrocken, und wenn ich ihnen anblicke am Kreuz, so deuchte mich, er war mir als ein Blitz, und wenn sein Name genennet wurde, hätte ich lieber den Teufel horen nennen, dann ich gedachte, ich mußte so lange gute Werck thun, bis Christus mir dardurch zum Freunde und genädig gemacht wurde.«

Luther, der ins Kloster gegangen war, um seinen Frieden und die glückliche Gewißheit des Seelenheils zu finden, stieß dort nur auf Schrecken und Zweifel. Vergeblich verdoppelte er die Bußübungen, die für den Körper zerstörerisch und für die Seele aufwühlend waren, um den schrecklichen Zorn eines aufgebrachten Gottes zu beschwichtigen. Vergeblich versuchte er durch *Fasten, Wachen, Frieren*[11] – unheilvolle Trias und eintöniger Refrain all seiner Geständnisse – die erlösende Gewißheit zu erzwingen. Aber auf jede übermenschliche Selbstkasteiung, jeden angstbesetzten Hoffnungsschimmer folgte ein umso schlimmerer Rückfall in Hoffnungslosigkeit und Verzweiflung. Das traurige Mansfelder Kind, das sich in einen gewissenhaften Erfurter Ausgustiner verwandelt hatte, zweifelte daher immer mehr an seinem Heil. Inmitten einer für Herzensqualen unempfänglichen Christenheit, die ihre Tempel an falsche Händler, ihre Herden an falsche Schäfer und ihre Schüler an falsche Lehrer ausgeliefert hatte, konnten die Tränen dieses Gläubigen, den es nach einem lebendigen Glauben lechzte und den man mit leeren Versprechungen abspeiste, kein anderes Echo mehr finden, als die Klagen seiner Leidensgefährten.

Nun trat ein Mann, ein Mystiker mit einfühlender Seele auf. Voller Güte nahm sich Dr. Staupitz, seit 1503 Generalvikar der Augustiner für Deutschland, der armen Seele dieses leidenschaftlichen jungen Mönches an, der sich im anvertraute. Er war der erste, der ihm einen Gott der Liebe, der Barmherzigkeit und der Vergebung predigte. Vor allem aber trieb er ihn zum Handeln an, um ihn aus seinen unnützen Ängsten herauszureißen. 1502 hatte Kurfürst Friedrich der Weise in Wittenberg eine Universität gegründet, an der Staupitz lehrte. Im Herbst 1508 berief er

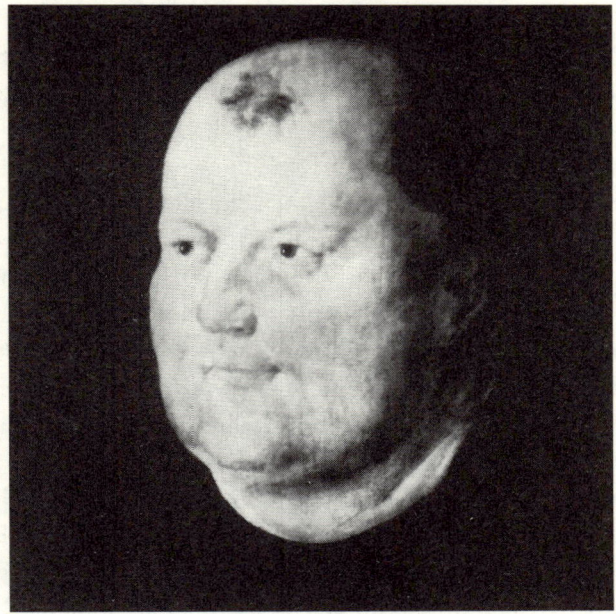

Abbildung 4: Johannes von Staupitz. Anonymes Gemälde.

Luther nach Wittenberg, vertraute ihm eine Vorlesung über die *Ethik* des Aristoteles an und ermunterte ihn zugleich, seine heiligen Studien an der theologischen Fakultät fortzusetzen. Auch als Luther im folgenden Jahr nach Erfurt zurückbefohlen wurde, setzte er seine Studien und seinen Unterricht fort; 1510 wurde er Bakkalaureus der Theologie, hielt eine Vorlesung über Petrus Lombardus und betätigte sich erfolgreich als Prediger. Seine Verzweiflungskrisen wurden seltener. Endlich schien er sein Seelenheil gefunden zu haben. Da stellte ein Umschwung alles wieder in Frage.

Von Rom zum Kirchenablaß

Ende 1510 reiste Bruder Martin Luther im Auftrag seines Ordens nach Rom. Eine ungeheure Hoffnung beflügelte ihn. Wie ein frommer Pilger begab er sich in die Stadt der Wallfahrten, das Rom der Märtyrer, lebendiges Zentrum der Christenheit, gemeinsames Vaterland aller Gläubigen,

erhabene Residenz des Stellvertreters Gottes. Was aber sah er? Das Rom
der Borgia, das seit kurzem zum Rom des Papstes Julius geworden war.

Als Luther voller Bestürzung dieses verfluchte Babylon mit seinen Kur-
tisanen und *bravi*, seinen Kupplern und käuflichen Priestern, seinen
ungläubigen und verdorbenen Kardinälen wieder verließ, um in seine
Heimat zurückzukehren, nahm er in seinem Herzen einen unauslöschli-
chen Haß gegen die Große Kupplerin mit. Die von der gesamten Christenheit einmütig verurteilten Mißbräuche – er hatte sie leibhaftig gesehen, in voller Pracht und unter dem blauen Himmel Roms. Er kannte ihre
Ursachen und ihren Ursprung. Schon im Kloster hatte er zwischen 1505
und 1510 den Verfall der christlichen Unterweisung beobachten können.
Er hatte bis auf den Grund seiner empfindlichen Seele die ganze Armse-
ligkeit der Lehre von den Werken verspürt. In Rom war ihm 1510 die ent-
setzliche moralische Misere der Kirche in ihrer Nacktheit sichtbar geworden. Damit war die Reformation virtuell bereits vollzogen. Im Kloster
und in Rom war Luther schon 1511 zum Lutheraner geworden …

Trotzdem schwieg er immer noch. Als gehorsamer Sohn der Kirche versuchte er, aus kindlicher Liebe deren allzu offensichtliche Schande zu ver-
tuschen. Schweigend nahm er sein Leben der Meditation und des Gebets,
aber auch des Lehrens und Predigens wieder auf. Staupitz unterstützte ihn
weiterhin. Da er Luther zu seinem Nachfolger auf dem Lehrstuhl an der
Universität ausersehen hatte, machte er ihn zum Unterprior der Wittenberger Augustiner und zwang ihn, am 4. Oktober 1512 die Lizenz in
Theologie zu erwerben. Am 19. wurde Luther zum Doktor promoviert.
Seine Lehrtätigkeit, die er beinahe dreißig Jahre lang ausüben sollte, inau-
gurierte er mit einer Vorlesung über die Psalmen (1513-1515) und einer
weiteren über den Römerbrief (1515-1516).

Erst jetzt, nachdem die ihn drückenden Fesseln endlich gefallen waren,
begann er allmählich, eine eigene Theologie zu entwickeln. Wie und mit
welchem Resultat? Früher haben sich die Historiker kaum näher damit
beschäftigt. Félix Kuhn zum Beispiel widmet der Entwicklung der religiösen Ideen Luthers zwischen 1505 und 1517 auf den ersten zweihundert
Seiten seines Buches keine einzige Zeile. Wenn er dann auf die Ablaß-
Affäre zu sprechen kommt, weiß der Leser noch immer nichts über die
bereits gefestigten Ansichten des Reformators. Auch Kuhns Vorbilder, die
deutschen Historiker seiner Generation, berufen sich einfach auf den
schon erwähnten Text von 1545. Darin beschreibt der gealterte Luther

kurz vor seinem Tod noch einmal die eigene Entwicklungskurve, die er entsprechend zurechtbiegt. In einer berühmten Passage, die anfangs niemand zu kritisieren wagte, betont er die Ängste, die das Wort des Paulus im Römerbrief bei ihm auslöste: *Justitia Dei revelatur in illo*, die Gerechtigkeit Gottes wird im Evangelium offenbart.[12]

Die Gerechtigkeit Gottes? Also die Gerechtigkeit eines offenbar unerbittlichen Richters, der für Schwächen und Kompromisse unempfänglich ist und der, wenn er die Menschen vor sich hintreten läßt, Werke und Handlungen mit erschreckender Unparteilichkeit aburteilt. Ist eine solche Gerechtigkeit nicht überaus grausam? Wird die Kreatur durch sie nicht unausweichlich dem Tod und der ewigen Verdammnis anheimgegeben? Wie sollte sich der gefallene Mensch anders als schlecht erweisen! Wie sollte dieser Schwächling jemals aus eigener Kraft in der Lage sein, rechtschaffene Werke zu vollbringen! Luther empörte sich über diesen Gott, der den Menschen sogar im Evangelium, während er ihnen die Frohe Botschaft verkündete, seine schreckliche Gerechtigkeit und seinen Zorn androhte. Bis zu dem Tag, wo der Mönch endlich eine Erleuchtung hatte und begriff, daß die Gerechtigkeit, von der Paulus sprach, die Gerechtigkeit des dem Menschen offenbarten Evangeliums ist, eine Gerechtigkeit, »durch welche der Gerechte aus Gottes Gnade lebt, nämlich aus dem Glauben«. Damit ist die sogenannte passive Gerechtigkeit der Theologen gemeint, »durch welche uns der barmherzige Gott durch den Glauben rechtfertigt, wie geschrieben steht: ›*Der Gerechte lebt aus dem Glauben*‹.«

Ohne zu versuchen, diese relativ dunklen Formulierungen zu erhellen; ohne sich zu fragen, ob der Sechzigjährige von 1545 die innere Entwicklung des Mönchs von 1515 tatsächlich wiedergab, kamen die Historiker mit dem Reformator zu dem Schluß: »Da fühlte ich mich ganz und gar neu geboren, und durch offene Tore trat ich in das Paradies selbst ein. Da zeigte mir die ganze Schrift ein völlig anderes Gesicht.« In dieser »Entdeckung« des Doktors begrüßten sie ganz einfach den fruchtbaren Keim einer neuen Kirche.

Nun kam es, daß 1517, als Luther seine aufrührerischen Gedanken noch mit größter Mühe in seinem Herzen vergrub, ein schlimmer Skandal ruchbar wurde. Im Auftrag eines dreiundzwanzigjährigen Jünglings, Albrecht von Brandenburg, der nacheinander und innerhalb von nur zwei

Jahren Erzbischof von Magdeburg, Bischof von Halberstadt und Erzbischof von Mainz geworden war, wurden – mit päpstlichem Privileg – Ablässe gepredigt und mit derart blasphemischem Zynismus verkauft, daß Luther jetzt, angesichts dieses abstoßenden Handels und der tausendfachen Behauptung der Händler im Priestergewand, daß auch die schlimmsten Sünden mit Geld zu tilgen seien, seine nur allzulange zurückgehaltene Entrüstung laut herausschrie.

Überall in Deutschland, wo allenthalben Mißbräuche herrschten und die Menschen von der Schande angewidert und der vielen Skandale überdrüssig waren – wo außerdem schon Affären wie die um Johannes Reuchlin alle freien Geister gegen die rückschrittliche Barbarei und den intellektuellen bzw. moralischen Okskurantismus der Scholastiker aufgebracht hatten –, fand Luthers leidenschaftliche Rede gewaltige Resonanz. Innerhalb weniger Tage und Wochen wurde der revoltierende Augustiner zu einer Macht. Er nahm das unterbrochene Werk der großen reformatorischen Konzilien wieder auf, um es schwungvoll zum Abschluß zu bringen. Außerdem griff er, um ihnen endlich den notwendigen Nachdruck zu verleihen, auf die Forderungen jener weitsichtigen, aber kleinmütigen Intellektuellen zurück, die sich auf Erasmus beriefen und die Elite der Menschheit durch die Pflege der Literatur von aller Barbarei und Bevormundung durch eine verkommene Scholastik und Theologie befreien wollten. Er verband seine Stimme mit der Ulrich von Huttens und verkündete den endlich erwachten Volksmassen die ungeheure Lebensfreude eines Jahrhunderts, in dem Renaissance und Reformation sich begegneten. Überall in Europa, das auf seinen Aufruf hin zu erwachen, ja von den Toten aufzuerstehen schien, erklang sein Triumph- und Freiheitsgesang. Vergeblich versuchten Papst und Kaiser – diese flackernden Lichter einer untergehenden Welt –, den armen Mönch, der sich ihrer angestammten Macht entgegenstellte, einzuschüchtern. Auf dem Reichstag zu Worms, am Donnerstag, den 18. April 1521, stand Luther im überfüllten großen Saal, umgeben von einer Menge, die ihm ihren Atem ins Gesicht blies, vor dem deutschen Cäsar und dem Legaten des römischen Pontifex. Mit beklommener Stimme bekräftigte er desto pathetischer: Hier geht es nicht allein um den Niedergang eines usurpatorischen und degenerierten Papsttums, sondern vor allem um die unantastbare Gewissensfreiheit des Einzelnen. »Ich kann und will nichts widerrufen, weil gegen das Gewissen zu handeln weder sicher noch lauter ist.«

Unsterbliche Worte. Bald rührten sie die gesamte Menschheit an und wurden unwiderstehlich, obwohl Luther selbst sich fürchtete und zitterte, während sich gleichzeitig seine Stimme unerschrocken gegen die vereinten Mächte der mittelalterlichen Vergangenheit erhob. So wurde der arme Mönch in seinem groben Gewand, der anfangs noch über den Glanz und die Prachtentfaltung der Fürstenversammlung erschrak, für die folgenden Jahrhunderte zum glänzenden Herold der Neuzeit.

Er schuf die einzigartige Würde des Menschen, indem er sie verkündete.

Ein Störenfried

Diese wunderbar lebendige und dramatische Geschichte entsprach ganz und gar der üblichen Art, Ursprünge und Ursachen der protestantischen Reformation darzustellen. War sie nicht unmittelbar aus den Mißständen innerhalb der Kirche hervorgegangen, die schon im 15. Jahrhundert so oft beklagt und von Tag zu Tag nur noch schlimmer wurden? Materielle Mißstände: Simonie, Handel mit Pfründen und Ablässen, ausschweifendes Leben der Geistlichkeit, rasche Auflösung der Klöster. Hinzu kamen moralische Mißstände: Verfall und Elend der Theologie, die den lebendigen Glauben auf ein System lebloser Rituale reduzierte. Doch plötzlich brach dieses Gebäude zusammen. Durch die Initiative eines einzelnen wurde alles umgestürzt und aus den Fugen gerissen. Anschließend brauchte es dann zwei Jahrzehnte, um die Folgen dieser Revolution zu beseitigen.

Pater Heinrich Suso Denifle, O. P., Unterarchivar am Heiligen Stuhl, war in den letzten Jahren des 19. Jahrhunderts ein unter Wissenschaftlern wohlbekannter Gelehrter. In seinem relativ kurzen Leben (er starb 1905 im Alter von 61 Jahren) konnte dieser Tiroler belgischer Herkunft seinen ausgeprägten Wissensdurst auf vielfältigste Weise stillen.

Zunächst hatte er sich mit mystischer Theologie beschäftigt und eine kritische Edition der Schriften Heinrich Susos in Angriff genommen, wobei er auch Johannes Tauler und Meister Eckhart berücksichtigte. Dann erwachte sein Interesse an mittelalterlichen Universitäten, und zwischen 1889 und 1897 gab er zusammen mit Emile Chatelain eines der

wichtigsten Monumente unserer Kulturgeschichte heraus: das Urkunden-
buch der Pariser Universität. Anschließend wertete er im Vatikan die
Register der Bittschriften aus und trug zahlreiche Dokumente zusammen,
die sich mit dem Verfall der Kirchen, Klöster und Krankenhäuser in
Frankreich während des Hundertjährigen Krieges befaßten. Lauter
ehrenwerte und friedfertige Arbeiten. Die *Académie des Inscriptions et
Belles Lettres* in Paris würdigte Denifles Verdienste, indem sie ihn in ihre
Reihen aufnahm. Folglich war absehbar, daß sich der vatikanische Unterarchivar bis ans Ende seiner Tage unschuldigen Aufgaben mittelalterlicher Gelehrsamkeit widmen würde.

Da brach 1904 unter dem heiteren Himmel der Luther-Forschung ein
Gewitter los, das ungleich lauter krachte als jenes auf der Straße nach
Stotternheim. Unter dem Titel *Luther und Luthertum* erschien der erste
Band eines Buches aus der Feder Pater Denifles. Innerhalb eines Monats
war die erste Auflage vergriffen.[13] Das ganze lutherische Deutschland
bebte vor Zorn und heimlicher Angst. Ein Teil des politisch übervorsich-
tigen katholischen Deutschland hob seufzend die Arme zum Himmel und
deutete vage seine Mißbilligung an. Alle Zeitschriften und Zeitungen, alle
Blätter eines an bedrucktem Papier so reichhaltigen Landes, sprachen von
nichts anderem mehr als von Luther. Sogar in den Landtagen wurden die
Regierungen aufgefordert, gegen dieses schreckliche und geradezu gottes-
lästerliche Buch vorzugehen.

Im Laufe seiner Forschungen über die französischen Klöster des 15. Jahrhunderts hatte Denifle, ein Geistlicher voller Inbrunst und Überzeugung,
damit begonnen, die Ursachen ihres offensichtlichen Verfalls zu ergründen.
Als er seine Studien dann auf das folgende Jahrhundert ausdehnte, war er
auf die Lutherische Reformation gestoßen. Sollte er davor innehalten und
mit dem Hinweis auf seine mangelnde Kompetenz wieder kehrtmachen?
Für einen Mann wie Pater Denifle kam das nicht in Frage. Schon mancher
Gelehrte – von Wilhelm Preger über André Jundt bis zu Paul Fournier –
hatte die rücksichtslose Schärfe dieses kämpferischen Dominikaners zu
spüren bekommen, die er selbst mit seiner »Tiroler Direktheit« begründete.
Was dagegen seine scheinbare Inkompetenz betrifft, so verwandelte sie sich
in eine Stärke, die zumindest am Anfang unaufhaltsam schien.

Als Mediävist hatte Denifle jahrelang die mittelalterlichen Theologen
studiert. Die Mystiker gefielen ihm am besten, aber auch die anderen, vor

allem die großen Doktoren des 12. und 13. Jahrhunderts. Den offiziellen Luther-Forschern fehlte dagegen eine ähnlich breite Bildung, so daß sie gerade auf diesem Gebiet, das Denifle so gut beherrschte, im allgemeinen schlecht informiert waren. Hinzu kam, daß ihre fast völlige Unkenntnis der Gedanken und Lehren, von denen der Erfurter und Wittenberger Augustiner ursprünglich ausging, kaum geeignet war, ihrer Interpretation der Lutherischen Ideen mehr Nachdruck zu verleihen. Als ein Mann der Kirche und als Geistlicher, der das Klosterleben und seine Regeln aus eigener Erfahrung kannte, besaß Denifle gegenüber den deutschen lutherischen Professoren einen Vorsprung, der sofort überdeutlich wurde. Die Klügsten unter ihnen gaben sich daher schnell geschlagen. Aber die anderen? Auf gut zwanzig Professoren-Schultern prasselte ein wahrer Hagelsturm nieder. Noch heute wird jeder Fachmann, der Denifles Buch wieder zur Hand nimmt und sich für »Fußnoten« interessiert, trotz aller Abschwächungen durch Pater Weiss, der das Werk [nach Denifles Tod] zu Ende schrieb, bzw. durch Jules Paquier, der es ins Französische übertrug, die besondere Geschicklichkeit des Autors zu würdigen wissen, die schönsten Schnitzer auszugraben.

Das ist aber nur die eine, weniger bedeutende Seite der Geschichte. Denn worum ging es Denifle wirklich?

Vor allem wollte er, und dies war der auffälligste Aspekt seines Unternehmens, Luther ins Gesicht schlagen. Dem Menschen Luther. Ihn von dem Podest herunterholen, das er ursurpiert hatte. Er wollte das verlogene Bild eines Halbgottes oder vielmehr eines Heiligen mit rosigen Wangen, lockigem Haar, väterlicher Miene und sanftmütiger Sprache durch das natürliche Bild eines Menschen ersetzen, der zwar viele Talente und höhere Gaben besaß – er schrieb ausdrücklich, daß er »Luthers Begabung« und seine »guten natürlichen Eigenschaften« nie bestritten habe[14] –, aber gleichzeitig große Schwächen besaß und zu Niedertracht und Mittelmäßigkeit neigte. Bei einem beliebigen Gelehrten, einem Juristen oder Politiker mögen solche Eigenschaften noch entschuldbar sein, aber waren sie es auch bei dem Begründer einer Religion? Denifle geriet darüber ins Eifern. Gestützt auf ein reiches Quellenarsenal schrieb er über Luther und die Polygamie, Luther und das Trinken, Luther und seine unflätigen Reden, seine Lügen, Laster usw. eine Reihe von Kapiteln, die von heiligem und erfrischendem Zorn erfüllt waren. Voller Zitate, aber auch voller Fehlinterpretationen, die manchmal derart phantastisch und ungeheuerlich klangen und mit solch haßerfüllter Einfalt vorgetragen wurden, daß noch der unkritischste Leser denken mußte: »Da stimmt doch etwas nicht.« Um ihn jedoch zu beruhigen und statt dessen die gläubigen Anhänger des Reformators zu treffen, die stets bereit waren, sich dem unmäßigen Vater gegenüber wie der geduldige Sohn des Noah zu verhalten, gab es immer noch Dutzende und Aberdutzende von Quellen, die völlig authentisch und vielsagend waren.

Damit ließ sich allerdings nicht immer viel beweisen. Ob Luther im Laufe seines Lebens weniger Wittenberger Bier und mehr Rheinwein getrunken hatte; ob er seine Käthe allzu fest in die ehelichen Arme schloß; ob er den Papst, die Bischöfe und die Mönche mit unflätigen Beschimpfungen bedachte – all das zählte angesichts der allgemeinen Geschichte der deutschen Reformation letzten Endes wenig. Aber die Berufslutheraner waren verunsichert und versteiften sich darauf, an Zitaten zu deuten, statt mutig gegen die einander bekämpfenden Luther-Karikaturen zu protestieren (der rosige Luther *für das christliche Haus*[15] gegen den schwarzgefärbten nach Tiroler Art) und Luther statt dessen als Menschen zu zeigen – mit allen Tugenden und allen Schwächen, seiner Größe und seinen Niedrigkeiten, seinen unentschuldbaren Grobheiten und einzigartigen Höhenflügen –, kurzum ein differenziertes, lebendiges Lutherbild voller Gegensätze und Kontraste zu zeichnen. Gerade diese Verunsicherung war bedenklich und verstärkte noch eine unangenehme Situation.

Doch die eigentliche Bedeutung von *Luther und Luthertum* lag woanders. In diesem Buch gab es nämlich nicht nur Fehlinterpretationen oder authentische Zitate, die jeweils Anlaß zur Entrüstung boten. Man fand darin auch noch etwas anderes: eine neue Art, die Entstehungsgeschichte der bahnbrechenden Ideen Luthers und seine religiöse Entwicklung zwischen ca. 1505 und 1520 zu betrachten und darzustellen.

Denifles Argumente

Zunächst muß man wissen, daß 1899 ein Professor der Universität Straßburg, Johannes Ficker, in Rom ein außerordentlich wichtiges Dokument entdeckte: den *Cod. Palat. lat.*, 1826, ein aus der Heidelberger *Palatina* stammendes Fragment, das während des Dreißigjährigen Krieges in die *Vaticana* gelangt war. Es handelte sich um eine von Aurifaber – Johann Goldschmiedt, Luthers letztem Famulus, dem ersten Herausgeber der *Tischreden* – angefertigte Abschrift einer bis dahin unbekannten Vorlesung über den Römerbrief, die Luther 1515 und 1516 in Wittenberg gehalten hatte. Kurz darauf machte Ficker einen weiteren überraschenden Fund: Luthers Originalmanuskript ruhte friedlich in der Preußischen Staatsbibliothek zu Berlin.

Wie man sich denken kann, war dies eine entscheidende Quelle. Sie erlaubte es, die Gedanken des Reformators zu einem besonders interessanten Zeitpunkt – am Vorabend der Ablaßaffäre – im Detail zu verfolgen. Was bis dahin an Texten Luthers aus den Jahren 1505 bis 1517 vorlag, war äußerst dürftig: ein paar trockene Randbemerkungen zu diversen Schriften von Petrus Lombardus, Augustinus, Anselm von Canterbury oder Johannes Tauler; die Psalmenvorlesung von 1513/14, die aber noch das Werk eines Anfängers war, der seinen Weg suchte; ferner ein paar Predigten und einige wenige Briefe. Das war alles. Die Vorlesung von 1515/16 dagegen war eine wichtige und reichhaltige Arbeit. Nicht nur der zu kommentierende Text, jener Römerbrief, der in der Reformation eine bedeutende Rolle spielte, sondern vor allem auch Luthers Auslegung waren interessant. Mit anderen Worten: Zum ersten Mal war es möglich, den wahren Zustand des Lutherischen Denkens am Vorabend der entscheidenden Ereignisse von 1517 bis 1520 in aller Ruhe anhand eines genau datierbaren Textes zu studieren.

Pater Denifle, der ja im Vatikan lebte, hatte Fickers Entdeckungen genau verfolgt. Er studierte nun seinerseits den *Palatinus* 1826 und entnahm ihm eine Fülle von Hinweisen und neuen Belegen. Geschickt warf er sie in die Debatte. Seine Rekonstruktion von Luthers Entwicklung zwischen 1505 und 1517 gewann dadurch, trotz aller Übertreibungen und peinlichen Polemiken, ein ungeheures Prestige.

Denifle ging von folgendem Grundsatz aus: »Bis auf den heutigen Tag baut sich Luthers Lebensgeschichte vor dem Abfall vielfach auf seinen späteren Aufzeichnungen auf. Diese müssen aber vorerst kritisch geprüft werden [...].«[16] Ein unangreifbarer und heilsamer Grundsatz. Worin aber bestanden jene anfechtbaren Behauptungen? Aus zweierlei. Erstens aus Luthers Angriffen gegen die kirchliche Lehre, als er ihr noch angehörte.

Und zweitens aus seinen Erklärungen für die Beweggründe, die ihn dazu veranlaßten, sich von dieser Lehre loszusagen. Eine Art Prozeß also und ein Plädoyer.

Ein Prozeß? Alles, was Luther über die Ausbildung sagte, die er als Mönch in seinem Kloster empfangen hatte, sei nichts weiter als eine bunte Mischung aus Irrtümern, Erfindungen und Verleumdungen. Nein, nichts an diesem Spottbild, das Luther effekthascherisch gezeichnet habe, um seiner eigenen Lehrtätigkeit vor diesem finsteren Hintergrund einen umso größeren Glanz zu verleihen, treffe tatsächlich zu. So nahm sich Denifle jede einzelne Behauptung des Häretikers vor, diskutierte und zerpflückte sie, bis nichts mehr davon übrigblieb.

Nehmen wir Luthers berühmte, von Lauterbach notierte Aussage mit ihrem schlichten *incipit* [Anfang], in den Klöstern habe man die Bibel ignoriert: *22. Februarii dicebat de insigni et horrenda caecitate papistarum.*[17] »Am 22. Februar sprach der Doktor über die bezeichnende und erschreckende Blindheit der Papisten …« Bezeichnend und erschreckend in der Tat: Diese Papisten ignorierten sogar die Bibel: *erat omnibus incognita.* Als Zwanzigjähriger hatte Luther noch nie eine Bibel gesehen. Da entdeckte er zufällig ein Exemplar in einer Bibliothek, begann es zu lesen, las es wieder und wieder mit einer Leidenschaft, die bei Staupitz Bewunderung auslöste. War es wirklich so? Denifle hält dagegen, daß das erste Buch, das Luther als Novize beim Eintritt ins Erfurter Augustiner-Kloster aus den Händen seines Priors entgegennahm, ausgerechnet eine riesige, in rotes Leder gebundene Bibel war! Luther selbst teilt es ausdrücklich mit: »*Ubi monachi mihi dederunt biblia, rubeo corio tecta.*«[18] Also wußten die Papisten immerhin, daß die Bibel existierte.

Nehmen wir den zürnenden Gott, den Gott der Rache und des Zorns, »Gott auf dem Regenbogen«, wie ihn die Maler und Bildhauer des *Jüngsten Gerichts* darstellten. Der große, unbestechliche Buchhalter, der dem Menschen eine Aufstellung seiner Verfehlungen vorhält. Reiner Blödsinn. Gut zwanzig Mal am Tag wandte sich Bruder Martin, wenn er betete und sein Brevier las, an den Gott der Gnade, des Mitleids und der Barmherzigkeit, wie ihn die Kirche in Wahrheit verkündete: *Deus qui, sperantibus in te, misereri potius eligis quam irasci …*[19] Was schließlich die Demütigungen, das Fasten und die harten Bußübungen angeht, die Luther derart der Regel entsprechend befolgte, daß er fast seine Gesundheit aufs Spiel setzte – jedenfalls aber sein Seele, denn aufgrund eines ungeheuerlichen

Betrugs versprach die Kirche jedem das Seelenheil, der sich an diese Regeln hielt –, so handelt es sich auch hier um völlig absurde Vorwürfe! Zunächst muß man sich entscheiden. Wenn es zutreffen sollte, daß die Ordensvorsteher um das Jahr 1510 die Mönche zu solch exzessiven Bußübungen anhielten, wie Luther sie voller Entrüstung beschrieb, sollte man aufhören, gleichzeitig von Dekadenz, Unordnung und zügelloser Sinnlichkeit dieser Männer zu sprechen. Auch war die Klosterregel, insbesondere der Augustiner, keineswegs exzessiv. Sie ließ sich sogar zugunsten von schwächeren Mönchen oder von solchen, die intellektuell besonders gefordert wurden, abmildern. Was war das Ziel der Selbstkasteiungen? Was sagte die kirchliche Lehre dazu? Bei Luther heißt es immer wieder: »Man stellte sie uns dar, als verdankten wir ihnen unser Seelenheil.« Das ist eine unverschämte Lüge! Sollte Luther dies wirklich geglaubt haben, wäre er ein »reiner Tor« gewesen. Doch er hat es nie geglaubt. Vielmehr hat er in seinen frühen Schriften immer wieder die richtige, die authentische, die einzig gültige Lehre der Kirche bezüglich der Bußübungen verkündet: In Maßen befolgt, bilden sie eines der Mittel, das Fleisch zu bezwingen, das böse Verlangen abzutöten, dem alten Adam alles zu nehmen, was ihn erregt.[20] Folglich war Luther ein Verleumder. Doch was bedeutet das für seine Schmeichler? Für jene leichtgläubige Herde, die kritiklos die Worte des Meisters beschwört? Auch damit sollte endlich Schluß sein: »Zuerst verändert man die katholische Lehre, und am Ende zieht man über sie her.« Zu diesem Thema, das ihm besonders vertraut war, hatte Denifle endlos viele Beispiele auf Lager. Er reihte Text an Text und zerriß seine Gegner in der Luft, zumindest aber deckte er bei einigen Lutherologen erstaunliche Schnitzer auf – die sie durchaus eingestehen mußten.

Soweit zum Prozeß. Nun zum Plädoyer – also Luthers nachträglicher, schönfärbender und mit vielen Ausreden geschmückter Darstellung seiner Bekehrung. Auch hier war Denifles Kritik geradezu vernichtend.

Wir erinnern uns an die berühmte Passage der Autobiographie von 1545, die oben bereits analysiert wurde. Für Denifle ist dies schlichtweg ein Roman. Oho, sollten tatsächlich vor Luther alle Doktoren der Theologie in jenem berühmten Römerbrief (I, XVII) unter *justitia* die *justitia puniens*, den strafenden Zorn Gottes verstanden haben? Er, Denifle, jedenfalls, hatte die gedruckten oder im Manuskript erhaltenden Kommentare von sechzig erstrangigen Autoren der römischen Kirche zwischen dem 4. und dem 16. Jahrhundert durchgesehen – und nicht einer von ihnen hatte unter der *Gerechtigkeit Gottes* eine strafende Gerechtigkeit verstanden; alle, restlos alle, hatten darunter vielmehr eine Gerechtigkeit verstanden, die uns rechtfertigt, eine gerechte und selbstlose Gnade, eine wirkliche und wahre Rechtfertigung durch den Glauben. Unter diesen sechzig Autoren gibt es jedoch mehrere, die Luther ohne jeden Zweifel gekannt und gelesen hat: Augustinus, Bernhard von Clairvaux, Nikolaus von Lyra oder Lefèvre d'Etaples. Mehr noch: Soweit man Luthers Gedanken zurückverfolgen kann, hat er nie, wenn er von der Gerechtigkeit Gottes sprach (zum Beispiel in seinen Anmerkungen zu den *Sentenzen* des Petrus Lombardus), darunter eine strafende Gerechtigkeit verstanden, sondern stets die rechtfertigende Gnade Gottes.[21]

Warum also hat Luther kurz vor seinem Tod solche Lügen geschrieben? Weil der Reformator die Wahrheit nicht eingestehen wollte. Weil er die wirkliche Entwicklung seines Denkens verschleiern wollte.

Luther war in zwei Menschen gespalten: der eine war hochmütig, der andere sinnlich. Der hochmütige Luther hatte unter Mißachtung aller gesunden Lehren die törichte Illusion genährt, daß er sein Seelenheil ganz allein erringen könnte. Das hatten schon andere vor ihm geglaubt: andere Christen und andere Mönche, allesamt schlechte Christen und schlechte Mönche, die den wahren Geist ihrer Religion verkannten. Luther wußte das. Am 8. April 1516 beklagt er in einem Brief an einen Glaubensbruder jene Anmaßenden, die es wagen, sich Gott gegenüber im Glanz ihrer Verdienste und guten Werke zu präsentieren.[22] Wenn unsere Anstrengungen und Bußübungen zu einem derart guten Gewissen führen, wozu wäre Christus dann gestorben? In Wahrheit sei der Hochmütige in Luther alsbald mit dem Sinnlichen in Konflikt geraten, mit dem armseligen, wankelmütigen, hilflos seinen Trieben ausgelieferten und letzten Endes unsensiblen Menschen. Einem Menschen, der in seinem Innern ein immer stärkeres Begehren spürte, das ihn zur Verzweiflung trieb.

Begehren, Konkupiszenz – ein den Theologen wohlbekannter Begriff. Für sie gibt es in unserem Innern nicht nur das auf die Erbsünde zurückgehende sinnliche und geistige Begehren, das man auch im engeren Sinne als Konkupiszenz bezeichnen kann, sondern darüber hinaus einen nie erlöschenden Sündenherd, *fomes peccati*, der durch exzessive Eigenliebe sowie den Wunsch nach vergänglichen Gütern angefacht wird. Luthers

Kampf wider die Sünde besteht also darin, dieses Begehren zu bändigen, es dem Geist zu unterwerfen, der sich seinerseits Gott unterworfen hat, kurzum, die bösen Begierden daran zu hindern, beherrschend zu werden und die Sünde zu erzeugen. Doch Luther hat sich im Begehren getäuscht.[23] Anfangs glaubt er, es durch einen tugendhaften Lebenswandel in sich vernichten zu können. Damit ist er natürlich gescheitert. Statt nachzulassen, wurde sein Begehren nur noch stärker und schließlich derart übermächtig, daß er vollständig kapitulierte. Es ist eben unbesiegbar, meinte er daraufhin. Das Begehren ist die Sünde selbst – die Erbsünde, die in uns fortlebt, was immer wir auch tun. Und da sie in all unseren Taten, auch den allerbesten, eine Rolle spielt, sind all unsere guten Werke von ihr befleckt. Jede Handlung enthält, tief vergraben, eine Sünde – die Sünde. Also kann sich der Mensch nie Verdienste erwerben oder das Gesetz einhalten. Das Evangelium ist nicht das Gesetz: Es ist nur das Versprechen, daß alle Sünden vergeben werden. Es enthält nur ein einziges Gebot, das alles besagt: Wir müssen Gottes Wort annehmen und an ihn glauben.

Welch ein Lichtstrahl! Dies ist Luthers eigentlicher Ausgangspunkt. Alles, was er ansonsten und teilweise im Widerspruch dazu über Gottes passive oder aktive Gerechtigkeit sagt, sind nur Finten, um die Wirklichkeit zu verschleiern und dem Vater der Reformation die Schande zu ersparen, die eigentliche Quelle seiner Apostasie beichten zu müssen: den traurigen Zustand seiner Seele, die zum Bösen neigt und dem Begehren so sehr verfallen ist, daß sie die Waffen streckt und ihre eigene Not zum allgemeinen Gesetz erhebt.

So also argumentierte Pater Denifle, der sowohl durch seine Überzeugungskraft als auch durch seine Gelehrsamkeit und Schärfe beeindruckte. Sicher wird man sagen: Wozu das alles noch einmal wiederholen? Das Buch des stürmischen Dominikaners ist längst vergessen. Wer würde es heute noch zur Hand nehmen, um sich eine Meinung über Martin Luther zu bilden? Niemand, nicht einmal die katholischen Gegner des Reformators, seit ein kenntnisreicher und vorsichtiger Jesuit, Pater Hartmann Grisar, 1911 und 1912 drei umfangreiche Bände publizierte, in denen er das allzu kompromittierende Zerstörungswerk des vatikanischen Unterarchivars geschickt aus den Angeln hob.

Gewiß, Pater Denifles Buch hat sich rasch in viele Dutzend Bücher oder

Abhandlungen verflüchtigt, aufgelöst, ja gleichsam verwandelt, die in einem völlig anderen Geist geschrieben sind, in denen jedoch alle Tatsachen und Argumente, die Denifle zur großen Luther-Kontroverse beitrug, einzeln oder gebündelt wieder auftauchen, diskutiert und verarbeitet werden. Ein Grund mehr also, das auf den ersten Blick so beeindruckende System zu skizzieren, mit dem Denifle eines schönen Tages die Luther-Forschung konfrontierte und aus ihren alten Denkgewohnheiten herausriß. Und noch ein Wort: Ein Buch wie das vorliegende wäre gänzlich verfehlt, würde es, indem es ein Luther-Bild nach dem persönlichen Geschmack des Autors zeichnet, nicht gleichzeitig seinen Lesern das lebendige, intensive Gefühl vermitteln, daß es noch viele andere und sehr verschiedene Luther-Darstellungen gibt, die allesamt beanspruchen, das Profil, das getreue und vollständige Porträt des Reformators zu zeichnen, wobei nur die Einfältigen glauben, daß es hier jemals Gewißheit geben kann.

Kapitel 2

REVISIONEN I: VOR DER ENTDECKUNG

Da die professionellen Exegeten von Pater Denifle in seinem Buch heftig angegriffen und persönlich haftbar gemacht wurden, da sie wegen ihrer Ideen und Positionen verspottet und kritisiert wurden, brachen sie zunächst in wütendes Geschrei aus. Dann aber machten sie sich mit großem Eifer wieder ans Werk.

Der Boden war mit Trümmern übersät. Auf den Ruinen des schönen Gebäudes, das sie mit so viel Liebe und Mühe errichtet hatten, erhob sich nun eine Konstruktion, die ihnen zwar verhaßt war, deren Kühnheit und Logik sie aber beeindruckte. Von allen Seiten wehte ein Wind der Erneuerung. Die durch das Erscheinen von *Luther und Luthertum* hervorgerufene Aufregung hielt an. Ein begabter Autor, der protestantische Theologe Ernst Troeltsch, begann in einer Reihe von Schriften, Gedanken zu formulieren, die sich mit bestimmten Thesen Denifles berührten und sie manchmal auf überraschende Weise bestätigten.[1]

War es wirklich die Reformation, die im 16. Jahrhundert den Beginn der Neuzeit markierte? War Luther tatsächlich jener heldenhafte und geniale Geburtshelfer unserer modernen Welt? Und wer brachte wirklich Schritt für Schritt und im Zusammenhang all die neuen und modernen Gedanken hervor, die man allzu leicht auf das Konto des Protestantismus zurückführt? Handelte es sich dabei wirklich um den Protestantismus im engeren Sinne – den von Luther und Calvin – oder vielmehr um eine Aufeinanderfolge religiöser und geistiger Bewegungen wie Humanismus, Wiedertäufertum, Arminianismus oder Sozinianismus, in denen sich ein derart produktiver Sektierergeist äußerte? Hat sich also die endgültige

Scheidung von mittelalterlicher und moderner Welt nicht eigentlich erst im 18. Jahrhundert vollzogen?

So wurden von allen Seiten und von sehr unterschiedlichen Geistern neue Probleme aufgeworfen. Ein gewaltiges Werk der Revision und sogar der Rekonstruktion schien nötig zu sein. Zuerst stellte sich allerdings die Frage, was das von Denifle benutzte Material tatsächlich wert war und ob nicht doch einige der von ihm verworfenen Quellen dienlich sein konnten.

Also begann man zu sortieren. Mit großem Eifer und verhaltener Wut machte sich das gelehrte Deutschland an die Arbeit. Wieder gab es manche Übertreibung, die komisch anmutet. Zum Beispiel wollte jemand ernsthaft beweisen, daß Bruder Martin allen bösen Zungen zum Trotz jungfräulich in die Ehe gegangen sei. Ein anderer versuchte mit unendlicher Geduld anhand der in den Texten enthaltenen Zahlenangaben zu errechnen, wie viele Gläser Bier oder Wein der Reformator, den Denifle der Unmäßigkeit beschuldigte, im Laufe seines langen Lebens trinken konnte. Man mag darüber lächeln. Aber die unternommenen Anstrengungen waren erstaunlich. Als sie beendet waren, als 1917 das Lutheranische Deutschland – trotz des Krieges – die Vierhundertjahrfeier der Ereignisse von 1517 beging, zeugten die beiden ersten Bände des Buches von Otto Scheel: *Martin Luther, vom Katholizismus zur Reformation* von dem großen und eindrucksvollen Revisionswerk, das seit 1904 in Gang gekommen war und bis heute weitergeführt wird. Versuchen wir, seine wichtigsten Ergebnisse zusammenzufassen.

Das Mönchlein Luther

Wie man sich denken kann, ist außerordentlich viel über Luthers Leben im engeren Sinne – von seiner Geburt bis zum Eintritt ins Kloster – geschrieben worden. Die Tendenz war eindeutig. Die allzu larmoyanten Darstellungen der alten Biographien mußten revidiert werden. Nein, Luthers Eltern waren nicht ganz so arm, wie früher behauptet wurde; als sein Vater starb, war er sogar ein ziemlich wohlhabender Unternehmer. Nein, das Kind wurde nicht ganz so hart behandelt, wie man behauptet hatte, und es ist auch müßig, den armen kleinen Martin zu bedauern, der sein Brot mit dem Absingen von Kirchenliedern erbettelte. All dies sind jedoch nur Details von geringem Interesse. Vermutungen, persönliche Eindrücke, oft auch parteiliche Meinungen. Auch über Luthers Klostereintritt wurden umfangreiche Abhandlungen veröffentlicht und endlose, erstaunlich differenzierte Debatten geführt. Was genau empfand Luther an jenem Tag, als auf dem Weg nach Stotternheim der Blitz einschlug, welcher nebenbei gesagt nicht den berühmten Alexis tötete, der ins Land der Chimären gehört? War der Magister artium der Universität Erfurt tatsächlich aufgrund eines Gelübdes ins Kloster getreten oder nicht? Und falls er dieses Gelübde abgelegt haben sollte – aber trifft dies zu? – und falls er sich davon hätte befreien können – aber konnte er es? –, warum, aus welchen geheimen Motiven hat er es dennoch eingehalten?

Nicht zu wissen, was man weiß, ist eine große Tugend. Wir wollen versuchen, sie hier anzuwenden. Dabei lassen wir viele Mutmaßungen, die nur Mutmaßungen sind, und auch viele Optionen und Alternativen, die nur Optionen und Vorlieben sind, beiseite und konzentrieren uns auf das Wesentliche. Statt zu versuchen, die verschiedenen Milieus zu rekonstruieren, mit denen Luther möglicherweise in Berührung gekommen ist, deren Einfluß auf seine Gedanken und Gefühle man jedoch nie genau wird ermitteln können, stellen wir uns einfach nur die Frage, ob es möglich ist, heute eine plausible Version der moralischen und geistigen Entwicklung Luthers im Kloster zu liefern. Eine plausible Version: Jeder weitergehende Anspruch wäre unredlich.

In einem Abschnitt der *Resolutiones*, in dem es darum geht, dem Papst, vor allem jedoch der breiten Öffentlichkeit den wahren Sinn und die Tragweite seiner Thesen über den Ablaß zu erklären, schreibt Luther 1518, nachdem er Tauler als Kronzeugen für die moralischen Qualen zitiert hat, die gerade die eifrigsten Christen erleben:[2] »Auch ich kenne einen Menschen, der diese Strafen öfters erlitten zu haben versicherte. Zwar nur für einen ganz kurzen Zeitraum, aber doch so groß und so höllisch, daß sie keine Zunge aussprechen, keine Feder beschreiben noch jemand, der sie nicht erfahren hat, glauben kann. So daß, wenn sie zur Vollendung gebracht oder eine halbe Stunde lang gedauert hätten, ja, auch nur den zehnten Teil einer Stunde, er gänzlich hätte zu Grunde gehen müssen und alle seine Gebeine in Asche verwandelt worden wären.« Er versucht dies sogar noch genauer zu beschreiben: »In solchen Augenblicken scheint Gott schrecklich zornig zu sein und mit ihm die gesamte

Schöpfung. Da gibt es kein Entfliehen, keinen Trost, weder innerlich noch äußerlich, sondern Anklage in allen Dingen. Dann meint man den Vers: ›Ich bin von deinen Augen verstoßen‹ zu hören und wagt nicht einmal zu sprechen: ›Herr, strafe mich nicht in deinem Zorn‹.«

Der Mann, der sich 1518 in dieser Weise äußerte; der Mann, von dem Melanchthon überliefert, daß er sich einmal während eines Streits in einem Nebenzimmer aufs Bett werfen mußte, wo er unter leidenschaftlichen Erklärungen immer wieder rief: *Conclusit omnes sub peccatum, ut omnium misereatur*[3]; dieser Mann, der immer wieder sagte oder schrieb, daß er als junger Mensch die allerschlimmsten und grausamsten Angstzustände durchlebt habe – dieser Mann war sicher kein oberflächlicher Christ und sein Glaube beschränkte sich nicht bloß auf einen kleinen Teil seines Kopfes und seines Herzens. Worin aber lagen die Ursachen für derlei Anfälle?

Lassen wir alle physiologischen Erklärungen beiseite. Die Zeit dafür ist noch nicht reif. Eines Tages wird sich das vielleicht ändern. Bewundern wir statt dessen jene Amateurpsychiater – ohne ihnen jedoch nachzueifern –, die mit großer Geste die widersprüchlichsten Diagnosen über den kranken Luther verkünden. Und widersetzen wir uns auch den Zauberkunststücken jener Psychoanalytiker, die vor keiner Vereinfachung zurückschrecken und sich beeilen, Denifles Vorwürfen hinsichtlich der heimlichen Begierden Luthers die ach so bequeme Unterstützung der Freudschen Theorien über Libido und Verdrängung zu verschaffen. Ein freudianischer Luther: Man ahnt schon im voraus, wie er aussehen wird, und falls ein unerschrockener Luther-Forscher uns dieses Bild tatsächlich vor Augen führt, verspürt man keinerlei Neugier, es genauer kennenzulernen. Könnte man nicht ebenso leicht einen lutherischen Freud konstruieren, also zeigen, daß der inzwischen berühmt gewordene Vater der Psychoanalyse selbst eines der dauerhaftesten Merkmale des deutschen Geistes repräsentiert, der sich in Luther mit solcher Macht verkörperte? Doch lassen wir das. Versuchen wir statt dessen, da Luther selbst die Geschichte seiner Krisen von Anfang mit der Geschichte seines Denkens verbunden hat, herauszufinden, was dieses Amalgam für ihn bedeutete.

In diesem heiklen Punkt kennt Denifle, wie bereits bemerkt wurde[4], keinerlei Skrupel. Für ihn läuft alles auf Gewissensbisse, schlechte Gedanken und heimliche Begierden hinaus. In seinem Inneren habe Luther einen ständigen Kampf des rebellierenden Fleisches gegen den Geist ausgetragen. Womit natürlich seine Wollust gemeint ist. *Concupiscentia carnis*, sexuelle Besessenheit.

Auch hier können wir nur staunen. Offenbar waren diese Leute – Denifle und seine Anhänger – genau darüber informiert, mit welcher Gewalt unkeusche Begierden einen Menschen bestürmen, der darüber nie zu irgendjemand gesprochen hat. Das ist wahre Einfühlung! Doch ebenso bewunderungswürdig sind die offiziellen Verfechter der Lutherschen Unschuld: Verkünden sie nicht mit derselben Großartigkeit die lilienartige Gedankenreinheit eines Menschen, der wie die meisten Wesen verschwiegen war? Auch den anderen, die ihre Sünden beichten, sollte man übrigens nicht blindlings glauben. Wir würden uns also lächerlich machen, wollten wir für die eine oder die andere Seite Partei ergreifen. Wir wissen nichts. Und wir haben keine Möglichkeit, im Nachhinein die geheimen Winkel von Luthers Seele zu erkunden. Halten wir uns also an Tatsachen und Texte und beschränken wir uns darauf, zweierlei festzuhalten.

Erstens steht eindeutig fest, daß niemand Luther je vorgeworfen hat, während seiner Klosterjahre schlecht gelebt, also sein Keuschheitsgelübde gebrochen zu haben. Zweitens: Für jeden unvoreingenommenen Leser seiner Texte ist ebenfalls erkennbar, daß Denifle den Sinn des von Luther sehr häufig benutzten Begriffs der *concupiscentia carnis* übermäßig einengt. Dies läßt sich mit einer bekannten Textstelle belegen. Im *Kommentar zum Galaterbrief*, der 1535 veröffentlicht wurde (Luther war damals 52 Jahre alt) heißt es: »Da ich ein Mönch war, meinte ich, daß es sofort um meine Seligkeit geschehen wäre, wenn ich etwa eine Lust des Fleisches empfände, das heißt, eine böse Regung, Begierde (*libido*), Zorn, Haß, Neid etc. wider irgendeinen Bruder.« Eine sehr weitreichende Definition, wie man sieht. Auch wenn der Begriff *libido* der Unkeuschheit Tür und Tor öffnet, zeigen die anderen sehr viel genaueren Termini, daß Luther nicht nur die reine Fleischeslust meint. Das bestätigen die folgenden Sätze: »Denn immer kehrte die Lust des Fleisches wieder. Deshalb konnte ich mich nicht zufriedengeben, sondern wurde beständig von diesen gedanken gemartert: Diese und jene Sünde hast du begangen, desgleichen, du hast dir Neid, Ungeduld etc. zu schulden kommen lassen. [...] Wenn ich damals die Aussprüche des Paulus recht verstanden hätte: ›Das Fleisch gelüstet wider den Geist‹ und ›Dieselbigen sind wider einander‹ etc., so hätte ich micht nicht so gemartert.«[5]

Diesen Text darf man weder in der einen noch in der anderen Richtung überinterpretieren. Wir haben ausdrücklich auf sein Entstehungsdatum hingewiesen, denn Luther war damals schon über fünfzig. Man könnte also sagen: Luther arrangiert im Nachhinein seine Geschichte. Er mag sogar guten Glaubens die Erinnerung an die fleischlichen Versuchungen verloren haben, die bei der Entstehung seiner Krisen eine entscheidende Rolle gespielt haben. Oder er hat, weil er sich daran erinnerte, aus Gründen der Konvention und der menschlichen Diskretion einen frommen Schleier über diesen Aspekt seines heimlichen Lebens geworfen. Darüber könnte man ewig streiten, ohne einen Zentimeter voranzukommen. Was jedoch die genaue Bedeutung des Begriffs *concupiscentia carnis* angeht, so haben die Lutherischen Theologen völlig recht. Denifle hat sie viel zu eng interpretiert. Er erdichtet eine Art vorfreudschen Familienroman, der ihm offenbar Vergnügen bereitet. Doch auf seine konkreten Beweise werden wir noch lange warten müssen. All dies, wie gesagt, ohne unsererseits eine oder mehrere Lanzen zu Ehren der verborgenen Unschuld des Martin Luther brechen zu wollen.

Gewissensbisse als Ursprung von Verzweiflungskrisen? Nein, nicht im strengen Sinne des Wortes. Luther hat, um es noch einmal zu sagen, in seinem Kloster keinerlei Verfehlungen begangen, die es rechtfertigen würden, ihn als schlechten Mönch zu bezeichnen. Auch wer Denifle gelesen hat, seinen Argumenten gefolgt ist und die von ihm zitierten Texte genau geprüft hat, hat keinen triftigen Grund, in dieser Hinsicht von der Tradition abzuweichen. Nein, Luther war kein schlechter Mönch. Eher war er ein zu guter Mönch. Oder vielmehr ein Mönch, der nur aus Übereifer sündigte – der die Schwere seiner geringsten Sünden übertrieb, ununterbrochen sein Gewissen erforschte, damit beschäftigt war, dessen geheime Regungen zu erlauschen, und der gleichzeitig von dem Gedanken an das Gottesgericht besessen war, weshalb er aus seiner Nichtswürdigkeit heraus umso heftigere und schrecklichere Gefühle nährte, als keines der ihm angebotenen Heilmittel sein Leiden linderte.

Von Gabriel Biel zu Johannes Staupitz

Stellen wir uns vor: Ein Mann lebt in seinem Jahrhundert. Er trägt eine zu schwere Last. Er hat eine unruhige Seele und ein schlechtes Gewissen. Er ist zwar nicht kriminell, verdorben oder böse, aber er spürt, wie in den Abgründen seiner Seele lauter verdächtige Begierden, schmerzliche Versuchungen, potentielle Laster und heimliche Nachsichten umherkriechen, so daß er sich und sein Seelenheil für verloren hält. Die absolute Reinheit, die man haben müßte, um es wagen zu dürfen, vor seinem Gott zu erscheinen, ist so weit, so unerreichbar …

Den klösterlichen Frieden genießen; in einer Zelle leben, sich allein dem Gebet und der Meditation widmen, wobei die gesamte Existenz vom Schlag der Glocke bestimmt und in allen Einzelheiten von umsichtigen Oberen und ehrwürdigen Regeln gesteuert wird: Wie konnten in einer so reinen, gesunden und klaren Umgebung die giftigen Dämpfe der Sünde weiter ausströmen? Aus einer plötzlichen Eingebung heraus hatte Luther die Schwelle des Erfurter Klosters überschritten. Monate waren verstrichen. Wo aber blieb das von so vielen Mönchen in berühmten Texten beschriebene Gefühl der Erneuerung und Reinigung, das sie den Eintritt in den Orden mit einer zweiten Taufe vergleichen ließ? Für Luther war der Beweis schnell erbracht: Das klösterliche Leben verschaffte ihm keinen Frieden. Die Übungen, das Fasten, die Gesänge in der Kapelle, die vorgeschriebenen Gebete und Meditationen: Alle diese Heilmittel waren für andere tauglich, die nicht wie er nach dem Absoluten suchten. Gegenüber seiner ungestümen, nach Zwängen lechzenden Seele, die sich nach göttlicher Liebe und unerschütterlichen Gewißheiten sehnte, blieb die Mechanik der Frömmigkeit wirkungslos.

Wie aber stand es mit dem Unterricht, den er erhielt? Den Autoren, die man ihm zu lesen gab? Wie wirkten sie sich auf ihn aus? Lassen wir hier alles beiseite, was auf gelehrten Mutmaßungen basiert. Voller Neugier hat man die Bücher studiert, die Luther in Erfurt oder Wittenberg gelesen haben könnte oder müßte. So hat man mit bewundernswertem Eifer und Scharfsinn erforscht, welchen Einflüssen er nach und nach unterworfen war oder unterworfen gewesen sein könnte. Das alles ist legitim, nützlich und interessant.[6] Vorausgesetzt, man verständigt sich über das Wesentliche.

Wenn ein Mann vom Temperament Luthers ein Buch aufschlägt, liest er darin immer nur seine eigenen Gedanken. Er lernt nichts, was nicht bereits in ihm ist. Ein Wort, ein Satz, ein Argument fallen ihm auf. Er greift danach. Er nimmt es in sich auf, läßt es tiefer und tiefer sinken, bis es irgendwo unter der Oberflächen einen geheimen Punkt berührt, den der Leser selbst bisher nicht kannte und wo dann plötzlich eine lebendige Quelle entspringt – eine schlafende Quelle, die nur auf ein Zeichen und den Anstoß des Quellensuchers wartete: Doch die Wasser und ihre verhaltene Kraft waren bereits da. Deshalb sollten wir uns nicht scheuen, hier eine ungeheure Vielzahl geduldiger und verdienstvoller Forschungen außer Acht zu lassen. Halten wir nur eine Tatsache fest – unter vielen anderen.

Wie es scheint, hat Luther in Erfurt die großen scholastischen Systeme des 13. Jahrhunderts kaum studiert.[7] Vor allem der Thomismus blieb ihm fremd. Kein Wunder, denn selbst, wenn er ihn besser gekannt hätte, hätte er daraus nur einen äußerst negativen Gewinn gezogen. Außer einigen Mystikern und insbesondere Tauler (von dem es übrigens heißt, daß Luther ihn mißverstand und seine Gedanken skrupellos entstellte, mit anderen Worten, daß er ihn beliebig ausbeutete, ohne sich darum zu kümmern, ob seine Interpretationen mit der Lehre dieses Schülers von Eckhart übereinstimmten oder nicht, es reichte, daß sie in seine eigenen Gedankenkonstruktionen paßten) las er damals vor allem den *Kommentar zu den Sentenzen* des Nominalisten Gabriel Biel (gest. 1495). Biel war der wichtigste Vermittler des Ockhamismus in Deutschland, der »König der Theologen« – zumindest in Tübingen –, ein Freund des Johann Trithemius und Geilers von Kaisersberg. Noch im Alter war Luther stolz darauf, ganze Seiten des berühmten Gelehrten auswendig zu wissen.

Was aber fand Luther in den Schriften Biels, wenn er sie immer wieder mit glühenden Eifer las, um darin eine Lösung der Schwierigkeiten zu entdecken, aus denen er keinen Ausweg wußte? Unter anderem zwei Theorien, die sich, wenn man sie nacheinander betrachtet, zu widersprechen scheinen. Allerdings ist hier nicht der Ort, um zu zeigen, wie sich dieser Widerspruch für jeden, der nur etwas mit Ockhams Denken vertraut ist, in Luft auflöst. Biel behauptete zunächst, daß die Folgen der Erbsünde sich vor allem in den unteren Regionen, den niederen Bereichen der menschlichen Seele auswirkten, während Vernunft und Willen mehr oder weniger die gleichen blieben wie vor dem Sündenfall. Allein durch die Kraft seiner Natur könne der Mensch das Gesetz einhalten und die vorgeschriebenen Werke vollbringen, vielleicht nicht entsprechend den

Abbildung 5: Satirische Allegorie auf das Mönchtum. Holzschnitt von Sebald Beham, 1521.

»Intentionen des Gesetzgebers«, doch immerhin entsprechend der »Substanz des Bestehenden«. Und weil der menschliche Wille allein aufgrund derselben Kräfte fähig ist, den Geboten der Vernunft zu folgen, könne der Mensch Gott mehr als alles andere lieben. Diese höchste und vollständige Liebe erzeugt in ihm eine hinreichende Disposition, um trotz all seiner Sünden die heiligende Gnade und die Vergebung seiner Sünden zu erlangen.

Gleichzeitig, und weil er sich auf Ockham stützte, behielt Biel das Recht der göttlichen Allmacht bei. Ein absolutes Recht, ohne jede Eingrenzung und Beschränkung, das bis zur Willkür reicht. So lehrte der Tübinger Theologe beispielsweise, daß alle moralischen Gesetze ihren Sinn und Wert allein aus dem göttlichen Willen beziehen. Die Sünden sind Sünden und keine guten Taten, weil Gott es so will. Würde Gott das Gegenteil wollen, so würde auch das Gegenteil gelten: Diebstahl, Ehebruch und sogar Gotteslästerei würden zu guten Taten. Gott straft oder belohnt im Menschen keine eigenen Fehler oder persönlichen Verdienste. Damit die guten Taten belohnt werden, braucht Gott sie nur anzunehmen. Und er nimmt sie an, wann, wie und wenn es ihm gefällt, und dies aus Gründen, die sich der menschlichen Vernunft entziehen. Folglich gibt es eine bedingungslose und unvorhersehbare Prädestination.

Dies alles lehrte einst der hochverehrte Gabriel Biel – und nach seinem Tod lehrten es weiterhin seine Bücher und seine Schüler. Nun stelle man sich angesichts dieser Bücher und Lehrmeinungen den leidenschaftlichen, nach dem Absoluten suchenden Luther vor, verängstigt und gepeinigt, der überall seinen heißen Durst nach Frömmigkeit stillen und sich gleichzeitig von seinen Zweifeln und Ängsten befreien will. Man sagte ihm mit Biel: Bemühe dich! Du kannst es. Durch ein Zusammenspiel von Willen und Vernunft kann der Mensch allein aufgrund seiner natürlichen Kräfte das Gesetz erfüllen; er kann am Ende dahin gelangen, Gott über allen Dingen zu lieben. Und so bemühte sich Luther. Er tat das in seiner Natur liegende Mögliche, aber auch das Unmögliche, damit in ihm die *dispositio ultimata et sufficiens de congruo ad gratiae infusionem* entstehe, von der Biel gesprochen hatte. Vergeblich. Da aber seine nach Gewißheit suchende Seele trotz all seiner Bemühungen keine Ruhe fand; da der so erflehte, befreiende Seelenfrieden bei ihm nicht aufkommen wollte, kann man sich leicht vorstellen, welch bitteres Gefühl der Ohnmacht und der völligen Verzweiflung ihn vor diesem stummen Gott zu Boden warfen – wie einen Gefangenen vor einer unüberwindlichen Mauer.

Doch allmählich bildeten sich in seinem verwirrten Kopf andere Gedanken. Biel hatte gelehrt, daß die guten Taten, sollten sie verdienstvoll sein, von Gott lediglich angenommen werden müßten, und mehr nicht. Hatte Gott also seine, Luthers, gute Taten nicht angenommen? Hatte er ihn etwa durch unverständlichen und unwiderruflichen Ratschluß verstoßen? Wie konnte man das wissen? Oh, welch schreckliche Angstzustände ergaben sich aus diesem Zweifel!

Das war die Lehre, mit der man Luther fütterte, die Lehre der Gabrielisten, die aus dem Ockhamismus hervorgegangen war und deren dauerhaften und hartnäckigen Einfluß Denifle als erster nachdrücklich betonte.[8] Diese Lehre, die einerseits die Macht des menschlichen Willens hervorhob und ihn gleichzeitig erniedrigte und vor der unergründlichen Allmacht Gottes verspottete: Sie weckte in dem Mönch die Kräfte der Hoffnung nur, um sie dann besser zerschlagen zu können und ihn in der tragischen Ohnmacht seiner Schwachheit zurückzulassen.

Dies war sein eigener Fehler, wendet Denifle hier ein. Warum hat sich Luther, nachdem er sich von einer Lehre abwandte, die für ihn schädlich war, nicht nach anderen Lehren umgesehen, die eher geeignet waren, ihn aufzuheitern? Hätte er sich in die dicken Foliobände des Heiligen Thomas oder des Heiligen Bonaventura oder auch des Egidius von Rom, des wichtigsten Lehrers der Augustiner, versenkt, so hätte er erkannt, daß sie alle vollkommen anders als Biel argumentierten – nämlich im Sinne eines Zusammenwirkens von göttlicher Gnade und menschlichem Willen zur Erlangung des Seelenheils.

Gewiß. Doch hätte dies Luther wirklich überzeugt? Hätten die Lehren des Heiligen Thomas oder des Heiligen Bonaventura jenen Luther, den wir kennen oder wie ihn Denifle zu kennen glaubte, wirklich prägen können? Was für eine Einfalt auch hier! Aus dem unerschöpflichen Fundus seines scholastischen Wissens holt Denifle immer neue Schätze der Klugheit und Versöhnung hervor. Mit posthumem Eifer breitet er sie vor Luther aus: »Oh, wenn der Augustiner sie nur gekannt hätte! Er hätte sie kennen können. Es war ein Verbrechen, sie nicht zu rezipieren!« Hätte der Augustiner sie tatsächlich gekannt, gelesen und immer wieder gelesen, hätte sich vermutlich gar nichts geändert. Denn für ihn zählte nur eins: seine innere und ganz persönliche Erfahrung.

Wonach er sich leidenschaftlich sehnte, waren keine Lehren, sondern ein Leben im Geist, waren innerer Frieden, erlösende Gewißheit und Ruhe in Gott. Die ihm erteilte Unterweisung nahm er so, wie er sie bekam. Er rezipierte alles davon, was seinem Temperament entsprach. Den Rest lehnte er ab, und zwar heftig. Es war nicht seine Vernunft, die ihm sagte, was ihm guttat oder gefährlich war, sondern sein Herz, sein Gefühl. Wäre er anderen Einflüssen ausgesetzt gewesen, hätte Luther der Form nach anders reagiert. Doch im Grunde hätte er genauso gekämpft, gesucht und gelitten, bis er ihn gefunden hätte – seinen Frieden.[9]

Wer aber unterstützte ihn bei seiner hartnäckigen und schmerzlichen Suche? Fand er brüderliche Hände, die ihm halfen, sich aus dem Abgrund herauszuziehen? Dies ist oft behauptet worden. Luther selbst hat es gesagt, auch wenn er es später, wie häufig, widerrief. Jeder, der sich in Frankreich vor gut dreißig Jahren anhand des Buches von Kuhn[10] in die Luther-Studien einarbeitete, erinnert sich an die rührende Passage über Luthers Beziehung zu Staupitz. In jüngerer Zeit hat André Jundt den »radikalen« Wandel in Luthers Denken auf den Einfluß von Staupitz zurückgeführt. Hat nicht auch Luther selbst in einem Brief von 1545 gegen Ende seines Lebens Staupitz seinen »Vater« genannt? Er verdanke ihm, sagte er, seine Neugeburt in Christi. Damit erklärt sich eine Tradition, die Staupitz zu einem Johannes dem Täufer und zu einem Vorläufer Luthers macht.[11]

Wie aber ist dies zu verstehen? Geht es um die Lehre, um eine Lehre, die Staupitz, der angebliche Vorläufer, predigte und die bereits der des angekündigten Meisters entsprach? Sollte Staupitz Luther eine Lehre offenbart haben, die schon im voraus, gleichsam im Keim, die Lehre des Reformators enthielt? Sicher nicht. In der relativ kurzen Zeit, die der Generalvikar der Augustiner, der ein sehr beschäftigter, ständig reisender Mann war, Luther widmen konnte, unterstützte er den jungen Mönch, dessen innige Frömmigkeit und Intelligenz ihm gefielen, vor allem durch geistigen und moralischen Zuspruch. Er tröstete ihn. Er lehrte ihn, sich nicht von der Sündenangst heimsuchen und quälen zu lassen, von der ewigen (und schnell krankhaften) Angst, die Gnade, in dem Augenblick, in dem sie einem zuteil wurde, zurückzuweisen oder alsbald wieder zu verlieren. Vermutlich verstand er auch nicht immer, welche »Versuchungen« ihm Luther voller Grauen zu schildern versuchte. Das waren keine äußerlichen Begierden. Luther hat es immer wieder betont. Es ging auch nicht um Frauen, wie in einem merkwürdigen Bericht festgehalten wird, sondern um »wahre Schwierigkeiten«, um ausschließlich geistige Anfechtungen, wie sie Luther zufolge nur Johannes Gerson gekannt, beschrieben und bekämpft hatte.[12] Doch immerhin sprach Staupitz zu seinem jungen Ordensbruder in einer Sprache, die menschliches und brüderliches Mitleid verriet, so daß er sich eine zeitlang beruhigte, entspannte und getröstet fühlte.

Das war der wohltuende Einfluß, den Staupitz ausübte. Von der Entdeckung einer neuen Lehre kann keine Rede sein. Auch wenn Luther in seinem schönen, an Trinitatis 1518 verfaßten Widmungsbrief an Staupitz, den er seinen *Resolutiones* voranstellte[13] – noch vor dem Brief an Papst Leo –, auch wenn er auf diesen Seiten, die dem doppelten Wunsch entsprachen, das Publikum hinsichtlich seiner persönlichen Rechtgläubigkeit zu beruhigen und den bekannten und verehrten Theologen so weit wie möglich in den Konflikt mit hineinzuziehen, seinem Beschützer die Ehre erweist, ihm eine wirklich grundlegende Entdeckung zuzuschreiben; auch wenn er ihm dafür dankt, ihm eines Tages gesagt zu haben, daß »die wahre Buße mit der Liebe zur Gerechtigkeit und zu Gott« beginnt, und jene eigentümliche Erleuchtung beschreibt, die dieser Satz in ihm auslöste, sowie die Gedankenarbeit, die sich darum rankte: »Von allen Seiten haben mir die Worte der Schrift Ihre Erklärung bestätigt; lächelnd sind sie um sie herumgetanzt«; und schließlich: auch wenn Luther in dem Bemühen, diese Entwicklungsphase seines Denken zu betonen, erklärt, daß er den Satz von Staupitz als das exakte Gegenstück zur These der »Gabrielisten« begriff, die meinten, daß die Buße nach einer langen Abfolge von Anstrengungen in der Liebe zur Gerechtigkeit und zu Gott, als dem Höhepunkt eines mühseligen Werkes, *ende*, so muß man schon ein wenig naiv sein, um – wie Reinhold Seeberg – Luthers Darstellung wörtlich zu nehmen und zu behaupten, daß dies der wahre Keim seiner gesamten Lehre sei. Das ist auch deshalb inakzeptabel, weil man diese Lesart wenig später erneut anwenden müßte, um Luthers Meditationen über die aktive und passive Gerechtigkeit als den eigentlichen Ausgangspunkt seines Denkens zu interpretieren.

Wenn Luther also jenem Satz von Staupitz, daß »die Buße mit der Liebe zur Gerechtigkeit und zu Gott beginnt« – einem Satz, den Staupitz sicher ohne jeden theoretischen oder systematischen Hintergedanken formuliert hatte – einen doktrinalen Stellenwert gab, so deshalb, weil er in ihm ein ganzes Gedankenuniversum zum Leben erweckte, das ihm schon lange vertraut war und von dem Staupitz nichts ahnte. Allein aufgrund seines intellektuellen Reichtums verwandelte Luther eine Formel, die für jeden anderen ziemlich unbedeutend war, in einen mächtigen und wirksamen Schatz. Das mag wie eine zweitrangige Frage erscheinen. Was die Tatsachen angeht, gewiß. Aber psychologisch ist dies ein entscheidender Punkt. Es wäre nämlich völlig falsch, Luther Mithelfer zuzuschreiben, die ihm bei seiner langen, mühseligen und rein persönlichen Arbeit an seiner »Befreiung« geholfen haben.

Oh, wenn es sich nur darum gehandelt hätte, ein System zu errichten und ein großes Lehrbuch zu schreiben! Dann wäre von solchen Kleinigkeiten nie die Rede gewesen. Aber Luther ging in sich. Er entwickelte ein intensives Gefühl von der Kraft, der Heftigkeit und der tragischen Größe der Sünde. Das war nichts Angelerntes, sondern eine alltägliche Erfahrung. Und diese Sünde, die auf seinem Gewissen als Mönch lastete, war allgegenwärtig: Niemand konnte verhindern, daß sie alle Menschen, auch die, die ihr am eifrigsten widerstanden und sie am weitesten von sich wiesen, mit einer ungeheuren Arroganz beherrschte. Doch zugleich entdeckte Luther in sich auch ein intensives und genauso persönliches Gefühl von der unerreichbaren, unermeßlichen Heiligkeit Gottes, der völlig souverän über das Schicksal der Kreaturen verfügte, denen er – aus für den Menschen unbegreiflichen Gründen – entweder das ewige Leben oder den ewigen Tod vorherbestimmt hatte. Luther wollte errettet werden. Er wollte und wünschte es von ganzem Herzen, mit seinem ganzen Wesen. Aber er wußte auch, daß jedes noch so heftige Bemühen, dieses Seelenheil zu »verdienen«, vergeblich sein würde; weder ihm noch irgend jemand sonst auf dieser Erde würde es je gelingen – niemals ...

Konnte ihm also ein System mehr oder wenig logisch angeordneter theologischer Begriffe Frieden und Ruhe verschaffen? Nein, sondern nur eine tiefe Überzeugung, die sich immer stärker in seinem Herzen festsetzte und verankerte. Und nur ein einziger Mensch konnte Luther diese Gewißheit vermitteln: er selbst.

Kapitel 3

REVISIONEN II: DIE ENTDECKUNG

Nein, niemand hat dem Augustiner aus Erfurt und Wittenberg mit dem Finger den Weg gewiesen, dem er folgen sollte. Einsam und allein hat sich Luther zwar nicht seine Lehre ausgedacht, aber doch wenigstens seine innere Ruhe gefunden. Und zwar, indem er seine Meditationen, wie er sagte, auf ein Problem konzentrierte, das nicht seinen Verstand herausforderte, sondern seinen inneren Frieden berührte: die Gerechtigkeit Gottes. So fand er zunächst tastend, dann immer deutlicher erkennbar einen Weg, wie er all den Schrecken, den Qualen und Angstzuständen entkommen konnte, die ihn verzehrten.

Diese Fortschritte von Text zu Text zu verfolgen, von der Psalmen-Vorlesung, in der bereits einige lutherische Themen anklingen, bis zum *Kommentar über den Römerbrief*, der weit umfassender ist und in dem sich Luthers Gedanken auf die mächtigen Ideen des Apostels stützen können, ist eine Aufgabe, die den Rahmen des vorliegenden Buches weit überschreitet. Die Entwicklung eines noch zögernden Denkens und von Gefühlen, die sich häufig noch in angelernten und manchmal mißverständlichen Formeln ausdrücken, läßt sich nicht in wenigen Zeilen oder auf wenigen Seiten rekonstruieren. Zumal nicht mit Texten, deren eigene Geschichte nicht immer vollständig geklärt ist. Statt dessen wollen wir einfach versuchen, dieses Denken in seinen wesentlichen Zügen zu skizzieren, oder vielmehr, diese Gefühle in ihrer spontanen Kraft und Leidenschaft nachzuzeichnen, ohne uns allzu sehr um philologische Details zu kümmern, die hier nur eine falsche Genauigkeit suggerieren würden.

Worin Luthers Entdeckung besteht

Im Kloster hatte sich Luther krampfhaft bemüht, sein Seelenheil durch verdienstvolle Werke zu erlangen. Eine ungeheure Enttäuschung und schreckliche Krisen der Hoffnungslosigkeit waren die Folge. Allmählich entstand daher bei ihm die Überzeugung, die sich dann festsetzte, daß jeder Kampf vergeblich sei, weil die Begierden unbesiegbar und die Sünde allgemein ist. Die Sünde: Sie ist nicht bloß eine Schwäche, die der Mensch mit äußeren Mitteln überwinden kann, sondern eine schreckliche, grenzenlose Macht, die den Menschen auf ewig von seinem Schöpfer trennt.

Doch wie kann man dem Zweifel, der Hoffnungslosigkeit und dem Schrecken entgehen? Plötzlich, wie durch einen Blitz, der alle vorher gefaßten Gedanken beleuchtete, erkannte Luther einen Ausweg, den er nie mehr vergessen sollte. Wann genau fand diese Bekehrung statt? War es Ende 1512? Oder etwa 1513? Auf jeden Fall war es vor der Jahresmitte 1514, und zwar im Turm des Wittenberger Klosters.[1] Handelte es sich um eine theoretische Entdeckung, eine Kombination neuer Begriffe? Daß einige sich diese Frage offenbar gestellt haben, ist lächerlich genug. Denn welche Argumente hätten Luthers Ängste beschwichtigen können? Was dieser Mönch brauchte, war ein Heilmittel. Und das entdeckte er dann auch oder vielmehr: Er entdeckte eine Therapie.

Bis dahin hatte er immer wieder wild entschlossen alle seine Kräfte zusammengenommen und viele hundert Mal den Hafen aus eigener Kraft zu erreichen versucht. Seine Seele zu läutern, alles Böse zu zermalmen, sich von einem Sünder in einen guten Menschen zu verwandeln – das sagte sich leicht, aber es war unendlich schwer zu verwirklichen. Seine Erfahrung – und zwar eine sauer erworbene Erfahrung – bewies ihm, daß alle seine Versuche, sich das Seelenheil zu »verdienen«, jämmmerlich fehlschlugen.

Da entdeckte er einen ganz anderen Weg. Statt sich vergeblich aufzulehnen und seinen schwachen Willen zu überfordern, könnte er sich als Christ auch in einer unbeschreiblichen Mischung aus Freude und Schrecken dem allmächtigen Handeln eines übernatürlichen, unendlich heiligen und wahrhaft lebensspendenden Willens unterwerfen; als Sünder, der an sich und seinen Werken völlig verzweifelte, brauchte er nicht mehr vergeblich der Hölle zu entfliehen suchen, sondern im Gegenteil bereit sein, sie als tausendfach verdient zu akzeptieren; statt zu kämpfen und am Ende doch zu unterliegen, könnte er sich unter die schützenden »Fittiche der Henne« begeben und das ihm Fehlende von der göttlichen Allmacht als Geschenk erflehen, um auf diese Weise endlich Trost und Frieden zu finden.

Eine totale Revolution von unvergleichlicher Kühnheit. Vorher der wilde und vergebliche Kampf eines Gladiators, der alle seine Muskeln einsetzt, um heldenhaft besiegt zu werden. Und jetzt die völlige, gottbefohlene Passivität eines Resignierten, der sich schon vor dem Kampf für besiegt erklärt und dessen ganze Hoffnung auf dem Übermaß seiner Niederlage ruht.

Natürlich haben Luther und in seinem Gefolge auch alle Kommentatoren diese eigentümlichen Vorstellungen in eine theologische Sprache übersetzt bzw. übertragen. Ausgangspunkt war jetzt der plötzlich erkannte Gedanke, daß das Problem *par excellence*, das Problem der Gerechtigkeit, nur dadurch zu lösen war, daß man es umkehrte. Um von Gott angenommen zu werden, so lehrte es die katholische Kirche, und Luther glaubte daran, mußte der Mensch gerecht werden. Aber daß er gerecht würde, war ja gerade unmöglich. Zwischen der Heiligkeit Gottes und der Verworfenheit der Kreatur gähnte ein so breiter Abgrund, daß der Mensch, der mit seinen kurzen Ärmchen lächerliche Falleitern anbringen will – seine sogenannten guten Werke –, derart grotesk erscheint, daß man seine Fehler und seine Blasphemie fast schon wieder vergißt. Gott allein kann den Abgrund überwinden, indem er sich dem Menschen zuwendet und ihn mit seiner helfenden Liebe umfängt. Diese Liebe durchdringt die Kreatur, spendet ihr neues Leben und bringt sie ihrem Schöpfer näher.

Den Abgrund überwinden, aber nicht die Sünde. Luther, so behauptet Denifle, ist ein Ignorant, ein unerschrockener Entdecker des längst Bekannten. Da, sehen Sie nur: Er kritisiert Irrtümer der Kirche, die sie nie gelehrt hat. Eigentlich hätte der junge Theologe es wissen müssen: Die Kirche lehrte ganz ausdrücklich, daß Gott den Menschen durch die Rechtfertigung gerecht werden läßt. Eine lutherische Formulierung. Worin besteht also noch Luthers Erfindung?

Denifle irrt sich und zieht voreilige Schlüsse. Zwar ist die Rechtfertigung für die Kirche ein Werk Gottes, aber Gott krönt mit seiner Rechtfertigung nur Verdienste, die durch eine moralische Anstrengung »unter

dem Einfluß und bei fortwährender Hilfe der Gnade« erworben wurden.[2]
Es gibt also keinen Gegensatz zwischen der eigenen oder persönlichen
Gerechtigkeit, der erworbenen natürlichen Tugend und der Gerechtigkeit
Christi: weder mit der Gerechtigkeit, die er selber besitzt, noch mit der
übernatürlichen Gerechtigkeit, die er uns vermittelt, wenn wir sie uns
durch unsere Mitarbeit aneignen. Mit der Rechtfertigung verschwindet
die Sünde, aber sie überläßt der natürlichen Sittlichkeit ihre Funktion,
ihren Stellenwert und ihre Wirksamkeit.

Für Luther dagegen bringt die Rechtfertigung die Sünde nicht zum Verschwinden; sie wird auch nicht durch die natürliche Sittlichkeit ersetzt.
Die eigene Gerechtigkeit des Menschen ist mit der übernatürlichen
Gerechtigkeit Gottes völlig unvereinbar. Vergeblich unterscheidet die traditionelle Theologie einzelne Sünden von der Erbsünde. Die Sünde ist einzig: Wie Luther später in seinem *Kommentar über den Römerbrief*
schreibt[3], bedeutet die Erbsünde nicht nur den Verlust des Lichtes, sondern den Verlust jeder Lauterkeit und Kraft in unseren körperlichen und
seelischen Fähigkeiten, und zwar sowohl des inneren wie des äußeren
Menschen. Im Grunde ist es eine positive Revolte gegen Gott. Eine solche
Sünde kann durch nichts wieder aufhoben werden, noch nicht einmal
durch Blasphemie oder durch Buße; sie verdirbt alles in uns, und zu allererst die guten Handlungen, die wir aus Stolz oder Eigennutz vollbringen.

Wie könnte im übrigen Gott, der Herr seiner Entscheidungen ist, verpflichtet sein, ein objektives Moment zu beachten, wenn er über das
Schicksal der Menschen urteilt, nämlich ob sie das Gesetz beachtet haben
oder nicht? Zwischen Gott und den Menschen gibt es keinerlei Rechts-
verhältnis. Alles ist Liebe, und zwar handelnde und lebensspendende
Liebe, die die bedrohliche Majestät der gefallenen Kreatur entgegen-
bringt. Eine Liebe, die dazu neigt, dem Menschen seine Sünden nicht zu
vergeben, sondern sie ihm nicht anzulasten. Jeder Sünder, der sich als solcher bekennt und in bezug auf sein moralisches Elend, seine Befleckheit
das Zeugnis eines unbestechlichen Bewußtseins akzeptiert, fühlt und
bezeugt, daß Gott, der einzig Gerechte, vollkommen berechtigt ist, ihn zu
verwerfen. Oder in Luthers Sprache: Jeder Mensch, dem der Glauben
geschenkt ist (denn für Luther ist Glauben [*foi*] nicht einfach glauben
[*croyance*]; er bedeutet vielmehr, daß der Sünder Gottes Gerechtigkeit
anerkennt[4]), jeder Sünder, der sich in den Schoß der göttlichen Barmher-

zigkeit flüchtet und sein ganzes Elend fühlt, es verabscheut und sich nun vertrauensvoll an Gott wendet, ist in Gottes Augen gerecht. Obwohl er ungerecht ist oder genauer: obwohl er ebenso gerecht wie ungerecht ist: *Revera peccatores, sed reputatione miserentis Dei justi; ignoranter justi et scienter injusti; peccatores in re, justi autem in spe.*[5] Gerecht in der Hoffnung? Genau genommen, handelt es sich um eine vorweggenommene Gerechtigkeit (*in spe*). Denn Gott beginnt hier unten bloß mit seinem Werk der Läuterung, der Wiederbelebung und der Seligmachung, das uns am Ende gerecht, das heißt: vollkommen machen wird. Noch sind wir nicht gerechtfertigt, sondern wir müssen erst gerechtfertigt werden: *non justificati, sed justificandi.*

Die guten Werke verschwinden also. Und zwar alle. *Arbitramur justificari hominem per fidem, sine operibus legis*: Diesen berühmten Satz fand Luther im Römerbrief (III, 28). Schon 1516 lehnte er die traditionelle Interpretation ausdrücklich ab: *opera legis*, die äußeren Werke. Völlig falsch, meinte er in einen Brief an Spalatin vom 19. Oktober 1516, und in Ankündigung späterer Kämpfe schrieb er: »Ich trage keine Bedenken, von Erasmus darin abzuweichen.«[6] *Opera legis*: Alle menschlichen Werke, welche es auch sein mögen, verdienen die Ablehnung des Apostels. Das Heil? Es fliegt uns zu, es entsteht, sobald wir in uns das handelnde Böse und unsere eigene Unvollkommenheit spüren, und zwar immer. Aber auch dadurch, daß wir an Gott glauben. Aus seiner bloßen Gegenwart beziehen wir die Hoffnung, gerechtfertigt zu sein, zu den Auserwählten zu gehören, die er von Anfang an für das Heil vorausbestimmt hat, weil er sie hinreichend liebt, um ihnen das ewige Leben zu schenken. Das ist das unergründliche Geheimnis der Prädestination, das allen kleingläubigen Menschen hart und grausam erscheint, weil sie über Gottes Absichten sprechen wie der Schuster über das Leder. Für die gläubigen Seelen ist es dagegen voller Verheißung und Liebe: Sie blühen auf in der verborgenen Milde der völligen Abhängigkeit von Gott.

Eine sehr persönliche Auffassung. Man erkennt sofort, wie und warum sie Luther die Gelassenheit und den Frieden geben konnte, die ihm die traditionelle Kirchenlehre vorenthielt. Die Unzufriedenheit mit sich selbst, die ihn nie verließ; das intensive Gefühl von der Hartnäckigkeit und ewigen Präsenz der Sünde, die ihn auch dann noch bedrängte, wenn er sich eigentlich befreit und gereinigt fühlen mußte; das Bewußtsein, trotz größter und frömmster Anstrengungen nie etwas anderes verwirklichen zu können als Werke voller Sünde, Egoismus und Begierde; alles, was seine Hoffnungslosigkeit, seine Ängste und seine schrecklichen Zweifel ausmachte, konnte er jetzt mit unaussprechlicher Kraft und Klarheit begreifen: als von Gott gewollte, völlig normale und notwendige Voraussetzungen seines Seelenheils. Was für eine Erleichterung und was für eine Auferstehung!

Man versteht jetzt, warum Luther seine »Entdeckung« im Turm stets als Offenbarung dargestellt hat. Ein Mensch, der ganz plötzlich, nachdem er lange gesucht hat, das unfehlbare Heilmittel gegen seine verzehrenden Leiden findet; ein Mensch, der mit unwiderstehlicher Kraft eine Wahrheit begreift, die zunächst nur für ihn gilt, die ihm aber allgemeingültig zu sein scheint – wie könnte dieser Mensch glauben, daß er diese Glückseligkeit, die sich nun seiner bemächtigt, selbst geschaffen hätte? Es kann sich nur um eine Offenbarung handeln. Und dies umso mehr, als das Heilmittel nur dann wirklich unfehlbar und die erkannte Wahrheit allgemeingültig ist, wenn sie göttlichen Ursprungs ist. Und was für ein Selbstgefühl brachte diese Offenbarung ihrem Verkünder! Denn sie ist nicht bloß das Geheimnis eines Menschen, das er unter den Menschen verbreitet. Indem seine Lippen Gottes Wort und das ihm von Gott anvertraute befreiende Geheimnis verkünden, darf er nun selbst den übermenschlichen Stolz genießen, an der göttlichen Majestät teilzuhaben, an der Allwissenheit und Unfehlbarkeit des Vaters aller Menschen.

Die Entdeckung im Turm ist also nicht das Werk Martin Luthers, sondern ein Geschenk Gottes, das er von nun an vor sich herträgt und das alle Menschen in ihm verehren sollen.

Die Folgen der Entdeckung

In ihrer erfrischenden Neuheit war dies zunächst eine Lehre des Friedens. Zugleich war es aber auch eine Lehre der Stärke und der Energie. Dies muß gerade deshalb betont werden, weil es oft heftig bestritten wird.

Wie sehr spricht aus den Äußerungen der Jahre 1516 und 1517 die ängstliche, gepeinigte, aber auch die ungestüme und unmäßige Seele Martin Luthers! Er geht, ja er springt von Gegensatz zu Gegensatz. Mit ungeheurer Leichtigkeit, Lebendigkeit und atemberaubender Kühnheit wechselt er vom hoffnungslosesten Pessimismus zum vertrauenvollsten Optimismus, von einer überschwenglichen Hinnahme der Hölle zur sanftesten Hingabe in den Armen Gottes: vom Schrecken zur Liebe, vom Tod zum Leben. Das ist sehr pathetisch, persönlich und alles andere als akademisch. Es sind diese unglaublichen Bewegungen, diese stürmischen Anläufe und plötzlichen Sprünge vom höchsten Gipfel in den Abgrund, die Luthers »System« in diesen Jahren unverbrauchter, jugendlicher Energie (Luther war 1516 dreiunddreißig Jahre alt) eine Spannkraft, eine Widerstandsfähigkeit und eine Gesundheit verleihen, die er sich später nicht immer bewahren kann. Man wüßte nicht, woher der Kämpfer von 1517 seine ganze Energie und Kühnheit sonst hätte nehmen sollen.

Seit vierhundert Jahren wird immer wieder behauptet, daß Luther sich wenig um Moral geschert habe. Kritisch oder bedauernd wird auf seine ablehnende Haltung gegenüber allen menschlichen Anstrengungen hingewiesen, Gutes zu tun oder dem Bösen zu widerstehen. Man kann leicht beweisen, daß gute oder böse Handlungen in seinen Augen gleichwertig waren, weil sie beide gleichermaßen von Sünde befleckt waren. Das ist richtig. Luther ist in der Tat der Mann, der immer wieder Sätze wie den folgenden geschrieben oder verkündet hat, den Veit Dietrich im Herbst 1533 notierte: »Ein Christ ist ganz und gar passivus, der nur leidet; beides für Gott, denn da empfängt und nimmt er nur, für die Leute, denn da empfängt er nur Böses.«[7] Was aber dachte der Augustiner 1516, zur Zeit des *Kommentars über den Römerbrief*, darüber?

Sein Bezugspunkt war der Begriff des Glaubens. Dieses Gottesgeschenk, so erklärt er, stellt zwischen dem Menschen und der Gottheit eine direkte Verbindung her. Es erhebt den Menschen so sehr, daß er über sich selbst hinauswächst und zu Gott aufsteigt. Die menschliche Seele ist von Gott nicht mehr zu unterscheiden, mit dem sie der Glauben vereint. In ihm, mit ihm und wie er haßt sie das Böse. Mit ihm und wie er liebt sie das Gute. Und dieses Gute vollbringt sie auch. »Das Gute nicht zu tun, heißt Gott nicht zu lieben«, lesen wir im *Kommentar über den Römerbrief*.[8] Indem Gott den Sünder rechtfertigt, der weiß, daß er ein Sünder ist, und der vor sich selbst als Sünder erschrickt, vernichtet er die subtile und blendende Selbstsucht, die Begehrlichkeit, die alle angeblich guten Werke der Menschen entwertet. Da er die reine Liebe ist, erfüllt er das gläubige Herz mit Liebe, mit einer überfließenden Liebe, die sich auf den Schwachen, den Unglücklichen, den elenden Nächsten ergießt. Mit anderen Worten, der Glaube, diese wunderbare und belebende Gottesgabe, erweckt im Menschen den Wunsch, sich seines neuen Zustandes würdig zu erweisen; er bearbeitet ihn; er verändert ihn nicht von heute auf morgen, wie durch ein Wunder, sondern er treibt ihn voran; er veranlaßt ihn, vertrauensvoll zu einem Ideal voranzuschreiten, das er erst im anderen Leben erreichen wird, wenn der Glaube (der selber voranschreitet und sich in unserem Tod vollendet) aufgehört haben wird, den alten sündigen Adam aus uns zu verjagen und vollständig zu verbannen.[9] Ja, der Christ erfreut sich an Gott. Er öffnet sich ihm ganz. Er läßt sich von ihm durchdringen, läßt ihn gewähren: *passive, sicut mulier ad conceptum*. Er versucht nicht, Gott zu entthronen, indem er vergebliche und minderwertige Taten vollbringt. Doch seine Freude treibt den Menschen alsbald zur Tat. Nachdem er sich an Gott erfreut hat, bedient er sich seiner: erst *frui*, dann *uti*. Sein Leben ist ein ständiges Voranschreiten, *de bono in melius*. Bei Luther heißt es: Es ist ein Kampf oder eine Buße, eine harte Arbeit – die Arbeit eines Menschen, der nie glaubt, daß er innehalten darf, weil er angeblich sein Ziel erreicht hat, sondern der bis zum letzten Atemzug einem Ideal zustrebt, das sich erst jenseits des Todes verwirklichen wird.

Gleichzeitig hat Luther von der unterschiedlichen Ausübung des Glaubens, seiner engen oder lockeren Verbindung zu Gott, die mehr oder weniger starke Gewißheit des eigenen Seelenheils abhängig gemacht.

Später, 1518, während seiner Polemik mit Cajetan[10] und in seiner Vorlesung über den Hebräerbrief von 1517/18 wird er behaupten, jeder Christ müsse immer vom eigenen Seelenheil überzeugt sein: *christianum oportet semper securum esse*. Die Scholastiker, die »die Möglichkeit dieser Gewißheit bestreiten«, hätten sich geirrt. Wer an seinem persönlichen Seelenheil zweifle, sei nicht gerechtfertigt, sondern »weist die Gnade von sich«. Denn für den Christen stellt das Opfer, das Christus für alle Menschen gebracht hat, eine objektive, von allen subjektiven Bedingungen unabhängige Garantie dar. 1516 dagegen hatte Luther noch andere Sorgen.

Zwar sagte er schon damals immer wieder und mit Nachdruck, daß der Gläubige, der fühlt, daß Gott in ihm arbeitet und sein Werk begonnen hat, den Keim einer Hoffnung besitzt. Denn Gott, der seine Kreaturen nie enttäuscht, wird kein Werk beginnen, das er nicht auch vollendet. Aber kann dieses gänzlich intuitive Wissen des Christen, diese persönliche Erfahrung, die Gelassenheit und Vertrauen erzeugt, auch zu jener wahren Gewißheit führen, die eine Voraussetzung unbezweifelbarer Sicherheit ist?

Diese Sicherheit war damals Luthers größter Feind. Zu jener Zeit sagte er gerne das Gegenteil dessen – wenngleich nur scheinbar –, was er 1518 verkünden sollte. Wenn es also im *Kommentar über den Römerbrief* heißen solte: »*Christianum oportet nunquam securum esse*«, würde uns das nicht weiter überraschen. Sicher sein; im Glauben an die befreiende Wirkung von Taufe und Buße oder im Gefühl, gute Werke vollbracht zu haben, sich in falscher Sicherheit geborgen zu fühlen – führt das nicht dazu, still die Hände zu falten, ohne zu versuchen, seine Fehler durch Klagen, Reue und Anstrengung zu bekämpfen und wiedergutzumachen? Für den Luther von 1516 steht der Glauben des Menschen in einem direkten Verhältnis zu seiner Heilsgewißheit. Nimmt der Glauben zu, so wächst auch die Gewißheit. Wird der Glauben schwächer und lockert sich die Bindung an Gott, so schwindet auch die Gewißheit, die erst wieder entsteht, wenn die Bindung wieder hergestellt ist. Rechtfertigung durch den Glauben: diese scheinbar leblose Formulierung birgt in Wirklichkeit Energie und Dynamik. Sie bedeutet tendenziell: fröhliche Gewißheit, Schwung und unerschütterliche Zuversicht. Was sie für Martin Luther ausdrückte, wird am Vorabend der Ereignise von 1517 deutlich: die Gewißheit, Gott auf seiner Seite, ihn mit sich und in sich zu haben, einen Gott, der nicht die immanente Gerechtigkeit der Theologen ist, sondern ein handelnder und strahlender Wille, eine überlegene, liebevolle Güte, die sich dem Menschen hingibt, damit sich der Mensch Gott hingeben kann.

Dies war nur ein schematischer Abriß. Wir wissen durchaus, daß wir vom reichen und dichten Denken des frühen Luther vieles weglassen mußten. Wir wissen auch, daß wir, um eine annähernd deutliche Linie zu zeichnen, jedesmal von einer Vielzahl ineinander verflochtener Aspekte abstrahieren mußten, die das wesentliche Bild verzerrt und verwischt hätten. Für einen bestimmten Zeitraum in Luthers Leben das herauszuarbeiten, was man als seine Lehre oder sein System bezeichnet, bedeutet, aus einer Vielzahl partieller Entwürfe oder Skizzen eine einzige Übersetzung herauszulösen – und zwar die ausdrucksstärkste –, um eine unendliche Welt von Bildern und Vorstellungen zu begreifen, die er in sich trug und deren überschäumende Vielfalt er selbst kaum zu ordnen vermochte. Oder vielmehr – denn Luther war kein optisches Genie –, aus einer Vielzahl von Gesängen, die mit nie nachlassender, unerschöpflicher Fruchtbarkeit aus einer vibrierenden Seele emporstiegen und sich manchmal zusammenschlossen, verstärkten und gegenseitig steigerten, manchmal aber auch in schrillen Dissonanzen aufeinandertrafen oder zerbrachen, eine klare, kontinuierliche, vielleicht etwas zerbrechliche Melodie herauszulösen.

Widersprüche: schon seit vierhundert Jahren ist davon die Rede. Seit vierhundert Jahren triumphieren die oberflächlichsten Leser, die kleinsten Lichter der Theologie oder, was noch schlimmer ist, gelehrte und bornierte Menschen jeder Richtung über die unzähligen Dementis, die Luther selbst von Text zu Text und von Jahr zu Jahr lauthals verkündet hat. Das ist nicht schwer. Doch man sollte lieber begreifen, daß der Erfurter bzw. Wittenberger Augustiner kein Mensch war, der sorgfältig ausgefeilte Begriffe zusammenfügte.

Luther war kein Theologe, sondern ein nach Christus lechzender Christ und ein nach Gott dürstender Mensch, dessen ungestümes Herz vor Sehnsucht und Verlangen, vor übermenschlicher Freude und grenzenloser Verzweiflung bebte und brodelte: eine ganze Welt der Gedanken und Gefühle, die unter dem Schock der Ereignisse überquellen und sich in kraftvollen, schnellen und unwiderstehlichen Wellen ausbreiten. Eine jede folgt ihrem eigenen Rhythmus, ohne Rücksicht auf die Vorangehenden oder Nachfolgenden. Und jede führt ein ebenso reiches wie legitimes Teilstück aus dem Herzen und dem Verstand mit sich, dem sie entspringt. Jede spiegelt einen der Aspekte Luthers wider. Und so kommt es, daß Luther, wenn er seine ganze visionäre Kraft auf die Religion als solche konzentriert, in seiner überstürzten Eile, Gott zu besitzen, das Gesetz übertritt, um direkt zum Evangelium zu gelangen. Manchmal jedoch, wenn ihn das Gefühl übermannt, daß eine falsche Gewißheit die schlimmsten moralischen Verfehlungen nach sich zieht, wirft er der Kirche heftig vor, zuzulassen, daß sich in die von ihr als verdienstvoll bezeichneten Werke selbstsüchtige Hintergedanken und kalkulierte Interessen einschleichen. Dann läßt Luther, scheinbar nur noch mit Moral beschäftigt, seine Leidenschaft für die Religion, die ihn eben noch ausschließlich vorantrieb, beherrschte und besaß, vorübergehend im Stich.

Dies ist ein Grundzug im Charakter des Reformators, der sein Werk zu erklären vermag. Von Anfang an, seit der Vorlesung über den Römerbrief, in der wir ihn zum ersten Mal in voller Rüstung und Kampfbereit-schaft beobachten können, kennzeichnet er jenen Martin Luther, der sei-nen Glauben in die eigenen Hände nimmt.

Luther 1516

Halten wir bei diesem Datum einen Augenblick inne. Wer war Luther? Einer dieser frommen und damals so zahlreichen Christen, die vom Gedanken an einen völligen Verfall der Kirche besessen waren? Mit allem Nachdruck verlangten sie eine vollständige Reform des römischen Papst-tums, des Episkopats sowie auch der Ordens- und Weltgeistlichkeit. Argumentierte Luther nicht genauso? Früher hat man das behauptet. Haß auf die Mißstände und der Wunsch nach Reinigung, nach Wiederaufrich-tung des alten, verkommenen Gebäudes: das waren die Motive, die man Luther unterstellte. Für uns kann genau das nicht mehr gelten.

Reform? Gewiß ging es Luther darum, die religiöse Ordnung seiner Zeit in einem oder auch in mehreren Punkten zu verändern. Lange Zeit haben die Historiker die berühmte Romreise, gestützt auf Luthers eigene Darstellung, als den Ursprung, als die eigentliche Quelle seines reforma-torischen Engagements betrachtet: In unserem kurzen Abriß der geistigen Entwicklung Luthers von 1505 bis 1515 haben wir sie kaum beachtet. Wir haben uns noch nicht einmal die Mühe gemacht, die Ergebnisse neue-rer Forschungen anzuführen, die die Bedeutung dieser kurzen Episode sehr genau geklärt haben. Wozu auch?

Für uns – und erst recht für die Geschichte der Reformation – ist es rela-tiv belanglos, ob Luther in den vier Wochen, die er zwischen Ende Dezem-ber 1510 und Ende Januar 1511 in der Ewigen Stadt verbrachte, von für ihn völlig fremden Sitten und Gebräuchen, Reden und Verhaltensweisen in einigen seiner Vorurteile mehr oder weniger verunsichert oder in seinen Gefühlen verletzt wurde: Von Wittenberg zum Vatikan ist es eben ein wei-ter Weg.

Lassen wir ein für allemal das »Rom der Borgia« mit seinen – im übri-gen äußerst banalen – Histörchen beiseite, die von den beflissenen Berichterstattern des großen Mannes gesammelt wurden. Scheel hat es bereits ausdrücklich gesagt: »Auch in Rom sah und hörte er nichts Ungewöhnliches.«[11] Er ging gewissenhaft seinem Pilgerberuf nach und war ein Pilger ohne sonderlich kritischen Blick. Denn das war nicht gerade Luthers hervorstechende Eigenschaft. Von seinen Kontakten zu dem, was man heute die Büros des Heiligen Stuhls nennen würde, oder zu Kardinälen nahm er einen äußerst günstigen Eindruck mit, den er auch wiederholt zum Ausdruck brachte. Traf er ansonsten viel mit Römern zusammen? Man darf annehmen, daß ein deutscher Mönch, der in Angelegenheiten seines Ordens nach Rom reiste, sich dort vor allem unter Deutschen und Flamen bewegte, von denen es in der Stadt nur so wimmelte. Dies mindert übrigens auch die Bedeutung seiner Kontakte zu diesem oder jenem Doktor oder zu der einen oder anderen Doktrin, wie sie die leidenschaftliche Neugier einiger Einflußforscher neuerdings als möglich imaginiert[12], weil man sich einfach nicht damit abfinden will, diese beschwerliche Reise von einem Monat als bloße Episode zu betrachten: *Mirabilia Urbis Romae*. Dabei handelte es sich um nichts anderes!

Von 1505 bis 1515 interessierte sich Luther nicht für die Reform der Kirche – sondern nur für Luther. Für Luthers Seele und Luthers Heil. Für nichts anderes. Liegt nicht gerade darin seine große, seine eigentliche Besonderheit? War nicht die ganze Anstrengung des Reformators darauf gerichtet, eine Religion, die den vollständig umfaßten und erfaßten Gläubigen in ein weites und wunderbares Gebäude stellte, das sowohl aus judäischen wie aus in Hellas erprobten Materialien erbaut war – unten die solide Masse des Aristotelismus, darüber, auf den festen Pfeilern des Lyzeums, ein zur Theologie mutiertes Evangelium –, durch eine ganz persönliche Religion zu ersetzen, die die Kreatur direkt und unmittelbar mit Gott konfrontiert, allein, ohne Begleitung von Verdiensten oder Werken, ohne parasitäre Vermittlungen durch Priester oder Heilige, ohne in dieser Welt erworbene und in der anderen gültige Ablässe oder erlösende Absolutionen?

Dabei versenkte sich Luther keineswegs selbstsüchtig in seine Grübeleien. Ihm war bewußt, daß die Ängste, die ihn lähmten und zerstörten, jene Ängste, deren ganze Schrecklichkeit er selber erfahren hatte, von anderen Menschen genauso empfunden wurden. Daher wollte er sein Heilmittel nicht für sich behalten. Er lehrte vielmehr das Geheimnis, das Gott ihm zu erkennen gab; er predigte es allen mit evangelischer Inbrunst, in seinen

Abbildung 6: Wittenberg. Zeitgenössischer Stich.

Briefen, seinen Vorlesungen, seinen Reden. Und da ihn in den Jahren 1515 und 1516 die äußeren Umstände seines Lebens nach und nach aus dem Schatten und der Stille heraustreten ließen; da ihn seine Ernennung zum Distriktsvikar für die Klöster Meißens und Thüringens im April 1515, die ihn zu Staupitz' Vertreter machte, dazu veranlaßte, seinen Gesichtskreis und das Netz seiner Beziehungen zu erweitern, kann man auch in seinen erhaltenen Predigten – von den ältesten aus dem Jahr 1515 bis zu den berühmten Predigten über den Dekalog, die er von Juni 1516 bis Februar 1517 in der Wittenberger Stadtkirche hielt –, die Entwicklung seines Denkens und die Festigung seiner Autorität verfolgen.

Für uns sind das sehr interessante Texte. Sie sind ganz von Luthers persönlicher Theologie durchdrungen und verkünden mit Nachdruck, daß der Mensch nichts Gutes vollbringen kann. Hier zieht der Augustiner heftig gegen Aristoteles zu Felde, der den freien Willen und eine in der Macht des Menschen liegende Tugend lehrte. Hinter Aristoteles ahnt man bereits die Humanisten: Erasmus mit seinem freien Willen, seinem Moralismus, seinem Christentum, welches zugleich – oh Blasphemie! – Philosophie und Freundschaft ist. Vor allem aber geben uns diese Texte sehr genau darüber Auskunft, was für Luther zu diesem entscheidenden Zeitpunkt der Begriff der Reform bedeutet.

In einer eigenartigen Predigt von 1512, einer seiner ältesten erhaltenen Schriften, äußerte er sich zu diesem Punkt bereits vollkommen eindeutig. Ja, eine Reform ist nötig, schrieb er: Aber wer beginnt damit, den Priestern das Wissen und die Achtung vor der göttlichen Wahrheit zurückzugeben? »Hier möchte mir jemand sagen, die Hurerei und das Saufen, Spielen und dergleichen große Laster [...] der Geistlichkeit seien tadelnswert. Ich gebe es zu, dies sind große Dinge, sie müssen bestraft werden, sie müssen geändert werden: Aber dies wird von allen anerkannt, es sind grobe, leibliche Dinge, die man mit den Sinnen wahrnehmen kann, darum bewegen sie auch die Gemüter. Aber ach! dieser Schandfleck und dieses Verderben ist unvergleichlich schädlicher und greulicher, daß man das Wort der Wahrheit nicht handelt oder es verfälscht, und dies Übel wird nicht erkannt, bewegt niemand, schreckt nicht ...«[13] Schon zu diesem frühen Zeitpunkt nahm er auf Gefühle Bezug, die er später noch häufig zum Ausdruck bringen sollte, indem er nachdrücklich erklärte: »Wie viele Priester gibt es wohl heutzutage, die nicht sagen würden, es sei eine größere Sünde, wenn ein Priester in fleischliche Sünde verfallen sei, wenn er seine Gebete nicht verrichtet habe, wenn er im Meßkanon einen Fehler gemacht habe, als wenn er das Wort der Wahrheit habe anstehen lassen oder dasselbe nicht recht gehandelt habe?« Dabei ist es »allein das Wort der Wahrheit [...], in dem ein Priester als Priester sündigt«.

Ein langes Zitat. Aber wir kommen nicht umhin, auch noch den folgenden Satz anzufügen, der in seiner verhaltenen Wucht und die Phantasie beflügelnden Überspitzung schon deutlich lutherische Merkmale trägt: »Sonst mag er keusch sein, er mag leutselig sein, er mag gelehrt sein, er mag die Einkünfte vermehren, Häuser bauen, die bischöfliche Herrschaft vergrößern, ja, auch Wunder tun, Tote auferwecken, Teufel austreiben: aber allein der ist ein Priester und ein Hirte, welcher ein Engel des Herrn Zebaoth ist, also ein Bote Gottes, der dem Volk mit dem Wort der Wahrheit vorsteht.« Fassen wir zusammen: Eine Kirchenreform? Wenn man so will. Eine Reform des Glaubens: Allein darauf kommt es an.

Wenden wir uns nun Luthers Predigten über die Zehn Gebote zu. Man hat darin sehr viel Kritik an den Sitten der Geistlichkeit ausgemacht. Allerdings erscheinen sie uns aber nur aufgrund unserer modernen Sichtweise kühn, weil wir die damaligen »freien Prediger« mit ihren verbalen Ausfällen und witzigen Attacken nicht kennen. Auch hier betont Luther die Bedeutung der vernachlässigten Lehre und der priesterlichen Seelsorge, die Trägheit und die Versäumnisse der Pastoren, die sich ausruhen, statt sich um ihre Herde zu kümmern. Nein, ebensowenig wie zu früheren Zeitpunkten wird Luther hier durch eine heilige Abscheu vor Mißständen oder den ehrgeizigen Wunsch nach Wiederherstellung der Kirche bewegt und begeistert. Ein Reformator? Ja. Aber einer des Innenlebens. Auch verkündet er bereits das große Prinzip, das er in Worms vor aller Welt aussprechen wird: Ein jeder halte sich unerschütterlich an sein eigenes Gewissen. *Unus quisque robustus sit in conscientia sua.*[14]

In Nietzsches *Morgenröte* gibt es eine merkwürdige Passage.[15] Sie trägt die Überschrift: *Der erste Christ.* Nietzsche zeichnet darin die Geschichte einer »ehrgeizigen und aufdringlichen Seele« nach, eines ebenso »abergläubischen« wie »verschlagenen Kopfes«: die Geschichte des Apostels Paulus.

Paulus wird als ein Menschen dargestellt, der von einer fixen Idee verfolgt wird, die ihn nie zur Ruhe kommen läßt. Wie kann man das Gesetz erfüllen? Anfangs versucht er, seine Vorschriften zu befolgen. Hitzig verteidigt er es gegen Übertreter und Zweifler. Mit fanatischem Eifer führt er jeden Befehl aus. Aber nach allerlei Erfahrungen kommt er zu dem Ergebnis, daß ein Mann wie er, »hitzig, sinnlich, melancholisch, bösartig im Haß […] das Gesetz selbst nicht erfüllen konnte«. Dennoch läßt er nicht locker, kämpft Schritt um Schritt. Vergeblich zerbricht er sich den Kopf, wie er seinem »Gewissen und noch mehr seiner Herrschsucht« Luft machen kann. Schließlich bleibt ihm nur folgende hoffnungslose Erkenntnis: »Die Marter des unerfüllbaren Gesetzes ist nicht zu überwinden.«

Daraufhin treten neue Qualen auf. Wieder sucht er verzweifelt, voller Angst und Schrecken. »Das Gesetz war das Kreuz, an welches er sich geschlagen fühlte: wie hasste er es! wie trug er es ihm nach! wie suchte er herum, um ein Mittel zu finden, es zu vernichten!« Plötzlich hat er eine Vision, ein rettender Gedanke leuchtet auf: Auf einsamer Straße kommt ihm Christus »mit dem Lichtglanz Gottes auf seinem Gesichte« entgegen. Und Paulus hört die Worte: »Warum verfolgst du mich?« – Mit einem Schlag fühlt sich der unter seinem Hochmut Leidende wiederhergestellt. Die moralische Verzweiflung ist wie fortgeblasen, denn die Moral selbst ist fortgeblasen, vernichtet, nämlich erfüllt: dort am Kreuz. Und Paulus kehrt als der glücklichste Mensch zurück. »Das Schicksal der Juden, nein, aller Menschen scheint ihm an diesen Einfall, an dieser Secunde seines plötzlichen Aufleuchtens gebunden, er hat den Gedanken der Gedanken, den Schlüssel der Schlüssel, das Licht der Lichter; um ihn selbst dreht sich fürderhin die Geschichte!« Der große Lehrer des Gesetzes wird nun selbst zum Apostel, zum Propagandisten seiner Vernichtung. »Ich bin ausserhalb desselben«, sagt er. »Wenn ich jetzt das Gesetz wieder aufnehmen und mich ihm unterwerfen wollte, so würde ich Christus zum Mithelfer der Sünde machen.« Denn das Gesetz war nur noch dazu da, daß gesündigt wurde: »Es trieb die Sünde immer hervor, wie ein scharfer Saft die Krankheit.«

Von nun an sind nicht nur alle Sünden vergeben, sondern die Sünde an sich ist vernichtet. »Jetzt ist das Gesetz todt, jetzt ist die Fleischlichkeit, in der es wohnt, todt – oder wenigstens in fortwährendem Absterben, gleichsam verwesend. Noch kurze Zeit inmitten dieser Verwesung! – das ist das Loos des Christen, bevor er, Eins geworden mit Christus, aufersteht mit Christus, an der göttlichen Herrlichkeit teilnimmt mit Christus und ›Sohn Gottes‹ wird, gleich Christus …« Damit, so schließt Nietzsche, »ist der Rausch des Paulus auf seinem Gipfel, und ebenfalls die Zudringlichkeit seiner Seele, – mit dem Gedanken des Einswerdens ist jede Scham, jede Unterordnung, jede Schranke von ihr genommen, und der unbändige Wille der Herrschsucht offenbart sich als ein vorwegnehmendes Schwelgen in göttlichen Herrlichkeiten. – Dies ist der erste Christ, der Erfinder der Christlichkeit!«

Man wird mir verzeihen, daß ich diese lange Passage fast vollständig wiedergegeben habe. Muß ich es noch ausdrücklich sagen? Beim Lesen dieses Textes ist man immer wieder verwundert, »Paulus« zu sagen, wo man doch eigentlich »Luther« denkt. Dabei interessiert es wenig, ob manche Experten Nietzsches Darstellung der paulinischen Gedanken im einzelnen für exakt halten oder nicht. Und ebensowenig interessiert, ob einzelne Formulierungen, die er auf Paulus anwendet, sich ebenso und ohne jede Korrektur auf Luthers Denken, wie wir es für diese frühen Jahren kennengelernt haben, anwenden lassen. Wir verlangen vom Philosophen keine Studie über Luthers Paulinismus, wie sie gelehrte Theologen vorlegen. Nietzsche hat jedoch mit bemerkenswerter Sicherheit ein Entwicklungsschema entworfen – eine gleichermaßen kräftige und biegsame

Linie, die sowohl die Bewegungen des Denkens als auch des Bewußtseins dieser beiden Männer, des Apostels und des Ketzers, nachzeichnet, zwischen denen ein deutlicher Zusammenhang besteht – nicht nur ein theoretischer, sondern auch ein moralischer und psychologischer.

So gesehen, bietet diese Passage mehr als nur eine klare und substantielle Zusammenfassung der vorangehenden Seiten. Sie unterstreicht mit kräftigem Strich die wichtigsten Artikulationen einer doppelten Folge paralleler Seelenzustände: die des Paulus, durch Luthers Prisma gesehen; und die des Luther, wenn man sie mehr oder weniger bewußt einem einigermaßen hypothetischen Paulus nachempfindet. In dem Augenblick, da wir jetzt gegenüber dem Individuum, dem einzelnen Gläubigen, der nur mit sich, seinem Heil und seinem inneren Frieden beschäftigt ist, die lärmende Menge der Menschen aufbauen müssen, also die Deutschen jener Zeit, die von Luthers Gedanken und Reden Besitz ergreifen, sie ihren Wünschen und Neigungen entsprechend deformieren und ihnen einen sozialen Stellenwert und kollektive Bedeutung verleihen, ist es nicht unnütz, von Nietzsche daran erinnert zu werden: Die Geschichte des Christentums ist eine Geschichte der Wiederholungen. Irgendwann einmal, wenn die Psychologie endlich ihr Alphabet beherrschen und in der Lage sein wird, Menschen tatsächlich zu *lesen*, wird man in einem Individuum, dessen persönliche Anstrengung eine Revolution bewirkt, den exemplarischen Fall erkennen, den robusten und aufrichtigen Vertreter einer Gruppe, einer Familie von Denkern, die sich jahrhundertelang gleich bleiben und doch so verschieden sind.

Zweiter Teil

ENTFALTUNG

Abbildung 7: Ablaßhandel. Titelholzschnitt mehrerer Augsburger Flugschriften, 1520.

Kapitel 4

DIE ABLASSAFFÄRE

So ist also der Luther tot, der entsetzt aus Rom zurückkehrte, seinen Abscheu verdrängte, jedoch innerlich eine heftige Leidenschaft für die Reform der kirchlichen Mißstände entwickelte. Dieser Luther ist tot – für uns, heute. An seine Stelle tritt ein einsamer Christ, der viel gelitten und viel nachgedacht hat, bevor er seine Wahrheit fand. Wie kam es, daß dieser Mann, der vor allem mit seinem Innenleben und tiefer Gläubigkeit beschäftigt war, plötzlich aus seinen Gedanken und seiner frommen Beschäftigung herausgerissen wurde? Wie läßt sich nach allem, was wir heute über seine frühe Entwicklung zu wissen glauben, die plötzliche Wandlung eines Christen, der sich Gott zu Füßen wirft, in einen Volkstribun erklären, der die Massen aufrüttelt und anführt? Wenn es wahr ist, daß die Ablaßaffäre das Vorspiel, die Ouvertüre zum Drama der Reformation darstellt; wenn es wahr ist, daß sie das erste Glied einer Kette bildet, die Wittenberg mit Worms verbindet – so sollten wir der Untersuchung dieser Affäre, die nicht bloß eine Episode war, einen ihrer Bedeutung und dem großen Gewicht der Ereignisse von 1517 entsprechenden Platz einräumen.

Albrecht, Fugger, Tetzel

Diese Ereignisse sind inzwischen recht gut bekannt. Besser jedenfalls als vor zwanzig Jahren. Und besser natürlich, als Luther selbst sie je gekannt hat.

So kann man heute – vor allem seit 1904 und den Entdeckungen Aloys Schultes[1] – sehr genau die Geschichte dessen nachzeichnen, was man etwas spöttisch die »Hohenzollern-Kandidatur«[2] für den erzbischöflichen Thron von Mainz nennen könnte, also das notwendige Vorspiel zur eigentlichen Ablaßaffäre. Wir wissen nämlich, wie Albrecht, der jüngere Bruder des Brandenburger Kurfürsten Joachim, am 30. August 1513 vom Domkapitel zum Erzbischof von Magdeburg gewählt und kurz danach, am 9. September, auch vom Halberstädter Kapitel zum Verweser dieser Diözese vorgeschlagen wurde. In den Augen der römischen Kurie war das nicht weiter anstößig. Ämterhäufung? Indem Albrecht von Brandenburg zwei Bistümer in seiner Hand vereinte, folgte er nur dem Beispiel seines Vorgängers: Auch Ernst von Sachsen hatte Magdeburg und Halberstadt gleichzeitig besessen.[3] Und sein Alter?

Sicher, der Neugewählte war jung. Er war gerade erst vierundzwanzig Jahre alt geworden. Na und? Der damals regierende Papst, Leo X., hatte bereits mit sieben die Tonsur, mit acht das Erzbistum Aix en Provence und die reiche Abtei Passignano und mit dreizehn Jahren den Kardinalshut bekommen. Die Gesandten, die nach der doppelten Wahlempfehlung der Domkapitel von Joachim und Albrecht nach Rom geschickt wurden, konnten daher die Angelegenheit schnell regeln. Am 9. Januar 1514 erhielten die Bischöfe von Lübeck und Brandenburg den Auftrag, das *Pallium* an Albrecht zu übergeben.

Kurz darauf, am 9. Februar 1514, starb der Erzbischof von Mainz, Uriel von Gemmingen. Innerhalb weniger Jahre, 1504, 1508 und 1514, lösten sich also drei Kirchenfürsten an der Spitze der rheinischen Erzdiözese ab. Jeder von ihnen mußte dafür sehr viel Geld an die römische Kurie abführen. Ungeheure Summen flossen aus den anfangs gutgefüllten, aber inzwischen ausgepreßten Mainzer Geldbörsen. Man ahnt, welchen Verdruß Uriels Tod verursachte, und wie sehr sich die Mainzer bei dem Gedanken daran ärgerten, wie ihr schönes rheinisches Gold demnächst wieder über die Berge ins verhaßte Italien verschwinden würde.

Am 7. März 1514 ließ Albrecht von Brandenburg seine Kandidatur für das Erzbistum Mainz beim Domkapitel einreichen. Die Hohenzollern forderten ihr Glück heraus. Man darf nicht vergessen: Der Erzbischof von Mainz war zugleich Kurfürst, Erzkanzler des Reiches, Vorsitzender im Wahlkollegium und Primas von Germanien. Auch wenn es, entgegen einer immer noch lebendigen Tradition, keine feierliche und schriftlich

Abbildung 8 und 9: Kardinal Albrecht. Links: Dürer, Kupferstich, 1519, rechts: Cranach, Kupferstich, 1520.

festgehaltene Verpflichtung Albrechts gab, ließen Joachims Gesandte das Mainzer Domkapitel wissen, daß im Fall einer Wahl des Hohenzollern die Kosten für den Dispens, die Bestätigung und das *Pallium* nicht zu Lasten der Diözesanen gehen sollten. Am 9. März 1514 wurde Albrecht gewählt.

Blieb nur noch, die Wahl in Rom bestätigen zu lassen. Zwei Erzbistümer und ein Bistum in einer einzigen Hand, und zwar der eines jungen Mannes von bei weitem nicht dreißig Jahren. Zwei Erzbistümer – und was für welche! Das war doch etwas viel. Dafür gab es keine Präzedenzfälle. In Rom wies jemand darauf hin: Kardinal Lang, der selbst gerne Magdeburg und Halberstadt übernommen hätte und Albrecht Mainz überlassen wollte. Doch es handelte sich teilweise auch um eine politische Frage. Wenn die Kurie diese Ämterhäufung am Vorabend einer Kaiserwahl, die ja bald zu erwarten war, erlaubte, konnte sie mit einem Schlag die dankbare Unterstützung von zwei Kurfürsten, Albrecht und Joachim, gewinnen. Andererseits war es aber auch eine finanzielle Frage. Die Hohenzollern erkannten das und wandten sich an die Fugger.

Jakob Fugger der Reiche war ein genialer Finanzier, der mit vielfältigen Unternehmungen – Webereien, Bergwerken und nicht zuletzt Bankhäusern – den einzigartigen Reichtum seines Hauses begründete. Geschäfte mit Rom waren seine Spezialität. 1904 hat Schulte gezeigt, wie der Fugger nach und nach die italienischen Bankhäuser verdrängen und alle Finanzgeschäfte der Kurie mit den deutschen Bistümern monopolisieren konnte. So war es selbstverständlich, daß er sich 1514 um die beträchtlichen Interessen der beiden Hohenzollern kümmerte. Die Sache zog sich auch nicht lange hin. Am 18. August 1514 wurde Albrecht vom Papst im Konsistorium zum Erzbischof von Mainz ernannt. Über die üblichen 14 000 Dukaten für die Konfirmation hinaus sollte er eine »freiwillige Zugabe« von 10 000 Dukaten zahlen. Als Gegenleistung durfte er neben Mainz auch Magdeburg und Halberstadt behalten. Jakob Fugger streckte die Summe vor. Erst anschließend tauchte zum ersten Mal die Ablaßfrage auf.

Halten wir an dieser Stelle einen Augenblick inne. Im August 1514 wurde also ein bis dahin unerhörter, flagranter, offenkundiger »Mißbrauch« vollzogen und alsbald in Deutschland bekannt. Auch wenn die Ämterhäufung damals üblich und ein Prälat von 24 Jahren nicht extrem jung war, so waren bisher doch noch nie zwei Erzbistümer, und dazu noch so bedeutende wie Mainz und Magdeburg, zusammen mit einem weiteren Bistum in den Händen eines einzelnen Amtsinhabers vereint worden. Das folgt schon daraus, daß Joachim und Albrecht ihren außergewöhnlichen Anspruch mit keinem Präzedenzfall stützen konnten.

Luther wußte das. Er konnte nicht umhin, es zu wissen. Natürlich wußte er keine Einzelheiten, nichts von den Verhandlungen und ihren Modalitäten. Aber das Ergebnis war eindeutig genug. Ein gefundener Anlaß zur Empörung für einen Gläubigen, der den schlimmen Zustand der Kirche ständig vor Augen hatte und sich für die Beseitigung der Mißstände einsetzte. Aber Luther sagte nichts. Kein einziges Wort. Weder 1514 noch in den folgenden Jahren, auch nicht 1517, zur Zeit der Ablaßaffäre. Es ist angebracht, auf dieses Schweigen hinzuweisen.

Früher sagte und glaubte man, daß Albrecht die Bewilligung von Ablaßpredigten zugunsten des Petersdoms in seinen erzbischöflichen und bischöflichen Territorien sowie in den Landen seines Bruders beantragt hatte, weil er die Fugger mit anderer Leute Geld bezahlen wollte. Das war ein Irrtum. Es war die Kurie, die den Abgesandten der Hohenzollern den

Ablaßhandel vorschlug. Diese waren davon nicht sonderlich begeistert. Aber sie mußten schließlich zustimmen. In einer am 31. März 1515 eilig ausgefertigten Bulle wurde festgelegt, daß die Hälfte der eingehenden Summen in die Kassen des Papstes fließen sollte, die andere Hälfte in die Kassen Albrechts, der mit dieser *manna* seine Verbindlichkeiten gegenüber den Fuggern abtragen konnte.[4] Doch Maximilian, der »Kaiser ohne Geld«, bekam Wind von der Sache und schaltete sich ein: Geteilt wird durch drei! Aus dem Erlös der Ablaßpredigten, die nicht mehr acht, sondern nur noch drei Jahre dauern sollten, würde er 1000 Gulden bekommen; der Rest sollte jeweils zur Hälfte an den Papst und Albrecht gehen. Tatsächlich konnte der Ablaß aber nur zwei Jahre gepredigt werden. Er brachte wenig ein. Nach Abzug aller Unkosten bekam Albrecht höchstens die Hälfte seiner Ausgleichszahlung von 10 000 Dukaten heraus. Die Predigten begannen erst Anfang 1517. Erst dann begann der Dominikaner Johann Tetzel, Generalsubkommisar des Erzbistums Mainz, mit seiner Donnerstimme den Gläubigen eine Reihe von genau abgestuften, einmaligen Gnaden zu versprechen.

Auch hier sollten wir einen Augenblick innehalten. Von den Verhandlungen, die in der Kurie zur definitiven Bewilligung der Ablaßbulle führten, hat Luther sicher nichts gewußt. An einer Stelle behauptet er sogar, anfangs noch nicht einmal gewußt zu haben, daß Albrecht von Brandenburg hinter Tetzel stand. Diese Ahnungslosigkeit war vielleicht diplomatischer Natur. Aber konnte Luther von der unerhörten Neuartigkeit der Ablaßkampagne überrascht sein, als Tetzel – ausgerüstet wie ein Wunderheiler – damit begann, ganz Magdeburg und Brandenburg in Tagesreisen zu durchstreifen? Darauf ist eindeutig mit Nein zu antworten, und zwar nachdrücklicher, als dies gemeinhin geschieht.

Zunächst und im Gegensatz zu dem, was früher behauptet wurde[5], kam Tetzel nicht nach Wittenberg, um Luthers Entrüstung direkt herauszufordern. Wittenberg lag im Gebiet des Kurfürsten von Sachsen; und Friedrich der Weise wollte nicht, daß in seinem Land der Ablaß zugunsten der Peterskirche zu Rom gepredigt wurde. Aus vorweggenommenem Luthertum? Keineswegs, sondern in Anwendung des bekannten Prinzips: Jeder ist sich selbst der Nächste. Friedrichs Religiosität war damals äußerst traditionell. In den Jahren vor der Reformation scheint er vor allem damit beschäftigt gewesen zu sein, in Wittenberg eine Sammlung kostbarer Reliquien zusammenzutragen, die zahlreiche Pilger in seine

Stadt zog.[6] Er nahm alles, was er bekommen konnte, er kaufte und tauschte: Windelfetzen des Jesuskindes, Strohhalme aus der Krippe, Marienhaare, Tropfen ihrer Muttermilch, Nagelteile oder Ruten vom Leiden Christi. An diese unglaublichen Schätze waren in zunehmendem Maße Ablässe geknüpft. Man kam in ihren Genuß, indem man die in der Schloßkirche aufbewahrten Reliquien an dem auf den Sonntag der Barmherzigkeit folgenden Montag besuchte. Allerdings konnte man durch eine Weihegabe an Allerheiligen nach der Beichte auch den Plenarablaß der Portiuncula erwerben: *indulgentia ab omni culpa et poena.*

Luther brauchte also in Wittenberg nicht erst den »Tetzel-Skandal«, um Ablaßprediger und Ablaßkäufer am Werk zu sehen. War aber Tetzel nicht ein größerer Zyniker? Hatte er es nicht gewagt, den verblüfften Schaulustigen zu erklären, daß die zu befreienden Seelen sofort aus dem Fegefeuer aufsteigen und direkt in den Himmel fliegen würden, wenn sie ihr Geld in den Opferstock warfen?

> *Sobald das Geld im Kasten klingt,*
> *Die Seele aus dem Fegfeuer springt!*[7]

Nun, man kann sich weigern, den berüchtigten Marktschreier Tetzel in Grund und Boden zu verdammen, und ihm trotzdem die Autorschaft an diesem Kinderreim streitig machen. Dazu braucht man nur den ersten Band jener dicken Foliobücher aufzuschlagen, in denen Du Plessis d'Argentré seine imposante Sammlung von Urteilen der Pariser Theologischen Fakultät publiziert hat. Dort wird ausführlich beschrieben, wie die Sorbonne bereits 1482 einen ihr vorgelegten Ausspruch beurteilte und verdammte, den ich hier aus dem Lateinischen übersetzen will: »Sobald ein Gläubiger ein Geldstück von sechs Pfennigen als Spende oder Almosen in den Opferstock zur Reparatur der Peterskirche von Saintes wirft, fliegt eine Seele sofort aus dem Fegefeuer in den Himmel, wird also von jeder Strafe befreit.«[8] Dies predigte schon lange vor 1517 ein anonymer Geistlicher, der zurechtgewiesen wurde. Das Urteil konnte Rückfälle nicht verhindern. Am 6. Mai 1518 mußte sich die Sorbonne erneut zu diesem Thema äußern und dieselbe Behauptung als falsch und anstößig verurteilen. Wie man sieht, war Tetzel kein Erfinder.

Was nun seine Predigten angeht, so versprach er allen, die von Herzen bereuten, beichteten, sieben ehrwürdige Kirchen besuchten und dort jeweils fünf *Pater noster* und fünf *Ave Maria* beteten, einen vollständigen

Abbildung 10: Zeitgenössisches Flugblatt zu Tetzels Ablaßhandel.

Erlaß ihrer Sünden, wenn sie ein Opfergeld in den Ablaßkasten warfen, das je nach sozialer Stellung und Vermögen abgestuft war und zwischen 25 Gulden für die Fürsten und einem halben Gulden oder überhaupt nichts für die einfachen Gläubigen reichte. Ferner versprach er ihnen das Recht, einen Beichtvater zu wählen, sei es ein Mönch oder ein Priester, der sie einmal im Leben sowie im Angesicht des Todes, wann immer es nötig sei, nicht nur von allen gewöhnlichen, sondern auch von den sogenannten reservierten Sünden [Todsünden] vollständig lossprechen und ihnen die Absolution erteilen sollte – gegen die Zahlung einer Spende von mindestens einem viertel Gulden. Schließlich versprach er auch einen vollständigen Sündenerlaß für jede im Fegefeuer schmachtende Seele, sobald der oben beschriebene Tarif bezahlt wurde. Dies waren die drei Hauptgnaden, die Tetzel den gutwilligen Subskribenten verkaufte. Das alles war nicht neu, sondern völlig normal; es entsprach den Bräuchen und Ideen der Zeit. Warum also plötzlich ein Skandal? Warum diese ungeheure Explosion, die offenbar durch ein unerhörtes, einzigartiges Schauspiel provoziert worden war?

Luthers Reaktion

In Wahrheit muß man mit noch größerer Entschiedenheit, als dies gewöhnlich geschieht – denn die alten Interpretationsformen halten sich auch bei freisinnigen und aufgeklärten Köpfen hartnäckig –, und in Übereinstimmung mit allem, was wir über Luthers innere Entwicklung in den entscheidenden Jahren 1515, 1516 und 1517 zu wissen glauben, die Geschichte einer Krise nachzeichnen, die ganz und gar eine innere war und nichts Anekdotisches hat.

Erst in den Jahren 1515 und 1516 ergriff Luther, wie seine Notizen zur Vorlesung über den Römerbrief beweisen, von seinen persönlichen Gedanken tatsächlich Besitz. Er war so dankbar für die Erleichterung, die sie ihm brachten, und hielt sie für derart wirksam, daß er den eben entdeckten Schatz auch anderen mitzuteilen begann. Um wen handelte es sich dabei? Um seine Studenten in seinen Vorlesungen. Um die einfachen Menschen in seinen Predigten. Schließlich auch um die Theologen und Gelehrten, also seine Standesgenossen, seine früheren Lehrer, seine Anhänger. So wurde Luther Schritt für Schritt zum Haupt einer Schule. Im September 1516 schrieb er zum Beispiel die Thesen *De viribus et voluntate hominis sine gratia*, die dann – unter seinem Vorsitz – von dem Kandidaten Bartholomäus Bernhardi aus Feldkirch diskutiert wurden und schon im Titel die Überwindung der gabrielistischen und artistotelischen Lehren anzeigen.[9] Genau ein Jahr später, im September 1517, leitete er eine Disputation *Contra Scolasticam theologiam* und verfaßte aus diesem Anlaß für einen anderen Kandidaten, Franz Günther, Thesen, siebenundneunzig an der Zahl, die eine zusammenfassende Darstellung der Grundlinien seiner Lehre bieten.[10]

Wie ein morscher Baum, *arbor mala factus*, kann der Mensch nur Böses wollen bzw. tun. Sein Wille ist nicht frei, sondern unterworfen. Wer also behauptet, daß er aus eigener Kraft den Gipfel, die vollkommene Liebe zu Gott, erreichen könne, lügt und täuscht (*terminus fictus, sicut Chimera*). Von Natur her kann der Mensch Gott nur aus selbstsüchtigen Gründen lieben. Hinter all dem steht leicht erkennbar Luthers Ablehnung der Lehren von Duns Scotus und Gabriel Biel. Und damit es niemand übersah, schrieb er am Schluß jeder These: *Contra Scotum, contra Gabrielem* oder *contra dictum commune*. Daran schlossen sich philosophische Thesen an. Mit derselben rücksichtslosen Schärfe proklamierte

Luther seinen Haß auf Aristoteles, dessen Metaphysik, Logik und Ethik: »Fast die ganze ›Ethik‹ des Aristoteles ist der Gnade schlimmster Feind. (Gegen die Scholastiker.) – Es ist ein Irrtum, daß die Auffassung des Aristoteles von der Glückseligkeit nicht der katholischen Lehre widerspreche. (Gegen die Ethiker. *Contra morales.*) [...] Zu sagen, ein Theologe, der kein Logiker ist, sei ein ungeheuerlicher Ketzer, ist eine ungeheuerliche und ketzerische Rede!« Schließlich kam Luther dann wieder auf sein Lieblingsthema, den grundsätzlichen Widerspruch zwischen Gesetz und Gnade, zu sprechen: »Jedes Werk des Gesetzes ohne die Gnade Gottes erscheint äußerlich als gut, innerlich aber ist es Sünde. [...] Verflucht sind alle, die Werke des Gesetzes wirken. Gesegnet sind alle, die Werke der Gnade Gottes wirken. [...] Das gute Gesetz, d. h. dasjenige, durch das man das Leben hat, ist die Liebe Gottes, die ›ausgegossen ist durch den heiligen Geist in unsere Herzen‹ (Röm., 5,5).«

So argumentierte Luther 1516 und 1517. In aller Aufrichtigkeit und unterschwellig noch etwas akademisch. Immerhin galt es, die Wittenberger Schule und die Wittenberger Lehre gegenüber den konkurrierenden Schulen von Erfurt, Leipzig, Frankfurt an der Oder etc. zu verteidigen. Günthers Thesen von 1517 wurden durch Luther verbreitet. Er schickte seinen Freunden Abzüge und sorgte dafür, daß sie in Erfurt gelesen wurden. Jetzt war für ihn der Augenblick gekommen, wo er sich mit seinen Ideen der Kritik seiner Lehrer stellen mußte. Wer ihm nicht auf Anhieb zustimmte, würde Gegenargumente entwickeln. Und Luther vertraute darauf, sie zu überwinden. Er hatte Gott auf seiner Seite, sein Herz war vom Glauben erfüllt und sein Gewissen endlich zufrieden und zuversichtlich.

Die Günther-Thesen stammen vom September 1517. Die Ablaß-Thesen vom Oktober 1517. Am 31. Oktober 1517 schlug Luther an der Seitentür der Wittenberger Schloßkirche ein Plakat in lateinischer Sprache an: »Aus Liebe zur Wahrheit und in dem Verlangen, sie ans Licht zu bringen, soll in Wittenberg über die folgenden Sätze disputiert werden, unter dem Vorsitz des ehrwürdigen Paters Martinus Luther, dort Magister der freien Künste sowie der heiligen Theologie, dazu deren ordentlicher Professor. Daher bittet er die, die nicht anwesend sein und sich mündlich mit uns unterreden können, dies in Abwesenheit schriftlich zu tun. Im Namen des Herrn Jesus Christus. Amen.« Das Thema? *Pro declaratione virtutis indulgentiarum.*[11] Also gegen Tetzel?

Gewiß. Doch zunächst sollten wir uns das Datum anschauen. Der 31. Oktober 1517 ist der Vorabend von Allerheiligen. Und genau an Allerheiligen kommen Jahr für Jahr unzählige Pilger nach Wittenberg, um durch einen Besuch der Reliquien, die Friedrich dem Weisen und seiner Geldbörse so lieb und teuer waren, Ablässe zu erwerben. Sicher geht es um Tetzels Ablaßpredigten – aber ebenso um den Wittenberger Ablaßhandel.

Tetzel. Was besagte das von Luther ausgehängte Plakat? Enthielt es etwa grobe Angriffe gegen diesen Scharlatan und Handlungsreisenden in heiliger Sache? Kräftige Attacken gegen *seinen* Ablaß, also den Ablaß zugunsten von St. Peter und der kleinen Profite Albrechts von Brandenburg? Das Plakat enthielt eine wesentliche und grundsätzliche Kritik: Der Ablaß gaukelt den Sündern eine falsche Sicherheit vor. Diese Kritik wurde aber nicht in einer einzelnen These formuliert, sondern durchzieht den gesamten Text, alle Gedankengänge Luthers. »Unser Herr und Meister Jesus Christus wollte mit seinem Wort: ›Tut Buße‹ usw. (Matth. 4,17), daß das ganze Leben der Gläubigen Buße sei.« So lautet die erste These. »Ermahnen soll man die Christen, daß sie ihrem Haupt Christus durch Strafen, Tod und Hölle hindurch zu folgen trachten, und so lieber durch viel Trübsal in den Himmel einzugehen, als durch unerschütterte Sorglosigkeit ihrer Sache sicher zu sein.« So lauten die beiden letzten, die 94. und 95. These. Damit ist der Gesamtrahmen von Luthers Argumenten abgesteckt. Damit ist seine Lehre vom Ablaß aufs Engste mit seiner allgemeinen Theorie, seiner Gesamtkonzeption vom christlichen Leben verknüpft. Insofern bilden die 95 Thesen vom 31. Oktober eine spezifische Anwendung, eine präzise Erläuterung der 97 Thesen vom 4. September. Damit wird auch die genaue Bedeutung des Vorwands Tetzel offenbar.

Unter den 95 Thesen gibt es einen Absatz 39, aus dem sich, wie mir scheint, ein Geständnis, eine persönliche Bemerkung Luthers herauslesen läßt. Er schreibt: »Überaus schwer ist es auch für die gelehrtesten Theologen, vor dem Volk gleichzeitig die reiche Fülle des Ablasses und die Wahrhaftigkeit der Reue zu preisen.« Und der folgende Absatz fügt hinzu: »Wahrhafte Reue sucht und liebt die Strafen, die reiche Fülle des Ablasses dagegen befreit von ihnen und läßt sie hassen ...« Wie klar und beredt sind doch diese Texte! Hier bekommen wir Einblick in Luthers Gedankengänge, in seine Überlegungen angesichts einer Frage, die seinem

Verstand und mehr noch seinem Gewissen als Prediger in diesem heftigen
Konflikt über unvereinbare Thesen aufgezwungen wird. Die Kontroverse
über den Ablaß verknüpft sich präzise mit seinem Begriff des wahren
Glaubens. Doch wie wahrscheinlich ist es dann, daß dieser Mann, der
stets seinen Gefühlen auf den Grund geht, auf Tetzel und dessen Predigten wartete, um sich dieses Widerspruchs bewußt zu werden?

Ich weiß, daß er es gesagt hat. Er hat es 1541, an seinem Lebensabend,
an einer Stelle seiner Schrift gegen Heinrich von Braunschweig geschrieben: *Wider Hans Wurst.* Der Text ist allgemein bekannt: »Als nu viel
Volcks von Wittemberg lieff dem Ablas nach gen Jütterbock und Zerbest,
und ich (so war mich mein Herr Christus erlöset hat) nicht wuste, was das
Ablas were, wie es denn kein mensch nicht wuste, fieng ich seuberlich an
zu predigen, man köndte wol besseres thun, das gewisser were, weder
Ablas lösen.«[12] Eine viel zu knappe und ungenaue Darstellung. Dem alten
Luther war es unbenommen, seine fernen Erinnerungen auf diese Weise
zu resümieren. Wir aber sollten sein Resümee nicht allzu wörtlich nehmen. Denn Luther irrt sich. Nur weil er schon »besser als andere« wußte
oder zu wissen meinte, worin der Ablaß bestand, ergriff er das Wort,
obwohl er aus Achtung vor dem Kurfürsten, Friedrich dem Weisen, der
an die Ablässe glaubte und sie eifrig sammelte, vorsichtig sein mußte. Der
Beweis? Man braucht nur den ersten Band der Weimarer Ausgabe aufzuschlagen.

1516. Auszüge aus einer Predigt am zehnten Sonntag nach Trinitatis.[13]
Thema: die Ablässe. Melodie: »Nirgends predigen die Commissarien und
ihre Diener etwas anderes, als daß sie den Ablaß anpreisen und das Volk
zum Geben reizen. Hier hört man niemanden, der das Volk belehre, was
der Ablaß sei, wann er etwas verleihe, wann er aufhöre, sondern nur, wie
viel sie geben sollen, und lassen das Volk natürlich in der Unwissenheit
unaufgeklärt, damit es glaube, es werde sofort selig, wenn es nur diesen
Ablaß erlangt habe.«

Und jetzt kommt etwas besonders Interessantes. Genau der gleiche
Konflikt, den Luther im 39. Absatz seiner 95 Thesen vom Oktober 1517
beim Namen nennt, nämlich der unlösbare Widerspruch zwischen Sün-
denvergebung durch Ablaß und notwendiger Reue, wird hier bereits
auf sehr persönliche Weise dargestellt. Schon hier finden wir die Unterscheidung zwischen einer *infusio*, die *intrinseca*, und einer *remissio*, die

extrinseca ist, weil sie nur die zeitliche, die vom Priester dem Sünder auf-
erlegte kanonische Strafe erläßt. Sie muß auf Erden erlitten werden. Wer
vorher stirbt, kommt ins Fegefeuer. Der Papst kann sie nicht aufgrund seiner Schlüsselgewalt, sondern nur durch die Fürbitte der ganzen Kirche
erlassen. Dabei bleibt noch ein Zweifel: Wird Gott diesen Sündenerlaß
ganz oder nur teilweise annehmen? Luther sagt: »Deshalb ist es allzu
zweifelhaft, zu predigen, daß durch diesen Ablaß die Seelen aus dem Feg-
feuer erlöst würden.« Aber schon damals, schon 1516 fügt er etwas
hinzu, das in der Regel als die besondere Kühnheit der Wittenberger Thesen von 1517 präsentiert wird und im 82. Absatz fast wörtlich wieder-
kehrt: »Der Papst [wäre] grausam, wenn er den armen Seelen das nicht
umsonst zugestehen würde, was er zugestehen kann für das Geld, welches
notwendig ist zu einer Kirche.«[14]

Dieses kurze Dokument von 1516 ist außerordentlich interessant. Man
hat den Eindruck, hier Luthers Gedankenarbeit in den Jahren der Gärung
und Genese unmittelbar zu beobachten. Dies ist nicht bloß eine Predigt
oder eine Abhandlung, sondern eine Folge von Fragen, die der Augustiner
an sich selber richtet. Zuweilen gesteht er sogar: »Ich weiß es nicht!«
Hören wir ihm zu: »Du wirst sagen: Die vollkommene Reue nimmt an
sich alle Strafe weg, also ist der Ablaß nicht notwendig, weil ein vollkommen Reuiger sofort gen Himmel fährt (*statim evolat*). Ich antworte: ›Ich
gestehe meine Unwissenheit.‹ Ein vollkommen Reuiger kommt in den
Himmel (*evolat*) ohne den Ablaß, ein unvollkommen Reuiger aber auch
nicht mit dem Ablaß, weil Gott von einem vollkommen Reuigen nichts
verlangt [...]. Wozu nützt also der Ablaß?« Seine Schlußfolgerung steht
bereits fest: »Deshalb ist sorgfältig darauf achtzugeben, daß nicht der
Ablaß, also die Genugtuungen, uns eine Ursache der Sicherheit und Faulheit werden und ein Schade an der inneren Gnade.« Für die Geschichte
war Tetzel noch nicht geboren, als Luther bereits diese Zeilen schrieb.
Oder zum Beispiel folgende Frage aufwarf, die weitreichende Konsequenzen hatte: »Wer ist gewiß, daß Gott das auch so bewilligt, wie er
[vom Papst] gebeten wird?« *Quis certus est, quod ita Deus acceptat sicut
petitur?*

1516, im Herbst. Am 31. Oktober, auf den Tag genau ein Jahr vor dem
Anschlag der 95 Thesen – wiederum am Vorabend des großen Wittenberger Ablasses –, predigt Martin Luther über den Ablaß.[15] Die Argumente
sind die gleichen. Sie sind ihm besonders vertraut, denn gleich zu Beginn

heißt es: »*Dixi de iis, alias, plura.*« *Alias*? Vermutlich in der Kapelle der Augustiner. Doch im übrigen sind es die gleichen Gedanken wie in den 95 Thesen.

Die 95 Thesen

Luthers 95 Thesen waren weder ein Pamphlet noch ein Aufruf zu den Waffen und auch nicht die plötzliche Reaktion eines Menschen auf einen unvorhergesehenen, eindeutigen Skandal. Vielmehr gibt Luther eine Meinung bekannt, die er sich schon gebildet hatte, noch bevor Tetzel auftauchte oder von Albrecht von Brandenburg die Rede war. Er wendet nur die Grundsätze und Begriffe, die er sich erarbeitet hatte, auf einen besonderen Gegenstand an, der sich seinem Denken und Gewissen unweigerlich aufdrängen mußte. Fügen wir hinzu: Es war nur die glanzvollere, ausführlichere und selbstbewußtere Neuauflage von Thesen, die den ununterbochen arbeitenden Geist, den unermüdlichen, scharfen Verstand Luthers seit mindestens zwei Jahren beschäftigten. Albrecht von Brandenburg, Tetzel und dessen Aufsehen erregende, gottlose Predigten in Zerbst, Jüterbog und anderswo waren lediglich ein Vorwand. Oder eine Gelegenheit, wenn man so will. Der Protest vom 31. Oktober war nicht die Folge einer Bulle, die wie viele dutzend andere Bullen Ablässe gewährte, sondern die Folge der inneren Arbeit Martin Luthers an Martin Luther.

Natürlich war diese Geste des Augustiners zu herbstlicher Mittagstunde äußerst folgenreich. Doch war es deshalb eine revolutionäre Geste? Dies wird gebetsmühlenhaft immer wieder behauptet. Im nachhinein, weil man den Ausgang der Geschichte kennt. Es ist auch nicht ganz falsch. Denn Luther hatte seine Ablaßpredigten von 1516 und 1517 nicht drucken lassen. Von seinen 95 Thesen – die bald gedruckt vorlagen – schickte er dagegen schon am 31. Oktober 1517 eine Abschrift zusammen mit einem entschiedenen Begleitbrief an den Erzbischof von Mainz, Albrecht von Brandenburg.[16] Das war zwar noch keine Kriegserklärung, aber doch eine Warnung. Eine strenge Ermahnung – in Gottes Namen. Und eine Wiederaufnahme von Gedanken, die Luther, wie wir sahen, schon 1512 in seiner Predigt für den Propst von Leitzkau formuliert hatte.

Weder in seinen Thesen noch in seinem Schreiben an Albrecht ließ er sich
zu Beleidigungen und wütenden Ausfällen hinreißen. Im Gegenteil. Die
Scharlatane, die die Gläubigen täuschten, behandelte er mit herablassen-
der Schonung: »Dabei klage ich nicht so sehr das große Geschrei der
Ablaßprediger an, das ich nicht gehört habe, als daß ich vielmehr das überaus falsche Verständnis beklage, welches das Volk erlangt und das sie dem
einfachen Volk allenthalben hoch anpreisen.«[17] Diese Gelassenheit war
ein Zeichen seiner ungewöhnlichen Stärke. Wäre Albrecht ein Menschen-
kenner gewesen, hätte er sicher gezögert, diesen Mönch anzugreifen und
gegen ihn ein Verfahren einzuleiten.

War der Thesen-Anschlag vom 31. Oktober revolutionär? Ja und Nein.
Durch seine Form, seinen Inhalt, seine unverblümte Direktheit? Ich denke
nicht. Auch hier sollte man vergleichen. Wahrhaft revolutionär verhielt
sich Jean Laillier, ein Priester, Magister artium und Lizentiat der Theologie, der 1484 bei seiner Doktorprüfung vor der Pariser Sorbonne verkündete, der Papst habe »nicht die Macht, Pilgern durch Ablässe alle Strafen
zu erlassen, die sie sich aufgrund ihrer Sünden zugezogen haben, auch
wenn diese Ablässe angemessen und gerecht erteilt wurden«.[18] Außerdem
sagte er, daß die Dekrete und Dekretalen der Päpste nur Schwindel und
Täuschungen seien, *non sunt nisi truphae.* Damit nahm er bereits Luthers
Theorie der universalen Geistlichkeit vorweg. Und schließlich erklärte er,
daß die Kirche von Rom nicht das Haupt der anderen Kirchen und daß
die Priesterehe zulässig sei; den Heiligenlegenden sei »ebenso wenig
Glauben zu schenken wie den Chroniken der Könige von Frankreich« –
ein Zeugnis kritischen Verstandes, das ein Historiker wenigstens am
Rande festhalten sollte. Dieser Laillier rettete sich nur dadurch, daß er
abschwörte (und zwar, indem er kurzerhand behauptete, nicht gewußt zu
haben, daß Wyclif ein Ketzer sei!). Zum Ärger der Sorbonne sprach der
Bischof von Paris ihn am Ende frei.

1498, vierzehn Jahre später, wurde ein weitaus bekannterer Mann, der
Franziskaner Jean Vitrier, dessen Einfluß auf Erasmus außer Zweifel
steht, vor die Sorbonne zitiert, weil er neben anderen skandalösen
Behauptungen gelehrt hatte, daß man »kein Geld für Ablässe« geben
dürfe und daß »Ablässe Höllenwerk« seien.[19] Noch nicht einmal
Panurge[20], der in einer viel freizügigeren Zeit lebte, wagte es, so weit zu
gehen. Auch Martin Luther hütete sich davor, am 31. Oktober 1517 eine

solche Sprache zu benutzen. Vitrier wurde zwar verurteilt, aber durfte sein Leben friedlich in seinem Kloster von Saint-Omer beschließen.

Das sind nur zwei Beispiele unter vielen, die uns helfen, die »formale« Kühnheit einer unerschrockenen, in ihrer Unerschrockenheit jedoch durchaus gemäßigten Geste genauer einzuschätzen. Allerdings: Luthers Stärke bestand darin, daß er nicht bloß aufschrie und laut, aber folgenlos Protest erhob. Er legte auch fünfundneunzig Thesen vor. Hinter diesen fünfundneunzig Thesen gab es die siebenundneunzig Thesen vom September. Und hinter diesen Thesen lagen zehn Lebensjahre, zehn heldenhafte Jahre im Kampf um seinen Seelenfrieden. Dabei vertrat Luther nicht einmal eine eigene »Lehre«. Unsere Sprache ist leider arm und zwingt uns, unangemessene Wörter zu benutzen. Luther stellte sich vollständig, mit ganzem Körper und ganzer Seele, hinter seinen Protest und seine Äußerungen von 1517. Als ein Mann, den nichts auf der Welt dazu bringen konnte, zurückzuweichen. Denn in seinem Herzen lebte Gott, sein Gott, den er jederzeit fühlte und spürte: ein Gott, von dem er seine Kraft bezog, indem er ihm gleichsam seine Schwäche und sein Elend anvertraute.

Früher war es üblich, den Thesen-Anschlag, den man als Ausdruck der Empörung gegenüber eklatanten Mißständen interpretierte, mit vorangehenden Ereignissen zu vergleichen. Man stieß dann natürlich auf die Gefühle der Empörung, die man Luther während seines Rom-Aufenthalts unterstellte. Heute dagegen sieht man, wie der Augustiner, der sich bis dahin in einsame Meditationen versenkt hatte, sich aufrichtet und etwas hinausschreit. Was genau? Seine Empörung über Mißstände? Wohl eher seinen tiefen, unzerstörbaren, erleuchteten Glauben an eine Lehre, die er sich um den Preis ungeheurer Anstrengungen angeeignet hatte – eine einzigartige Lehre des Heils und des inneren Friedens, von der nur einige Dummköpfe oder gar Kriminelle den Geist der Christen abzulenken trachteten. Die Ablaßaffäre als Katastrophe? Keineswegs. Eher eine Bestätigung. Die logische Folge und notwendige Konsequenz aller gedanklichen Anstrengungen Luthers seit seinem Eintritt ins Kloster zu Erfurt.

Allein, wer einen Schrei ausstößt, weiß nicht, welches Echo er auslösen wird. Am 1. November 1517 fand sich niemand ein, um mit Bruder Martin zu diskutieren. Doch innerhalb weniger Tage brachten ihm die fünfundneunzig Thesen, die sofort nachgedruckt, ins Deutsche übersetzt und überall kolportiert wurden, zu seiner großen Überraschung das Echo einer Stimme, deren Kraft und Färbung ihn zutiefst verunsicherten. Die

Stimme eines unruhigen Deutschland, das – dumpf zitternd vor kaum gezügelter Leidenschaft – nur auf ein Zeichen wartete, auf einen Menschen, der seine geheimsten Wünsche öffentlich machen würde.

Dies war ein entscheidender Augenblick. Denn nun stellte sich ein namenloser Helfer vor Luther auf die Bühne, dessen Anteil an seinem Werk unaufhörlich wachsen sollte: der »deutsche Mensch« von 1517, voller widersprüchlicher Energien. Er war es, der das einzigartige, in sich geschlossene Werk dieses Mönchs zur Welt brachte und gleichzeitig abtrieb. Vor der Geschichte konnte Luther deshalb nur eine mißlungene Abschrift mit seinem Namen unterzeichnen.

Kapitel 5

DEUTSCHLAND IM JAHR 1517 UND LUTHER

Gewöhnlich wird es kaum erwähnt, aber man muß trotzdem darauf hinweisen. Wenn es in Europa gegen Ende des ersten Viertels des 16. Jahrhunderts ein großes Land gab, das für eine Reform im üblichen Sinne des Wortes und für einen Reformator ein schwieriges und undankbares Terrain bot – so war es Deutschland.

Deutschland im Jahr 1517: viele mächtige Territorien, gewaltige materielle Ressourcen, stolze und prächtige Städte; überall Arbeit, Initiative, Reichtum. Aber keine Einheit, weder eine moralische noch eine politische. Anarchie, tausend konfuse Wünsche, oft einander widersprechend. Das bittere Gefühl einer unklaren, in vieler Hinsicht deprimierenden Situation. Und völlige Unfähigkeit, das Übel zu beheben. Wir brauchen hier nicht unnötig und weitschweifig zu wiederholen, was schon in vielen bewährten Büchern gesagt wurde. Aber wir sollten kurz an das erinnern, was zu einem besseren Verständnis der Geschichte, um die es uns hier geht, beitragen kann. In einem Winkel Deutschlands lebte 1517 ein Mann, namenlos, unbekannt, ein Mönch, von dem niemand wußte, ob er in einer allgemeinen Biographie der Augustiner auch nur fünf Zeilen verdienen würde. Innerhalb weniger Monate sollte dieser Mann zum Nationalhelden werden. Es lohnt zu fragen, was eine genauere Untersuchung der politischen und moralischen Landkarte Deutschlands zu diesem Zeitpunkt über ein solches Abenteuer, seine Erfolgs- und Überlebenschancen auszusagen vermag.

Politische Misere

Deutschland war ein Land ohne Einheit: das ist das wesentliche. Es gab Deutsche, sie waren zahlreich, kräftig und aktiv; sie sprachen miteinander verwandte Dialekte und besaßen mehr oder weniger die gleichen Sitten und Bräuche, die gleichen Lebens- und Denkgewohnheiten. Diese Deutschen bildeten eine »Nation« im mittelalterlichen Sinne des Wortes. Aber sie waren nicht in einem einheitlichen und zentralisierten Staat zusammengefaßt, der wie ein harmonischer Körper seine Bewegungen von einem einzigen Gehirn aus lenken kann.

In Europa, das überall um Könige herum organisiert war, blieb Deutschland ein Land ohne nationalen Herrscher. Es gab keinen König von Deutschland, wie es seit langem schon einen König von Frankreich oder einen König von England gab – reiche, wohlversorgte und angesehene Herrscher, die wußten, wie man in Krisenmomenten alle Energien eines Landes um ihre Person und ihre Dynastie herum mobilisierte. Es gab einen Kaiser, der aber bloß noch ein Name, und ein Reich, das nur noch ein Rahmen war. In diesem überdimensionierten Rahmen erdrückte der Name, der viel zu große Name, mit seinem ganzen Gewicht einen schwachen, armen und manchmal auch armseligen Mann, der nur durch eine Wahl, die wie ein Kuhhandel ablief, zur höchsten, aber ohnmächtigen Würde erhoben wurde.

In einer Zeit, in der man den Wert des Geldes entdeckte, wie dies in dem klassischen Buch von Richard Ehrenberg beschrieben wird[1], war der Kaiser ein Bettler. Aus seinem Kaiserreich bezog er keinerlei Einkünfte – nur den Wert einer Haselnuß, sagte Granvelle –, also weit weniger als manche deutschen Bischöfe aus ihren Bistümern. Die riesigen kaiserlichen Domänen, die den Reichtum der Sachsen- und Frankenkaiser ausgemacht hatten, waren dahingeschmolzen. Hoheitsrechte, Pfründe, alles, was ein normales Budget hätte ausgleichen können, war abgetreten, veräußert oder usurpiert. Und dabei hätte gerade dieser Fürst mit dem klangvollen Titel, dem die Landstände nach Kräften jeden Zuschuß verweigerten, reich sein müssen, um handeln zu können. Als Inhaber einer hohen Würde, die sich nicht wie ein Königreich vererben ließ; zum abendländischen Kaiser erhoben aufgrund einer Wahl, die ebensowenig auf einen Deutschen fallen mußte wie die Papstwahl auf einen Italiener[2], mußte der Kaiser, auf dem das Gewicht einer vergangenheitsschweren Krone lastete, überall zugleich sein und über Deutschland ebenso wachen wie über die Welt. Wenn daher seine Autorität in diesem Land mit jedem Tag mehr verfiel, so deshalb, weil dieser Herrscher aus einer anderen Zeit gerade durch seine Bedeutung daran gehindert wurde zu handeln. Sie hielt ihn in Ketten vor den eigentlichen Herren der deutschen Länder: den Fürsten und den Städten.

Die Fürsten waren dem Kaiser stark überlegen. Sie hatten nur ein Ziel. Und nur ein Land. Sie brauchten keine Weltpolitik zu betreiben – und auch keine Politik im Namen des »Christentums«. Italien reizte sie nicht. Zwar verschmähten sie es nicht, ab und zu eine nutzbringende Reise dahin zu unternehmen, aber sie verfolgten dabei keine alten Wunschträume oder illusorischen Luftschlösser wie die Kaiser. Während die in Frankfurt gekürten Cäsaren von einigen fürstlichen Beratern dazu verleitet wurden, sich in aberwitzigen und fruchtlosen Abenteuern zu ruinieren, sorgten sich die Fürsten nur um eines: das Vermögen ihres Hauses, den Ruhm und den Reichtum ihres Geschlechts. Gerade am Ende des 15. und zu Beginn des 16. Jahrhundert kann man überall in Deutschland einen kräftigen Schub politischer und territorialer Konzentration beobachten. Mehrere Fürsten versuchten günstige Umstände und glückliche Zufälle zu nutzen, um solide, weniger zerstückelte Staaten zu bilden. Ob in der Pfalz, in Württemberg, Bayern, Hessen, Brandenburg oder Mecklenburg, überall bewiesen die Fürstenhäuser, die in der neueren deutschen Geschichte eine Rolle spielen sollten, zu Beginn des 16. Jahrhunderts eine neue Stärke und vereinten ihre Kräfte im Hinblick auf künftige Eroberungen.

Der Trend geht also zu einem Deutschland der Fürsten. Aber nur der Trend. Ohne einen starken Herrscher an seiner Spitze, der diese Bezeichnung wirklich verdient, tendiert Deutschland dazu, sich in acht oder zehn regionale Herrschaftsbereiche aufzuspalten, denen jeweils solide, gut verwaltete und einheitlich dirigierte Staaten entsprechen. Doch diese Organisation existierte noch nicht. Noch immer steht über den Fürsten der Kaiser. Sie sind souverän nur unter seiner Souveränität. Und unter ihnen oder vielmehr neben ihnen gibt es (ganz zu schweigen von abtrünnigen Adligen und Raubrittern) – die Städte.[3]

Die deutschen Städte an der Wende zum 16. Jahrhundert: eine Pracht. Fremde, die durch Deutschland reisen, sehen nichts anderes mehr. Als ob der Glanz dieser Städte sie blenden würde. Zwanzig Hauptstädte, die jeweils ihre eigenen Institutionen, Gewerbe, Künste, Trachten und ihren eigenen Geist haben. Im Süden liegt das Augsburg der Fugger: Ein- und Ausgangstor des deutsch-italienischen Handels. Mit seinen von Fresken geschmückten Häusern wirkt es wie eine malerische Vorhalle der Welt jenseits der Berge. Nicht weit entfernt liegt Nürnberg, die Heimatstadt von Dürer, Fischer, Hans Sachs oder Martin Behaim: zu Füßen einer Burg, auf halbem Weg zwischen Main und Donau. Auch die Städte des Nordens sind zu erwähnen: das fleißige und realitätstüchtige Hamburg, das rücksichtslos an seinem Aufstieg arbeitet; Lübeck, die Königin der Hanse, die sich aber schon im Niedergang befindet; Stettin, die Weizenstadt, und in der Ferne Danzig mit seinen geräumigen Speichern und riesigen Backsteinkirchen, Symbolen eines immerwährenden Wohlstands. An der östlichen Grenze: Frankfurt an der Oder, Zwischenlager für den Handel mit Polen, und Breslau, die natürlich Pforte Schlesiens. Im Westen schließlich, am wilden Strom, das glänzende Gestirn der rheinischen Städte, von Köln bis Basel. Dahinter der gewaltige Frankfurter Handelsplatz. Und noch etwas weiter: Leipzig, ein Umschlagplatz im wahren Mittelpunkt dieses vielfältigen Deutschland.

In allen diesen bevölkerten, lärmenden und berühmten Städten herrschte ein beispielloser Wohlstand, der sich aus den verschiedensten Quellen speiste, und ein äußerst energisches und robustes Stadtbürgertum. Als die Türken 1517 Ägypten besetzten und den Fernosthandel der Venezianer, also auch den Handel der süddeutschen Städte blockierten, hatten die deutschen Städte und Bürger bereits die Fronten gewechselt. Schon 1503 hatten die Welser aus Augsburg in Lissabon ein großes Handelskontor eröffnet, und schon 1505 segelten drei deutsche Schiffe in einer portugiesischen Flotte nach Indien. Ebenso wie die Welser träumten die Ehinger aus Konstanz von Venezuela, die Fugger von Chile. Antwerpen, die Metropole des neuen handeltreibenden Europa, war voller Deutscher. Doch die Stadt, die den Seefahrern die besten Kompasse und die sichersten Karten lieferte; die Stadt, in der Regiomontanus, während er auf seinen Schüler Behaim wartete, den Astrolab verbesserte, die deutsche Astronomie mit der spanisch-portugiesischen Nautik verband und 1475 die Ephemeriden publizierte, die Columbus auf seine Reise mitnahm – diese Stadt lag in Deutschland und war ganz und gar kontinental: das ruhmreiche Nürnberg.

Im Land der Fugger, der »Foucres« [wie man in Frankreich sagte], die gleichzeitig bewundert, beneidet und gehaßt wurden, konnte man leicht ein riesiges Vermögen anhäufen. Zu hunderten gab es dicke, kräftige Kaufleute, voller Wagemut und Selbstvertrauen, die hart arbeiteten, ausdauernd tafelten und die Freuden des Lebens genossen. Sie besassen schweres Geschmeide als sicht- und greifbares Zeichen ihres Reichtums. Ihre Tische waren üppig und reich gedeckt, ihr Mobiliar aus massivem, kunstvoll geschnitztem Holz. Sie besaßen flandrische Spitzen und goldbesetzte italienische Lederarbeiten. An einer Ecke des Tisches stand eine Vase aus Murano, und manchmal standen auf dem Regal neben einem Globus ein paar Bücher. Diese Männer waren die Könige einer neuen Welt, die die alten Wertmaßstäbe umgestürzt hatte. Die Städte, aus denen sie hervorgingen, waren Deutschlands Stolz. Aber auch seine Schwäche.

Wie Inseln inmitten fürstlicher Gebiete gelegen, durchlöcherten und zerstückelten sie die deutschen Territorien, behinderten deren Ausdehnung und staatliche Festigung. Konnten sie sich wenigstens selbst ausdehnen? Nein. Sich in Föderationen zusammenschließen? Auch nicht. Jenseits ihrer Mauern lag das weite Land: Bauernland, wo noch ein Recht herrschte, das dem städtischen entgegengesetzt war. Unter habgierigen Grundherren lebten dort ungebildete und grobe, manchmal völlig verarmte Bauern, murrend und jederzeit bereit sich zu empören, denen jedoch die städtische Kultur völlig fremd blieb. Diese Besonderheit war so auffällig, daß Maler und Zeichner nicht müde wurden, die wilden Züge dieser Bauern, ihre primitiven Sitten und Gebräuche darzustellen. Wollten die Städte sich untereinander verständigen, zusammenarbeiten, so konnten sie dies nur über große Entfernungen und weite, vielfältige Gebiete hinweg, die sich in allem von ihnen unterschieden. Die berühmten Stadtkulturen: nichts als Oasen. Die Städte: nichts als Gefangene, zur Isolation verdammt. Von den Fürsten bewacht, sich aber auch untereinander bewachend.

Wohin flossen ihre Ressourcen und Reichtümer? In die Arsenale: ihr ganzer Stolz, aber auch ihr Ruin. Das Geld ging an die Kanoniere, anspruchsvolle Techniker, die sich teuer bezahlen ließen. Es wurde in Schutzwälle und Basteien investiert, die der ständigen Reparatur bedurften und von Zeit zu Zeit völlig umgebaut werden mußten. Und schließlich ging es auch an Botschaften, an ferne diplomatische Vertretungen, an reitende Boten, die über die Landstraßen jagten. So mußten die freien Städte ihre Freiheit teuer bezahlen: zu teuer. Trotz aller Opfer blieben sie nämlich schwach, angewiesen auf die Gnade eines Fürsten, der sich am Ufer niederließ – bergwärts oder talwärts – und den Handelsverkehr blockierte; angewiesen auf die Gnade eines Junkers, der sie ausplünderte und verhöhnte und sich jederzeit in sein für städtische Milizen uneinnehmbares Adlernest zurückziehen konnte; oder auf die Gnade rivalisierender Städte, die die Verträge brachen und eine beneidete Nachbarstadt angriffen.

Hinter der Wohlstandsfassade verbarg sich also eine politische Schwäche, die umso überraschender war, als sie mit großer wirtschaftlicher Macht kontrastierte. Diese glanzvollen Städte, die damals unsere französischen in den Schatten stellten, besaßen ebensowenig wie ihre Bürger jenes nationale und politische Bewußtsein, das dazu führte, daß sich alle »*bonnes villes de France*« in Krisenzeiten um den König scharten, um Ludwig XI. gegen die »Liga des öffentlichen Wohls« oder Karl VIII. gegen die Fürsten zu verteidigen. Die französischen Städte waren Teile eines wohlgeordneten Ganzen; durch ihre kulturelle Ausstrahlung trugen sie dazu bei, das Land zu »urbanisieren«. Die deutschen Städte dagegen waren von einem wütenden Egoismus geprägt, der sich ununterbrochen gegen andere Egoismen zur Wehr setzen mußte.

Die Deutschen, die auf ihren Reichtum, ihren Geschäftssinn und ihre Erfolge so stolz waren, litten unter dieser Situation. Sie litten darunter, ein zerstückeltes, aus Flicken und Fetzen zusammengesetztes Land zu sein, ohne Anführer und ohne Kopf: ein wirres Durcheinander autonomer Städte und mehr oder weniger mächtiger Dynastien.

Die Heilmittel? Niemand wollte sie. Die Befugnisse des Kaisers erweitern: Gott bewahre! Die Städte sagten nein. Was würde dann aus ihren Freiheiten? Außerdem müßten sie dann mehr bezahlen. Auch die Fürsten sagten nein. Gegen eine Art Ehrenpräsident, dessen Vorrang ihnen die glückliche Gewißheit gab, daß keiner von ihnen den anderen übertrumpfen würde, um sie zu dominieren, hatten sie nichts einzuwenden. Die Institution war nicht schlecht. Man hätte sie notfalls erfinden müssen. Aber aus diesem Vorzeigepräsidenten einen wirklichen Führer machen: niemals!

Gegen Ende des 15. Jahrhunderts gab es unzählige politische Reformvorhaben. Staatsrechtler, Theologen, Fürsten und sogar der Kaiser selbst hatten dutzende mehr oder weniger ernsthafte Ausarbeitungen, mehr oder weniger durchdachte Vorschläge, ja regelrechte Verfassungsentwürfe vorgelegt. Keiner setzte sich durch. Je mehr man darüber sprach, die Macht des Kaisers zu vergrößern, eine kaiserliche Armee einzuführen, eine kaiserliche Justiz, eine solide und wirksame kaiserliche Finanzverwaltung – desto stärker wurde schließlich die Macht des Kaisers beschnitten und verhöhnt. Vergeblich berief sich Maximilian auf die Ehre des Reiches, auf die Notwendigkeit, die Türken zu bekämpfen und die Franzosen in Schach zu halten: Die Ehre des Reiches war den Landständen völlig egal, und sie wollten sich auch wegen der Türken keine Sorgen machen. Was schließlich die Franzosen anlangte, so hatten sie viele Freunde, eigennützige und andere. Der einzige Gegner, den alle fürchteten, war der Kaiser selbst.

Wie aber sollte man in einem solchen Land eine Reformation durchführen? Wie sollte man sie wenigstens politisch durchsetzen und, wie wir heute sagen würden, »die Behörden« dafür gewinnen? War das nicht außerordentlich schwer und von vornherein zum Scheitern verurteilt?

Den Kaiser gewinnen? Wie sollte das gelingen? Er war zwar der Hauptrivale, aber auch die Stütze des Papstes und würde sich kaum verführen lassen. Auch reichte es kaum aus, den »Cäsar« auf seiner Seite zu haben. Man brauchte außerdem die Fürsten. Und zwar alle Fürsten. Denn der Kaiser ohne Fürsten oder diese ohne den Kaiser oder außer den zerstrittenen Fürsten auch noch die zwischen diesen rivalisierenden, um Einfluß kämpfenden Kräften hin und her gerissenen Städte – und das Unternehmen würde Schiffbruch erleiden, die Reformation würde scheitern, überall würde Streit aufkommen und die politischen Rivalitäten außerdem noch durch religiöse Haßgefühle überlagert und verstärkt. Um alle diese einander hassenden und bekämpfenden autonomen Parteien: Städte und Fürsten, Kaiser und Reichsritter, Laien und Priester, zusammenzubringen – wieviel politisches Genie mußte der Anführer dieses Unternehmens – der Reformator – besitzen! Welche Begabung und Bereitschaft, die rivalisierenden Leidenschaften auszunutzen, unterschiedlichste Interessen zu wecken, zu bündeln und ihre Spitze in die gewünschte Richtung zu lenken!

Dieses Deutschland von 1517 war zerstritten und unruhig, aber es konnte zerstören. Dank seiner verfeindeten Kräfte und anarchischen Leidenschaften war es in der Lage, eine kohärente und einheitliche Institution zugrunde zu richten. Doch konnte es auch ein positives Werk vollbringen, etwas aufbauen oder rekonstruieren? Da es unfähig war, sich selbst zu disziplinieren, wie sollte es da die Erbauer einer neuen Ordnung unterstützen, falls sie sich ihren Horizont von seinen Grenzen vorgeben ließen? Schon ein Blick auf die Landkarte des Reiches schien die Antwort zu enthalten.

Soziale Unruhen

Was aber, wenn der Mann kräftig genug und seine Stimme mächtig genug ist, um die innerlich aufgewühlten Deutschen in einmütiger Bewegung zu mobilisieren und eine Lawine ins Rollen zu bringen, die alle Barrieren zur Seite fegt, alle Dämme durchbricht und alle Hindernisse mit sich reißt?

Eine solche Bewegung auszulösen, war auf den ersten Blick nicht unmöglich. Vorausgesetzt, man hatte den richtigen Mann dafür. Denn zwischen Rhein und Weichsel gab es viele Stimmen, die eine Reform verlangten. Enttäuscht vom Scheitern der verschiedenen politischen Organisationspläne, schien sich auch die Öffentlichkeit für eine Kirchenreform zu interessieren. Konnte nicht gerade diese Reform allen großen oder kleinen Mächten, die sich in Deutschland gegenseitig zerfleischten, ein relativ leichtes Feld der Verständigung bieten?

Und der Kaiser? Dem Papst gegenüber mußte er seine traditionelle Rolle spielen, seine Auffassungen als weltliches Oberhaupt der Christenheit zur Geltung bringen und überhaupt ein Machtwort sprechen. Die Stadtbürger und Bauern: Sie mußten bezahlen, taten es aber nicht gerne und waren daher entschlossen, ihre Verpflichtungen neu auszuhandeln. Die Fürsten schließlich und der Adel: Sie schauten nur auf die schönen und großen Domänen der deutschen Kirche. Sie kannten sie gut. Denn jedes Haus besaß für seine jüngeren Söhne ein Erzbistum oder Bistümer oder Klöster. Wenn es nur gelingen könnte, die lebenslange Nutzung in dauerhaftes, erbliches und dynastisches Eigentum zu verwandeln – was für ein schöner, goldener Traum …

Alle Verhandlungen mit Rom waren jedoch gescheitert. Friedrich III. hatte nur die schäbigen Konzessionen des Wiener Konkordats erhalten. Maximilian I. hatte kaum mehr Erfolg – trotz des schönen Plans von

1511: sich gleichzeitig die Kaiserkrone und die päpstliche Tiara aufzusetzen und damit alle Schwierigkeiten leichter zu beheben. Die eingeleiteten Verhandlungen führten nur dazu, die Böswilligkeit der Kurie ans Licht zu bringen. Die Öffentlichkeit reagierte enttäuscht und verstört, nervös und angespannt. Das Unbehagen schlug nun in Fremdenhaß um.

Diese Italiener! Sie machten sich über die guten und rechtschaffenen Deutschen lustig. Sie waren lebhaft und spöttisch, ungezwungen, skrupellos und verworfen, ohne jeden Ernst oder Tiefe. Unter dem Vorwand, den höheren Interessen der Christenheit zu dienen, wollten sie nur ihren eigenen Appetit stillen und zogen lauter schöne Dukaten aus Deutschland ab. Wut kam auf. Nachdem Luther erst einmal den Sprung gewagt hatte, sollte er ihn immer wieder lebendig verspüren, tief unten in seinem deutschen, volkstümlichen Herzen. »Es ist khein verachter Nation den die Deutsch. Italia heist uns bestias; Franckreich, Anglia spott unser und alle andere lender.«[4] Dieser empörte Herzensschrei sagt alles.

Was aber, wenn man alle diese Reformwünsche aufmerksam prüfte und jene sorgfältig befragte, die sie formuliert hatten? Dann kamen Interessen zum Vorschein, ob sich die Menschen dessen bewußt waren oder nicht. Und diese Interessen widersprachen einander oder unterschieden sich zumindest. Was aber die Gefühle anging, so war das Deutschland von 1517 in seinen moralischen Anschauungen ebenso anarchisch wie in seinen politischen Formationen.

Zwar gab es in den Städten eine kompakte und relativ homogene Masse seriöser und gebildeter Bürger. Aber ihre geistige Haltung war äußerst vielschichtig und, soweit wir sie uns vorstellen können, unbeständig.

Geld zu verdienen, also sein Leben dem Gewinn zu widmen und den Profit als Lebensziel zu begreifen – eine solche Praxis bleibt nicht ohne Auswirkungen auf die Moral der Menschen. Der geschäftlich erfolgreiche Bürger, der Reichtum erwirbt, nicht nur zu rechtschaffenem Wohlstand, sondern wirklichen Reichtum mit allem, was dazu gehört – Geldmünzen in den Truhen, Geschmeide und prächtige Stoffe –, der erwirbt damit auch noch etwas anderes: ein ganz neues Gefühl gesellschaftlicher Bedeutung, auch der Würde, der Unabhängigkeit und Autonomie. An der Antwerpener Börse, im Stahlhof zu London oder auf den Quais von Lissabon kämpfte jeder für sich. Doch jeder gewöhnte sich auch daran, sich nur auf sich selbst zu verlassen und nur seinen eigenen Verstand zu Rate zu ziehen.

Anfang des 16. Jahrhunderts begannen die deutschen Bürger, vor allem die Kaufleute, Geld zu verdienen, sehr viel Geld. Und nun empfanden diese erfolgreichen Männer, daß die Traditionen einer Welt, die ihnen keinen ehrenvollen Platz einräumte, und die moralischen Grundsätze, die für Kleinverdiener gedacht waren, keinen Sinn mehr hatten, ja ihnen feindlich waren. Also wehrten sie sich voller Ungeduld gegen das Joch der Prinzipien und stellten ihre Legitimität in Frage. Von wievielen Zwängen befreite nicht das bloße Geldverdienen? Von der Verurteilung des Geldverleihs zum Beispiel oder vom Verbot, Zinsen zu nehmen. Aber auch noch von anderen Dingen, die sehr viel weiter gingen.

Was diese Männer in Frage stellten, war die alte Handwerkermentalität des Mittelalters.[5] Berufe wurden ausgeübt, um ihren Mann zu ernähren, warfen aber keinen Profit ab, der über das hinausging, was der Produzent zum Leben brauchte. Stadträte vertraten den Begriff des gerechten Preises, um allein im Interesse der Konsumenten eine gute Qualität und einen niedrigen Warenpreis zu garantieren. Dies waren Vorstellungen, die auch im Bewußtsein der Menschen des 16. Jahrhunderts fest verankert waren und es noch lange Zeit bleiben sollten – sie sind bis heute nicht ganz ausgestorben. Dagegen protestierten nun heftig die neuen Männer, die ersten Repräsentanten eines wirklich kapitalistischen Geistes. Eine Ware billig zu verkaufen, um sie später besonders teuer verkaufen zu können, das Alternieren von Hausse und Baisse, Warenaufkäufe, »Monopole«, Qualitäts- und Quantitätsfälschungen, zynische und gnadenlose Ausbeutung von Schwachen und Armen – all das lernte man in der neuen Schule und in den Hauptstädten des Goldes, wo profitorientierte Männer aus den verschiedensten Nationen zusammenkamen und sich gegenseitig ihre unredlichen Praktiken beibrachten.

Auf ihnen allen lasteten unangenehm die alten Verbote, die die Kirche als Hüterin der traditionellen Moral und Ethik erlassen hatte.

Deshalb liebten sie die Kirche nicht. Sie engte sie ein, bevormundete sie und zeigte mit dem Finger auf sie wie auf Rebellen und Bösewichte. Die Kirche war auch immer noch stark genug, um Haßgefühle, Ablehnung und manchmal sogar Unruhen gegen sie auszulösen. Denn die von ihnen verkündete – und teilweise schon vorgelebte – moralische Revolution hatte in den Köpfen und im Bewußtsein gerade erst begonnen. Wieviele Männer in den Städten – und wieviele Frauen – lebten zwar vom Wucher, mästeten sich durch die schändliche Ausbeutung der Bauern, praktizierten mit zynischer Ausdauer die neuesten Formen des Diebstahls, und dennoch wetterten sie, da sie noch immer den alten Gedanken anhingen und ihnen das Zusammenspiel aller Formen kapitalistischer Ausbeutung noch nicht geläufig war, als erste gegen die großen Bankiers und Kaufleute, die zwar ihre wahren Anführer und lebenden Schilde waren, die sie aber noch nicht als solche zu erkennen vermochten.

Diese sehen in der Kirche als Institution und in ihrem uralten Geist noch etwas anderes, das sie schockiert und stört.

Im ökonomischen Kampf steht jeder für sich allein – der Konkurrenz gegenüber, aber auch gegenüber dem Glück. Das gleiche gilt für das Verhältnis zu Gott. Deshalb hat der reichgewordene Kaufmann aus Nürnberg oder Augsburg kein Verständnis mehr für Priester und Geistliche, die sich zwischen den Menschen und Gott stellen, für die Mönche und Nonnen, die sich aus dem Jahrhundert zurückziehen und sich einem Leben der Entsagung widmen in der Hoffnung, Gott möge den anderen Menschen die Wohltat und die Verdienste ihres Opfers anrechnen. Wozu all dieser Eifer? Was wollen diese Faulenzer, die mit ihrer Ruhe die Hektik des Geschäftslebens zu verhöhnen scheinen und außerdem noch zwischen Kreatur und Schöpfer zu vermitteln behaupten? Voyeure, Nichtsnutze, Parasiten. Glauben sie etwa, daß man ohne sie nicht auskommen könnte? Jeder ist sich selbst der nächste. Mögen sie doch arbeiten, statt von denen, die rackern und sich plagen, den Zehnten zu erheben. Mögen sie die Ärmel hochkrempeln und frohen Herzens zum gemeinsamen Werk beitragen. Und mögen sie aufhören, Vermittlungsdienste anzubieten, um die sie niemand mehr bittet.[6] Jeder Mensch sollte sein eigenes Handeln vor dem Angesicht Gottes verantworten. Wenn sich aber die Geistlichen auf die Dunkelheit der Dogmen und die Interpretationsschwierigkeiten einer Religion berufen, die nur ein Priester zu lehren in der Lage sei, so ist zu fragen, ob sie diese nicht selbst verkompliziert haben, um sich unentbehrlich zu machen. Die wahre Religion, das ist Gott, der zu den Menschen spricht, und es ist der Mensch, der zu Gott spricht – in einer klaren und direkten Sprache, die alle verstehen.

So dachten und empfanden um 1520 herum zunächst noch undeutlich, dann mit zunehmender Gewißheit und Stärke zwar nicht »*die* Deutschen«, aber doch viele von ihnen, nämlich ein Großteil des städtischen Bürgertums. Denn auch hier herrschte keine Einmütigkeit. Weder Bauern noch Adlige noch Priester hatten dieselben Empfindungen. Die Klassenspaltung blieb eindeutig. Fürsten, Ritter, Kaufleute und Bauern bildeten jeweils eigene Kasten mit eigenen, sich radikal voneinander unterscheidenden Lebensweisen, Sitten und Gebräuchen, Ideen und sogar Moralvorstellungen. Man kann sich dies deutlich vor Augen führen, indem man neben den von Holbein hinterlassenen Porträts reicher Kaufleute und bedeutender Bürger mit energischen, aber menschlichen Zügen einmal jene Bildnisse betrachtet, auf denen sich in barocker Pracht eine merkwürdige Fauna von Fürsten und Fürstinnen mit Gesichtern darbietet, die bald erstaunlich aufgedunsen, bald beängstigend mickrig sind. Zweierlei Deutschland also. Und daneben sehen wir auf den Stichen von Sebald Beham die tumben und wilden Bauernrunden in faunischer Trunkenheit. Nicht zu sehen sind die überall verstreuten *Raubritter*[7] mit ihren narbenreichen, bösen und wüsten Raubvogelgesichtern.

Widersprüchliches Deutschland. Häufig verfeindetes Deutschland. Dennoch war das Bürgertum aufgrund seiner Masse, seiner kulturellen Überlegenheit und seines moralischen Ansehens dominant. Es war durchaus in der Lage, ein revolutionäres Projekt zu verstehen, zu unterstützen und vielleicht sogar zum Erfolg zu führen. Aber um welchen Preis? Um den Preis welcher Mißverständnisse und anschließend welcher Revisionen seitens des Helden, der ausrufen würde: Folgt mir? Denn dieser ist weder im Herzen noch dem Geist nach ein Bürger; ihn kümmern keine materiellen Werte; er ist bloß ein Erleuchteter und verachtet die vergeblichen Mühen der Menschen; er hat sich ganz in seinen Traum verstrickt und sehnt sich nach Gott. Werden sie ihm lange folgen? Sie wußten ja, was sie wollten. Sie gehörten nicht zu den Leuten, die sich leicht von ihrem Weg abbringen ließen. Mußte es daher nicht zwischen dem Mann, der an ihre Spitze trat, und ihnen, die ihn pausenlos, beharrlich und ununterbrochen vorantrieben, zwangsläufig zum Konflikt kommen? Und würde sich dieser Mann, hinter dem sich zwischen 1517 und 1520 ein völlig disparates und verwirrtes Deutschland sammelte und zum Sprung ansetzte, so einfach von seinem Weg abdrängen lassen und den ihren einschlagen? Das war die große Frage.

Luther und Deutschland

Vor 1517 war Luther zu sehr damit beschäftigt, sein Gewissen zu erforschen und seinen inneren Frieden zu suchen, und außerdem war er, vor allem 1516, aufgrund seiner Ämter von allerlei Sorgen absorbiert, um viel zu analysieren oder auch nur sein persönliches Temperament zu entfalten. Gab es dieses Temperament überhaupt schon, als der fügsame und unterwürfige Augustiner noch nicht seine Entdeckung gemacht hatte?

Was die Theologen sein System nennen, ist keine ideologische Konstruktion, keine Begriffskombination, die dem lebendigen, fühlenden und wollenden Menschen äußerlich wäre. Für Luther ist dieses System sein einziger Lebenszweck, sein einziger Grund zu glauben und zu hoffen. Eine Kraft. Die Wahrheit über das christliche Leben, seine Ziele, seine Modalitäten und seinen Geist.

Die Wahrheit: Der Mann, der 1517 seine Thesen am Portal der Wittenberger Schloßkirche anschlägt, weiß, daß er sie besitzt. Oder genauer, er fühlt sie in sich. Gewiß, um jeden Aspekt auszuformulieren, muß er noch viele Gedankenverbindungen klären, manche logischen Zwischenglieder einfügen. Auf welchen Wegen er vom Ablaßproblem allmählich zur Konstituierung einer vollendeten Theorie der Buße überging, kann man bei den Theologen nachlesen. Luther wußte durchaus, daß er weiter suchen mußte, und er sagte es auch. Er wußte außerdem, selbst wenn er es nicht ausdrücklich sagte, er wußte instinktiv, daß er im wesentlichen recht hatte. Wie sollte er sich auch irren? Er lehrte nur, was er glaubte. Und er glaubte, was Gott ihm offenbart hatte. Sein Brief vom 11. Oktober 1517 an Albrecht von Mainz bringt dies deutlich zum Ausdruck. Es ist der Brief eines Mannes, der Gott auf seiner Seite hat – der ihn in sich hat.

Für Denifle war das Hochmut. Aber auch die Psychologie des vatikanischen Unterarchivars hatte einen leichten Tiroler Einschlag. Wenn Luther hochmütig war – wieviele Hochmütige gab es dann wohl in der Religionsgeschichte? Und wieviele Hochmütige unter den allerdemütigsten Mystikern? Verstehen wir uns recht. Luther war nicht stolz auf seine Intelligenz. Er dachte nicht selbstgefällig an die Kraft, an die Wucht, an die ungeheure Schärfe seines Verstandes. Wenn er je daran dachte, so nur voller Mißtrauen und um sich gegen jeden intellektuellen Hochmut zu verwehren, ihn als Teufelswerk zu verurteilen, so wie er dies schon 1517 gegenüber Erasmus getan hatte – Erasmus, die vollkommene Inkarnation eines Jahrhunderts, das verstehen wollte.

Luther hatte das Gefühl, mit seinem Gott zu verwachsen. So sehr und so heftig, mit solcher Intensität, daß er, wenn er zu den Menschen sprach, sozusagen aus Gottes Busen sprach. Gott lenkte ihn, und er ließ sich willig von ihm an der Hand führen. Das erlaubte es ihm, zumindest anfangs, zwei widerstrebende Gefühle zu vereinbaren: einerseits, daß seine Lehre noch unabgeschlossen war, und andererseits, daß sie ohne jeden Zweifel göttlichen Ursprungs war. Wörtlich schreibt er in seinem Kommentar von 1516: »Jene, die sich vom Geist Gottes leiten lassen, sind ihrem Sinn und Verstand nach biegsam und werden von der Rechten Gottes auf wunderbare Weise geführt, wohin sie nicht gehen wollen.« Mit der Zeit wird das eine explizite und unverrückbare Theorie. In seinem berühmten Brief an den Kurfürsten von Sachsen verkündete Luther am 5. März 1522: »E. K. F. G. weiß, oder weiß sie es nicht, so laß sie es ihr hiemit kund sein, daß ich das Evangelium nicht von Menschen, sondern allein vom Himmel durch unsern Herrn Jesum Christum habe.« Und er beansprucht für sich auch das Recht, sich als Knecht Christi und als Evangelisten zu bezeichnen. Damit ist der Endpunkt einer Entwicklung erreicht, auf deren Anfänge wir oben bereits hingewiesen haben. Ein Text von 1530 mag die Gründe benennen. Wo ist der wahre Ketzer oder Teufel, fragt Luther[8], der dann zu sagen wagt: »Ich Teufel oder Ketzer predige meine Lehre.« Alle können sagen: »Es ist nicht meine Lehre, es ist Gottes Wort.« Sie können es. Als Luther dies schrieb, wußte er es besser als jeder andere.

Eine solche Überzeugung, vor allem wenn sie völlig ungebrochen ist, verleiht einem Mann ohne sonderlich kritischen Geist, und der auch kein Bedürfnis danach verspürt, eine unwiderstehliche Kraft. Anders und kritisch betrachtet, bedeutet sie allerdings auch eine Schwäche. Nämlich die absolute Unfähigkeit, sich in das Denken und Fühlen anderer zu versetzen. Verstimmung über jeden Einwand. Und bald darauf: Ärger und Wut gegenüber allen Opponenten: Sie sind Gegner, Feinde Luthers, vor allem aber Feinde der Wahrheit, denn Luther ist der erleuchtete Herold der göttlichen Wahrheit auf Erden. Sehen sie denn die Wahrheit nicht? Sind sie denn blind? Sogar die Blinden nehmen die Strahlen der Wahrheit durch ihre geschlossenen Augenlider wahr! Also sind sie, also müssen sie absichtlich blind sein, böse und verflucht. Daraufhin geht ein Hagel von

Verwünschungen über sie nieder, der aus der Tiefe eines empfindsamen, sanften und sentimentalen Herzens kommt, *à l'allemande* ... Heftige und grobe Beschimpfungen, maßlos und geistlos, von einer Vulgarität, die in dem Maße alle Grenzen überschreitet, wie die klösterliche Sittenregel nach und nach ihren Einfluß auf Luther verliert. Luthers Grobheit ist die eines Mannes aus dem Volk, eines Bergmannssohns, der in einfachen Verhältnissen aufgewachsen ist und den erblichen Makel seines Menschenschlags (*race*) in sich trägt, der sich von seiner niedrigen Herkunft noch nicht weit entfernt hat. Vielleicht ist sie aber auch bis zu einem gewissen Grad – und zumindest am Anfang – auf die Zungenfertigkeit eines Bettelmönchs zurückzuführen, der persönliche Konfrontationen und die zügellosen Invektiven der Wanderprediger gewöhnt ist. Schon bald begann er allerdings zu übertreiben.

Wenn ein Mensch dieses Typs, der sich ohne persönliche Hintergedanken wähnt und fühlt; der sich selbst das Zeugnis ausstellt und ausstellen kann, daß nur die Liebe zum Nächsten und zu Gott ihn führe, nicht nur auf normale, sondern auf heimtückische Widerstände stößt, auf Haß und Verrat (oder was er als solchen interpretiert), wozu ist er dann nicht fähig? Vor allem, wenn er sich gleichzeitig und als Folge davon in völliger Übereinstimmung mit einer Menge glaubt, die er beherrscht, die aber auch ihn beherrscht und ihm ihren Fieberatem ins Gesicht bläst. Eingekeilt zwischen zwei Mengen – einer, die er mit seiner ganzen Verführungskraft dazu ermuntert, sich zu entspannen, und einer, die ihn wütend verfolgt und erschreckt –, verliert er die Orientierung. Jedes Hindernis, dem er begegnet, überspringt er mit einem größeren Satz, als nötig wäre. Er hat etwas von einem Vollblüter, vom unschuldigen und wilden Stolz eines Rennpferds, das es nicht ertragen kann, von anderen überholt zu werden, daß andere schneller sein könnten ...

»Je mehr jene wüten, desto weiter gehe ich vor. Ich lasse das Frühere fahren, wie sie auch darüber bellen mögen, und nehme Späteres vor, damit sie das auch anbellen: *ego, quo magis illi furunt, eo amplius procedo; relinquo priora, ut in illis latrent; sequor posteriora, ut et illa latrent.*« Dieser Satz aus einem Brief vom März 1518 an einen Prediger in Zwickau ist typisch.[9] Er sollte zu den vier oder fünf Dokumenten gezählt werden, die Luthers Charakter und seine wahre Geisteshaltung am besten wiedergeben. Man könnte noch viele andere anfügen.

Ein Jahr später schreibt Luther an Staupitz: »Gott reißt und treibt mich viel weiter, als daß er selbst führt. Ich bin meiner nicht mächtig: ich will in Stille leben und werde mitten in die Stürme hineingerissen.«[10] Und weiter: »Mein Eck, dieser arglistige Mann, zieht mich von neuem in neue Sachen hinein, wie Du hier siehst. So sehr sorgt der Herr dafür, daß ich nicht müßig bin.« So fühlt er sich immer wieder herausgefordert und kommt nur in wilden, provozierten Sprüngen voran, wie er dies 1520 auf den ersten Seiten von *De Captivitate* beschreibt: »Ich mag wollen oder nicht, so werde ich gezwungen, von Tag zu Tag gelehrter zu werden, indem so viele und so große Magister um die Wette mich bedrängen und mich üben.«[11] Und dann zählt er alle auf, die ihn angegriffen und dadurch, wie er sagt, gezwungen haben, immer weiter voranzuschreiten: Prieras, Eck, Emser, die wahren Verantwortlichen für seine Fortschritte. »Ich habe es getan«, rief er später bei seiner Hochzeit aus, »dem Teufel und seinen Schuppen zum Trotz ...«

In diesen Texten steckt der ganze Luther. Mit seinem Ungestüm, seinen unberechenbaren Eingebungen, seinem Verbalradikalismus und seinen erschreckenden sprachlichen Entgleisungen, die ihn dazu veranlaßten, am 1. August 1521 an Melanchthon zu schreiben: »*Esto peccator et pecca fortiter*, sei ein Sünder und sündige kräftig«. Auch der erstaunliche Brief an Hieronymus Weller von 1530 gehört hierher: ein einzigartiges psychologisches Dokument, auf das wir noch zurückkommen müssen.[12] Alle diese leidenschaftlichen Aufschreie belegen eine Übertragung ganz persönlicher Gefühle auf ein allgemeingültiges theologisches System, die gegenseitige Durchdringung und kontinuierliche Interaktion zwischen einem ganz besonderen Temperament und einer Dogmatik, die daraus hervorgeht und es gleichzeitig anfeuert.

Dieser Mensch war nicht deshalb stark und ungewöhnlich, weil er mit überraschender Leichtigkeit die Gedanken anderer verstand, sondern weil er seinem inneren Traum folgend und aufgrund einer unerschöpflichen Energie und religiösen Leidenschaft im Gegenteil aus verbalen Ähnlichkeiten den Schluß zog, daß andere ihm folgten, obwohl sie ihn in Wirklichkeit – wie geschickte Fallensteller, die ihrer Beute mit leichtem Schritt vorauseilen – in immer dichteres Unterholz lockten. Indem er jedoch in Wittenberg seine Thesen anschlug, verließ er seine kleine, geschlossene Welt der Mönche und Theologen und machte einen ersten, aber entscheidenden Schritt auf jenes Deutschland zu, das wir beschrieben haben. Dabei sollten ihm gerade seine Schwächen eine ungewöhnliche Kraft verleihen.

Einer anderen selbstbewußten und durch scharfe Intelligenz geleiteten Kraft wäre es kaum gelungen, auf das zersplitterte, sich selbst zerfleischende Deutschland, dieses Deutschland aus zwanzig verfeindeten Ländern, deren verschiedene Stimmen die unterschiedlichsten Lösungen verlangten, einzuwirken. Ein Logiker, der in aller Klarheit ein kohärentes, völlig unmißverständliches Gedankensystem vertreten hätte, wäre nur eine weitere Stimme im unnützen und wirren Geschrei der Deutschen gewesen. Ein vernünftiger und vorsichtiger Mann, der jede seiner Handlungen genau durchdachte und seinen Fuß nur auf festen, im voraus erkundeten Boden setzte, hätte das getan und gesagt, was Erasmus dachte und tat. Luther dagegen war weder ein Logiker noch ein Weiser noch ein frommer Mensch, der einfach nur große und schöne Werke vollbringen und ein frommes, tugendhaftes und gottgeweihtes Leben führen wollte. Er war ein Instinkt, der seiner Eingebung folgte, ohne sich um Schwierigkeiten, Hindernisse oder Widersprüche zu kümmern, die er nicht mit seinem Verstand wahrnahm, sondern in der tieferen Einheit eines lebhaften und herrschsüchtigen Gefühls versöhnte. Luther war weder Doktor noch Theologe – sondern Prophet.

Und weil er es war, gelang ihm dieses einzigartige Kunststück: sich an die Spitze eines anarchischen Deutschland zu stellen und ihm einen Augenblick lang die Illusion zu vermitteln, daß es einstimmig genau das wollte, was er mit ganzer Leidenschaft betrieb. Einige Monate lang verwandelte er tausend mißtönende Stimmen in einen herrlichen Chor, der aus ganzer Seele und in aller Welt ein einziges Lied erklingen ließ: seinen Choral.

Doch konnte dieser wunderbare Akkord lange erklingen? Schon 1517 hätte jeder hellsichtige und aufmerksame Beobachter darauf mit Nein antworten können. Denn darin lag das ganze Geheimnis jenes Dramas, das sich jetzt zwischen einem einsamen Helden und einem Land mit der Disziplin einer Schafherde entwickeln und auflösen sollte.

Kapitel 6

ERASMUS, HUTTEN, ROM

Luther von 1517 bis 1525: Er spricht und predigt, er greift an und verteidigt sich. Und in allem, was Luther tut, sucht der Theologe nach einer Doktrin. Der Historiker dagegen sucht den Menschen. Einen Menschen im Kampf mit anderen Menschen, einen Menschen, den Freunde und Feinde gleichermaßen anziehen und zurückstoßen. Mal leistet er Widerstand, mal läßt er sich gehen, aber immer kämpft er und springt auf. Natürlich können wir diese dramatische Geschichte, die so ereignisreich und vielfältig war, hier nicht im Detail erzählen. Wir können noch nicht einmal die aufregendsten Etappen in aller Kürze beschreiben. Statt dessen wollen wir uns auf ein oder zwei Probleme konzentrieren.

Du bist nicht fromm!

Was wollte Martin Luther am Anfang wirklich, zum Beispiel 1517? Bereits die Frage ist falsch gestellt. Der Augustiner besaß keinen festen Plan. Nicht sein bewußtes und überlegtes Kalkül, sondern die Ereignisse brachten ihn mehr und mehr dazu, voranzuschreiten, sich zu äußern, seinen Glauben zu bekennen. Allerdings brannte er darauf, den Menschen, allen Menschen, ohne Unterschied der Klasse oder Nationalität, etwas von dem heiligen Fieber mitzuteilen, das ihn verzehrte; und er versuchte tatsächlich, ihnen soviel wie möglich und soviel er konnte von jenem pathetischen Gefühl, jener nicht berechnenden Aufrichtigkeit, jener rauschhaften Ungestümheit zu vermitteln, mit der er in seinem Innersten die vollkommene Heiligkeit Gottes, die grenzenlose Allmacht seines Willens und die endlose Freiheit seiner Gnade empfand.

Eben deshalb trat er für eine Kirchenreform ein, die von innen und nicht von außen kam. Er dachte kaum daran, die äußeren und formalen Mißstände in der Kirche zu beheben. Oder vielmehr, er dachte nur nebenbei daran. Für ihn war das eine sekundäre Aufgabe, die sich nach Erreichen des Ziels von selbst lösen würde. Dieses Ziel aber bestand darin, das Herz, die innere Disposition und das Verhalten der Gläubigen gegenüber Gott zu verändern, nachdem sie so lange keinen Führer hatten oder vielmehr von gefährlichen Führern in die Irre geleitet worden waren.

Von einer solchen Reform träumten im ganzen christlichen Europa viele gebildete Menschen guten Willens. Wir nennen sie »die Humanisten« und unterstellen ihnen nachträglich ein gemeinsames Programm. Wir tun dies nicht ohne Selbstgefälligkeit und tendenziöse Vereinfachung. Dennoch gilt: Die Gelehrten und Gebildeten jener Zeit wollten unter dem parasitären Wildwuchs der Jahrhunderte eine »urkirchliche« Ordnung wiederfinden und die hochkomplizierte Theologie ihrer Zeit von allem befreien, was nicht ausdrücklich in der Heiligen Schrift zu finden war. Alles andere waren »menschliche Erfindungen«. Künftig sollten die Christen nicht mehr an sie, sondern nur noch an das Gesetz Gottes glauben.

Ansonsten lebten diese Männer vor allem in der griechischen und lateinischen Sprache. Sie bewunderten antike Autoren, deren Werke jetzt durch die in der Entstehung begriffene Philologie und den Buchdruck wieder zugänglich und verbreitet wurden. Sie erhofften sich von diesen Lehrmeistern eines vom Christentum unabhängigen Denkens nicht nur Unterricht im schönen Schreiben oder literarischen Genuß, und sie verwerteten ihre Werke auch nicht bloß wie die »Architekten«, die sich aus antiken Bauten dekorative Motive holten, um sie auf mittelalterliche Gebäude zu übertragen. Vielmehr eigneten sie sich ihre Gedanken an, übernahmen ihre humane Geisteshaltung und gewannen daraus die Prinzipien einer altruistischen, vom Dogma unabhängigen Moral: ein Schatz, mit dem sie dann das Christentum bereichern und verschönern wollten, damit es humaner, großzügiger und gleichsam beweglicher werden möge. Vor allem ein Mann verkörperte damals in Europa diese Tendenzen. Diesen Mann verehrten die Franzosen und Engländer, Deutsche, Flamen, Polen, Spanier und sogar Italiener als Meister. Sein Werk war lateinisch,

Abbildung 11: Erasmus von Rotterdam. Gemälde von Hans Holbein d. J., 1523.

aber von universalem Geist, es war hochgelehrt und praktisch zugleich:
Erasmus.

Ein Tribun, ein Menschenführer? Erasmus war viel zu feinsinnig, zu
gemäßigt und zu vernünftig, um außerhalb der gebildeten Kreise, die ein
breitgefächertes Wissen und subtile Ironie zu schätzen wußten, die Rolle
eines Führers zu übernehmen, der zum Sturm blasen könnte. Was für ein
Sturm hätte das sein mögen – ein brutaler, frontaler, gewaltsamer Angriff
von außen? Da er die Menschen kannte und auch das komplizierte
Schachbrett der europäischen Politik, hätte er niemals an den Erfolg eines
solchen Unternehmens geglaubt. Er hatte ganz Europa bereist und nacheinander in seinen wichtigsten Städten gelebt.[1] Ihn empfingen nicht nur
Gelehrte, sondern auch wirkliche Herren: Fürsten und Politiker. Vor
allem aber kannte er die römische Kirche mit ihren unverwüstlichen verborgenen Strukturen, ihrem diplomatischen Einfluß auf die Herrschenden und ihren unerschöpflichen materiellen und moralischen Ressourcen.
Er hütete sich also, ihre Macht zu unterschätzen. Und er war sich völlig
darüber im klaren und spürte genau, daß die absolute Voraussetzung für
eine Veränderung der traditionellen Grundlagen christlichen Lebens – die

er bejahte, jedoch auf seine Weise, die sich von der Luthers unterschied – sowie für die Durchsetzung einer *Philosophie Christi* – einer Geistesreligion, die er mit tiefer Überzeugung und nicht ganz ungefährlichem Eifer darlegte und predigte –, darin bestand, im Schoß der Kirche zu verbleiben und sie von innen heraus kontinuierlich, aber gewaltlos und still zu verändern, sich also nie von der Kirche zu trennen oder nach einem gewaltigen Streit ausschließen zu lassen, was sowohl seinen Gefühlen wie seinem Charakter widersprochen hätte.

Als nun die ersten Schriften Luthers erschienen und sein Name in ganz Europa von Mund zu Mund ging, fühlten sich vor allem die Gelehrten angesprochen. Die Humanisten horchten auf, als der Augustiner der pervertierten Lehre der Ablaßprediger seine spektakulären 95 Thesen entgegensetzte. Sie rissen sich Luthers Protestschreiben und Aufrufe aus den Händen, als ausgerechnet Johann Froben, der Verleger des Erasmus, 1518 in Basel eine erste Gesamtausgabe zusammenstellte, die er schon im Februar 1519 und dann erneut im August wiederauflegen mußte. Von Stund an erklärten sie diesen Mönch – nicht ohne eine gewisse Naivität – zum Stellvertreter, zum Gehilfen des Erasmus.

Nehmen wir ein zufälliges Beispiel: Lambert Hollonius aus Lüttich, eine eher farblose Gestalt. Am 5. Dezember 1518 schreibt er unmittelbar nach der Lektüre Luthers an Erasmus einen Brief voller naiver Begeisterung.[2] Sicher gab es viele wie ihn, die in bester Absicht und aufgrund eines oberflächlichen Urteils der Meinung waren, daß ihnen der Augustiner mehr Freiheiten gegenüber den Glaubensregeln verschaffte: *mentem reddidit liberiorem, antea caeremoniarum observatiunculis frigidissimis servientem,* und ihn daher ohne weitere Nachfragen in die Reihen der Humanisten aufnahmen: *o nos beatos, quibus contigit hoc saeculo vivere, quo indice, duce ac perfectore te, et literae et Christianismus verus renascuntur?* Ich zitiere dieses Zeugnis nur deshalb, weil der Verfasser ein Durchschnittshumanist ist. Ihm unterlief hier außerdem ein schwerer diagnostischer Irrtum. Der allerdings lag auf der Hand und war geradezu unvermeidlich.

Wir dürfen nicht vergessen, daß Hollonius und seine Zeitgenossen von den wahren Gefühlen Luthers gegenüber Erasmus, die von Anfang sehr eindeutig waren, nichts wußten. Sie kannten auch den Brief nicht, den Spalatin, der Hofkaplan Friedrichs des Weisen und einer der einflußreichsten Förderer Luthers, am 11. Dezember 1516 im Namen eines damals noch unbekannten Luther an Erasmus schrieb. Spalatin nannte den Mönch noch nicht einmal beim Namen. Er umschrieb Luther als »einen Priester aus dem Augustinerorden, der sowohl wegen seines frommen Lebenswandels als auch wegen seines Rangs als Theologe bemerkenswert« sei.[3] Im Auftrag dieses Unbekannten, der ihm nahestand, legte er Erasmus eine Reihe von Einwänden vor, die bereits alle von lutherischem Geist zeugten.[4] Darüber hinaus kennen wir – aber die Menschen von 1518 konnten ihn nicht kennen – Luthers Brief an Spalatin vom 19. Oktober 1516, in dem der »Augustiner-Priester« ein Jahr vor seinem Thesen-Anschlag eine der Ursachen seiner prinzipiellen Opposition zu Erasmus beim Namen nannte und einen Satz niederschrieb, den er in der Folgezeit in immer heftigerer Form variieren sollte: »Ich trage kein Bedenken, von Erasmus darin abzuweichen, daß er Hieronymus dem Augustin, was die Auslegung der Schrift angeht, so weit hintanstellt, wie er den Augustin über allem dem Hieronymus hintanstellt.«[5]

Ein bemerkenswert frühes Urteil. Auch denkt man sofort an all die späteren Texte, aus denen sich derselbe so bezeichnende doppelte Abscheu herauslesen läßt. Dazu nur zwei Aussprüche aus den Tischreden von 1533 als Beispiel, die nahezu gleichzeitig in der Sammlung des Cordatus erwähnt werden: »Ich hasse Erasmus von ganzem Herzen«, und: »Es gibt keinen Autor, den ich mehr hasse als Hieronymus: *inter scriptores nullum aeque odi ut Hieronimum*«![6] Der Heilige Hieronymus, Schutzpatron der Humanisten, wie er auf hunderten von zeitgenössischen Gemälden und Stichen dargestellt wird: ein gutmütiger alter Gelehrter in seiner Studierstube, in der man das Schweigen zu hören meint, an einem Schreibtisch voller Bücher sitzend, ein friedlich schlafender Löwe zu seinen Füßen und als Dekoration an der Wand ein großer Kardinalshut. Aber was bedeuten schon Texte von 1533?

Am 1. März 1517 schrieb Luther seinem Freund Johann Lang: »Ich lese unseren Erasmus und verliere mit jedem Tag mehr den Geschmack an ihm«.[7] Dann wurde der Mönch konkreter und gestand seine Befürchtung, daß der Humanist »nicht eifrig genug für Christus und die göttliche Gnade streitet«. Abfällig und hellsichtig zugleich fällte er über dessen theologische Lehren folgendes selbstsichere Urteil: »In all diesen Dingen ist Erasmus sehr viel unwissender als Stapulensis [Lefèvre d'Etaples]. Das Menschliche hat bei ihm Vorrang vor dem Göttlichen.« All diese Texte, die so klar und eindeutig sind, waren den Zeitgenossen unbekannt. Sie konnten noch nicht einmal ahnen, daß sie existierten.

Wie sollten sie auch? Dieser Mann, den ein unbekannter Mönch schon 1516 mit erstaunlicher Freimütigkeit und – was seinen Glauben anging – ohne jede Rücksicht auf menschliche Überlegenheit oder anerkannte Autoritäten angriff, war damals das größte Genie, das in der ganzen Welt von allen, die dachten und schrieben, verehrt wurde. Dieser einundfünfzigjährige Humanist, der sich auf dem Höhepunkt seiner intellektuellen Meisterschaft befand, hatte soeben unter geradezu übermenschlichen Anstrengungen ein Werk von vielen Jahren in nicht mehr als acht Monaten vollendet und gab nun seinen *Heiligen Hieronymus* kurz hintereinander in zehn gewaltigen Bänden bei Froben heraus (1. April bis 26. August 1516). Im Februar 1516 hatte dieser berühmte Exeget ein *Neues Testament* publiziert, das den griechischen Urtext und dessen lateinische Übersetzung enthielt – unabhängig von der offiziell geltenden Vulgata. Alle Könige dieser Welt, alle Fürsten, Granden, Prälaten und Gelehrten in England, Frankreich, Deutschland und überall feierten jederzeit diesen König des Geistes und seine Kühnheiten und unerhörten Verdienste. Von seiner Kanzel im Basler Münster aus kommentierte Capito seine Texte, als ob er ein Kirchenvater wäre. Und nach einer regelrechten Wallfahrt zu seinem Haus schickte ihm am 29. April 1516 ein einfacher Pfarrer aus Glarus, Huldrych Zwingli, einen rührenden Brief voller Dankbarkeit und demütiger Bewunderung.[8] Wie sollten also die Zeitgenossen in Luther einen Verächter des intellektuellen Helden Erasmus vermuten? Warum sollten sie zögern, ihn in das große Heer der Humanisten und glühenden Verehrer des antiken Denkens einzureihen?

Natürlich irrten sie sich. Aber mit ihnen hat sich eine ganze Nachwelt geirrt. Noch 1909 behauptete André Meyer[9] zu Beginn einer ansonsten durchaus scharfsinnigen Untersuchung, daß Luther durch seine religiösen Projekte »in die Nähe des großen Humanisten« geraten sei; ebenso wie Erasmus habe er »über den Verfall der Kirche getrauert« und wie dieser darunter gelitten, daß »das arme deutsche Volk von einem raffgierigen Klerus ausgebeutet und betrogen wurde«. Der schlichte Mönch, so schrieb er ferner, »war zu denselben Schlußfolgerungen gelangt, wie der große Theologe aus Rotterdam. Man mußte den Mißbräuchen des Papsttums Schranken setzen und dem Glauben seine ursprüngliche evangelische Reinheit zurückgeben«. Daraus ergab sich folgerichtig: »Es lag in der Natur der Dinge, daß Luther frühzeitig daran dachte, sich Erasmus anzunähern – trotz einiger Divergenzen, die zwischen ihren Ideen bestehen mochten.«

Um die Jahrhundertwende mochten solche Zeilen, solche Wahrheiten noch durchgehen. Heute sind es bloß noch Irrtümer oder Ungenauigkeiten. Wenn wir diese Passage dennoch zitieren, so nicht, um eine Kritik anzubringen, die im ganzen vorliegenden Buch formuliert wird; und auch nicht, um solchen Behauptungen ein kategorisches, unversöhnliches *Du bist nicht fromm!*[10] entgegenzusetzen, wie es schon Luther in seinem Herzen tat, während er Erasmus las; sondern weil dieser Text aus dem 20. Jahrhundert uns helfen kann, einen äußerst schwerwiegenden Tatbestand des 16. Jahrhunderts im Nachhinein zu verstehen: die Genese und Entfaltung eines Mißverständnisses oder, wenn man so will, einer Zweideutigkeit zwischen Luther und den Erasmianern in den Jahren 1516 bis 1520.

Letztere hielten sich nicht lange mit den persönlichen, originellen und revolutionären Zügen einer Theologie auf, die das Ziel verfolgte, die gesamte Auffassung der Beziehungen zwischen Mensch und Gott und folglich auch den Begriff der Gnade, des chistlichen Lebens und der moralischen Praxis zu verändern, sondern klammerten sich an einige in groben Umrissen sichtbare Analogien zwischen den Ideen des Erasmus und Luther: Rückkehr zu den reinen Quellen der Religion oder vielmehr ihrer einzigen Quelle, dem Evangelium, das in die Sprache des Volkes zu übersetzen und in die Hände der Gläubigen zu geben sei, ohne die unheilvolle Unterscheidung zwischen Priesterkaste und Masse der Gläubigen; Aufhebung der »Mißbräuche«, deren Ursachen und Ursprünge man sich kaum näher zu definieren bemühte. Solchen vagen Formulierungen konnte jeder zustimmen. Zwar war es möglich, ja wahrscheinlich, daß zwischen beiden Männern Unterschiede bestanden, aber war nicht der wesentliche Inhalt der reformatorischen Charta für Erasmus und alle, die als seine Anhänger galten, der gleiche? Niemand hätte also 1518 dem Satz André Meyers von 1909 widersprochen: daß sich Luther ganz selbstverständlich und »trotz einiger Divergenzen, die zwischen ihren Ideen bestehen mochten«, mit Erasmus verbündete.

Und Erasmus selbst? Trotz seines Scharfsinns und seiner subtilen psychologischen Einfühlungsgabe erkannte er am Anfang nicht sofort, was

Luther und ihn als zwei Repräsentanten unversöhnlicher Geisteshaltungen trennte. Seien wir nicht überrascht. Auch hier waren zu diesem Zeitpunkt die Voraussetzungen der beiden Männern allzu verschieden. Luther hatte alles, um Erasmus zu kennen und zu beurteilen: sein ganzes Werk, noch unvollendet und doch schon weitläufig. Erasmus dagegen hatte nichts oder fast nichts, um Luther zu kennen. Das erklärt, warum er zunächst daran dachte, Luther, seinen Eifer und seine Begabung für seine eigene Sache zu nutzen: die Verbreitung und Durchsetzung der *Philosophie Christi*.[11]

1504 hatte er zum ersten Mal eine Abhandlung veröffentlicht, die all jene erleuchten sollte, für die »die Religion nur aus Zeremonien und der jüdischen Einhaltung äußerlicher Dinge besteht, so daß sie die wahre Frömmigkeit verfehlen«. Das war das *Enchiridion Militis Christiani*, ein kühnes Buch, das in der Substanz schon das gesamte von Erasmus verfolgte Reformprogramm enthielt.[12] 1504 hatte es, wie es scheint, keinen großen Erfolg; aber es wurde wiederaufgelegt. 1515 fand es dann unter anderem in Deutschland begeisterte Leser. Im Sommer 1518 beauftragte Erasmus Froben, das Buch neu aufzulegen, und schrieb für diese Ausgabe ein langes Vorwort, das er einem elsässischen Abt, Paul Volz, widmete. Es war ein Manifest.[13] Erasmus ging mit gewohnter Vorsicht, aber durchaus entschieden und äußerst geschickt vor. Er unterstützte Luther sowohl mit seiner Autorität als auch durch seine Mäßigung. Dabei hütete er sich, den stürmischen Augustiner zu erwähnen. Doch in einer Passage voller Anspielungen machte er sich zum Anwalt einer Freiheit der Kritik, die er sowohl für sich selbst als auch, ganz offensichtlich, für Luther forderte. »Ebenso [ist es] wie wenn jemand daran erinnert, daß es sicherer sei, auf Wohltaten sein Vertrauen zu setzen als auf bischöfliche Nachlässe, nicht um jeden Preis solche Nachlässe verdammt, sondern das vorzieht, was gemäß der Lehre Christi gewisser ist.« Das war eine recht freie Übersetzung von Luthers Ansichten, aber der Schachzug war geschickt.[14] Dieser Mann gehört zu mir, schien der Humanist mit dieser Anspielung auf den Mönch zu sagen. »Sicher, er ist ein Hitzkopf. Aber hört mir gut zu: Ich werde euch seine Klagen und Einwände auf meine Weise darstellen. Spricht er durch meinen Mund, werdet ihr alle sagen: Er hat recht. Im übrigen ist seine Kritik nur die Einleitung zu einem kompletten Programm der Reform und Erneuerung. Dieses Programm habe ich schon 1504 der Christenheit vorgelegt. Mit dieser überarbeiteten Neuausgabe des *Enchiridions* unterbreite ich es ihr 1518 noch einmal.« Eine geschickte, intelligente und flexible Taktik. Sie beweist, wie wenig Erasmus damals Luther noch kannte.

Wer hätte ihn auch über seinen Irrtum aufklären können? Nur ein einziger Mann, Luther selbst, wenn er seine Einwände, die er bis dahin nur Freunden gegenüber in privaten Briefen geäußert hatte, öffentlich gemacht hätte. Aber aus vielen Gründen konnte Luther diese brutale Offenbarung, die durchaus seinem Temperament entsprochen hätte, nicht machen. Das wäre der Bruch gewesen. Aber Luther durfte nicht mit Erasmus brechen. Allein hätte er es vielleicht gewagt. Doch er war nicht allein, jedenfalls nicht mehr. Er war von Menschen umgeben, Freunden, Anhängern, die an ihn, aber auch an Erasmus glaubten und unfähig waren, den einen zu verdammen, um dem anderen treu zu bleiben. Es gab Männer um ihn, die sanften Druck auf ihn ausübten, damit er die notwendige Geste machte. Am 28. März 1519 schrieb er endlich an Erasmus. Dieser Brief, der erste, war nach außen hin sehr demütig und unterwürfig, aber im Kern war er hochmütig und äußerst hart[15]: ein Ultimatum – mit mir oder gegen mich?

Doch auch Erasmus war nicht frei. Er konnte nicht einfach sagen, sofern er es durchschaute, daß Luther kein Anhänger von ihm war; er konnte nicht einfach die Fehler kritisieren, die er an ihm beobachtete. Dabei waren sie, zumindest aus seiner Sicht, gewaltig. Denn seine Feinde hatten mit ihrem groben Instinkt sofort zwischen Luther und ihm eine direkte Verbindung hergestellt. Luther als verlängerter Arm, vielleicht sogar als Strohmann des Erasmus? Er, der Humanist, mußte daher begreifen, daß jede Verurteilung Luthers auch seine eigene Verurteilung bedeuten würde: ein Todesstoß für die Sache der humanistischen Reformation, für *seine* Sache. Also mußte er die gehässigen Mönche um jeden Preis daran hindern, Luther als Ketzer auszuschließen. Um jeden Preis mußte er Luther schützen, zu seinen Gunsten bei Fürsten, Prälaten und Geistesgrößen intervenieren und die öffentliche Meinung beeinflussen und stabil halten. Und um jeden Preis mußte er auf Luther einwirken, damit er vorsichtiger werde und sich nicht zu etwas Irreparablem hinreißen ließe. Eine gewaltige Aufgabe, die Erasmus beherzt und geschickt in Angriff nahm.

So ergab sich zwischen diesen beiden Männern, die sich eine so unterschiedliche Wegzehrung gewählt hatten – der eine nährte sich von den Wonnen des Altertums, die ihm offenbar halfen, Jesus zu verstehen; der andere von den Lehren des Paulus und der augustinischen Tradition –, zwischen Luther, dem ausschließlichen und leidenschaftlichen Christen, und Erasmus, dem unendlich intelligenten Anhänger einer christlichen, von menschlicher Weisheit geprägten Philosophie, eine Art Kompromiß, der zu handeln erlaubte. Damit entstand in der Öffentlichkeit der Gebildeten ein hartnäckiges Vorurteil, das immer noch besteht: Luther als geistiger Sohn und Anhänger des Erasmus – der dessen Reformvorstellungen in die Tat umsetzte.

Eine Zweideutigkeit. Die erste. Bald sollten weitere folgen, die ungleich schwerwiegender waren.

Hutten und seine Freunde

Die Jahre 1518 und 1519 gehören zu den bewegtesten Jahren der deutschen Geschichte. Das zweite begann mit einem Ereignis, auf dessen Konsequenzen sich alle Kanzleien bereits im ersten Jahr vorbereitet hatten: dem Tod Maximilians.

Als am 12. Januar der *Weißkunig* starb, waren die Kandidaten für die Nachfolge schon seit Monaten aktiv. Franz I. kaufte die Stimmen der Kurfürsten. Aber Maximilian hatte sie anschließend für seinen Neffen Karl sofort wieder zurückgekauft. Hinter den Kulissen finanzierten die Fugger dieses Überbieten. Auch Heinrich VIII. wägte seine Chancen ab. Sogar Luthers Beschützer, Kurfürst Friedrich, den die päpstliche Diplomatie förderte, weil sie sowohl den Valois wie den Habsburger ablehnte, wartete auf seine Stunde, falls sie denn kommen sollte. Die Aufregung wuchs, besonders nachdem der Tod Maximilians das Wahlgremium mit der Frage der Nachfolge konfrontiert hatte. Es soll Kurfürsten gegeben haben, die ihre Stimme sechsmal verkauften: dreimal an Karl und dreimal an Franz.

Dabei war dies nicht nur eine Sache unter Fürsten. Ganz Deutschland verfolgte die Kaiserwahl mit zunehmender Leidenschaft. Die verwirrten Gemüter wurden auch dadurch aufgeputscht, daß geschickte und mutige Pamphletisten in einer lebhaften Kampagne Angriffe gegen den Ausländer, den viel zu mächtigen und autoritären König von Frankreich, mit heftigen Attacken gegen Rom und den Papst vermischten. Damit äußerte sich jener Fremdenhaß, dessen Hintergründe wir weiter oben bereits skizziert haben.

Freiheit, Freiheit! Das war die Parole ihrer Anhänger. Und es war auch die Parole des sprachgewaltigsten unter diesen »Journalisten« vor der Zeit: Ulrich von Hutten, auf den wir uns hier konzentrieren wollen. Ein seltsamer Mann, dessen Programm nicht leicht zu definieren ist, der aber großen Einfluß auf die Massen hatte. Paul Kalkhoff hat in seinen jüngsten Studien versucht, ihn von seinem Sockel als »deutscher Nationalheld« und Vorkämpfer der lutherischen Reformation herunterzuholen und ihn auf die Rolle eines skrupellosen Ritters zu reduzieren, dem es nur um die Interessen der Reichsritterschaft gegangen sei.[16] Doch Huttens Talent steht außer Frage, desgleichen sein ungewöhnlicher Aktivismus und die erstaunliche Produktivität, mit der er direkt oder indirekt über seine Umgebung eine einzigartige publizistische Kampagne schürte. Schließlich auch der Erfolg, zu dem er so viel beigetragen hat.

Im entscheidenden Augenblick der Stimmabgabe waren alle Verhandlungen, Abmachungen und Stimmenversteigerungen nur noch Makulatur. Eine Woge des Nationalismus überschwemmte alle diese Händel. Unter dem Druck einer emotionalisierten, zutiefst verunsicherten Öffentlichkeit, die in erstaunlicher Einmütigkeit Bürger, Adlige und Humanisten vereinte, von Crotus Rubeanus über Hutten und Franz von Sickingen, den König der Raubritter, bis hin zu Jakob Fugger dem Reichen aus Augsburg. Während sich 12 000 Landsknechte und 2000 Reiter spontan außerhalb Frankfurts versammelten, um eventuell gegen den französischen König zu kämpfen, ging am 28. Juni 1519 Karl von Habsburg als Sieger aus der Wahl hervor.

Das war am 28. Juni. Am 24. waren Bruder Martin Luther, sein neuer, begeisterter Freund Philipp Melanchthon, sein Anhänger Karlstadt sowie der Rektor der Wittenberger Universität, der junge Herzog Barnim von Pommern, in mehreren Wagen und in Begleitung von zweihundert bewaffneten Studenten feierlich in Leipzig eingetroffen. Sie kamen, um auf Einladung Herzog Georgs im großen Saal der Pleißenburg mit einem gefährlichen Verteidiger der Orthodoxie zusammenzutreffen: dem Ingolstädter Theologen Johannes Eck.

Dies war eine nach mittelalterlichem Ritual ablaufende Disputation, bei der sich die Streitenden vor versammelten Autoritäten langweilige Syllogismen, improvisierte Zitate und ausgewählte Textpassagen mit dem Eifer von Volkspredigern an den Kopf warfen. Aber hinter den vollbesetzten Leipziger Zuschauerbänken hörte ganz Deutschland, das sich eben noch über die Kaiserwahl erregt hatte, begierig zu. Ein Deutschland, das immer deutlicher erkannte, welche Kampfkraft und welches Zerstörungspotential in Luther steckte.

Am 3. April 1518 schrieb Hutten in einem spöttischen Brief an einen Freund: »Vielleicht weißt du es noch nicht: Im sächsischen Wittenberg ist eine Partei entstanden, die sich gegen die Autorität des Papstes auflehnt, während eine andere den pästlichen Ablaß verteidigt [...]. Beide Lager werden von Mönchen in den Kampf geführt. Diese hartnäckigen und heftigen, heißblütigen und kecken Generale schreien und brüllen um die Wette oder brechen in Tränen aus und bejammern ihr Schicksal. Jetzt fangen sie sogar zu schreiben an und beschäftigen die Buchhändler; man reißt sich jetzt um ihre Propositionen, Korollarien, Konklusionen und verderblichen Artikel [...]. Ich hoffe, daß sie sich gegenseitig unschädlich machen [...]. Denn unsere Feinde sollten so viel wie möglich in Zwietracht leben und nicht ablasssen, sich untereinander aufzureiben.«[17]

Das war am 3. April 1518. Doch am 26. Oktober 1519 spottete Hutten nicht mehr. Jetzt erwog er sogar, Luther in seine Pläne einzuweihen.[18] Welche? Das läßt sich leider nicht genau sagen. Sicher ist, daß sich ihre Spitze gegen Rom richtete. Rom, das war der große, uralte und mächtige Feind Huttens und seiner Freunde. Mit dem Haß eines Humanisten stellte er das ruhmreiche, heidnische Rom dem merkantilen und räuberischen Rom der Päpste gegenüber. So formulierte es Huttens Freund, Crotus Rubeanus, der ihn einst dazu brachte, aus dem Kloster in Fulda zu fliehen, und der zusammen mit dem Reichsritter zwischen 1515 und 1517 die berühmten *Dunkelmännerbriefe* verfaßte: »Neulich«, schrieb Rubeanus an Luther, »war ich in Rom [...] und habe wahrhaftig die antiken Denkmäler gesehen, aber auch den Stuhl der Pestilenz: das eine zu sehen ist eine Lust, das andere zu sehen erregt Ekel.«[19] In diesen Haß mischte sich aber auch der Neid des Raubritters, der stellvertretend für die Männer seiner Klasse – Franz von Sickingen zum Beispiel, Anführer und Symbolfigur des *Raubrittertums*[20] – angesichts von Kirchengütern glänzende Augen bekam, der Mönche und Priester verabscheute, ihnen die Ohren abschneiden wollte und in jede Glut blies, damit Feuer entstünde – und was würde dann? Schließlich und vor allem aber handelte es sich um den

Haß von Deutschen gegen habgierige Italiener, so wie Crotus Rabeanus die Kardinäle, Protonotare, Bischöfe, Legaten, Pröpste und Juristen als hungrige Aasgeier beschrieben hatte.[21]

Alle diese Unersättlichen, der florentinische Papst mit den krummen Bankiersfingern, seine Helfershelfer, Legaten und Nuntien müßten aus Deutschland verschwinden! »Deutschland will frei sein und Herr im eigenen Haus …« Genug der Drohungen und Erpressungen, wie sie der Medici-Papst während des Wormser Reichstags in den Weisungen an seinen Legaten Aleander erneut formuliert hatte: »Deutschland möge zufrieden sein. Einst hat der Heilige Stuhl ihm das Reich gegeben. Wenn die Deutschen weiterhin fromm und dem Heiligen Stuhl treu ergeben sind, wird er es ihm lassen. Sonst …!«[22] Derselbe Aleander mußte dann erstaunt feststellen, daß Chièvres ihm gegenüber nicht mehr vom Papst, sondern ausdrücklichen von »seinem Papst« sprach, also den Legaten und Italiener meinte.[23] All dies erklärt die Briefe des Crotus Rubeanus an Luther, ihren Haß, ihre Verachtung gegenüber dem Pontifex mit der fünffach gekrönten Tiara, einem protzigen Theaterkönig, der sich bei großen Festen mit viel Pomp, Luxus und Geschmeide in Szene setzte – während ganz am Ende der Prozession, nach den Freudenmädchen und den *Mignons*, die Eucharistie auf einem Esel daherritt.[24]

Dies alles gaben Hutten und seine Freunde Luther zu verstehen, geschickt und ausdauernd flüsterten sie es ihm in allen Tönen ein. Wie gut sie ihn doch kannten! Mit geradezu teuflischer List sagte ihm zum Beispiel Crotus Rubeanus Dinge, die einen leidenschaftlichen Kontroversprediger in Harnisch bringen mußten: Was er auch tun und was er auch sagen möge, er sei schon im voraus verurteilt. Kein Wunder bei seinen Argumenten![25] Aber selbst, wenn er sich auf eine Armee von Heiligen Paulussen stützen könnte, würde sich Rom nicht davon beeindrucken lassen. Nein, um zu siegen, braucht man mehr, als nur gute Argumente: nämlich Männer – und Deutschland! Schon habe Deutschland seine Augen auf ihn gerichtet und erwarte ihn. Er müsse es erhören: »Was mich angeht, Martin, ich nenne dich oft den Vater des Vaterlands. Du verdienst es, daß man dir ein goldenes Denkmal errichtet und einen Festtag nach dir benennt – denn du hast es als erster gewagt, zum Rächer eines Volkes zu werden, das mit kriminellen Irrtümern überhäuft wurde«!

So gingen während dieser aufregenden Monate viele Briefe hin und her: ob zwischen Hutten, Melanchthon und Luther selbst oder zwischen Cro-

Abbildung 12 und 13: Links: Gesprächsbüchlein von Ulrich von Hutten, Straßburg, 1521. Rechts: Ulrich von Hutten. Holzschnitt aus dem »Gesprächsbüchlein«, 1521.

tus Rubeanus, Hutten und Luther oder zwischen dem Reichsritter Silvester von Schaumberg und Luther. Ihre Bedeutung und Tragweite wurde vielleicht nicht immer hinreichend erkannt.

Luther ist in jeder Hinsicht ein Mann seines Volkes (*race*) und seines Landes. Seine Art zu denken, zu fühlen und zu handeln, ist von Grund auf deutsch. Das ist schon oft gesagt worden. Vielleicht sogar zu oft. Auch sollte man sich daran erinnern, daß er im Kloster nicht an die Deutschen, sondern an die Christen dachte. Und als er, nachdem er Gewißheit erlangt hatte, daran ging, sein Geheimnis anderen mitzuteilen, wandte er sich an alle Menschen und nicht nur an die seines Volkes (*race*) und seiner Sprache.

Die Anhänger des Erasmus, die ja als erste bei seinen Worten aufhorchten, verstanden dies ebenso. Ihr Horizont endete nicht an den Grenzen eines Staates. Auch verehrten sie einen Meister, dessen Nationalität man schwerlich definieren kann. Die Menschen in Rotterdam waren stolz darauf, daß er in ihrer Stadt geboren wurde. Aber warum sollte dieses universale Genie eher ihnen gehören als den Menschen von Basel, Paris oder Antwerpen? Die Heimat des Erasmus war die gelehrte Christenheit. Für sie arbeitete und dachte er, für sie publizierte er seine großen Editionen und gelehrten Abhandlungen. Auch träumte er von keiner vereinzelten, auf die engen Grenzen einzelner Länder beschränkten Reformation, sondern von einer vollständigen Erneuerung und Ausweitung des Christentums. Es sollte so frei und weiträumig sein, daß Erasmus, der sich in dem großen, von den Aposteln, den Kirchenvätern und Doktoren definierten Gebiet durchaus beengt fühlte, zusätzlich noch auf die wunderbaren Schätze des antiken Denkens zurückgriff, um seinen Glauben mit den Bedürfnissen seiner Zeitgenossen in Einklang zu bringen.

Wie mußte er es genießen – nicht aus Eitelkeit, sondern weil er die Einheit liebte –, wenn ihn von überall, aus allen Ländern gleichzeitig, den lateinischen ebenso wie den germanischen, angelsächsischen oder slawischen, aus Polen, Spanien, England, Frankreich, Deutschland oder Italien, jene Zeugnisse nicht bloß der Bewunderung, sondern des geistigen Einverständnisses erreichten, die uns in seiner Korrespondenz begegnen – wie triumphierende Siegesmeldungen der Wiedergeburt und des neuen Geistes. Während sich überall streitbare und lebendige Nationalitäten entwickelten; während sich die supranationalen Mächte des Mittelalters im Niedergang befanden; und während ein scharfsinniger Beobachter bereits hätte erkennen können, daß das Nationalbewußtsein, weil Glaubensfragen zu politischen wurden, in Kürze den Geist der christlichen Einheit bedrohen würde – breitete sich eine wunderbare Hoffnung aus. Würde jetzt nicht durch eine Renaissance, durch die Bildung und Ausbreitung eines der menschlichen Vernunft und der antiken Kultur verpflichteten Geistes jene spirituelle und moralische Zivilisation wiederaufblühen, die die Menschen des 13. Jahrhunderts als Ideal verstanden hatten – und die die Humanisten des 16. Jahrhunderts in noch größeren Dimensionen, mit mehr Freiheit und profunderer Weisheit realisieren würden?

Indem die Humanisten und überhaupt alle, deren Elan, deren Glaube, deren unbefangenes, enthusiastisches Engagement bei Erasmus einen solchen Traum ermutigen und unterstützen mochten, Luther – ohne nach seinen geheimsten Gedanken zu fragen – in ihre brüderliche und glorreiche Heerschar aufnahmen, die von einem Ende der Christenheit zum anderen den Bannern des Erasmus folgte, rissen sie auch ihn aus seinem Land, aus seiner kleinen Heimat heraus und stellten ihn unter die große

Sonne, die überall auf der Welt für die Jünger Christi, des Erlösers, leuchtete. Sie zeigten ihm einen Weg: den, den sie selbst ihrem gemeinsamen Anführer folgend nach besten Kräften zurücklegten. Ein steiniger und mühsamer Weg, auch wenn es der Königsweg der Christenheit war. In seiner Mitte lag Rom, das ihn eifersüchtig bewachte. Doch er führte zu einer weltweiten Reformation – nicht bloß in dieser oder jener Kirchenprovinz, sondern im wahren Sinne des Wortes zu einer Reformation der Christenheit.

Ulrich von Hutten dagegen, Crotus Rubeanus und viele Namenlose hinter diesen berühmten Anführern wiesen Martin Luther einen ganz anderen Weg. Ihnen ging es nicht um den Glauben oder die christliche Zivilisation, sondern um die deutsche Kirche. Um die wirtschaftlichen und politischen, weniger dagegen um die religiösen Beziehungen Deutschlands zum Papsttum. *Ego te, Martino, saepe Patrem Patriae soleo appellare*: ein berühmter Satz. Welche Verlockungen und Reize gingen nicht von ihm aus? Denn indem Hutten und seine Freunde, die mit solch dröhnenden Worten den rebellischen Mönch aus Wittenberg hochlobten, der soeben die Leipziger Disputation beinahe verloren hätte, weil ihn Eck – zum Jubel der Hussiten – des Hussitismus beschuldigen konnte, Luther dazu bringen wollten, sich auf den sehr viel schmaleren und scheinbar leichteren Weg des Nationalismus zu begeben, forderten sie ihn auf, seine Ambitionen und Ziele zu beschränken. Damit stellten sie Luther vor eine große Versuchung. »Sei ein Deutscher«, sagten sie. »Denke an Deutschland. Realisiere dein Werk hier, für uns, an Ort und Stelle. Deine Mitstreiter? Öffne die Augen: sieh all die wartenden Stadtbürger, all die Bauern voll dumpfer Empörung, all die Adligen, die bereit sind, dir zu Hilfe zu eilen. Warum in die Ferne schweifen? Du brauchst nur zu wollen. Du brauchst nur ein Zeichen zu geben, und das Werk wird sich erfüllen.«

Hutten gegenüber bekam Luther ungeahnte Schützenhilfe: vom Heiligen Stuhl. Denn unabhängig davon, ob eine innere Reform des Christentums beim gegenwärtigen Zustand Europas und der Kirche möglich war, konnte diese jedenfalls nur von einem Mann versucht werden, der in der Kirche verblieb und von innen her vorsichtig handelte. Erasmus wußte das. Luther weniger. Und Rom beeilte sich, ihn zum Schisma zu drängen.

Credis, vel non credis?

Lag dem etwa ein machiavellistischer, sorgfältig ausgearbeiteter Plan zugrunde? Nur ein Vermessener könnte dies behaupten.[26] Die Umgebung Leos X. geriet schon bald in helle Aufregung, als kurz hintereinander aus Wittenberg und Mainz alarmierende Nachrichten eintrafen. Doch Feindschaften, Ressentiments und Eifersüchteleien spielten bei dieser Tragödie eine große Rolle. Indem der Medici-Papst zuließ, daß irgendwelche Komparsen von Anfang an und gleichsam *a priori* die Absicht verfolgten, Luther aus der katholischen Kirche auszuschließen, trug er entscheidend dazu bei, daß die Kirche auseinanderbrach. Sei es der eitle Pedant Mazzolini (genannt Prieras), sei es der pseudo-diplomatische Leichtfuß Miltitz: Der eine bewies von vornherein die Voreingenommenheit Roms, während der andere Luther dadurch abstieß, daß er den Konflikt als politischen Schacher begriff. Auch ein gutwilliger Christ von achtbarem Lebenswandel wie Thomas de Vio, Kardinal von Gaeta (genannt Cajetan), war keine gute Wahl. Als Dominikaner und Thomist konnte er Luthers Sprache einfach nicht verstehen. Hinzu kam noch etwas anderes. Wenn alle diese Männer Luther sofort der Ketzerei beschuldigten, nach Sanktionen riefen und immer nur das Schlimmste annahmen, dann lag dies daran, daß die Kirche von Diplomaten und Buchhaltern geleitet wurde, die unfähig waren, das etwas ungehobelte Engagement eines leidenschaftlichen Gläubigen zu verstehen und zu akzeptieren, der in der Tiefe seiner Seele nach den Quellen religiösen Lebens suchte.

Sie nahmen an Luthers Lehren und Predigten vor allem die weltlichen »Früchte« wahr, wie das Wort in ihren Depeschen lautete; sie sahen in ihm eine politische Gefahr, die ihnen durch die Aktivitäten von Männern wie Hutten sofort deutlich wurde. In einem anfälligen Deutschland war Luther ein bedrohlicher Umstürzler. Durfte man zulassen, daß er alles zerstörte? – Doch was war gemeint? Etwa die Grundlagen traditioneller Frömmigkeit oder irgendeine dogmatische Konstruktion? Keineswegs: Es ging um die Machtpositionen des Heiligen Stuhls in der deutschen Welt. Politik über alles! Daher mußte dieser Rohling sofort vernichtet werden; danach konnte man immer noch diskutieren! Und so kam es, daß die päpstlichen Richter Ghinucci und Prieras im Juli 1518 Luther nach Rom zitierten. So kam es, daß der Papst den »Häresiarchen« genau dahin schubste, wohin Hutten ihn haben wollte. Und so kam es ferner, daß die

Kirche wieder einmal (aber diesmal nicht nur mit Geld!) die Kosten für die große italienisch-europäische Politik der Päpste, von Alexander VI. über Julius II. bis zu Leo X., bezahlen mußte. Wenn Maximilian das Rad dann noch etwas weiter drehte, so war auch das Politik. Er mußte eben der Kurie dienen, damit sie als Gegenleistung die Anwärterschaft Karls auf die Kaiserkrone akzeptierte. Das päpstliche Breve vom 23. August zeigte kalte Brutalität.

Cajetan sollte Luther in Deutschland zum Verhör zitieren. Doch würde er nicht mit ihm diskutieren. Er würde ihn lediglich auffordern zu widerrufen. Wenn Luther gehorchte, würde man ihn gnädig aufnehmen. Sollte er jedoch auf seinem Standpunkt beharren, würde man ihn verhaften, um ihn nach Rom zu bringen. Sollte er fliehen, würde man ihn exkommunizieren, und die Fürsten müßten ihn an den Papst ausliefern. Nach einer Unterredung mit Friedrich dem Weisen versuchte Cajetan seine Ungeschicklichkeiten wiedergutzumachen. Anfang Oktober 1518 führte er mit Luther, dem er freies Geleit zugesichert hatte, ein Gespräch, das ergebnislos blieb. Jedenfalls führte es nur dazu, daß Luther am 22. Oktober am Portal des Augsburger Doms seine Berufung »an einen besser zu unterrichtenden Papst« anheften ließ. Er konnte also behaupten: Ich bin zwar der, den man schlägt, doch man hat mich nicht widerlegt.

Im Nachhinein sagt sich leicht: »Das war Voraussicht! Rom hatte erkannt, wie böswillig die Theologie der 95 Thesen war ...« Aber suchte Luther zu diesem Zeitpunkt wissentlich den Bruch? Akzeptierte er von vornherein das Schisma? War er wirklich ein so leichtsinniger Mensch? Man lächelt, und auch die Antwort fällt leicht: »Ja, ja ... Luther hätte sich gerne unterworfen. Aber nur unter der Bedingung, daß Rom Lutherisch geworden wäre ...« Doch stimmt das wirklich? Nicht immer hat nämlich die Kirche die Häresie gewaltsam bekämpft. Sehr oft hat sie die Dinge laufen lassen. Oder versucht, die Häresie zu absorbieren, um sie später wieder auszuspeien, nachdem sie sie völlig verdaut hatte. Wenn Luther sagte: »Beweist mir, daß ich unrecht habe!«, war es dann klug, ihm einfach nur zu antworten: »Gehorche oder stirb«?

Braucht man hier Beispiele? Als Cajetan Luther in Augsburg empfing, kritisierte er vor allem dessen Interpretation der Lehre vom »Schatz der Kirche, aus dem der Papst die Ablässe nimmt«. Dieser Schatz, so Luther, war weder genau definiert noch dem Kirchenvolk hinreichend bekannt. Bissig

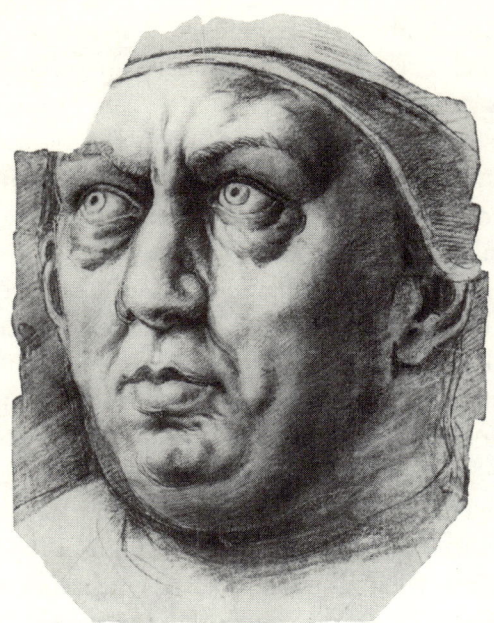

Abbildung 14: Papst Leo X. Kreidezeichnung, Sebastiano del Piombo zugeschrieben.

erklärte er, daß dieser Schatz keinerlei materielle Reichtümer enthalte – die würden von den Ablaßpredigern ja auch nicht verteilt, sondern eingezogen! Er sagte außerdem, daß der Schatz der Kirche nicht aus den Verdiensten Christi und der Heiligen bestünde. All dies beruhte auf einer sehr persönlichen und tiefsinnigen Vorstellung dessen, was er fortan die Theologie des Kreuzes nannte. Und all dies lag ihm sehr am Herzen. Doch Cajetan verweigerte jede Diskussion: Diese Frage sei längst und unwiderruflich durch eine von Clemens VI. erlassene Bulle geregelt. Luther aber wandte ein: Gibt diese Bulle mir nicht recht? Cajetan unterbrach ihn: Glaubst du oder glaubst du nicht? *Credis, vel non credis?* Wer immer heute ein so schlichtes Verfahren bewundert, sollte zugeben, daß man 1518 über diese Frage nicht diskutieren konnte, ohne sich selbst aus der Gemeinschaft der Gläubigen auszuschließen.

Allerdings warf Cajetan Luther noch etwas anderes vor, nämlich seine Lehre der Rechtfertigung durch den Glauben: *neminem justificari posse nisi per fidem.* Zweifellos eine Kernfrage. Doch war Luthers Lehre, so wie er sie vor der Leipziger Disputation im Sommer 1518 formuliert hatte, wirklich häretisch – ohne wenn und aber? Es steht dem Historiker nicht zu, darüber zu urteilen. Er kann und muß lediglich an eine Tatsache erinnern.

Seit einigen Jahren befaßt sich die Forschung mit den Lehren einer Gruppe von Theologen, von denen einige in höchste Kirchenämter gelangten und die einige Jahre später (mitten im tridentinischen Konzil) hinsichtlich der Rechtfertigung Auffassungen vertraten, die zumindest den Laien sehr stark an Luther erinnern. Zu denken ist vor allem an Girolamo Seripando, der zwischen 1539 und 1551 Augustinergeneral war, dann Kardinal wurde (1561) und bis zu seinem Tod (1563) das Amt des Kardinal-Legaten beim Konzil ausübte. Zum Entsetzen einiger Nicht-Augustiner vertrat und verteidigte er dort mit allem Nachdruck Ideen, die sich gegen den Thomismus richteten und den Ideen Luthers recht nahe kamen. Hatte er sie etwa von Luther übernommen?

Im *Dictionnaire de théologie catholique* hat Jules Paquier versucht, Seripando von diesem Verdacht reinzuwaschen. Das kann uns jedoch gleichgültig sein. Die Tatsache bleibt. Vierzig Jahre nach der Verurteilung Luthers durch die Bulle *Exsurge Domine* und siebzehn Jahre nach dem Tod des Ketzers konnte ein päpstlicher Legat und römischer Kardinal vor dem versammelten Konzil Theorien vertreten, zu denen Paquier folgende Erklärung abgibt: »Die äußerst gegensätzliche Art und Weise, in der die Kirche diese Ideen und Personen [Seripando und Luther] beurteilt hat, darf uns nicht schockieren [...]. In allen Epochen der Kirchengeschichte wurden manche einander berührende Theorien sehr unterschiedlich behandelt [...]. Der wahre Grund dafür [...] liegt in der Lehre selbst [...]. Seripando und seine Anhänger haben stets die Verantwortung des Menschen vor Gott und seine moralischen Pflichten betont. Luther dagegen hat die Freiheit mit aller Entschiedenheit geleugnet und in erstaunlich plumpen Texten behauptet, daß allein der Glaube die schlimmsten Sünden neutralisiere.«[27] Gewiß, doch von wann datieren diese Texte? Sollten Luthers »erstaunlich plumpe« Erklärungen etwa vor der Leipziger Disputation entstanden sein? Erinnern wir uns an die Daten und auch daran, daß Luther, als er vom 12. bis 14. Oktober 1518 in Augsburg vor Cajetan erschien – fast ein Jahr vor seinem Turnier mit Eck –, von seinen römischen Richtern bereits ohne nähere Untersuchung zum Ketzer erklärt worden war. Die Oberen des deutschen Augustinerordens hatten schon den Befehl, ihren pestbefallenen Ordensbruder einzukerkern. Und das Breve vom 23. August 1518 mobilisierte Kirche und Staat gegen ihn.

Schlagen wir dagegen Luthers auf Deutsch verfaßte Schrift *Unterricht auf etliche Artikel* auf, die er im Februar 1519, also vor dem Leipziger Disput, publizierte.[28] Natürlich enthält sie reformatorische Gedanken. Vor allem den kühnen Versuch, die zeitgenössische Theologie zu reinigen. Sei es der Heiligenkult, durch den man Gott selbst ehren und anrufen soll, seien es die im Fegefeuer leidenden Seelen, denen durch Gebete und Almosen geholfen werden kann, obwohl man weder etwas über die Strafen weiß, die sie erleiden, noch darüber, wie Gott unsere Fürbitten behandelt (*weyß ich nit, unnd sag noch, das das niemant gnugsam weyß*); seien es die Gebote der Kirche, von denen Luther schreibt, daß sie sich zu den Zehn Geboten verhielten wie das Stroh zum Gold (*wie das golt und edel gesteyn über das holtz und stroo*), oder sei es die römische Kirche selbst, die man aus Achtung vor Petrus, Paulus und Hunderten von Märtyrern, die für sie ihr Blut vergossen haben, nicht verlassen dürfe, oder sei es die Gewalt des Papstes, die man wie jede von Gott eingesetzte Gewalt respektieren müsse – nichts von all dem, was Luther vertrat, war nicht schon vorher von zwanzig oder vierzig bekannten Theologen oder Humanisten seiner Zeit gesagt worden, und zwar mit derselben, zuweilen sogar mit noch größerer Schärfe und Kühnheit, ohne daß sie verfolgt oder vor die römische Kurie zitiert wurden, zu Häretikern erklärt und schon im voraus den weltlichen Gewalten denunziert wurden.

Stellen wir uns Luther einmal vor, so wie wir ihn beschrieben haben. Dieser Mann, der nicht bloß meisterhaft theologische Gedanken vertrat, sondern seinen Glauben lebte, sich an ihm entzückte und erfreute: Ja oder nein, *credis, vel non credis*? Welch innerer Aufruhr! Ja oder nein? Dabei handelte es sich um etwas, das ihm kostbarer war als das Leben, nämlich seine Gewißheit und tiefe Überzeugung, die er nur durch die Überwindung von Todesängsten erlangt hatte. Wie? Einzig und allein dadurch, daß er ununterbrochen über das Wort Gottes nachdachte.

Und dann schaute er sich um. Was, er sollte ein Ketzer sein? Einer von denen, die man ohne zu zögern ins Gefängnis wirft, die man in Ketten vor den Richter zerrt, um ihnen ein schon vorher feststehendes Urteil zu verkünden? Aber war denn der Kurfürst von Sachsen kein frommer Mann, kein glühender Katholik? Er, der ehemals devote Sammler von Ablässen und Reliquien? Er, dessen Ehrgeiz jahrelang darauf gerichtet gewesen war, vom Papst die Goldene Rose zu erlangen? Genau dieser Mann unterstützte jetzt Luther und weigerte sich, ihn an Cajetan auszuliefern. Hielt er ihn also für einen guten Christen, der niemandem etwas zuleide tat?

Auch die Doktoren, mit denen sich Luther Ende April 1518 in Heidelberg zur Disputation getroffen hatte, die Augustiner natürlich, aber auch einige Dominikaner und Thomisten – sie alle hätten bei ihrer Meinung bleiben und sich weigern können, Luther in seinen Deduktionen zu folgen. Doch sie hatten ihn keineswegs wie einen Pestkranken gemieden. Oder schloß die Universität Wittenberg Luther etwa aus? Hatte etwa Staupitz, sein Lehrer und väterlicher Freund, mit seinem Schützling gebrochen? Verurteilte er sein Handeln, nachdem er ihn selbst zum Verhör bei Cajetan begleitet und sich geweigert hatte, ihn einzukerkern? Und all die jungen Männer, begeisterte Christen, die zu Luther stießen: Martin Bucer, den er in Heidelberg überzeugte, Melanchthon, den die feurigen Reden des Mönchs begeisterten – waren sie etwa alle Ketzer? Waren sie alle Mitstreiter, Komplizen eines Häretikers – von einem gefährlichen Verbrecher verführt?

Nein. Diesmal hatte Erasmus recht. Wenn Rom Luther mit solch abgrundtiefem Haß verfolgte, dann nur, weil er »an die Krone des Papstes und den Bauch der Mönche« gerührt hatte. Auch Hutten hatte recht: Luther war ein Deutscher, der sich gefährlich vor den Toren Deutschlands aufbaute und den Italienern dessen gewinnbringende Ausbeutung verbieten wollte. Wie hätte der impulsive und leicht zu beeindruckende Luther vor dieser Evidenz die Augen verschließen können?

Rom tat also alles, um ihn auf den Weg zu drängen und zu treiben, den Hutten und Crotus Rubeanus bereits eingeschlagen hatten. Indem es ihn sofort und fast ohne Diskussion unter die verbrecherischen Ketzer einordnete, deren Gedanken im Keim erstickt werden mußten, vertrieb es ihn nach und nach aus jener Einheit, jener Katholizität, in deren Schoß er, wie er aufrichtig erklärte, leben und sterben wollte. Rom akzeptierte also das Schisma, kam ihm sogar entgegen. Und es verschloß vor Martin Luther das Tor der Versöhnung, das diskrete Tor der inneren Reformation.

Fragen wir uns nicht, ob Luther durch dieses Tor gegangen wäre oder was geschehen wäre, wenn er dazu bereit gewesen wäre. Stellen wir einfach nur fest, daß Rom ihn auch, wenn Luther es gewollt hätte, und auch, wenn er es im Deutschland von 1518 gekonnt hätte, auf jeden Fall daran gehindert hätte, ohne Aufsehen oder Bruch eine »Theologie des Kreuzes«

zu predigen, die sich der von ihm sarkastisch verhöhnten »Theologie der Selbstzufriedenheit« widersetzte. Ferner dürfen wir die wirkliche Macht und erstaunliche Vitalität der Kirche nicht unterschätzen, ihre in zwanzig Jahrhunderten erprobte Fähigkeit, sich an Haupt und Gliedern mit zuweilen suspekten Mitteln zu erneuern. Daher können wir uns jenen, die einfach nur sagen: »Hirngespinste! Dieser Mönch predigte Ketzereien!«, nicht anschließen. Sie sind es, denen es hier paradoxerweise an Vertrauen in ihre Kirche mangelt. Gelang es nicht kürzlich noch einem Gelehrten, in zwei dicken Bänden nachzuweisen, daß ein Papst das Abendmahl in beiderlei Gestalt akzeptiert hatte, um die Wiedereroberung Deutschlands zu erleichtern, daß aber die Nachfolger desselben Papstes in kürzester Zeit alle Folgen dieses Zugeständnisses wieder zunichte gemacht hatten? Man verzeihe den Ausdruck: Die Kirche hatte immer schon einen eisernen Magen.

Die Geschichte war jedenfalls nicht ohne Ironie. Ausgerechnet die römische Kirche, die eigentlich dazu ausersehen war, jenseits von ethnischen Eigenheiten und nationalen Unterschieden die brüderliche Solidarität der Gläubigen in der gemeinsamen Hoffnung zu erhalten und zu bestärken – ausgerechnet die »katholische« Kirche führte mit hastigem Ungeschick die Stunde herbei, in der sich unter dem Druck des Lutheranertums, das – wie schon oft gesagt worden ist – die Allgemeinheit der Heilsbotschaft dem begrenzten Programm einer autonomen nationalen Institution opferte, das folgende historische Resultat durchsetzte: Reformationen ja, aber nicht *die* Reformation.

Kapitel 7
DER IDEALIST VON 1520

Jede Analyse von Einflüssen wirft ein ernstes Problem auf. Bis zu welchem Punkt ist ein menschliches Wesen, ein Individuum, dessen Aktionen und Reaktionen erklärt werden sollen, in seinem lebendigen Kern vom Spiel massiver Kräfte geprägt, mit dem der Historiker es umgibt?

Es gibt Menschen, die sich allen Zugriffen so gefügig und vollständig unterwerfen, daß sie sich dabei selbst vernichten oder wenigstens mit anderen verschmelzen, sich gleichsam in ihnen auflösen. Aber es gibt auch Menschen, die verschlossen bleiben, undurchdringlich und unnahbar; alles scheint an ihnen abzugleiten, nichts bleibt haften. Luther, in seiner lebendigen Komplexität, ließ sich zwar auf vieles ein, doch er lieferte sich nie aus; er nahm sich von allen, doch er fand in seinem bereicherten Bewußtsein zu sich selbst zurück.

Das »Manifest« an den Adel

Daß er sich auf vieles einließ, wundert nicht. Er war dazu gezwungen, denn er wollte handeln, und man kann nicht allein handeln. Außerdem ist die Welt nicht nur von reinen Geistern bevölkert, von immateriellen Gehirnen und körperlosen Wesen. Vor allem aber erkennt man leicht, aufgrund welcher Charakterzüge dieser sanguinische, heftige und volkstümliche Mann, der immer unter Druck stand, vielen Erwartungen entgegenkam und die Hoffungen seiner Mitstreiter erfüllte, die alles taten, um seine unverbrauchten, unschätzbaren Kräfte zu nutzen.

Luther war ein geborener Polemiker, der ständig nach Widersprüchen suchte und sich nie um das Aufsehen scherte, das er damit erregte; seine liebste Gangart war der Sprung. Jemand holte ihn ein? Schon nahm er neuen Anlauf, war wieder ganz vorn und lachte über die Verfolger, die nach Atem rangen. Wurde er noch einmal eingeholt? Dann sprang er eben erneut und zwar diesmal so weit, daß der Waghalsige allein blieb, verblüfft und erschrocken zugleich. Aber er genoß es. Sogar wenn er friedlich war und ihn niemand drängte, bewegte er sich in Sprüngen, die ebenso lebhaft wie verwirrend waren. Solche Verhaltensweisen verblüffen uns. Seine Landsleute waren darüber erschrocken, aber weniger erschrocken als wir. Das ist nicht ganz so beruhigend, wie es klingt.

Nehmen wir ein Beispiel, jedoch ein berühmtes: das oben schon erwähnte *Pecca fortiter*.[1] Als Luther diese Worte schrieb, war er völlig ruhig. Er kämpfte nicht. Er schrieb nur einen Brief an einen Freund, und welch ein Freund: Melanchthon. Sein Thema: die souveräne Macht der Gnade. Und dann erklärte er: »Wenn Du die Gnade predigst, predige eine wirkliche Gnade und nicht eine fiktive. Wenn die Gnade wirklich ist, dann muß sie auch wirkliche Sünden aufheben: Gott erlöst keine eingebildeten Sünder. Sei also ein Sünder und sündige stark! Aber vor allem setze Deinen Glauben in Christo, den Sieger über die Sünde und den Tod!«

Man spürt die Steigerung. Man merkt, wie dieser Mann zunächst ganz von seinem Gedanken erfüllt ist, sich langsam vorantastet und dann plötzlich sich ereifert und losspringt: Nimm an! Sei ein Sünder! *Esto peccator!* Und sündige nicht bloß halb, sondern ganz und gründlich: *pecca fortiter!* Keine lächerlichen Sünden. Sondern richtige, handfeste, gravierende Sünden! Ein berühmter Text. Und ich höre auch schon die Exegeten. Doch ich vermute, daß dieser auf der Wartburg an den frommen und braven Melanchthon geschriebene Brief nicht zum Ziel hatte, den sensiblen und zarten Hellenisten zu einem wüsten und schändlichen Leben zu verführen. Ich vermute ferner, daß auch Luthers eigenes Leben keineswegs aus solchen Vergnügungen bestand. Worauf es ankommt, ist allein die Maßlosigkeit der Argumentation, die uns verblüfft. Immer wieder verletzt sie unseren Sinn für das Maßvolle, von dem Spengler verächtlich sagen würde, daß es nichts Faustisches habe. Gewiß. Nur, wie leicht fiel es geschickten Beratern, diesen empfindsamen und impulsiven Mann, der so argumentierte, um sich dann blindlings in einen grenzen- und heillosen Ozean zu stürzen, zu manipulieren, vorzuschieben und anzustacheln!

Umso mehr, als Luther ein Mönch war, der jahrelang im Kloster gelebt hatte, ohne wirklichen Kontakt zu anderen Menschen. Was wußte er denn von der Welt, von der Politik und der mühsamen Kunst, seinen Lebensunterhalt zu verdienen? Wenn er sich an Menschen wandte, nahm er sie nur als Verstandeswesen wahr: eine künstliche Verbindung von Tugenden und Lastern, deren reale Verhaltensweisen und wahrscheinliche Reaktionen ihm unbekannt waren. Wie konnte er also begreifen, daß das Leben allen Enthusiasten, die nur ihren Traum verfolgen, ohne die Gefahren des Weges zu ermessen, große Schwierigkeiten bereitet, ihnen Entsagungen und Beschränkungen abverlangt, Illusionen zerstört und Verleugnungen erzwingt?

Nach einigen Wochen relativer Ruhe begannen sich zu Beginn des Jahres 1520 die Ereignisse so zu verdichten, daß Luther sich Sorgen machen mußte. Am 18. Januar war Johannes Eck, sein ärgster Feind, mit der klaren Absicht nach Rom gereist, von der Kurie seine Verurteilung zu erwirken. Als Mitglied einer vierköpfigen Kommission, der auch Cajetan angehörte, entwarf er einen Text, der genau seinem Standpunkt entsprach. Am 15. Juni 1520, nach langen Beratungen im Konsistorium, wurde die Bulle *Exsurge Domine* in Rom veröffentlicht. Das Nichtwiedergutzumachende geschah.

Durch diese Bulle wurde Luther aber nicht sofort exkommuniziert. Sie verurteilte seine Auffassungen und überantwortete seine Bücher dem Feuer, aber man ließ ihm noch sechzig Tage Zeit, sich zu unterwerfen. Allerdings wußte man, daß er sich nicht unterwerfen würde. Und schon Mitte Juli wurden zwei Kommissare losgeschickt, Eck und Aleander, um die Bulle in den Diözesen Brandenburg, Meißen und Magdeburg öffentlich bekanntzugeben. Eck erfüllte seinen Auftrag am 21., 25. und 29. September. Am Ende desselben Monats traf Aleander Karl V. in Antwerpen, versicherte sich seiner Haltung und führte am 8. Oktober in Löwen den Vorsitz bei einer feierlichen Verbrennung von Büchern und Schriften des Exkommunizierten.

So zog sich von Januar bis Juni und dann bis Oktober 1520 der Kreis um Luther immer enger. Anfang Juli 1519 hatte Eck in Leipzig erste

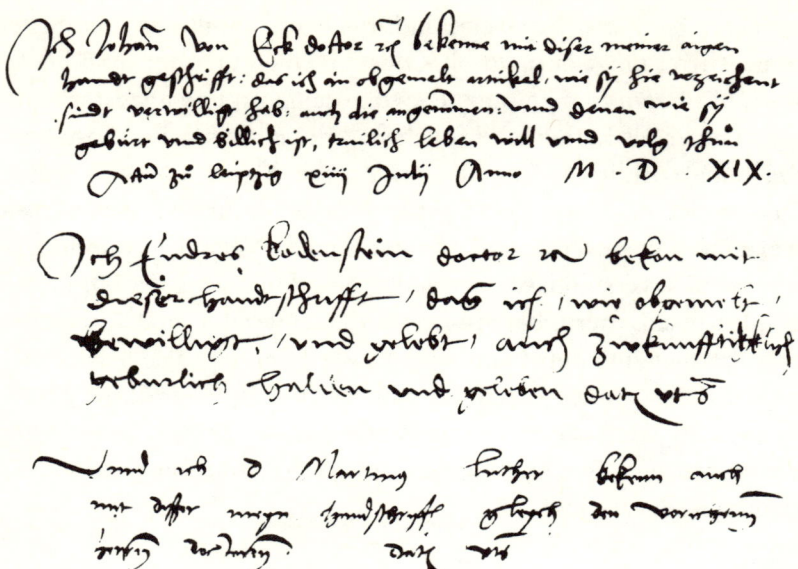

Abbildung 15: Schlußvereinbarung der Leipziger Disputation mit den Unterschriften Ecks, Karlstadts und Luthers, 1519.

Anspielungen gemacht und die furchteinflößenden Namen Wyclif und Huß in die Debatte geworfen. Emser beschränkte sich dann darauf, das gleiche Thema in einem Brief an Johannes Zack wieder aufzugreifen: Scheinheilig verteidigte er Luther gegen den Vorwurf des Hussitentums. Nach Erlaß der Bulle gab es jedoch keine Rücksichten mehr. Von jetzt an ähnelte Luther nicht mehr bloß einem Ketzer, sondern war nun selber einer. So wollte es Eck und so verkündete es Rom. Ein Ketzer: Was sollte nun aus ihm werden?

Sicher, der Kurfürst von Sachsen, Friedrich der Weise, war ihm gewogen. Aber die Gunst der Großen ist allzu vergänglich! Was sollte aus Luther werden, falls sich der Kaiser persönlich einschaltete und alles tat, um die Bulle zu vollstrecken? Und auch wenn Luther selbst den Mut nicht verlor, was würde dann aus seiner Sache? Er brauchte unbedingt Hilfe. Und Hilfe bot sich an. Erasmus setzte sich für ihn ein. Hutten arbeitete für ihn. Luther vergaß daher alles, was ihn von dem Gelehrten und dem Reichsritter trennte, und nahm die Hilfe an, die sie ihm boten.

Erasmus, der sonst so vorsichtig war, kämpfte jetzt auch auf die Gefahr hin, sich zu kompromittieren, darum, »vom Heiligen Stuhl die Aufhebung des Urteils gegen Luther und ein neues Verfahren zu erreichen oder gegebenenfalls mit der notwendigen Ehrfurcht zu erzwingen«. Er schrieb an Leo X. und einige andere kluge und auch mutige Briefe. Um Luther zu retten? Sicher – aber vor allem, um seine eigene Hoffnung in eine christliche Reformation zu retten.[2]

Hutten war ebenso aktiv. Als erstes sicherte er Luther den eventuellen Schutz Franz von Sickingens. Dann, wenngleich noch etwas verlegen, mit einem so gläubigen Christen in direkten Kontakt zu treten, gab er sich einen Ruck und schrieb ihm am 4. Juni 1520 einen ersten Brief, der sofort in ganz Deutschland Verbreitung fand: *Vive Libertas! Es lebe die Freiheit!* lautete der erste Satz.[3] Die Bulle *Exsurge* mochte also ruhig kommen. Luther wußte jetzt, daß er nicht ohne Widerstand ausgeliefert würde, falls Friedrich der Weise ihn fallenließ. Eine kostbare Gewißheit, die ihm zwar nicht erst den Mut gab zu kämpfen – denn den bezog er ja aus sich selbst –, aber doch die Hoffnung, daß seine Stimme nicht erstickt werden würde.

Das war sehr viel. Dennoch sollten wir Huttens Wirkung auf Luther nicht auf diese einzelne Wohltat beschränken. Der gewaltige Polemiker betrieb damals eine scharfe Kampagne gegen Rom. Im April 1520 erschien bei Scheffer in Mainz, zusammen mit anderen Dialogen, seine berühmte Schrift *Vadiscus seu Trias Romana*, auf die bald weitere heftige Schriften über das Schisma und gegen die Romanisten folgten, gemäß der Devise: *Jacta est alea!* Die Würfel sind gefallen![4] Nachdem die Bulle erschienen war, nahm Hutten sich ihrer an. Er versah sie mit beißenden Kommentaren und druckte sie nach: eine antipapistische Glosse, die er dann in ganz Deutschland verbreitete.[5] »Es geht nicht nur um Luther, sondern um uns alle. Der Papst zieht sein Schwert nicht gegen einen Einzelnen, sondern greift uns alle an. […] Hört mich an, erinnert euch, daß ihr Deutsche seid!« All dies auf Latein. Aber in diesem Augenblick merkte Hutten, daß er ein breiteres Publikum ansprechen mußte. Und von nun an mischte sich in seinen schnellen, leidenschaftlichen Pamphleten, die überall die Runde machten, das Lateinische mit dem Deutschen.[6]

Luther kannte diese Flugschriften. Er las sie und übernahm daraus einzelne Wörter oder Formulierungen. Mit *alea jacta* begründete er in einem Brief an Spalatin vom 10. Juli 1520 seine endgültige Entscheidung, mit den »Romanisten« zu brechen: *Nolo eis reconciliari […] Alea jacta est!*[7] Er übernahm daraus auch die Sorge um die Freiheit, der er bald darauf in seiner schönen und klaren Abhandlung über die Freiheit des Christenmenschen eine neue Bedeutung geben würde. Ferner übernahm er einzelne Argumente. Geradezu arglos teilte er Spalatin in einem Brief vom 24. Februar 1520 seine ganze Empörung mit, als er Huttens Ausgabe der *Konstantinischen Schenkung* von Valla las.[8] So ließ er sich treiben und glitt immer mehr ab: Bald wurden ihm die Argumente, die Themen und die Invektiven des deutschen Nationalismus immer vertrauter. Schon prägten sie manche Seiten seines rüden Pamphlets gegen das Papsttum, das er im Mai 1520 schrieb und im Juni als ersten Appell an die deutschen Fürsten publizierte: *Du rote Hur von Babylonien!* Noch deutlicher finden sich derartige Übernahmen in seiner polemischen Antwort auf eine Flugschrift von Prieras, in der die berühmte Aufforderung an alle Christen enthalten ist, sich im Blut der Kurialen die Hände zu waschen. Vor allem aber prägen und verschärfen sie seinen Aufruf *An den christlichen Adel deutscher Nation*, der alle Deutschen wie eine »Kriegstrompete« gegen den Erzfeind mobilisiert.

Dieser Aufruf – Luthers *Vadiscus* – ist offensichtlich von Hutten inspiriert. Was für ein eigenartiger Text, vor allem, wenn man sich als Historiker nicht mitreißen läßt, sondern der Verführungskraft dieser Seiten voller Leben und Leidenschaft widersteht und einfach nur analysiert, seziert und zerlegt.

Eine volle Breitseite gegen Rom, den Papst und die Kurie. Schmähungen, die denen von Crotus Rubeanus und seinen Freunden kaum nachstehen. Eine vehemente Anklage gegen die Verfehlungen des Heiligen Stuhls. Eine Aufforderung zum Widerstand und zum Aufruhr in Deutschland, das vom räuberischen Papsttum ausgebeutet wird. Ein Aufruf an die Fürsten und den Adel gegen einen häufig heruntergekommenen Klerus; ein Aufruf an alle Mächtigen, die christlichen Freiheiten zu verteidigen, notfalls auch, indem sie den abtrünnigen und schuldigen Pontifex absetzen. Hutten und seinen Freunden kam das sehr entgegen.

Aber Luthers These, daß eigentlich alle Christen dem geistlichen Stand angehörten; daß es zwischen ihnen keine Unterschiede außer dem Amt gebe; daß sie aufgrund der Taufe jeweils auch Priester, Bischöfe und Papst seien; daß die Weihe kein Sakrament sei, das den Priester auf immer und ewig markiere, sondern nur eine Berufung, die von der weltlichen Macht jederzeit rückgängig gemacht werden könne – all dies gefiel den Stadtbürgern, die auf ihre Würde pochten und darauf warteten, daß die Vermittler zwischen Gott und ihnen verschwanden.

Hinzu kam die Forderung, daß alle Christen sich das Recht nehmen sollten, die Bibel zu lesen und Gottes Wort als das gemeinsame Erbe aller Gläubigen zu betrachten. Dahinter stand ein entschiedener Liberalismus, der jedem das Recht gab, seinem eigenen Gewissen entsprechend zu denken und zu schreiben; ferner eine ebenso lebhafte wie nachdrückliche Kritik an der Scholastik und ihren Vertretern: genug, um alle Gelehrten, Humanisten und Anhänger des Erasmus auf Luthers Seite zu ziehen, auch wenn einige Anmerkungen zur Universitätsreform oder Ausfälle gegen Aristoteles und den Aristotelismus ihnen kaum gefallen konnten.

Schließlich folgte noch der Entwurf eines eigenartigen politischen, wirtschaftlichen und sozialen Reformprogramms, das aufs Ganze betrachtet wenig konsistent war. Es wirkte wie eine verantwortungslose Improvisation. In buntem Durcheinander ging es um die Forderung nach der Priesterehe, dann um den Kampf gegen Spezereien – als Symbolen des Luxus –; mal zog Luther gegen Trunksucht und Laster der Deutschen zu Felde, dann entwickelte er einen Plan zur Linderung und Abschaffung der Bettelei, und schließlich polemisierte er noch aus der Perspektive der Bauern gegen Wucher und Wucherer, gegen Banken und Fugger. All das konnte und mußte Tausende von Unzufriedenen ansprechen und mitreißen: die einen, weil sie unter den von Luther beschriebenen Mißständen litten, die anderen, weil sie Abhilfe gegen diese Mißstände suchten und finden wollten.

So war es kaum überraschend, daß diese kleine, auf Deutsch geschriebene Schrift, die für ein ganzes Volk bestimmt war, den Buchhändlern förmlich aus den Händen gerissen wurde. Innerhalb von nur sechs Tagen wurden viertausend Exemplare verkauft – eine beispiellose Zahl. Dieses Buch ging alle an, und alle kauften es. Als Aleander nach Deutschland kam, um die Bulle zu publizieren, mußte er feststellen: »Ganz Deutschland ist in hellem Aufruhr. Neun Zehntel rufen: Vivat Luther! Und selbst die übrigen, die ihm nicht zustimmen, rufen im Chor: Nieder mit Rom!«[9]

Eine Kirche gründen?

Machte sich Luther jetzt ans Werk? *Alea jacta est?* Ging er nun mit ganzer Kraft an die Ausführung seines großen Programms? Luthers Aufruf war ja tatsächlich an die Fürsten gerichtet. Arbeitete er also von nun an mit ihnen zusammen, schloß er sich mit Hutten und seinen Freunden zusammen und suchte mit ihnen bzw. ebenso wie sie die große Persönlichkeit, die sich an die Spitze der deutschen Nationalbewegung stellen und den Kampf gegen Rom anführen würde? Karl von Habsburg vielleicht oder sein Bruder Ferdinand? Wer weiß, vielleicht sogar jener anrüchige Albrecht von Brandenburg, vielfacher Bischof von Mainz und Magdeburg?

Nein. Luther rührte sich nicht. Luther handelte nicht. Auf Huttens direkte Aufforderung antwortete er weder mit Taten noch mit Initiativen. Er schrieb einfach nur. Erst den *Aufruf an den Adel*, dann *De Captivitate*, *De Libertate* usw. Sogar im *Aufruf* zögerte er sichtlich. Er war immer noch auf der Suche. Ohne sich möglicherweise dessen bewußt zu sein, kämpfte er immer noch. Was wollte er? Deutschland reformieren – oder die Christenheit? Eine nationale Reformation oder eine »katholische«? Es gab unzählige Stellen, die Hutten sofort unterschreiben konnte, weil sie nur auf Deutschland zielten. Aber die Reform des Papsttums, die Reform der Kurie, der Appell an das Konzil: all das ging die gesamte Christenheit an. Und es verrät entweder eine gewisse Verwirrung oder aber ein sehr komplexes Denken, das sich nur schwer auf einfache Formeln reduzieren ließ.

Luther ließ sich auf vieles ein. Aber er lieferte sich nie aus. Er blieb stets derselbe: der Mann aus dem Kloster, der Mann aus dem Turm. Ein Mann, dem es endlich gelungen war, sich eine ihm entsprechende Gewißheit zu schaffen. Ein Mann, der sich den mächtigen und dennoch sehr intimen, persönlichen, ja anrührenden Begriff der Rechtfertigung durch den Glauben allein für den eigenen Bedarf schuf.

Man kann nicht sagen, daß sich Luther zwischen nationaler und weltweiter Reformation, zwischen deutscher und katholischer Reformation nicht entscheiden konnte. Er sah dafür einfach keinen Bedarf. Denn er begriff die Alternative nicht. Er benutzte Wörter, die auch um ihn herum benutzt wurden. Er schöpfte mit vollen Händen aus seinen Erfahrungen als Deutscher, der die deutschen Verhältnisse mit offenen Augen betrachtete. Und als großer Wortkünstler, als geborener Redner, der sein Publikum fesseln wollte, benutzte er in seinen Reden, Schriften und Aufrufen natürlich all die Formeln, all die Schimpfwörter und Symbole, die man ihm lieferte. Aber seine Absichten waren rein und nie mit weltlichen Interessen verknüpft. Seine politischen Überlegungen waren kurzsichtig, völlig unmachiavellistisch, geradezu naiv! Wie entrüstet wäre er gewesen, hätte ihn irgendein kluger Beobachter über den Egoismus und die niedrigen Absichten jener Meute, jener kantigen Bundesgenossen aufgeklärt, die ihn nur vorschickten, weil sie sich reiche Beute versprachen. Wunderbar und naiv schwebte sein absoluter Idealismus weit über solchem Elend.

Rom hatte sich ihm in den Weg gestellt, in den Weg eines einsamen Christen, der nichts weiter wollte, als sein Seelenheil und das aller anderen. Rom hatte ihn verurteilt, ohne seine Argumente zu prüfen oder ihm auf den Grund des Herzens zu schauen, das ganz von Gott erfüllt war; es hatte sowohl vor Christus wie vor dem WORT[10] die Augen verschlossen. Also sei Rom verflucht! Denn wer war er, Luther, wenn nicht der Übersetzer, der Herold Christi und des Evangeliums? Rom verurteilte also Christus und das Evangelium. Das war das Wesentliche. Denn hätte nicht Luther auch ein frommes und heiliges Rom, ohne Steuerwesen und Bürokratie, ohne weltliche und weltweite Politik – also ohne Bedürfnisse –, als Personifikation des Antichristen verworfen, wenn es ihn verurteilt hätte, ohne ihn anzuhören?

Tatsächlich war Rom keineswegs heilig. Rom war eine Lasterhöhle, ein Sündenbabel, ein Hort niedrigster Instinkte, böser Bedürfnisse und übelster Habgier. Rom handelte Luther gegenüber unredlich und verschlagen. Rom kämpfte nicht für Prinzipien, sondern für Interessen, um Deutschland weiterhin auspressen zu können. Jeder in Luthers Umgebung wiederholte es immer wieder – wie sollte er es also selbst nicht gewußt haben? Er sagte es, er brüllte es mit seiner mächtigen Stimme, die auf das Echo von Hunderttausenden deutscher Stimmen stieß. Aber das war nicht die Hauptsache. Auch als Luther sich von dem Sturm tragen ließ, den er selbst entfacht hatte, und seine ganzen polemischen Fähigkeiten einsetzte, um unter dem Beifall eines gemischten Publikums gegen Rom einen heiligen Krieg zu führen – war dies nur eine Episode. Ja, der Papst war der Antichrist: Denn er weigerte sich, die Rechtfertigung durch den Glauben und die Theologie des Kreuzes anzuerkennen, die Luther zugleich befriedigte und anstachelte.

Was aber tat Luther, der zweite Luther, der in diesem Augenblick mit zehnfacher Kraft und Energie agierte, der Theologe, der sich auf Latein an seine Standesgenossen wandte? Dieser Luther beackerte sein Feld, schritt voran und zog aus seinen Prinzipien immer kühnere Konsequenzen. Natürlich kann ich hier nicht die Geschichte dieser Initiativen im einzelnen skizzieren. Ich möchte nur die Linie eines Schicksals nachzeichnen. Um jedoch dieses Schicksal zu verstehen, ist die lutherische Theologie nicht ganz unwichtig. Denn womit beschäftigte sich Luther während dieser unruhigen Monate? Eben damit, eine Kirchenlehre zu formulieren.

Ein heikles Thema. Um welche Kirche handelt es sich? Um eine deutsche Kirche, die zwar hierarchisch aufgebaut wäre, an ihrer Spitze jedoch keinen römischen Papst, sondern einen deutschen Primas hätte? Oder um eine katholische, wahrhaft ökumenische Kirche, also eine völlig erneuerte römische Kirche ohne Mißstände? Wie aber sollte das möglich sein? Durch eine neuartige Zentralisierung? Oder durch eine Föderation von Nationalkirchen? All dies sind Probleme, die ein Historiker abstrakt formulieren kann. Für Luther dagegen stellten sie sich nicht. Und nichts gibt uns besser Auskunft über seine ehrlichen Gefühle als seine Indifferenz gegenüber solchen Kontingenzen.

Die Kirche, die er 1520 nach einigen tastenden Versuchen definierte, war keine große und mächtige Organsation wie die römische Kirche: eine uralte Institution, die alle getauften Menschen in Diözesen einteilt und der Autorität geweihter Priester unterwirft, die ein dogmatisches Credo predigen und die Gnade über den magischen Weg der sieben Sakramente verteilen. Das Ganze mit Unterstützung der weltlichen Machthaber. Dieser sichtbaren, massiven Kirche stellte Luther seine wahre Kirche entgegen: die verborgene Kirche. Sie besteht nur aus Menschen, die im wahren Glauben leben; aus Menschen also, die an dieselben Wahrheiten glauben, für dieselben Aspekte der Gottheit schwärmen und von derselben himmlischen Glückseligkeit träumen; sie wissen sich nicht durch die äußeren Bande einer gleichsam militärischen Indienstnahme durch den Papst als Stellvertreter Gottes vereint, sondern durch leise und geheime Bindungen, die sich von Herz zu Herz und von Geist zu Geist aus der innigen Gemeinschaft geistiger Freuden bilden.

Geheime Verbindungen im strengen Sinne des Wortes. Denn wie sollten diese wahren Gläubigen sich von der Masse unterscheiden, die sie umgibt? Woher sollten sie den Hochmut nehmen, sich als die wahren

Gläubigen zu bezeichnen, sich in gesonderten Gruppen als »Gemeinschaft der Heiligen« zu versammeln wie Heuchler oder Pharisäer? Sektenglaube war Luthers Sache nicht. Für ihn waren jene die wahren Gläubigen, die in die Welt hinausgingen, statt sich abzuschotten, und die sich darauf beschränkten, die Hefe zu sein, die den Teig aufgehen ließ, die lebendige und warme Seele, die einen schweren und allzu oft kalten Körper belebte.

Im Volk und unter den Christen sollte es weder Unterschiede noch Hierarchie geben. Alle, die durch die Taufe, das Evangelium und den Glauben zu Gottes Kindern werden, sind gleich. Und falls einige von ihnen besondere Aufgaben erhalten, wie zum Beispiel zu lehren und zu predigen, so sind sie nicht als höhere Wesen zu betrachten; sie sind nur Amtswalter, die eine menschliche Aufgabe wahrnehmen und jederzeit von ihrem Auftraggeber abberufen werden können. Ebenso gilt, daß, wenn einige Regeln erarbeitet sind und zum Beispiel in einem monarchischen Staat der Fürst als Mitglied der Glaubensgemeinschaft oder in einem demokratischen Staat die berufenen Vertreter des souveränen Volkes die Verkündigung des WORTES organisieren, qualifizierte Pastoren heranbilden und in Städten und Dörfern Schulen einrichten, alle diese Organe und alle diese Regeln niemals und in keiner Weise Bestandteile der göttlichen Autorität sind.

Keine religiöse Gemeinschaft – nicht in der Vergangenheit, nicht in der Gegenwart, nicht in der Zukunft – darf von sich behaupten, daß sie von Gott selbst beauftragt sei, den Sinn des WORTES zu definieren; folglich darf auch keine die blinde Unterwerfung des Gewissens verlangen; und keine hat das Recht, den Menschen mit Hilfe der weltlichen Gewalt einen bestimmten Glauben oder die Ausübung der Sakramente aufzuzwingen. »Wer nit tauff wil seyn, der laß on stehen«, behauptete Luther 1521 kategorisch. Aus dem Mund eines Priesters fast eine Ungeheuerlichkeit![11] Und er fügte hinzu: »Wer nit will das sacrament empfahenn, hatt sey wol macht. Alßo wer nit beychten wil, hat seyn auch macht.« Ein paar Jahre später, 1523, noch einmal das gleiche Bekenntnis: »Denn es ist eyn frey werck umb den glawben, datzu man niemandt kan zwingen. [...] Das hertz mögen sie ja nicht zwingen, sollten sie sich zu reyssen.«[12] Gegen Gleichgültigkeit, Feindschaft und Unglauben kannte Luther in diesen Jahren nur ein Heilmittel: das WORT zu predigen und es wirken zu lassen. »Gottes Wort soll hie streytten, wenns das nicht auß richt, so wirtts wol unausgericht bleyben von weltlicher gewallt, ob sie gleych die wellt mit blutt füllet. Ketzerey ist eyn geystlich ding, das kan man mitt keynem eysen hawen, mitt keynem fewr verbrennen, mit keynem waser ertrenken. Es ist aber alleyn das Gottis wordt da, das thutts.«[13]

Das also war die Kirche, die sich dieser Mönch in der Abgeschiedenheit seines Klosters erträumte. Ein wunderbarer Idealismus, der am Anfang des neuen Jahrhunderts noch einen reinen und sanften Klang besaß.

Luther zerstörte. Luther verneinte. Gleichgültig wandte er sich ab: von der katholischen Kirche mit ihrer starren Hierarchie, ihren alten Traditionen und ihrer mächtigen territorialen und rechtlichen Verankerung; von der sichtbaren, genau abgegrenzten Kirche, die sich gegen alle Konkurrenzkirchen zur Wehr setzte; und schließlich von der Kirche als Hüterin der abendländischen Zivilisation, in der Kultur und Tradition zu einer mächtigen Einheit verschmolzen waren – von einer uralten, grandiosen Konstruktion, der eigentlichen Erbin des Römischen Imperiums. Am 10. Dezember 1520 verbrannte er in Wittenberg die Bulle *Exsurge Domine*. Aber bereits ein Jahr zuvor hatte er in den Erläuterungen zu seinen Leipziger Thesen, den *Resolutiones*, geschrieben: »Ich will frei sein und mich durch niemanden gefangen nehmen lassen, weder durch das Ansehen eines Konzils, noch einer Macht, noch Universitäten, noch des Papstes, daß ich nicht zuversichtlich bekennen sollte, was ich als wahr erkannt habe, mag es nun von einem Katholischen oder von einem Ketzer behauptet worden sein, mag es gebilligt oder mißbilligt sein von irgendeinem Konzil.«[14] Nach solchen Erklärungen blieb von der alten Kirche nichts mehr übrig. Sie war bis auf die Wurzeln zerstört, bis auf die Fundamente geschleift.

Würde Luther von nun an wieder aufbauen? Worauf, auf welchen Grundlagen? Etwa auf der Grundlage des Gesetzes? Aber betonte er nicht selbst immer wieder, daß der Christ vom mosaischen Gesetz befreit sei? Und zwar nicht allein vom zeremoniellen Gesetz des alten Bundes, sondern auch vom Dekalog, also den Zehn Geboten, die Moses den Juden gab. Den Juden – nicht den Christen. Moses war zwar ein Gelehrter, und vermutlich sogar ein großer. Aber er war nicht unser – der Christen – Gesetzgeber. Niemals. Das Gesetz? Wozu sollte ein Christ es brauchen? Hatte Christus nicht selbst es besiegt und aufgehoben? Er, der unter dem Gesetz geboren wurde, unterwarf sich seinen Bestimmungen, um jene zu erlösen, die dessen mörderisches Gewicht erdrückte. Das Gesetz? Christus gab uns das Evangelium – also sein Gegenteil.

Nicht das Gesetz, sondern das »Wort«. Was aber ist unter diesem Begriff, den Luther besonders liebte und häufig mit einer gewissen Zärtlichkeit benutzte, zu verstehen? Was ist dieses WORT? Die Gesamtheit der Heiligen Schriften? Wird Luther, der die Autorität des lebendigen Papstes bestritt, zum eigenen Nutzen einen papierenen Papst über die Gläubigen setzen? Damals dachte er nicht daran. Da er allen Mächten dieser Welt das Recht absprach, die Freiheit des Christenmenschen zu beschränken, wollte er es auch keinem Buch zugestehen – und sei es der Bibel, jener Bibel, die er selbst vollständig ins Deutsche übersetzen sollte, wobei der Wert dieses wunderbaren Geschenks, das er seinen Landsleuten machte, ihn zuweilen erschreckte. Der Glauben hängt nie von einem Text ab, welchem auch immer. Der Glauben darf nie einem Buchstaben unterworfen werden, aus welcher Höhe er auch fallen möge. Der Glauben ist allen Texten überlegen. Er darf sie sogar kontrollieren: im Namen der Gewißheit, die er nur sich selbst verdankt. Der Glauben beruft sich unmittelbar auf das WORT, und das WORT ist nicht die Schrift; es ist kein toter Buchstabe, nicht der »schäbige kleine Binsenkorb, in dem das Moses-Kind lag«. Es ist Moses selbst: ein lebendiges, handelndes Wesen, etwas Unkörperliches, Geistiges, eine Stimme, die das Universum erfüllt. Es ist die Botschaft der Gnade, das Versprechen der Seligkeit, die Offenbarung unserer Erlösung.

So stand Luther in den Jahren der Inbrunst den Menschen und seinem Gott gegenüber. Zwischen ihnen gab es keinen Vermittler. Ich selbst, meinte er, muß hören, was Gott mir zu sagen hat. Wie aber hört man Gott? Indem man mit seinem Verstand einem Credo, einer dogmatischen Lehre zustimmt? Was für ein Unsinn! Man kann zwar das Wort predigen, aber niemand außer Gott allein kann es in die Herzen der Menschen einpflanzen. In allen geistigen Fragen gibt es keinen Richter auf Erden »außer den Menschen, die den wahren Glauben an Gott in ihrem Herzen tragen«. Damit fällt alles weg, alles, was eitel, überflüssig und schädlich ist: das Dogma, das bestimmt, was ein jeder überall und jederzeit glauben muß; die Kaste der Priester, die sich groteskerweise und frevelnd das Recht anmaßt, die Gnade Gottes an die Gläubigen zu übermitteln; und schließlich die Institution der Klöster, deren Mitglieder, die Mönche aller Regeln, Orden und Trachten, die Gott voller Stolz ihre unnützen Gebete und keineswegs demütigen Selbstkasteiungen als Opfer darbringen. Alles fällt weg, alles, was nicht Glauben ist, also direkter Kontakt zwischen der elenden Seele, die sich ihres Elends bewußt ist, und der wunderbaren, unvorstellbaren Heiligkeit Gottes: himmlische Vermählung zwischen einer befleckten Kreatur und Gott, der sie aus ihrer Schande aufhebt, ihre unverzeihlichen Sünden auf sich nimmt und ihr statt dessen etwas von seiner Weisheit und Glückseligkeit schenkt.

Wie hätte Luther, der Luther von 1520, auf der Grundlage solcher Beziehungen zwischen Schöpfer und Geschöpf und auf der Grundlage dieses Begriffs der verborgenen Kirche, die alle Seelen und Geister zusammenführt, welche den gleichen Glauben teilen – wie hätte Luther auf dieser Grundlage anstelle der römischen Kirche, die er zerstören wollte, indem er sie verneinte, eine neue Kirche bauen können, die dem Gefühl entsprach, das seinem Herzen entströmte, der inbrünstigen Frömmigkeit, die in ihm loderte, und jenem Glauben, den er in sich trug und der ihn stützte?

Worms – Luthers Mut

Bauen, aufbauen, errichten – keines dieser Wörter gehörte Luthers eigener Sprache an, die sein wahres Denken und Fühlen zum Ausdruck brachte, keines gehörte zur Sprache seines Herzens.

Zwar veranlaßte sein Glauben ihn nie dazu, der Welt zu sagen: Ich will dich gar nicht kennen. Du bist das Böse, die Sünde, die Häßlichkeit und die Ungerechtigkeit. Ich entfliehe dir! Sich in einer Zelle einschließen? Er ist ihr gerade entkommen und hat der Askese von ganzer Seele abgeschworen. Die Welt ist von Gott geschaffen. Und Gott hat uns in sie hineingestellt. Bleiben wir also, wohin er uns gestellt hat. Erfüllen wir gewissenhaft unsere täglichen Aufgaben. Der Bauer, der pflügt, die Magd, die putzt, der Schmied, der den Amboß schlägt – sie alle verrichten eine ebenso löbliche und gesunde Arbeit wie der brave evangelische Prediger, dessen Aufgabe darin besteht, das Christenvolk zu unterweisen – im Gegensatz zum widerwärtigen Mönch, der immer nur sein Paternoster murmelt. So hat Luther schon 1520 gesprochen, und er wird es immer stärker betonen. Man kann sich vorstellen, welchen Widerhall solche

Worte beim arbeitenden Bürgertum bzw. bei einem disziplinierten und gewissenhaften Volk fanden, dessen noch so bescheidene Aufgaben jetzt durch ihn, den Mann Gottes, den Priester, der freiwillig seinen Heiligenschein abgelegt hatte, verherrlicht wurden.

Doch Luthers Glaube hat diese Welt bezwungen. Er benutzt sie wie Abraham, der Frauen, Kinder und Diener besaß, aber so tat, als sei dies nichts. Er, der Patriarch, wußte nämlich, daß nur die geistigen Reichtümer wirklich Freude machen. In der Welt leben, ja. Die Güter, die sie uns bietet, frei, ehrlich und seelenruhig nutzen, ebenfalls ja. Sinnenfreude und Herzensfreude, Vergnügungen und Erregungen der Natur; ein Glas alter, sonnengereifter Wein; die frische Anmut und Sprungkraft eines Jungtiers; das tiefe Leuchten eines lebhaften Blicks; der sich unter einem Kuß beugende Hals einer Frau; die plappernde und spontane Zärtlichkeit eines Kindes: von all diesen Kostbarkeiten, die Gott ihm verschwenderisch darbietet, darf sich der Christ nehmen, soviel er will und ohne Gewissensbisse. Mag er die Gaben des Vaters in aller Unschuld genießen. Aber er sollte jederzeit bereit sein, sich von ihnen zu lösen. In dem Augenblick, da er sie besitzt, sollte er innerlich bereits darauf verzichtet haben. Er sollte in ihnen nur das sehen, was sie wirklich sind: Beigaben eines von Gott arrangierten Schauspiels, damit der Mensch darin seinen Glauben erproben kann.

Und wie könnte sich dieser Christ, dem Gott wie einem König Krone und Zepter gegeben hat, von irdischen Dingen beherrschen lassen? Furchtlos und gelassen führt Luther seine christliche Königswürde durch Sünde, Tod und Schrecken, diese irdischen Gastgeber. Er flieht nicht vor den Mächten des Bösen. Er fürchtet sie nicht. Da er sich absolut sicher ist, daß keine von ihnen, weder Tod noch Teufel, weder Hunger noch Durst, weder Eisen noch Feuer, ihm selbst, seinem wahren Ich, etwas anhaben kann, kann er sie auch beherrschen. Mehr noch, er bezwingt sie, er unterwirft sie seinen Bedürfnissen und bezieht – indem er sie umkehrt – aus der Sünde seine Gerechtigkeit und aus der Armut seinen Reichtum.

So verleiht der Glauben Luther eine königliche Macht über die Welt: der Glauben, das absolute Gottvertrauen. Aber dieses Vertrauen, das ihn beseelt und unterstützt, wohin er auch geht, erklärt uns zugleich, warum er sich so wenig um Möglichkeiten der Verwirklichung kümmert und ausgewogene Konstruktionen verachtet – ein besonders typisches Merkmal seines Charakters.

Ein Reformator? Dem Begründer der Reformation ist gerade dieser Titel streitig gemacht worden, und nicht ohne Grund. Ein Menschenführer? Zweifellos gehorchte er dem Ruf seines Gottes. In seinem Innersten jedoch wollte er kein Anführer sein, sondern geführt werden; er wollte von Gott dorthin geführt werden, wohin Gott ihn führen wollte, mit dem blinden Vertrauen eines Kindes, das an der Hand des Vaters läuft, ohne zu wissen, wohin es geht. Organisieren, Gesetze erlassen, etwas aufbauen – wozu? Warum soviel Wert legen auf vergebliche Werke? Die Kirche als rein geistige Gemeinschaft, die verborgene Kirche ist überall präsent, wo sich die wahren Gläubigen zusammenfinden und ihren Glauben bekennen. Das allein ist wichtig. Alles andere, die Berufung von Priestern, die Bildung von Gemeinden, ist bedeutungslos. Warum darüber endgültig entscheiden? Provisorische Regeln reichen aus.

Ebenso unnötig ist es, mit den Großen dieser Welt zu verhandeln, um das Evangelium unter möglichst günstigen Bedingungen bekanntmachen und verbreiten zu können. Die Politik ist eine Sache der Fürsten, eine Sache des Staates. Was aber haben Staatsangelegenheiten und das innere Christentum eines Gläubigen miteinander gemein? Der Staat soll die Kirche schützen; er soll sie verteidigen, wenn sie ungerecht angegriffen wird; ihre Güter verwalten, wenn sie welche besitzt; und seine Aufgaben wahrnehmen, damit die Gläubigen von unnützen Sorgen befreit werden. Sie können sich dann dem widmen, was für Christen allein von Belang ist. Auch hier fragt man sich allerdings: Wozu diese Sorgen? Wie kann man meinen, daß der Triumph des Evangeliums, das Heil der Kirche Gottes, daß überhaupt solche großen Dinge von menschlichen Anstrengungen abhängen? Luther weiß genau, daß dies nicht der Fall ist: »Allein durch das Wort ist die Welt bezwungen und die Kirche gerettet worden. Durch das Wort wird sie auch wieder hergestellt.« Das schrieb er 1520.[15] Damit verwies er bereits auf einen anderen, ungleich bekannteren Text, nämlich die stolze Erklärung dem Kurfürsten gegenüber, als der auf der Wartburg Eingeschlossene angesichts der beunruhigenden Nachrichten aus Wittenberg sein Schweigen brach: »E. K. F. G. hat schon allzuviel getan, und sollt gar nichts tun. Denn Gott will und kann nicht leiden E. K. F. G. oder mein Sorgen und Treiben. Er will's ihm gelassen haben, deß und kein anders.«[16]

Eine völlige Hingabe also, ein vollkommenes Ruhen in Gott. Damit erklärt sich nebenbei bemerkt Luthers Gleichgültigkeit, seine Indifferenz gegenüber moralischen Gesichtspunkten, die man ihm oft heftig vorgeworfen hat. Bekanntlich hat er zwischen einem frommen Menschen und einem Christen genau unterschieden und an dieser Unterscheidung selbst stets festgehalten: »Wohlan, ein frommer Mensch zu sein, große und vielfältige Werke zu vollbringen, ein gutes, ehrenhaftes und tugendsames Leben zu führen, ist eine Sache, Christ zu sein, eine andere.«[17] Man ist noch kein guter Christ, wenn man gut, gerecht und fromm ist. Man wird es allein durch den Glauben, wenn man Gott in sein Herz eindringen läßt. Dann aber braucht man sich nicht mehr um seine Moral zu sorgen. Sittlichkeit wird nicht durch den menschlichen Willen herbeigeführt, sondern durch den Glauben. Wenn der Mensch Gott besitzt und Gott im Menschen wirksam ist, vollbringt der durch den Heiligen Geist verwandelte menschliche Wille ganz von allein schöne und gute Werke. Und diese Verwandlung ist keine vorübergehende, sondern wird für immer vollzogen. Der vom Geist beseelte Wille »bleibt genauso dabei, das Gute zu wollen, dazu willig zu sein und es zu lieben, wie er vorher das Böse gewollt, dazu Lust gehabt und es geliebt hat.«[18] Ein Quietismus der Hingabe, zweifellos. Wenn aber Stürme aufkommen, Gefahren, Leiden und Verfolgungen, kann aus diesem absoluten Gottvertrauen im Herzen des Gläubigen eine unerschöpfliche Quelle der Geduld, der Kraft, der Energie und des Heldentums werden. *Ein feste Burg ist unser Gott!*[19] Ein Schrei, der aus den Tiefen der Lutherischen Seele kommt. Und das darin ausgedrückte Gefühl hat Luther viele Male in seinem Leben geradezu übermenschlichen Mut und Freude verliehen. Auch den Mut und die Freude, die er in Worms bewies.

Luther in Worms. Wie kommt es nur, daß so viele ehrenwerte Beobachter aus dieser dramatischen Episode nicht mehr gemacht haben als einen kitschigen Bilderbogen à la Paul Delaroche?[20] Versuchen wir, diese Geschichte, die für eine genaue Kenntnis des Reformators so wichtig ist, mit neuen Augen zu sehen.

Warum und in welcher Absicht hat sich der Augustiner zum Reichstag begeben? Diese Frage stellt man sich nie. Die Tradition tötet das Erstaunen. Man wiederholt einfach nur, was man gelernt hat: »Aufgefordert, vor dem Reichstag zu erscheinen, begab sich Luther unter Geleit nach

Worms. Und dort ...« Aber war es wirklich so selbstverständlich, daß er der kaiserlichen Vorladung Folge leistete?

Eine Bulle hatte ihn aus der Christenheit verbannt. Diese Bulle mußte vollstreckt werden. Wer besaß die Macht, ihren Wortlaut in grausame Wirklichkeit zu verwandeln? Etwa der Kaiser oder genauer: der König der Römer? Karl war damals noch ein junger Mann, den Deutschen fast unbekannt, ohne große Erfahrung, ohne Ansehen und wirkliche Macht. Er war also gezwungen, mit den Fürsten zu verhandeln. Unter diesen hatte vor allem einer etwas zu sagen: der Kurfürst von Sachsen, Friedrich der Weise. Der aber beschützte Luther. Zwar teilten nicht alle Fürsten seine Meinung, aber als souveräne Landesherrn waren sie mit ihm solidarisch. Wenn es um ihre Rechte gegenüber ihren Untertanen oder gegenüber dem Kaiser ging, hielten sie alle zusammen. Im übrigen war die Bannbulle sehr umstritten. Die Bulle hatte gleichsam ein schlechtes Gewissen. Sogar in Rom hatten manche mit Sorge beobachtet, wie der Papst auf die Vorschläge der Scharfmacher einging. In Deutschland gab es viele, die Luther nicht in allem folgten, aber empört waren, daß er verurteilt wurde, ohne daß seine Irrtümer bewiesen waren. Deshalb bestand auch die Taktik des Erasmus damals darin, die Tür für ein Revisionsverfahren offenzuhalten, indem er behauptete und zu glauben vorgab, die Bulle sei eine Fälschung.

Die beiden Legaten, die der Heilige Stuhl mit der Sache betraut hatte, Caracciolo und Aleander, befanden sich also in einer heiklen Lage. Sie begaben sich zu Friedrich dem Weisen und forderten ihn auf, Luthers Schriften zu verbrennen und sich seiner Person zu versichern. Ende 1520 speiste sie der Kurfürst mit ein paar wenig ermutigenden Worten ab. Luther gefangennehmen? Nein. Denn der hatte gegen das päpstliche Urteil Appellation eingelegt. Diese Berufung besaß aufschiebende Wirkung. Seine Schriften verbrennen? Nein. Denn sie waren nicht ausreichend geprüft und diskutiert worden, so daß man kein Recht dazu hatte. Es sei besser, den Mönch vor unparteische und aufgeklärte Richter zu stellen.

So entstand zum großen Bedauern der beiden Nuntien die Idee, Luther vor den Reichstag zu bringen. Trotz zahlreicher Hindernisse, die uns hier nicht weiter interessieren, wurde sie schließlich verwirklicht. Wir wollen hier nicht die Geschichte des Reichstags von 1521 untersuchen oder auch nur resümieren; sie ist erst kürzlich in einem ausgezeichneten Buch von

Abbildung 16: Kurfürst Friedrich III., der Weise. Kupferstich von
Lucas Cranach, 1509.

Paul Kalkhoff dargestellt worden. Am 6. März 1521 unterschrieb Karl
von Habsburg einen Geleitbrief für den »ehrsamen, lieben und andächti-
gen« Martin Luther. Am 26., es war Karfreitag, wurde dieser Geleitbrief
dem Mönch vom kaiserlichen Herold Kaspar Sturm überreicht. Und am
2. April machte sich Luther in einem Rollwagen, in dem neben ihm noch
vier Personen Platz nahmen, darunter der Ordensregel entsprechend ein
Augustinerbruder, unter der Führung Sturms auf den Weg in die Reichs-
stadt.

Das ist soweit ganz einfach. Aber was bedeutete diese Vorladung? Als
sie Luther erreichte, hatte sich der Reichstag schon seit längerem mit ihm
befaßt. Bereits am 13. Februar hatte Aleander vor den Ständen eine lange
Rede gehalten. Am 19. hatte der Reichstag in seiner Antwort erklärt, daß
man einen Deutschen verurteilen wolle, ohne ihn gehört zu haben. Er
hatte dabei die heikle Frage der Gravamina der deutschen Nation gegen-

über Rom aufgeworfen. Daraufhin hatte der Kaiser gesprochen. Er erklärte, daß Luther zwar gehört, aber nicht mit ihm diskutiert werden solle. Man würde ihn nur befragen, ob er sich zu den unter seinem Namen publizierten Schriften bekenne und ob er die darin enthaltenen Irrtümer widerrufe oder nicht. Und am selben Tag, an dem Luther in Wittenberg vom Reichsherold Sturm den Geleitbrief erhielt, wurde in ganz Deutschland ein Edikt veröffentlicht, das die Schriften des Häretikers dem Feuer überantwortete.

Luther wußte das alles. Er wußte, daß Aleander fieberhaft handelte und auf den König der Römer noch immer großen Einfluß ausübte, wie das Edikt vom 26. März bewies. Er wußte auch, daß er nur zum Widerruf aufgefordert werden sollte. Wozu also nach Worms gehen? In einem Brief an Spalatin vom 19. März – zu diesem Zeitpunkt hatte er seinen Geleitbrief noch nicht erhalten – erklärte er daher entschlossen: »Ich werde Kaiser Karl antworten, daß ich wegen eines Widerrufs allein nicht nach Worms komme. Es wäre dann so, als ob ich bereits hin- und zurückgefahren wäre.«[21] Aber dann empfing er am 26. den Herold und am 2. April machte er sich auf den Weg. Warum?

Vielleicht hilft uns ein Satz aus dem Brief an Spalatin vom 19. März weiter. Nur um zu widerrufen, heißt es dort, brauche er nicht nach Worms zu reisen. Aber dann fügt Luther hinzu: »Wenn der Kaiser mich ruft, um mich zu töten, und mich nach meiner Weigerung in die Reichsacht wirft, werde ich seiner Vorladung folgen. Denn mit Christi Hilfe werde ich nicht fliehen und sein Wort im Stich lassen. Ich bin sicher, daß diese blutrünstigen Männer nicht eher Ruhe geben werden, bis sie mich getötet haben. Aber ich will, daß die Papisten möglichst allein für meinen Tod die Verantwortung tragen.«[22] Hier wird eine erstaunliche Erregung deutlich. Doch inzwischen kennen wir unseren Luther und sein absolutes Gottvertrauen.

Luther ist nicht wie ein Mann nach Worms gereist, der die hergebrachte Ordnung respektiert und ihr ohne Zögern und Nachdenken, wenn er eine Vorladung bekommt, Folge leistet. Luther ist nach Worms gereist, wie man ins Feuer marschiert. Er ist einfach drauflos gestürmt und hat innerlich bereits sein Leben geopfert; auch war er erfüllt vom unbesiegbaren Glauben an die Erlösung, den jeder Mensch in Lebensgefahr aus den tiefsten Quellen seiner Vitalität schöpft und der bei Luther ein blindes, unerschütterliches Gottvertrauen war. Luther ist nach Worms wie zum Martyrium oder zum Triumph gereist: beides immerhin Aspekte derselben Realität. Aber Triumph ist hier zu verstehen als Triumph vor Gott und mit Gott. Luther rechnete nicht mit den Menschen, mit menschlicher Hilfe. Er lehnte sie im Gegenteil entschieden ab. Nie war sein Idealismus reiner und unnachgiebiger als damals. Am 27. Februar 1521 verteidigte er sich in einem Brief an Spalatin gegen den Vorwurf, aufrührerisch zu sein oder zur Gewalt aufzurufen: »Ich bin schuldlos«, schrieb er, »denn ich habe mich dafür eingesetzt, daß der deutsche Adel den Romanisten nicht mit dem Schwert, sondern durch Resolutionen und Dekrete Einhalt gebietet, was leicht war. Gegen das unkriegerische Volk des Klerus kämpft es sich nämlich wie gegen Weiber und Kinder.«[23] Und kurz vorher hatte er am 16. Januar gegenüber demselben erklärt: »Ich möchte nicht, daß mit Gewalt und Blutvergießen für das Evangelium gestritten wird [...]. Der Antichrist wird, wie er ›ohne Hand‹ (Dan. 8,25) angefangen hat, so auch ›ohne Hand‹ durch das Wort vernichtet werden.«

Daß er keinerlei Risiko einging, indem er der Vorladung folgte; daß seine Worms-Reise völlig gefahrlos und frei von Zwischenfällen sein würde – nur scheinheilige Kontroversprediger, die sich selbst nie einer Gefahr ausgesetzt haben, mögen uns dies versichern. In diesem entscheidenden Augenblick, in diesem unruhigen Deutschland, da selbst die Abgestumpftesten die Bedeutung und Größe der Entscheidung ahnten, mußten Luther, seine Freunde, aber sicher auch seine Feinde zwangsläufig an Johannes Huß und sein Ende in Konstanz denken. Und trotzdem. Sein Gott trieb Luther vorwärts, sein Gott riß ihn mit sich. Er zögerte nicht mehr. Er fuhr los, um seinen Glauben zu bekennen, von seinem Gott Zeugnis abzulegen.

Eine beklemmende und triumphale Reise. In Erfurt wurde Luther feierlich und begeistert aufgenommen. Die Universität, deren Student er gewesen war, empfing ihn wie einen erlauchten Gast. Er, der Exkommunizierte, durfte in der Kapelle seines ehemaligen Klosters vor den Augustinern predigen. Er predigte auch in Gotha und Eisenach. Allerdings war er krank und klagte über rätselhafte Beschwerden. Er mußte immerzu an den Satan mit seinen Listen und seiner Heimtücke denken. Doch sein Heroismus war unerschütterlich, eine Art innere, leidenschaftliche Heiterkeit gab ihm die Kraft, allem entgegenzutreten. Was konnte ihm der Teufel schon anhaben? »Christus lebt«, schrieb er am 14. April

aus Frankfurt an Spalatin, »Christus lebt, und wir werden in Worms ein-
ziehen, auch gegen den Willen aller Pforten der Hölle und der Gewalten
der Luft.«[24] Das war am 14. April. Am nächsten Tag, dem 15., kam ihm
sein Schüler Bucer nach Oppenheim entgegen.

Die Atmosphäre in Worms war geladen. Da Karl weder über Geld noch
Truppen verfügte, blieben die Fürsten stur. Die Nuntien bekamen es mit
der Angst zu tun. In den Straßen und unter den Fenstern ihres Gasthauses
sang der Pöbel die *Litanei der Deutschen*, ein Lied voll grober Anzüglich-
keiten. In den Städten, aber auch auf den Dörfern kam es zu Tumulten
gegen Priester, Mönche und Reiche. Die Popularität des exkommunizierten Mönchs wuchs weiter an. Sein Bild war überall ausgestellt, zusammen
mit dem von Hutten. Dieser bombardierte von der Ebernburg, Sickingens
Festung, aus ganz Deutschland mit immer neuen Flugschriften. Ein ver-
armter, brutaler Adel, das spürte man, hatte die Faust schon am Schwert.
Man wartete nur noch auf das Signal von der Ebernburg.

Daraufhin wurde verhandelt. Was würde passieren, wenn Luther in
dieses Durcheinander geriet? Seine Freunde, aber auch seine Feinde
erwarteten seine Ankunft mit gemischten Gefühlen. Schließlich wurde ein
Plan geboren: Der Reisende sollte nicht nach Worms, sondern auf die
Ebernburg gebracht werden. Dort oben, unter dem Schutz Sickingens und
Huttens, wäre er in Sicherheit und mußte nicht das gleiche Schicksal wie
Johannes Huß befürchten. Er könnte abwarten, zusehen, was weiter
geschehen würde – und diskutieren. Das war es, was Bucer ihm vorschlug. Luther lehnte entschieden ab.

Er fuhr nach Worms. Niemand würde ihn hindern, dorthin zu reisen.
Er würde in die Stadt einfahren. Er würde seinen Fuß in das Maul, zwischen die großen Zähne des Behemoth setzen, um das Wort Christi zu verkünden und alles in seine Hände zu legen. Er war jetzt auf dem Marsch.
Nichts würde ihn aufhalten. Am Morgen des 16. April zog er in Worms
ein. Hundert Reiter eskortierten seinen Wagen. Zweitausend Menschen
folgten ihm bis zu seiner Herberge. Und am nächsten Morgen, dem 17.
April, wurde er zum ersten Mal vor den Kaiser gerufen.

Die Prüfung verlief glimpflich. Dem Offizial von Trier, der ihm zwei
Fragen vorlegte: ob er alle unter seinem Namen publizierten Schriften
anerkenne und ob er seine Irrtümer widerrufe oder nicht, antwortete
Luther mit gesenkter Stimme und sichtlich aufgeregt, daß er keines seiner
Bücher verleugne. Was das Übrige anging, so sei die Frage derart schwer-

wiegend, daß er demütig um Bedenkzeit bitte. Diese Bitte löste Verwunderung aus; man war enttäuscht. Er bekam vierundzwanzig Stunden, und auch das nur ungern. Am nächsten Tag, dem 18. April 1521, einem Donnerstag um sechs Uhr abends, wurde Luther am Ende der Verhandlungen erneut in einen überheizten, mit Fackeln erleuchteten und völlig überfüllten Saal geführt. Diesmal sprach er laut und deutlich.

Seine Bücher? Es gebe davon drei Gruppen. Die erste Gruppe bestehe aus Schriften zur christlichen Glaubenslehre, die so evangelisch seien, daß selbst seine Gegner sie für heilsam hielten. Also gebe es nichts zu widerrufen. Die zweite Gruppe seien Schriften gegen das Papsttum und die Praktiken des Papismus. Auch sie könne er nicht verleugnen. Sonst würden dem Antichristen Türen und Fenster geöffnet. Die letzte Gruppe schließlich bestehe aus Gelegenheitsschriften gegen Feinde, die ihn provoziert hätten. Vermutlich seien sie etwas zu polemisch. Aber was soll's? Schließlich habe er gegen Tyrannei und Gottlosigkeit gekämpft. Statt ihn ohne Anhörung zu verurteilen, solle man ihm Richter geben, über seine Gedanken disputieren und ihm zeigen, worin er sich geirrt habe.

Wieder ergriff der Offizial von Trier das Wort. Keine Diskussion. Werde er widerrufen oder nicht? Daraufhin gab Luther seine berühmte Erklärung ab, von der bald darauf verschiedene Fassungen in Deutschland kursierten. Hier die Wahrscheinlichste: »Wenn ich nicht durch Zeugnisse der Heiligen Schrift oder klare Vernunftgründe überwunden werde […], so bin ich überwunden durch die Schrift, die von mir angeführt worden ist. Mein Gewissen ist im Wort Gottes gefangen. Und ich kann und will auch nichts widerrufen, da gegen das Gewissen zu handeln weder sicher noch einwandfrei ist. Got helfft mir, Amen.«[25]

Daraufhin entstand ein großer Tumult. Unter Beschimpfungen und Beifall verließ Luther den Saal. Als er in seiner Herberge ankam, riß er die Arme hoch und rief seinen ängstlichen Freunden zu: »*Ich bin hindurch, ich bin hindurch!*«[26] Am nächsten Tag erfuhr die ganze Welt von der großen Weigerung des Bruder Martin Luther, »der gegen den Papst schreibt«. Und jene, die ihn liebten und zu kennen meinten, staunten über seinen Mut, dessen übermenschlichen Grund sie nicht verstanden.

»Am nächsten Tag kam er wieder und erklärte, es sei wahr, daß er dieses und jenes geschrieben habe […], aber daß er, solange ihn niemand vom Gegenteil überzeugen könne, bei seinen Aussagen bleibe und bereit sei, dafür zu sterben.« So beschrieb der Sekretär der portugiesischen Faktorei in Antwerpen in einem Brief an den König von Portugal, datiert Bergen op Zoom, den 25. April (die Nachrichten flogen), die berühmte Szene. Dann fügte er hinzu: »Unter anderen bekannten Dingen erzählt man sich, daß der päpstliche Nuntius fast gestorben wäre, als er das hörte.« Und weiter: »Er hat das ganze deutsche Volk und die Fürsten auf seiner Seite. Ich glaube, diesmal wird er noch entkommen.«[27]

Tatsächlich drängte sich das ganze Volk um Luther, umschwärmte und umhegte ihn, setzte ein gefährliches Vertrauen in ihn. Er hatte durchgehalten. Vergeblich versuchten der Erzbischof von Trier, sein Offizial, Cochläus und andere Luther zum Nachgeben zu überreden. Aber Luther gab nicht nach und verleugnete nichts. Das hätte ihn teuer zu stehen kommen können. Daran dachte er aber nicht. Und falls er daran dachte, verband er innerlich damit vielleicht – in der visionären Erregung und heftigen Anspannung des Propheten, der seine Einsiedelei verlassen hatte, um den Königen und Großen dieser Welt die nackte und brutale Wahrheit ins Gesicht zu schlagen – die Hoffnung auf ein triumphales Martyrium nach der Art von Huß und Savonarola.

»Ich laß mich einthun und verbergen, weiß selbst noch nicht, wo«, schrieb er am 28. April, am Vorabend seiner Entführung, an Lucas Cranach. »Und wiewohl ich lieber hätte von den Tyrannen, sonderlich von des wüthenden Herzog Georgen zu Sachsen Händen den Tod erlitten, muß ich doch guter Leut Rath nicht verachten, bis zu seiner Zeit.«[28] Aus diesen Zeilen spricht eine gewisse Enttäuschung sowie auch das Bedürfnis, sich bei den Freunden zu entschuldigen. Was? Nach diesem Hochgefühl ein solcher Rückzug? Dabei hatte er sein Opfer schon gebracht. Denken wir nur an seinen Brief an Spalatin vom 19. März. Und an einen Brief Huttens vom 20. April, den der Reichsritter nur zwei Tage nach der großen Weigerung an Luther schrieb: »Es wird dir weder an Verteidigern, noch, *wenn nötig, an Rächern* fehlen.«[29] Oder auch an den oben zitierten Satz von Ruy Fernandez: »Ich glaube, *diesmal wird er noch entkommen.*« Man wird also nicht mehr versucht sein, mit manchen Leuten zu glauben, Luther habe sich in Worms keiner Gefahr ausgesetzt, oder gar seine Aufrichtigkeit in diesen Tagen innerer Erregung und religiösen Fiebers, da er über alle anderen und sich selbst hinauswuchs, zu bezweifeln. Solche Unterstellungen verraten mehr über ihre Urheber als über Luther.

Dessen Wormser Heroismus war nicht der Wagemut eines Partisanen, der geradewegs auf den Feind losstürmt, um ihn zu bezwingen und zu unterwerfen. Mochte Hutten auch schreiben: »Ich sehe, wir brauchen Schwerter und Feuerrohre, Pfeile und Kugeln, um uns gegen den Wahnsinn der finsteren Dämonen zu wehren.« Mochte er ruhig bedauern, zur Tatenlosigkeit verurteilt zu sein – sonst »hätte ich mitten in der Stadt einen Aufstand gegen die papistischen Sklaven angezettelt«.[30] Luthers Heroismus war rein geistiger Art. Wie René Will in seinem schönen Buch über die christliche Freiheit gezeigt hat[31], fühlte er sich in ständigem Kontakt zur Welt des Verborgenen. Er wußte, daß Gott auf seiner Seite und seine Lehre unbesiegbar war; seine Feinde waren nur die Werkzeuge des Satans. Er hatte Gott in seiner Macht, so wie es in seinem Buch über die *Freiheit des Christenmenschen* herausfordernd heißt: *Wir sind Gottes mächtig.*[32] Diese unendliche Freude, Gott zu besitzen, ihn in sich zu spüren, ruft in Luther einen ungeheuren Jubel hervor, eine dionysische Freude, die diesen Liebhaber des Absoluten und stolzen Besitzer allen anderen Menschen so überlegen macht.

Auch an etwas anderes ist zu erinnern. Wir sollten uns davor hüten, in dem Wormser *Contra conscientiam agere* eine an die alte Welt gerichtete feierliche Proklamation dessen zu lesen, was wir als Gewissensfreiheit oder Gedankenfreiheit bezeichnen. Luther war nie ein »Liberaler«: Schon das bloße Wort, auf Luther angewandt, riecht nach Anachronismus. Auch dazu findet Will die richtigen Worte: »Sein Gewissen war weniger von einem Wunsch nach Emanzipation durchdrungen als von einem Bedürfnis nach innerem Zwang.«[33] Luther wollte keineswegs die These vertreten, jeder könne frei über seine Fähigkeiten verfügen oder die Rechte der menschlichen Venunft gegenüber dem Dogma verkünden. Im Gegenteil, er wollte Vernunft und Gewissen der einzigen Autorität unterwerfen, die er anerkannte. Aber anders als ein Katholik, der sich auf die Kirche, die Tradition, die Autorität berief, suchte er diese nicht außerhalb, sondern in sich selbst. Es war das Wort Gottes, das er als lebendige Kraft begriff; das Wort Gottes, das in jedem von uns eine Notwendigkeit schafft, die alle Zwänge überwinden kann.

Jedoch: Die Worte der Menschen führen ein eigenes Leben. Wen interessierte der Sinn, den Luther selbst seinen Erklärungen gab? Sie gehörten ihm schon nicht mehr. In dieser Menge, die ihn umgab – und deren Haltung viel dazu beitrug, die auf ihn lauernden Gefahren abzuwenden – hörte jeder, ob Politiker oder Gelehrter, ob Reichsritter oder Bürger, ob

Hungerleider oder ängstlicher Geistlicher, wenn der Mönch sprach, etwas anderes heraus. Jeder unterstellte Luthers Handeln seine eigenen Wünsche. Und für kurze Zeit konnte Luther sie alle zufriedenstellen. Das soll heißen: Alle konnten, wenn sie ihm zuhörten, weiter ihre Träume hegen und glauben, daß dieser erleuchtete und furchtlose Prophet ihnen seine mächtige Stimme verlieh. Die Illusion einer Stunde, die nicht lange währen sollte. Denn zwischen den verschiedenen Realismen einerseits und seinem alle Kontingenzen verachtenden Idealismus andererseits war die unvermeidliche Scheidung schon in dem Augenblick vollzogen, da alle noch meinten, am besten übereinzustimmen.

Kapitel 8

DIE MONATE AUF DER WARTBURG

Am 4. Mai 1521 durchquert ein Rollwagen den Wald hinter Altenstein auf dem Weg nach Gotha. Darin sitzt Martin Luther, der noch Verwandte besucht hat und jetzt nach Wittenberg zurückkehrt. Zwei Männer sind bei ihm: sein Kollege Amsdorf und der Augustiner Johann Petzensteiner, der ihn gemäß der Ordensregel auf seiner Reise begleitet. Plötzlich tauchen Reiter auf und überfallen den Wagen. Der Augustiner rennt davon. Der Fuhrmann wird überwältigt. Amsdorf schreit um Hilfe und heuchelt Widerstand. Luther wird in den Wald gezerrt, auf ein Pferd gesetzt und über weite Umwege in der Nacht auf eine Burg in Thüringen gebracht. Dort wird er wie ein Ritter eingekleidet und läßt sich Haare und Bart wachsen. Als »Junker Jörg« verbringt er fast ein Jahr – vom 4. Mai 1521 bis zum 1. März 1522 – auf der Wartburg.

Um Luther nicht ausliefern zu müssen, ohne offen dem Kaiser zu trotzen, hatte Kurfürst Friedrich diesen genialen Handstreich gebilligt. Mit dieser gut vorbereiteten Entführung ohne lästige Zeugen rettete er den Ketzer, den seine Feinde schon verloren glaubten, auf der Flucht nach Dänemark oder Böhmen. Außerdem bewahrte er ihn vor den gefährlichen Folgen des Edikts, das Aleander geschickt und hartnäckig Karl V. und seinen Ratgebern abgerungen hatte: Am 15. Mai 1521 wurde es vor dem Reichstag feierlich verlesen. Indem sich Friedrich auf diese Weise einer für ihn schwierigen Situation entzog, übte er zugleich einen Einfluß auf das entstehende Werk und die nächsten Schritte des künftigen Reformators aus, den man umso ernsthafter prüfen und abwägen sollte, als er bislang nicht immer hinreichend berücksichtigt wurde.

Abbildung 17: Luther geadelt zum »Junker Jörg«. Holzschnitt von Lucas Cranach d. Ä., 1522.

Unruhiges Deutschland

Überall in Deutschland gärte es. Diese Aufeinanderfolge dramatischer Ereignisse: die Kaiserwahl mit ihren Komplikationen, die Krönung des Gewählten zu Aachen, die Szenen in Worms, die gemeinsame Verabschiedung der *Hundert Beschwerden der deutschen Nation* gegen Rom durch Katholiken und Lutheraner, schließlich dann Luthers Weigerung und seine ebenso mutige wie unbeugsame Haltung, all das hatte die Nerven bis zum Zerreißen gespannt. Auch die Flugschriften Huttens und seiner Freunde sowie Luthers und seiner Anhänger hatten die Menschen aufs äußerste erregt.

Wer heute diese Texte voller Gewalt und Aufruhr in den schmalen Oktavbänden der Erlanger oder in den mächtigen Quartbänden der Weimarer Ausgabe liest, tut ihnen geradezu unrecht. Denn in dieser Präsentation nähert man sich ihnen mit der Seele eines braven Gelehrten, der nach »Parallelen« sucht oder Zitate herausschreibt. Wer sie wirklich lesen will, zum Vergnügen, zum Verständnis, um das Feuer zu spüren, das von ihnen ausgeht, sollte die Originalausgaben zur Hand nehmen, also die Hefte, die aus der Wittenberger Presse kamen: handlich, leicht, ohne jeden Prunk, aber in einer klaren, die Augen, den Geist und die Phantasie beflügelnden Typographie. Hier sind sie: zupackende und klangvolle Titel auf einem nach deutscher Art wunderschön umrahmten Blatt; meist tragen sie weder Datum noch Verlegernamen, aber in großen Buchstaben prangt der Name des Autors: *Doctor Martinus Luther Augustiner zu Wittenberg.* Oft ist sein Bildnis eingraviert: kein Unbekannter also, und auch kein Schöngeist, sondern ein Mensch aus Fleisch und Blut. Über den knochigen Wangen, dem eckigen Kinn und den etwas groben Zügen blickt man in zwei Augen, deren stechender Glanz und deren Beweglichkeit schon den Zeitgenossen auffielen und in denen Luthers Feinde etwas Dämonisches zu erkennen meinten. Die einen wie die anderen unterlagen ihrer seltsamen Faszination, selbst wenn ihnen in ihrer schwerfälligen Sprache die Worte fehlten, um ihre Wirkung zu beschreiben. »Was hat dieser Bruder für tiefe Augen und wunderliche Gedanken im Kopf!« Dieser Satz Cajetans hatte Luther beeindruckt;[1] aber er hätte mühelos noch viele Äußerungen dieser Art finden können.

Schon auf den ersten Buchseiten sammeln sich Formulierungen, die auf den Geist des Lesers überspringen wollen. *Liber, candidum et liberum lectorem opto!* Dieser Appell steht unter dem Bild eines gekreuzigten oder vom Kreuz genommenen Christus am Anfang der *Resolutiones* von 1518, die in ganz Europa gelesen wurden. Direkt unter dem Titel von *De abroganda Missa* von 1521 fragt der kämpfende Mönch mit den Worten des Amos: *Leo rugiet, quis non timebit?* Und schon fliegt der Geist auf den Flügeln des Propheten in das heiße und gewalttätige Judäa. Sobald man jedoch in den Text eintritt, ist man verwirrt. Was für eine merkwürdige Mischung von tröstlichen Erklärungen und erschreckenden Kühnheiten: gleichermaßen spontan und gelehrt, geschickt und ohne jede Berechnung. *De abroganda Missa privata*: ein alarmierender Titel. Die Messe abschaffen – heißt das nicht, Christus in Frage stellen? Dann öffnet man das Buch und liest in großen Buchstaben den Namen: JHESUS. Das ist das erste Wort. Darunter steht eine Widmung: »Den Augustinern zu Wittenberg, meinen lieben Brüdern, wünsche ich, Martin Luther, Gnade und Friede unseres Herrn Jesu Christi.« Handelt es sich also um das Buch eines treuen Christen und demütigen Mönchs? Kein Zweifel, denn auf der folgenden Seite steht: PROTESTATIO. Und unter diesem ins Auge springenden Titel folgt eine heftige Erklärung: »Ich bedinge mich öffentlich, daß ich die törichten, unsinnigen Menschen weder hören noch sehen will, die da schreien und sagen werden, ich schreibe und lehre wider die Lehre und Ordnung der Kirche, wider die Sätze der Väter, wider alte und bewährte Legenden und den langen Brauch.«[2]

All das scheint bestens geeignet, jeden zaudernden Gläubigen zu verwirren. Auch in den *Resolutiones* treffen wir auf das gleiche Verfahren, es herrscht ein ständiges Hin und Her. Am Anfang steht ein Vorwort, das sich respektvoll an Staupitz – die Vaterfigur, den Gemäßigten und Versöhner, das verehrte Licht des Augustinerordens – wendet. Dann folgt ein ernster, aber heftiger Brief an Leo X. Und schließlich an exponierter Stelle wieder eine große Erklärung: »Ich bezeuge, daß ich nichts sagen oder halten will, als was vorerst in und aus der Heiligen Schrift sowie den von der römischen Kirche angenommenen und bis jetzt anerkannten Kirchenvätern gehalten wird und gehalten werden kann.«[3] Eine beruhigende Orthodoxie. Was aber ist mit den scholastischen Doktoren? »Ich nehme nach dem Recht der christlichen Freiheit in Anspruch«, lautet Luthers Antwort, »daß ich die bloßen Meinungen der heiligen Thomas, Bonaventura oder anderer Scholastiker oder Kanonisten [...] nach meinem Gutdünken verwerfen oder annehmen will.« Rutscht hier den Ängstlichen nicht sofort das Herz in die Hose? Aber schon nach wenigen Zeilen hat der Augustiner sie wieder beim Schopf: »Ich kann zwar irren, aber kein Ketzer sein, wie sehr auch die, welche anders denken oder wünschen, toben und knirschen mögen!«[4] Hier wie dort also das gleiche Vorgehen, die gleiche verwirrende Mischung aus revolutionären Kühnheiten und orthodoxen Beteuerungen.

Es fällt schwer, einer solchen Dosierung zu widerstehen. Denn man hat es nicht mit einer argumentierenden Vernunft zu tun, mit einer völlig klaren und direkten Logik. Sondern mit einer Kreatur, die sich inmitten von Widersprüchen und Feindschaften behaupten muß; eine arme Kreatur, die sich gegen die unerbittlichen Gesetze des Denkens zur Wehr setzt und dabei zuweilen verirrt. Ein starker Mensch, der mit einem Sprung den Standpunkt des Absoluten einnimmt, alle Kontingenzen überblickt und verachtet und alle leidenschaftlichen Herzen für sich einnimmt und verzückt.

Das war Luther. Doch es gab auch Hutten. Und es gab die anderen, die vielen anderen: Komparsen, Unbekannte, die riesige Menge der *Flugschriften*[5], die in »vulgärer« Sprache geschrieben waren und die Türen sprengten. Es gab die Predigten, Gespräche und heftigen Ausfälle der Freunde Luthers. Es gab die uralte Hefe des sozialen Hasses, der Klassenrivalitäten und Interessengegensätze, die langsam aufging. Und über all dem schwirrten Wörter, überspitzte Parolen, die in die Herzen drangen und das Denken prägten, so daß man sie nie mehr vergaß.

Als Historiker versuchen wir vorsichtig, Luther mit Luther zu erklären. Nebenan kommentieren die Theologen, sie interpretieren und führen ihren Exegesen durch. Das ist auch gut so. Aber die Menschen jener Zeit hörten Luther nicht als Historiker oder Theologen, wenn er rief: *Die Gedanken sind zollfrei!*[6] Sie hatten einfach nur klar und deutlich das Bild des Mönchs vor Augen, der vor dem Reichstag, vor den Legaten des Papstes und sogar vor der Majestät des Kaisers nicht nachgegeben und, als er zum Widerruf aufgefordert wurde, erklärt hatte: Nein. All die Worte, die der Mönch in den Wind geschleudert hatte und die noch lange Zeit später über die allerhöchsten und heiligsten Barrieren, bis hinauf ins Absolute, springen sollten, lebten in ihnen weiter: ein seltsames, aktives und eindringliches Leben.

Die menschliche Seele, das hatte Luther tausendmal betont, läßt sich nicht binden. Sie ist ewig und beherrscht die Welt. Wie könnte man sie also von außen knebeln? Und wie könnte sie selbst auf andere Stimmen hören als auf ihre eigene? Päpste, Konzilien oder Doktoren – all das zählte nicht. Nicht einmal der Buchstabe der Heiligen Schrift. Wenn die Seele in sich und nur in sich die Wahrheit suchte, würde sie sie auch finden. Daß Luther dieser verherrlichten menschlichen Seele jede Initiative, jede Einsicht und jeden eigenen Willen verweigerte und sie in seinen Augen die Angelegenheiten dieser Welt nur in dem Maße beherrschte, wie Gott in ihr wohnte und sie belebte, wird von den Theologen mit Recht hervorgehoben. Aber jene begierigen Geister, die aus dem Mund eines kämpferischen Mönchs den berauschenden Wein der methodischen Revolte tranken, kümmerte das wenig. Ihnen kam es mehr darauf an, daß Luther alle Autoritäten stürzte und das alte System der am tiefsten verwurzelten und am meisten verehrten kollektiven Überzeugungen und Repräsentationen zu Staub machte. Und damit sie wieder das nötige Umfeld für die freie Entfaltung ihrer Auffassungen bekamen, bot er ihnen als Zufluchtsort eine Kirche von Gleichgesinnten sowie die Hilfe seiner Rechtfertigungslehre an, die bestens geeignet war, all jene zu bestärken, zu stützen und aufgrund gemeinsamer Erfahrungen zu vereinen, die nun in einer Mischung aus Wagemut und Nostalgie zu den *fuorusciti*[7] der Katholizität wurden.

So schuf Luther in diesem nervösen und leicht erregbaren Deutschland durch sein Handeln die Basis für weitere Unruhen, und die geheimnisvolle Entführung vom 4. Mai trug dazu bei, die ungezügelten Leidenschaften auf die Spitze zu treiben.

Was war aus ihm geworden, dem Luther, der auf den Stichen neben Hutten, dem anderen Helden des deutschen Freiheitskampfes, abgebildet war? Hatte ihn Sickingen entführen lassen, um ihn in Sicherheit zu bringen? Hatte ihn Aleander – trotz des freien Geleits – verhaften lassen? Oder hatte Behem, ein Adliger und Gegner Friedrichs, dem Kurfürsten seinen Schützling gewissermaßen vor der Nase weggeschnappt? Die schlimmsten Gerüchte machten die Runde. »Sie« hatten ihn getötet. Luther sei blutüberströmt und von Dolchen durchbohrt in einem Bergwerksstollen gefunden worden. Die Empörung wuchs mit dem Schmerz. Man schlage einmal Dürers Tagebuch auf.[8] Der große Maler befand sich gerade in Antwerpen, als er am 17. Mai die Nachricht erhielt: »Lebt er noch oder haben sie jn gemördert, das ich nit weiß, so hat er das gelitten umb der christlichen wahrheit willen.« Wird das angefangene Werk nun zerschlagen werden? Oh himmlischer Vater, schreibt Dürer weiter, »wir bitten [...], das du deinen heyligen geist wiederumb gebest einem andern, der do dein heylige christliche kirch allenthalben wieder versammelt, auff das wir all ein und christlich wieder leben [...]. O Gott, ist Luther todt, wer wird uns hinfürt das heilig evangelium so clar fürtragen!« Ja, wer? Der Mann, von dem Dürer noch wenige Monate zuvor eine in ihrer Großzügigkeit und Schärfe einzigartige Bleistiftskizze gemacht hatte; der Meister des heiligen und profanen Wissens, von dem viele Deutsche und viele Christen noch immer mit Bangen einen souveränen Schiedsspruch zwischen Rom und Luther erwarteten: »O Erasme Rotteradame, wo wiltu bleiben? Sieh, was vermag die vngerecht tyranney der weltlichen gewahltn vnd macht der finsternüß! Hör, du ritter Christi, reith hervor den herrn Christum, beschücz die warheit, erlang der martärer cron! Du bist doch sonst ein altes meniken. [...] Laß dich dann hören, so werden der höllen porten, der römisch stuhl, wie Christus sagt, nit wieder dich mügen.« Ein bewegender Aufschrei, denn genau zu diesem Zeitpunkt schrieb Erasmus, der sich von den Ereignissen überholt und besiegt fühlte, der die Zukunft ahnte und voraussah, daß die Gelehrsamkeit zwischen die Fronten geraten und von beiden Seiten angegriffen werden würde, seinen melancholischen Brief an Mountjoy[9]: »Lohnt es sich für die Wahrheit, für die reine Wahrheit das ganze Universum in Frage zu stellen? Wenn man von ihrer Offenbarung nichts Gutes erwarten kann, ist es erlaubt, ja es ist gut zu schweigen. Auch Christus schwieg vor Herodes.«

Mühsal auf der Wartburg

Luther dagegen wollte nicht schweigen. Weder dem Papst noch Königen gegenüber. Versuchen wir zu verstehen, in welchem Geisteszustand er sich während dieser langen, gleichzeitig so leeren und so ausgefüllten Monate auf der Wartburg befand.[10] Und versuchen wir außerdem, uns von den alten Klischees zu befreien, die ständig und überall wiederholt werden: Rückstände einer nie beigelegten Kontroverse, die sich darin gefällt, den täuschenden Mantel des gesunden Menschenverstands und eines skeptischen Menschenbildes umzulegen.

Stellen wir uns einen empfindsamen und phantasievollen Mann vor, ein Wesen voller Leidenschaft und Kraft, das gerade jene Monate hinter sich hat, die Luther zwischen der Verbrennung der päpstlichen Bulle und seinem Auftritt vor dem Kaiser zu Worms erlebt hat. Ein von Skrupeln gepeinigter Mann, der jedoch in sich eine unversiegbare Quelle pathetischer Emotionen und Überzeugungen spürt, hat soeben als gläubiger Christ vor aller Welt seinen Bruch mit der Kirche verkündet und ihn ohne Schwanken, doch nicht ohne Erschütterung vollzogen – im Namen eines Gottes, von dem er weiß, daß er in ihm lebt und spricht. Er ist von diesem Kampf noch ganz erhitzt und verspürt noch die auf seiner Reise nach Worms angesammelten Energien, die er vor dem Reichstag keineswegs vollständig verbraucht hat. Da wird er plötzlich unter dramatischen

Umständen und inmitten einer Landschaft, deren malerische und sinnliche Details seine lebhafte Phantasie nicht im voraus ahnen konnte, von bewaffneten Männern gefangengenommen. Eine Burg, dicke Mauern, ein gutbewachtes Tor, das sich hinter ihm schließt, weitere Tore, die verriegelt werden. Dann diese Stille, diese Einsamkeit, diese plötzlich über ihn kommende Ruhe des Müßiggangs. Niemand um ihn herum. Ungewißheit nicht nur, was die Zukunft, sondern auch, was die Gegenwart angeht. Wer oder was ist er an diesem abgelegenen Ort, wo man ihn versteckt? Ein freier Mann, ein Gefangener? Was hat der Kurfürst wirklich vor? Wird er standhaft bleiben? Und wie wird der Kaiser reagieren, wenn er alles erfährt? Mit solchen Fragen hält sich Luther nicht lange auf. Doch was hat sein Gott mit ihm vor? Er versucht es zu ergründen, aber er hat Mühe, sich überhaupt wiederzuerkennen und zurechtzufinden[11]: in seiner ritterlichen Verkleidung mit wachsendem Bart und lästigem Degen, in der ungewohnten Lebensweise und mit einer durch die einsame Lage der Burg bedingten Ernährung mit viel Pökelfleisch und gewürztem Wildbret.

Die Folge waren Gesundheitsprobleme, ein altes Magenleiden und Verdauungsschwierigkeiten machten ihm wieder zu schaffen. In vielzitierten Briefen an Melanchthon hat er darüber berichtet. Luther schreibt ohne Umschweife und mit der Offenheit eines Menschen seiner Zeit.[12] Man kannte die Barrieren des Schamgefühls noch nicht, die in den Jahrhunderten der feinen Manieren vor allzu naiven physiologischen Geständnissen errichtet wurden. Hinzu kam eine Arbeitskrise: Wie sollte er ein Leben ohne äußerliche Aktivitäten und Anhaltspunkte organisieren – das Leben eines Einsiedlers, wenn nicht eines Gefangenen? In dieser Leere drehte sich Luther zunächst um sich selbst.[13] Er zauderte und warf sich dieses Zaudern vor; zugleich genoß er es aber auch. Es gefiel ihm, an kalten Morgen zu faulenzen und länger im warmen Bett zu bleiben. Er gewöhnte sich daran, vom Burgherrn, Hans von Berlepsch, bevorzugt behandelt zu werden[14], und kostete voller Neugier die Speisen, die zwei kleine Pagen ihm mittags und abends aus der Küche brachten. Und wenn dann die Nacht hereinbrach; wenn er sich, ohne von körperlicher Arbeit hinreichend müde zu sein, auf sein Bett legte, zogen Bilder und Sehnsüchte vor seinen Augen vorbei; ein Bedürfnis nach unerfüllbarer Zärtlichkeit bedrängte dann diesen entschiedenen Individualisten, der nur leben konnte, wenn er von anderen Lebewesen umgeben war, deren geistiger Atem sich mit dem seinen vermischte.

Wie wohltuend wäre es doch, in der kalten und rauhen Stille der Wartburg, in der Dunkelheit der Nächte, die seine lebhafte Phantasie mit Gespenstern bevölkert, die Gegenwart eines Freundes zu spüren, die lebendige Wärme einer menschlichen Berührung! Das also waren die »Anfechtungen des Fleisches«, die sinnlichen Sehnsüchte und Begierden, die Faulheit, der Müßiggang und die Schlafsucht, kurzum all die schrecklichen Laster, deren sich Luther am 13. Juli 1521 in einem berühmten Brief an seinen lieben Melanchthon geradezu mit Wonne selbst beschuldigt.[15] Das also waren die angeblich so »zynischen Geständnisse« Luthers, auf die seine feurigen Gegner triumphierend hinweisen, wenn sie sich unter den Augen der betrübt und erstaunlich verwirrt dreinblickenden Lutheraner die extreme Aufrichtigkeit des Reformators zu Nutze machen – eine Aufrichtigkeit, in der sich vermutlich ein Rest klösterlicher Demut mit einem Übermaß an Schuldgefühlen und einer Prise heimlicher Selbstgefälligkeit vermischten.

Denn Luther wäre nicht »der Deutsche« gewesen, der er war, wenn er nicht in seinem Innern die etwas krankhafte Neigung besessen hätte, seine verborgenen Schwächen zu offenbaren, das teils sinnliche, teils traurige Bedürfnis, sie ans Tageslicht zu zerren, sowie schließlich auch den zwanghaften Wunsch, aus einem Haufen schamlos ausgestellter und breitgetretener Verfehlungen eine neue Reinheit und das befreiende Gefühl totaler Rechtfertigung zu beziehen.

Das also waren Luthers ein wenig indiskrete Gefährten während seiner Mußestunden auf der Wartburg. Sie vertrugen sich gut mit seinem Begleiter *par excellence*, dem »erzbösen Feind«, wie einer seiner alten Namen lautete, also dem Teufel, dessen Abenteuer in den *Tischreden* ausführlich beschrieben werden. Gegen ihn kämpfte der Eingeschlossene auf der Wartburg ohne Unterlaß.[16] Doch wie würde er ihm fehlen, hörte er auf, gegenüber Luthers überschwenglichem Streben nach Reinheit und Harmonie das Lustprinzip, die Versuchung des Sakrilegs und die schreckliche Begehrlichkeit der Sünde zu verkörpern – also all das Beiwerks, das Luther brauchte, um sein Bedürfnis nach Leiden und Erlösung zu befriedigen und durch Verfehlungen hindurch eine neue Unschuld zu erlangen. Dieser Dämon war Luthers ständiger Begleiter. Er spricht von ihm völlig unaufgeregt und sachlich, interessiert, ja beinahe wohlwollend. Fast meint man den *Prolog* aus dem ersten Teil des *Faust* zu hören, in dem Goethe Teufeln und Hexen seine Stimme lieh und sein eigenes »nördliches

Abbildung 18: Der Teufel überreicht Luther den Fehdebrief. Titelholzschnitt einer reformatorischen Flugschrift von 1524.

Erbe« verspeiste, bevor er sich den Griechen zuwandte; man meint, die Rede des Herrn an Mephisto zu hören, eine weitere Inkarnation des germanischen Satan: »Ich habe deinesgleichen nie gehaßt; von allen Geistern, die verneinen, ist mir der Schalk am wenigsten zur Last. Des Menschen Tätigkeit kann allzu leicht erschlaffen. Er liebt sich bald die unbedingte Ruh; drum geb ich gern ihm den Gesellen zu, der reizt und wirkt und muß als Teufel schaffen.«

Hüten wir uns im übrigen vor Übertreibungen. *Otiosus, otiosus et crapulosus?* Das schrieb Luther über Luther, ein Luther, der unter Luthers körperlicher Untätigkeit, seiner exzessiven Seßhaftigkeit und der sitzenden Lebensweise eines Stubengelehrten litt, die dem Tatmenschen unerträglich war: *sedeo tota die.* Das schrieb der leidende Luther, wenn er sich beklagte und dieses bequeme und fette Leben keineswegs genoß. *Otiosus* – doch das sofort anschließende *negotiosissimus* darf nicht übergangen werden. Auch nicht der kleine Satz: *Sine intermissione scribo.* Bedenkt man dieses *otium,* das Luther auf der Wartburg durchstand, dieses *otium*, das ihm angeblich so schlechte Gedanken eingab, könnte man fragen: Wer von uns oder vielmehr: wer von den besten, aktivsten und kräftigsten Geistesarbeitern würde nicht die heldenhafte, unglaubliche Produktivität Luthers bewundern?

Sogar seine Gegner verneigen sich vor soviel Arbeit. In seinem umfangreichen Buch hat Hartmann Grisar versucht, die Lutherische Produktion vollständig aufzulisten. Welch ungeheure Arbeitsleistung hat Luther auf der Wartburg vollbracht – auf der Wartburg, wo »er nichts zu tun hatte«! Das *Magnifikat verdeutscht und ausgelegt*, das man dann in Straßburg für die Franzosen ins Lateinische übersetzte; die *Kirchenpostille* für Sonn- und Feiertage, die für lange Zeit eine neue Art der Predigt begründete; das *Evangelium von den zehn Aussätzigen*, das die Verbreiter von »Neuigkeiten« ebenfalls ins Lateinische und anschließend ins Französische übersetzten; *Eine treue Vermahnung zu allen Christen, sich zu hüten vor Aufruhr und Empörung;* das *Passional Christi und Antichristi*, das zur Erläuterung sprechender Bilder diente; zwei Schriften über die Gelübde der Mönche und Nonnen, zwei weitere über die Messe, mehrere nachträgliche Streitschriften zu den alten Wormser Kontroversen oder zur Bulle *Coena Domini* – und was sonst noch? Nichts weiter, als eine Übersetzung der Bibel ins Deutsche, ein wagemutiges und bewunderungswürdiges Unternehmen. Nichts weiter, als die im Dezember 1521 begonnene und im September 1522 abgeschlossene und veröffentlichte Übersetzung des Neuen Testaments.

Ein Stil wird geprägt

Luthers Kämpfe mit dem Teufel. Das Tintenfaß und der ganze Rest. Herrliche Kämpfe, die die Phantasie beflügeln. Selbst dem bescheidensten unserer Zeitgenossen vermitteln sie ein schmeichelhaftes Überlegenheitsgefühl gegenüber dem armen Luther, dessen Hirn von so finsteren Gestalten bevölkert wird. Herrliche Kämpfe, aber dann? Wie wäre es, wenn wir ein wenig über die Kämpfe sprächen, die Luther auszufechten hatte, als er daran ging, die Bibel ins Deutsche zu übersetzen, also den Deutschen eine Bibel in deutscher Sprache zu geben, und zwar die ganze Bibel, die ganze gewaltige Bibel: *Biblia: das ist: Die gantze Heilige Schrifft* – auf Deutsch?

Kämpfe, zweifellos. Vor allem mit einer widerstrebenden Sprache oder vielmehr: mit zwei Sprachen, die er zunächst einmal aufeinander abstimmen und deren Unebenheiten er verschmelzen mußte. Wie zwei schadhafte Metalle, aus denen ein einziges festes, biegsames und veredeltes Stück hergestellt werden muß. Auf der einen Seite die kräftige, derbe und pralle Sprache des Volkes, gewöhnlich und schwerfällig und doch voller Leben und voller Bilder. Und auf der anderen Seite die kalte, künstliche und verschrobene Sprache der Verwaltung, wie sie seit dem 14. Jahrhundert in den sächsischen Kanzleien verwendet wurde. Diese beiden Idiome waren miteinander in Einklang zu bringen. Man mußte das treffende Wort finden, die natürliche und einfache Wendung suchen, den echten deutschen Ausdruck, der es den Menschen aus dem deutschen Volk erlauben würde, das Wort Christi wie ein Kind aufzunehmen und zu verstehen – »wie die Mutter mit ihren Kindern spricht«[17]. Luther durfte sich also nur von seinem Instinkt leiten lassen, von seinem Gefühl für das, was Deutsch war und was nicht. Suchen und finden, kämpfen und siegen: ja, damit konnte man die Wüste bevölkern!

Ein Kampf mit der Sprache und mit dem Stil. Doch es gab noch weitere, nicht weniger schwere Kämpfe: mit einem Text, der nicht gerade in dem Ruf stand, einfach zu sein. Ständig mußte der Übersetzer mit Schwierigkeiten und Unklarheiten ringen, die schon die besten Gelehrten zur Verzweiflung gebracht hatten. Zwar konnte er sich mit Melanchthon beraten, aber leider war er weit entfernt. Erst sehr viel später, vor allem ab 1539 konnte sich Luther auf den Rat einer kleinen Bibelkommission aus Professoren und Freunden stützen. Im Augenblick war er noch völlig auf sich gestellt. Er kämpfte allein. Einige in der Weimarer Ausgabe abgebildete Manuskriptseiten voller Korrekturen zeigen uns, wie er damals arbeitete. Das Ergebnis ist bekannt. Eine erstaunliche Auferstehung des WORTES. Kein kalter Bericht, keine didaktische Philologenarbeit. Erst recht nicht das Werk eines Künstlers, der seinen persönlichen Stil ausbildet. Nicht einmal der – durchaus geglückte – dramatische Versuch eines Predigers, der überzeugen will, sondern eher schon der eines Arztes, der heilen will, der seinen Brüdern, den Menschen – allen Menschen –, das Wundermittel überbringen will, das ihn soeben selbst geheilt hat. Jenes Heilmittel, das er fand, als er das Evangelium las und über Paulus und dessen Römerbrief nachdachte, den er als Seelennahrung so sehr liebte.

Abbildung 19: Titelblatt der letzten, von Luther noch durchgesehenen Ausgabe des »Neuen Testamentes«, gedruckt bei Hans Lufft, 1546.

Das Johannes-Evangelium und die Paulus-Briefe: für Luther waren sie *der rechte Kern und Mark unter allen Büchern.*[18]

Luthers Stil – was für ein wunderbares Studienobjekt wäre das! Dazu bräuchte man allerdings keinen Philologen und Statistiker und auch keinen pedantischen Linguisten, sondern einen Menschen mit Fingerspitzengefühl. Einen Historiker, der zugleich Psychologe ist. Der weiß, und mehr noch, der errät. Der an dieser Sprache und durch diese Sprache ein ganzes Zeitalter, eine ganze Epoche des Denkens darzustellen vermag. Eine Epoche, die von der unseren bereits ungeheuer weit entfernt ist – mit ihrem beharrlichen Primitivismus und ihrer uns zum Teil fremden Logik, ihrer Vorherrschaft von Gehör und Geruchssinn gegenüber visuellen Darstellungen und ihrem Übergewicht an musikalischer Leidenschaft.[19]

In einem brillanten und klugen Kapitel hat W. G. Moore die Grundzüge einer literarischen Analyse von Luthers Stil skizziert.[20] Nun bleibt noch die Aufgabe, eine tiefergehende psychologische Studie dieser erstaunlichen Sprache und sehr persönlichen Syntax zu umreißen und durchzuführen. Luthers Stil ist stürmisch und voller abrupter Wendungen. Seine Kenntnis ist auch für das inhaltliche Verständnis seiner Texte, also für das Denken des Reformators und seine Intentionen äußerst wichtig. Da gibt es pathetische Dialoge oder direkte, heftige Ansprachen an den Leser: an den Leser, aber auch an Christus – oder an den Teufel. Da werden Gedanken personifiziert, und die betreffenden Personen kämpfen miteinander. Alles kämpft bei Luther, er kann nicht anders. Manchmal entschuldigt er sich sogar: »Ich bin dazu geboren, das ich mit den rotten und teuffeln mus kriegen und zu felde ligen, darumb meine bücher viel stürmisch und kriegisch sind.«[21] Und dennoch verhüllen wir uns schamhaft das Haupt: Wie spricht dieser grobe Sachse nur über den Papst[22], wie spricht er sogar über Christus, wie spricht er über alles, dieser skandalöse Mensch! Er spricht. Doch man müßte einmal den Mechanismus dieses Sprechens untersuchen, müßte als Historiker oder Psychologe Luthers Stil analysieren. Man müßte sich in sein mentales Universum hineinversetzen und die Welt seiner Bilder und Gedanken erforschen. Man müßte die Gedankenketten dieses Luther rekonstruieren, der uns so nah und fern zugleich ist, so verwandt und so abstoßend, und der sein bäuerliches Gemüt sogar im Hohen Lied Salomos anklingen läßt:[23]

Ich byn eyne blüme zu Saron und eyn rose ym tal;
Wie eyne rose unter den dornen,
so ist meyne freundyn unter den tochtern
Wie eyn apffelbawm unter den wilden bewmen,
so ist meyn freund unter den sonen ...

Zwei verschiedene Luther. Der eine reist zur Disputation nach Leipzig mit
einem Feldblumenstrauß in der Hand, den er sich ab und zu an die Nase
hält. Der andere berauscht sich an Schimpfwörtern, Beleidigungen und
derben Sprüchen, verliert sich in seinen Leidenschaften, vergißt seinen
Gegenstand und überhaupt alles außer seiner Kraft, die er wie ein Beses-
sener einsetzt. Ja, Luthers Stil, ein schönes Thema ...

Idealismus vor allem

Doch lassen wir das. Wenden wir uns noch einmal den Briefen von der
Wartburg im dritten Band der Endersschen Ausgabe zu. Versuchen wir,
sie mit neuen Augen zu lesen und alle alten Kommentare zu vergessen.
Nur so werden wir etwas über den Geisteszustand eines Mannes erfah-
ren, der zwar sehr geschickt war – manchmal sogar geschickt genug, um
einen Gegner für sich einzunehmen oder einen Verbündeten bei der
Stange zu halten –, aber ansonsten keinerlei langfristige Vorsicht kannte.
Nach seinem Eintreffen auf der Wartburg war er sichtlich beunruhigt.
Der Papst hatte ihn aus der Kirche ausgeschlossen. Die am 29. April 1521
veröffentlichte Bulle *Decet Romanum Pontificem* hatte das in der Bulle
Exsurge Domine ausgesprochene Urteil aufgegriffen und bestätigt und
somit das päpstliche Werk vollendet.[24] Der Kaiser hatte ihn in den Bann
getan. Das Wormser Edikt vom 26. Mai 1521 hatte ihn für vogelfrei
erklärt, ihn zum *outlaw*[25] gemacht, und jeder Christ, der ihm begegnete,
durfte ihn ungestraft töten, ohne etwas anderes als Beifall befürchten zu
müssen. Doch was machte das schon? Sprach nicht Gott selbst in seinem
Kopf mit lauter Stimme: Du hast ja recht, bleibe standhaft? Trotzdem
meint man aus einem Brief an Spalatin, den er wenige Tage nach seiner
Entführung – genau zehn Tage später[26] – schrieb, geheime Ängste und die
Furcht vor neuen Prüfungen herauszulesen. Luther beschreibt darin den
begeisterten Empfang, der ihm auf der Rückkehr von Worms durch den

Hersfelder Abt bereitet wurde, der ihm freundlich Quartier bot und es dem Exkommunizierten sogar erlaubte, zum Volk zu predigen, oder auch durch die Bevölkerung von Eisenach, die den Kämpfer von Worms für seinen Mut auf wunderbare Weise belohnte.

Luther war nicht eigentlich stolz auf diese Erinnerungen. Er bewunderte sich nicht als Helden von Worms. Natürlich berührten ihn solche Szenen, denn sie bestätigten ja, daß es ihm tatsächlich gelungen war, Gottes Wort so fruchtbar und heilsam zu vertreten, daß sich nun viele fromme Menschen darauf beriefen und seine Wohltaten bezeugten. Doch diese Erlebnisse steigerten zugleich seinen tiefen Groll gegenüber seinen Peinigern, die dieses heilsame WORT mit ihrem Haß verfolgten. Vor allem aber konfrontierten sie sein ängstliches Gewissen mit einer Frage, die ihn (wie ein paar kurze Sätze zeigen, die ihm entfahren) ungeheuer beschäftigte: Hatte er in Worms seine Aufgabe wirklich ehrenvoll erfüllt? Hatte er nicht als Verkünder des WORTES und als Interpret Christi, dessen Atem ihn ganz erfüllte und dessen bloße Anwesenheit ihm Mut machte, ihm seine unerschütterliche Entschlossenheit und seinen Glauben verlieh – hatte er nicht aufgrund allzu menschlicher Sorgen, aufgrund von Zugeständnissen an all die Geschickten und Vorsichtigen und an die weltliche Weisheit, die der göttlichen stets feindlich gegenübersteht – jene Mission verraten, die Gott ihm aufgetragen hatte? Hatte ihn diese Aufgabe nicht überfordert, war er nicht des Meisters, dem er diente, unwürdig gewesen, hatte er nicht die Behauptung des WORTES irgendwelchen politischen oder sozialen Kontingenzen untergeordnet, statt es mit noch mehr Kraft, noch mehr Unnachgiebigkeit und Steigerungsvermögen zu verkünden, wie es der Propheten und der souveränen Majestät des heiligen Geistes würdig gewesen wäre? In einem Brief an Spalatin, den ewigen und vorsichtigen Vermittler zwischen menschlichen Möglichkeiten und göttlichen Notwendigkeiten, findet sich dazu eine sehr aufschlußreiche Passage: »Ich fürchte mich, und mein Gewissen läßt mir keine Ruhe, weil ich in Worms Deinem und meiner Freunde Rat gefolgt bin und meinen Geist zurückgenommen habe, statt vor diesen Götzen als eine Art Elias aufzutreten. Sollte ich noch einmal vor ihnen stehen, würden sie ganz andere Worte hören. Doch genug davon.«[27]

Ein plötzlicher und lebhafter Ausbruch, der zeigt, was der Eingeschlossene auf der Wartburg wirklich fühlte. Die Biographen, die in regelmäßigen Abständen das Leben des Reformators erzählen – die einen andächtig, die anderen bissig, manche auch von Zeit zu Zeit ohne Vorurteile (was nicht unbedingt heißt ohne Scheuklappen) –, sie alle gehen in der Regel über diese langen Wochen allzu schnell hinweg: ein ganzer Sommer, ein Herbst, ein langer Winter. Man füllt sie aus mit Luthers Arbeiten: wie er Griechisch und Hebräisch übt, die Bibel übersetzt, Predigten schreibt, Briefe und Abhandlungen. Ansonsten aber genügen ihm sein Bett, seine Flöte und sein Teufel. Doch niemand fragt, in welcher geistigen Verfassung er seine Abgeschiedenheit erlebte. Oder man geht davon aus, daß sich die Antwort von selbst versteht. Da Luther an seiner eigenen Entführung beteiligt war, konnte ihm seine Gefangenschaft nur recht sein. Hinter den dicken Mauern der Wartburg atmete er auf. Niemand würde kommen, ihn zu verhaften. Er mußte nicht mehr um sein Leben fürchten.

Doch glaubt man wirklich, daß sich Luther vor der Gefahr so sehr fürchtete? Daß er in ständiger Ängst vor dem Martyrium lebte? Gewiß, er war ein Mensch. Seine Briefe an Melanchthon beweisen es. Glücklicherweise. Und die Welt ist heute voller Menschen, die aus eigener, noch ganz frischer Erfahrung wissen, wie sehr sich ein menschliches Wesen angesichts der über ihm schwebenden Todesgefahr instinktiv aufbäumen kann. Doch die Welt ist auch voller Menschen, die wissen, wie leicht der Geist diese instinktiven Reaktionen des Organismus beherrschen kann, oder vielmehr: daß er stark genug ist, den Menschen über das Irdische hinauszuheben, ihn fortzureißen und ihn der Gefahr und dem Tod auszusetzen. Aber Luther? Schon als er nach Worms reiste, hatte er sein Opfer gebracht. Schon zu diesem Zeitpunkt trug er heimlich den Wunsch in sich, als Märtyrer zu sterben – wie einst Johannes Huß auf dem Scheiterhaufen. Er hatte sich zumindest damit abgefunden. Und wenn er in den direkt darauf folgenden Monaten von seiner Reise nach Worms sprach, so geschah dies nie ohne einen undefinierbaren Ton des Bedauerns. Er lebte. Er war Behemoth entkommen. Gottes Wille geschehe! Aber war er nicht vielleicht doch zu vorsichtig gewesen?

Tatsächlich war er noch keine acht Tage auf der Wartburg, als er am 12. Mai 1521 in einem Brief an Johannes Agricola schrieb:[28] »Ich bin ein wunderlicher Gefangener, denn ich bin zugleich freiwillig und unfreiwillig hier. Freiwillig, denn Gott hat es so gewollt. Unfreiwillig, denn ich würde viel lieber öffentlich für das Wort einstehen. Aber ich habe mich dessen noch nicht würdig erwiesen.« Dem seinem Herzen sehr viel näherstehenden Melanchthon schrieb er am selben Tag die etwas deutlicheren, empfindsameren Sätze:[29] »Heil! Wie geht es Dir denn inzwischen, mein lieber Philippus? Betest Du auch für mich, daß diese Trennung von Euch, die ich nur unwillig über mich habe ergehen lassen, etwas Großes zu Gottes Ehre schaffe? Und ich würde gar zu gern wissen, wie Dir das gefällt. Mein Bedenken war, es könnte so aussehen, als ob ich aus der Schlachtreihe flüchtete, aber dennoch blieb mir kein Ausweg, auf dem ich denen, die es wollten und dazu rieten, hätte widerstehen können. Ich wünschte nichts mehr, als dem Wüten der Feinde entgegenzutreten und ihnen meinen Hals darzubieten.«

Er war also überredet worden, sich zu fügen. In seinem eigenen Interesse? Darauf hatte er angeblich geantwortet, daß Sickingen ihm schon längst seine Burgen und seine bewaffneten Männer angeboten, daß er dieses Angebot des Königs der Ritter jedoch abgelehnt hätte. Andere Argumente hatten ihn überzeugt. Es galt, an die Zukunft zu denken und sich wenigstens kurzfristig auf das Spiel des Kurfürsten einzulassen. War dies nicht zugleich auch der beste Weg, sein eigenes Werk zu retten und bald wieder – dies spielte emotional für ihn eine wichtige Rolle – zum kleinen vertrauten Kreis der Wittenberger Freunde zurückzukehren und dessen Nähe zu spüren? Daraufhin hatte er nachgegeben. Und nun erfüllte er brav die Vereinbarung. Er hütete das Geheimnis seines Verstecks so gut es ging. Er leugnete mehr oder weniger überzeugend seine Anwesenheit auf der Wartburg. Doch wie lastete seine Isolierung, seine Abgeschiedenheit, sein Eremitendasein inmitten der Wüste auf ihm! Kaum in Sicherheit, dachte er bereits daran, seinen Zufluchtsort zu verlassen und erst hinunter nach Erfurt, später nach Wittenberg zu gehen. Und obwohl er seinen Körper den Anweisungen unterwarf, seine Gedanken, seine Reden, sein Gewissen sollten keinerlei Weisungen folgen. Der Kurfürst band ihn ebensowenig wie der Papst oder der Kaiser.

Der Kurfürst? Auffällig ist – und es wird in der Regel nicht genügend berücksichtigt –, daß Luther in seiner gesamten Korrespondenz auf der Wartburg nicht ein einziges Wort der Dankbarkeit oder Anerkennung für ihn findet. Dagegen gibt es unzählige heftige Ausfälle und grobe Sprüche gegen die Fürsten – und Friedrich der Weise gehört durchaus dazu. Häufig nimmt Luther ihn und seine Haltung zum Anlaß für Kritik. Am 11. August, zum Beispiel, teilte der auf der Wartburg gefangene Gast Spalatin seine Besorgnis hinsichtlich seines Lebensunterhalts mit. Wer trug die

Abbildung: 20 und 21: Links: Die Lutherstube auf der Wartburg. Fotografie. Rechts: Luther als Hercules Germanicus. Holzschnitt von Hans Holbein d. J., 1523.

Kosten? War es der Burgherr, Hans von Berlepsch? Luther hoffte, nein. Sonst würde er keinen Augenblick länger auf Kosten dieses ausgezeichneten, aber nicht sehr wohlhabenden Mannes dort bleiben. Nein, vermutlich werde der Kurfürst für Luthers Kosten aufkommen. Dann wäre ja alles gut. Luther käme nicht in den Genuß einer Wohltat, sondern erhielte nur etwas zurück, wie er sehr drastisch formulierte: »Wenn jemandes Vermögen vertan werden muß, ist es das der Fürsten. Denn ein Fürst sein und nicht bis zu einem gewissen Grad auch ein Räuber sein, ist entweder gar nicht oder kaum möglich.«[30] Hier traf sich der Reformator unverhofft mit dem fröhlichen und schalkhaften Banditen, von dessen Hinrichtung Brantôme berichtet.[31] Von der obersten Sprosse der Leiter, die ihn zum Galgen führte, verkündete er der auf dem Grêve-Platz versammelten Menge, daß er nie die Armen, sondern immer nur die Fürsten und Reichen bestohlen habe: »Sie sind weitaus schlimmere Diebe als wir und plündern uns täglich aus. Daher ist es wohlgetan, wenn wir uns zurückholen, was sie uns gestohlen haben.«

Jedenfalls fällte Luther ein positives Urteil über sich, wenn er in einem anderen Brief an Spalatin schrieb:[32] »Ich habe eine natürlich Abneigung gegen Höfe.« Den Beichtvater seiner Gnaden dürfte dieses Geständnis kaum überrascht haben.

So fühlte und glaubte sich Luther auf der Wartburg dem Kurfürsten gegenüber zu nichts verpflichtet. Eher schon glaubte er, daß dieser ihm verpflichtet sei. Um ihn nicht in Verlegenheit zu bringen, hatte er sein physisches Verschwinden akzeptiert. Doch war er keineswegs bereit, auf seine Entscheidungs- und Gedankenfreiheit zu verzichten. Niemals. Als ihm Spalatin einen entsprechenden imperativen Wunsch des Kurfürsten mitteilte, bekam er einen regelrechten Wutanfall. »Erstens«, rief er aus[33], »will ich es nicht hinnehmen, wenn Du sagst, der Fürst werde eine Schrift gegen den Mainzer nicht dulden, noch will ich sie darum unterdrücken, weil der allgemeine Friede gestört werden könnte. Lieber will ich Dich und den Fürsten und alle Welt ins Verderben reißen. Denn wenn ich seinem Schöpfer, dem Papst widerstanden habe, warum soll ich seiner Kreatur weichen? Du findest es natürlich recht, daß der allgemeine Friede nicht gestört werden darf, und duldest es, daß der ewige Friede Gottes durch die gottlosen und tempelschänderischen Machenschaften dieses Mannes gestört wird? So nicht, Spalatin! So nicht, Kurfürst! Für die Schafe Christi muß man mit aller Kraft jenem greulichen Wolf, andern zum Vorbild, Widerstand leisten.« Und einige Zeit später schrieb er an Capito, der damals Sekretär des Mainzer Erzbischofs war:[34] »Du begehrst Sanftmut und Güte, das weiß ich, aber was für eine Gemeinschaft kann ein Christ mit einem Schmeichler haben? [...] Deshalb ist es unsere Meinung, daß man durchaus alles tadeln, strafen und zu Schanden machen soll, nichts verschönen, nicht durch die Finger sehen und nichts entschuldigen, auf daß die reine Wahrheit frei und öffentlich das Feld behalte.« Nein, der Idealist von 1520 hatte hinter den dicken Mauern der Wartburg weder seine Meinungen noch seine Gefühle geändert.

Mit Gewalt oder mit Gottes Wort?

Dennoch verfolgte Luther während seiner Gefangenschaft die Ereignisse, die sich in seiner lieben Stadt Wittenberg abspielten, mit ängstlicher Aufmerksamkeit. Als guter Hirte sorgte er sich um die kleine Schafherde, die ihm ganz besonders am Herzen lag. Schon damals beschränkte sich sein

Abbildung 22: Philipp Melanchton. Kupferstich von Albrecht Dürer, 1526.

Blickwinkel auf die deutschen Angelegenheiten – in einem Brief an Gerbel schrieb er am 1. November 1521: *Germanis meis natus sum, quibus et serviam,* ich bin für meine Deutschen geboren und will ihnen dienen[35] –, aber er dachte mit besonderer Zärtlichkeit und Fürsorge an die Wittenberger.

Dabei ging es ihm nicht bloß um persönliche Gefühle, sondern er glaubte, daß ohne seine Anwesenheit alles verloren sein könnte. Gewiß hielt er sich für einen guten Verkünder des Evangeliums, und er dankte Gott für diese Meisterschaft. Doch einige seiner auf der Wartburg geschriebenen Briefe sind äußerst anrührend und von einem Zartgefühl, wie es in diesem brutalen Jahrhundert selten vorkam. Er wollte vor allem seinem Freund Philippus mehr Selbstvertrauen geben, das er, wie Luther meinte, aufgrund seiner Bescheidenheit und einer gewissen Gelehrtenscheu, die ihn von Kontakten mit einfachen Menschen abhielt, nicht hinreichend entwickelt hatte. »Wenn ich auch untergehe«, schrieb er ihm am 26. Mai 1521, »wird dem Evangelium nichts verloren gehen, in welchem Du mich übertriffst. Du folgst als ein Elisa dem Elia mit zweifachem Geist.«[36] Später heißt es: »Du wirst mein Nachfolger sein, denn Du bist

viel reicher als ich an Gaben Gottes und an Gnade.« Und noch später:
»Du schreibst, Ihr seid in der Irre ohne Hirten. [...] Das wäre das Aller-
traurigste und Bitterste [...]. Denn solange Du, Amsdorf und andere da
sind, seid Ihr nicht ohne Hirten. Rede doch nicht so, damit Gott nicht
zürne und wir undankbar gefunden werden.« Und als Wittenberg im
Oktober von der Pest bedroht wurde, schrieb Luther sofort an Spalatin:
»Ich flehe Dich an, laß Philippus abreisen, wenn die Pest kommt. Einen
solchen Kopf muß man retten, damit nicht das Wort untergeht, das Gott
ihm zum Heil der Seelen anvertraut hat.«

Nein, dieser Luther, der Melanchthon unablässig antrieb, ihn zum
Sprechen aufforderte und ermunterte, als Führer aufzutreten, dieser
Luther war auf der Wartburg ebensowenig ein ängstlicher und stummer
Gefangener wie ein um seinen Sitz bangender Politiker, der sich jeden
Morgen fragt: »Könnte irgendjemand in meiner Umgebung zuviel Ein-
fluß bekommen?« Das Schauspiel, das er uns bietet, ist auf andere Weise
kurios: ein unverbesserlicher Idealist im Kampf mit der rauhen Wirklich-
keit, mit den Launen, Leidenschaften und Interessen der Menschen.

Von Thüringen, von seiner Burg in den Wäldern aus, versuchte Luther,
die große Umwälzung so genau wie möglich zu verfolgen, die damals in
den Köpfen stattfand. Da gab es kühne Gedanken, die von Neuerern aus-
gestreut wurden; vorschnelle oder schlecht ausgeführte Initiativen; unge-
duldige, wütende und zum Exzeß neigende Volksmassen: Luther nahm
alles auf, wägte ab und prüfte es geduldig und ohne Scheu, ohne feige
Bangigkeit, in aller Aufrichtigkeit und Offenheit des Geistes. Der Eingeschlossene wider Willen hatte also viel zu tun. Denn in diesen Sommer-
und Herbstmonaten des Jahres 1521 überstürzten sich die Ereignisse.
Überall gab es Unruhen, Lärm und Tumulte, heftige und maßlose Parolen, Empörung und Aufruhr. Angestachelt durch hunderte von antikleri-
kalen Flugschriften, aufgebracht durch abtrünnige Priester und entlaufene Mönche, schien die Menge bereits hier und dort eine gewaltsame
Revolution gegen den Klerus zu entfesseln. In Erfurt stürmten im Juni
Banden die Häuser der Geistlichen, plünderten und verwüsteten sie. Das
Beispiel machte Schule. Überall häuften sich solche Zwischenfälle. Die
friedlichen Bürger erschraken, sprachen von notwendigen Exempeln und
Repression. Luther widersetzte sich dieser Strömung. Nein, protestierte
er, »das Evangelium wird nicht fallen, wenn einige wenige unter uns

gegen Zucht und Anstand verstoßen. Diejenigen aber, die sich aus diesem Grund vom Wort Christi trennen, die haben eben nicht dem Wort, sondern dem Glanz des Wortes angehangen. […] Es ist doch eine geringere Sünde, einen gottlosen Prediger ausgepfiffen als seine Lehre gläubig angenommen zu haben!«[37] Schon vorher hatte er gesagt: »Allein von uns verlangt man, daß kein Hund mucken soll.«

Allerdings ergab es sich nun mehr und mehr und aufgrund von Initiativen, deren Kontrolle Luther gänzlich entglitt, daß das praktische Handeln der theoretischen Spekulation eine heikle Frage vorlegte: Ist es legitim, die Reform gewaltsam durchzusetzen und Christus mit Gewalt zum Sieg über den römischen Antichrist zu verhelfen? Hunderte von Lutheranern in den Städten bewiesen ihre Zustimmung, indem sie handelten. Luther dagegen antwortete mit Nein. Wie lange noch würde er diese Position beibehalten können?

Denn nun traten weitere Probleme auf, die ebenso dringend und vielleicht noch schwerer zu lösen waren. Im Mai 1521 ging einer seiner Schüler, Bernhardi, für den er 1518 seine Thesen geschrieben hatte, als Priester und Propst zu Kemperg eine reguläre Ehe ein und gab damit ein Beispiel. Da das Priesterzölibat für Luther kein göttliches Sakrament darstellte, hatte er im Grunde keine Einwände, jedenfalls keine theologischen. Doch in der Praxis? Er war etwas irritiert, unzufrieden und auch ein wenig spöttisch. Damals wehte ein Wind des Aufruhrs durch die Klöster. Überall verließen Mönche, vor allem Augustiner, ihre Abgeschiedenheit und wurden zu Laien. Daraufhin forderten sie das Recht zu heiraten. Doch durften sie, nachdem sie freiwillig das Keuschtheitsgelübte abgelegt hatten, diesen Eid nun brechen? Durften sie es, ohne damit, wie Luther noch 1518 gemeint hatte, den schlimmsten Frevel zu begehen?

Jemand fand sich, der dies bejahte, jemand, den Luther bestens kannte: Karlstadt, sein ehemaliger Leipziger Mitstreiter, inzwischen Propst zu Wittenberg, Professor an der Universität und Erzdiakon der Stadtkirche. In der Bulle *Exsurge Domine* als Ketzer namentlich genannt, war dieser unbeugsame und leidenschaftliche Wirrkopf im Mai 1521 nach Dänemark gereist, wo König Christian II. über eine Reformation nachdachte. Rasch wieder entlassen, kam er im Juni nach Wittenberg zurück und stürzte sich sofort ins Getümmel. Die Frage des Zölibats erregte seine besondere Aufmerksamkeit. Während er die praktische Antwort für sich selbst noch etwas aufschob – er heiratete am 26. Dezember 1521 –, beanspruchte er bereits, das Problem theoretisch und für alle anderen zu lösen. Gestützt auf allerlei Texte und Zitate aus der Heiligen Schrift, begründete er seine These, verkündete er seine Meinung – und seine Worte fanden ein breites Echo.

Was aber sagte Luther? Seine Haltung ist äußerst seltsam. Zunächst zögerte er, lavierte herum. Die Mönche wollen also heiraten? Sie haben doch freiwillig und ohne jeden Zwang das Keuschheitsgelübte abgelegt. Wie können sie sich davon lossagen? Die Schwierigkeit schien unüberwindbar. Karlstadt indes setzte seine Kampagne fort und Luther seine Grübeleien. Noch immer zögerte er. Er hatte Skrupel. Am 6. August 1521 spöttelte er in einem Brief an Spalatin:[38] »Lieber Gott, wollen unsere Wittenberger auch den Mönchen Frauen geben? Aber mir werden sie keine Ehefrau aufdringen!« Doch er dachte nach, trug den Gedanken mit sich herum. Der Gedanke lebte und arbeitete in ihm. Dann, am 9. September 1521, ging ein Brief an Melanchthon ab.[39] Luther hatte die Lösung gefunden. Karlstadts Argumente waren fehlerhaft. Sein Standpunkt war schlecht gewählt. In Wahrheit werden die Gelübde aus hochmütiger Gesinnung abgelegt. Die Mönche glauben, daß sie damit ein gutes Werk tun, das sie heiligt und für immer selig macht. Aber solche Gelübde sind falsch und frevlerisch. Sie sind deshalb mit Recht als nichtig zu betrachten.

Zunächst also ein Zögern und ein instinktives Zurückweichen vor der revolutionären Neuheit der von einem Karlstadt vorgeschlagenen lebensnahen Lösung. Dann allmählich eine Arbeit der Anpassung und Reflexion. Aus einem fremden Gedanken wird ein lutherischer Gedanke, der mit dem Gewissen des Reformators tatsächlich in Einklang steht. Und wenn dann das Werk vollbracht ist; wenn Luther sich die Gedanken, die von anderen an ihn herangetragen wurden, wirklich angeeignet hat; wenn er sie sich im strengen Sinne des Wortes zu eigen gemacht hat – dann kommt es zu einer plötzlichen Explosion, einem jener Sprünge, von denen weiter oben bereits die Rede war. Der anfangs Zögernde, Unentschlossene und Ängstliche geht nun auf einmal weiter als alle anderen, die ihm den ersten Anstoß gaben. Das ist ganz der Luther, wie wir ihn zu diesem Zeitpunkt kennen.

Die Mönchsehen sind nur ein Beispiel. Dasselbe gilt auch für die Kommunion in beiderlei Gestalt und für die Messe. Auch hier war es Karlstadt, der die Sache ins Rollen brachte, unterstützt von einem redegewandten Augustiner namens Zwilling. Wieder zögerte Luther, tastete im Dunkeln, drehte und wandte sich. Dann plötzlich faßte er seinen Entschluß, als er einen Weg, ein Mittel gefunden hatte, seine eigenen Gedanken mit Theorien zu verbinden, die ihm anfangs fremd vorkamen. Eine merkwürdige, sich ständig wiederholende Anstrengung. Kann man sie überhaupt so bezeichnen? Luthers Sehnsucht nach Beständigkeit und emotionaler Einheitlichkeit ist instinktiv; dieses Bedürfnis, sich nur auf seine eigene Erfahrung zu stützen, sich nie aus Gründen der Logik – möge sie nun wahr oder falsch sein – zu entscheiden, sondern seine Lösungen allein aus seinem Glauben zu beziehen und an diesem ausgiebig zu überprüfen. Darin hat er sich nicht geändert. Während in den Städten um die Altäre gekämpft wurde, wo sich derbe Männer und neugierige Frauen drängelten, die nach diesen Neuheiten mit dem Beigeschmack des Verbotenen und Skandalösen lechzten: den geweihten Wein aus demselben Kelch zu trinken oder eine von Hand zu Hand gehende Hostie zu essen, ohne gefastet, oft sogar ohne vorher gebeichtet zu haben – schwebte Luther, den die Ereignisse zwangen, seine Vorstellungen über den Gottesdienst und die Praxis der Sakramente zu verdeutlichen, über allen Konflikten und Kämpfen, getreu seinem immerwährenden beseelten Idealismus. In seinem absoluten Gottvertrauen und seinem Gleichmut, der ihm zu immer größeren Hoffnungen Anlaß bot, bewahrte er sich seine breite Toleranz und seinen entschiedenen Widerstand gegen alle Zwangsmaßnahmen.

Ein Gläubiger, kein Führer

Nein, keine Autorität. Und auch keine Gewalt oder vielmehr: keine Zwangsmaßnahmen. Das Volk ist in Aufregung, die jungen Leute gehen auf die Straße. Priester werden angegriffen, Häuser geplündert und Mönche beschimpft. Darüber sollte man zwar nicht pharisäerhaft die Hände über dem Kopf zusammenzuschlagen, aber solche Unruhen sind prinzipiell abzulehnen. Um den Papismus zu zerstören, braucht man keine Tumulte und keine Gewalt. Das WORT allein wird genügen, denn es ist wirksam und souverän.[40] Wird der falsche Eifer der Aufrührer nicht vielleicht sogar vom Teufel angefacht, der die Evangelischen in Verruf bringen will? »Der mund Christi musz es thun«, mahnte Luther daher im Dezember 1521.[41] »Hab ich nit dem Bapst, Bisschoffen, Pfaffen unnd munchen alleyn mit dem mund, on allen schwerd schlag, mehr abbrochen, denn yhm biszher alle Keyszer und Konige unnd Fursten mit alle yhr gewalt haben abbrochen?« Auch in dieser Hinsicht hatte er sich auf der Wartburg nicht verändert. Nur um ihn herum änderte sich die Welt – Deutschland und auch seine Anhänger –, und zwar schnell und sehr stark.

Ihm selbst bedeuteten die Ereignisse wenig. Nachdem er seine Gedanken über das Abendmahl in beiderlei Gestalt oder über die Privatmesse geklärt hatte, war es ihm relativ gleichgültig, ob die Gläubigen nun den Kelch nahmen oder sich mit der Hostie begnügten, ob die Priester private Messen lasen oder nicht. Er war kein Anhänger strikter Gleichförmigkeit. Wenn man nur im Wesentlichen übereinstimmte, das heißt dieselbe lebendige Glaubensvorstellung besaß, war die bloße Tatsache, daß sich zwei Gemeinden nicht über das Ritual verständigen konnten, entweder sekundär oder es entsprach einer löblichen Vielfalt. Allein Luthers Zeitgenossen, seine Landsleute und Schüler verstanden ihn nicht. Sie verwarfen zwar nicht seinen Begriff einer rein geistlichen Kirche, aber sie gaben sich auch nicht mehr damit zufrieden. Gegen die althergebrachte Kirche, deren Sakramente, Hierarchie und Gesetze sie ablehnten, brannten sie darauf, eine andere Kirche zu errichten, in der alle beklagten Mißstände verschwunden wären und dafür andere Zeremonien, andere Rituale und andere Gesetze herrschen würden. Hier lag ein erstes Mißverständnis begründet, das Männer wie Karlstadt oder Zwilling rücksichtslos ausnutzten.

Es war weder das einzige noch das schlimmste. Luthers Ermahnungen zur Geduld, seine Aufforderungen, sich heraus- und zurückzuhalten, wurden von vielen falsch verstanden, die nicht mehr bereit waren, ihm zu folgen. Würde das WORT nicht viel schneller wirken, wenn mutige und entschlossene Männer es mit ganzer Kraft unterstützten? Sie glaubten es. Und sie sagten es. Mehr noch: sie handelten, während Luther, der sich Sorgen machte, ständig zur Ruhe aufrief. Wie lange würde er diese passive Haltung noch durchstehen können? Bereits in seiner Schrift *Eine treue Vermahnung Martin Luthers an alle Christen, sich zu hüten vor Aufruhr und Empörung*, die er im Dezember 1521 nach der Rückkehr von seinem geheimen Ausflug nach Wittenberg verfaßte, steht ein erstaunlicher Satz. Natürlich nahm Luther nichts zurück. Schon in seinem

Manifest *An den Adel* hatte er ähnliche Auffassungen vertreten. Kein Aufruhr. *Herr Omnes* besaß nur ein Recht: zu schweigen. Wie aber stand es mit seinen Herren, den Fürsten?

Wenn sie sich aufregten, wenn sie selber das Werk der Reformation verwirklichten, das viele Deutsche unrechtmäßig zu vollenden meinten, dann wäre dies kein Aufruhr, keine verbotene Gewalt, keine Rebellion gegen den Willen Gottes. Denn was die weltliche Obrigkeit durchsetzt, kann kein Aufruhr sein. Im Gegenteil, um Deutschland vom Papismus zu befreien, um sämtliche Überreste der Kirche beiseite zu schaffen, deren Mißbräuche und Schandtaten Luther gegeißelt hatte, sollte »die weltlich ubirkeyt [Obrigkeit] und adel [...] ausz pflicht yhrer ordentlicher gewalt datzu thun, ein iglicher Furst und herr ynn seynem land«. Und zusammenfassend erklärte er: »Darumb hab acht auff die ubirkeyt [Obrigkeit], so lange die nit tzu greyfft und befilhet, szo haldt du stille mit hand, mund unnd hertz, und nym dich nichts an, kanstu aber die ubirkeyt bewegen, das sie angreyffe und befelhe, szo magistu es thun.«[42]

Man sehe darin nicht sofort einen Widerspruch. Als Luther diese Zeilen schrieb, behielt er sich seine Gewissensentscheidung vor. Den Fürsten überließ er nur den Bereich des äußeren Ausdrucks religiöser Ideen und Handlungen. Das sagte und glaubte er zumindest. Doch der so bescheiden und dunkel klingende Konditionalsatz, wonach »die weltlich ubirkeyt und adel [...] ausz pflicht yhrer ordentlicher gewalt datzu thun [sollte], ein iglicher Furst und herr ynn seynem land«, enthielt bereits künftige Kehrtwendungen und Verirrungen. Während der Reformator noch mit donnernder Stimme verkündete: Keine sichtbare Kirche! Die Gedanken sind zollfrei! Keine menschlichen Werke außer der Predigt und der Meditation über das Wort!, zeichnete sich im Hintergrund des Lutherischen Denkens bereits das paradoxe Gebäude des Landeskirchentums ab.

Sorgen von Übermorgen. Solange Luther auf der Wartburg blieb, kümmerte er sich nicht darum. Mühelos behielt er seine Positionen bei. Er konnte sie sogar ausbauen und konsolidieren. Denn es gelang ihm, Gedanken, Kritikpunkte und Neuerungen (oder Erneuerungen), die von anderen, wie er meinte, falsch dargestellt und aus schlechten, soll heißen: anti- oder außer-lutherischen Gründen gepredigt wurden, in das einzufügen, was die Theologen sein System nennen, also in das kohärente und gleichsam organische Ensemble seiner Gefühle und subjektiven Wahrheiten, deren Übereinstimmung mit seinen ureigenen Dispositionen und Neigungen ihm mit jedem Tag deutlicher wurde. Das also waren die Früchte seines ersten Kontakts mit den Menschen.

Luthers Idealismus, der noch immer erobern wollte, verschanzte sich also nicht hinter starren Mauern, hinter einer willkürlich errichteten Barriere. Er bildete für Luther kein sicheres Versteck oder Asyl, keine Festung, in der sich ein alter, von den Kämpfen seiner Jugend enttäuschter und resignierter Mann verbarrikadiert, um das Universum herauszufordern und sich über vergebliche Angriffe zu mokieren, die am Festungswall scheitern. Das ist wahr. Und man hätte die Zukunft kennen müssen, die Geschichte Luthers und des Lutheranertums, um bereits zu diesem Zeitpunkt in diesem verzweifelten Versuch der Vereinnahmung den Keim der Schwäche und des Todes zu erkennen, der alles zerstören würde. Doch was man sagen kann, sagt bereits alles. Denn aus der brennenden Seele dieses großen Visionärs, dieses großen christlichen Lyrikers entsprangen Gedichte, keine Aktionspläne.

Dritter Teil

SELBSTABKAPSELUNG

Abbildung 23: So sahen ihn seine Gegner: Luther als »Siebenkopf«. Titelholzschnitt von Hans Brosamer zu Johannes Cochleus: »Sieben Köpffe Martini Luthers«, 1529.

Kapitel 9
WIEDERTÄUFER UND BAUERN

Die traditionelle Geschichtsschreibung über Martin Luther hatte einen großen Vorteil: sie war einfach. Sie belastete sich nicht mit Subtilitäten. Luther hatte gegen Mißstände gekämpft. Auf der Wartburg versteckt, hatte er die Führung der Bewegung verloren. Irgendwelche Individuen hatten Verwirrung gestiftet. Daraufhin hatte Luther, um die brenzlig gewordene Situation zu meistern, ein paar Zugeständnisse gemacht und sich selbst widersprochen. Oder gar dementiert.

Höfliche Leute sprechen von Widerspruch, Gegner von Dementi. Ein großes Wort auf der einen Seite, ein großes Wort auf der anderen. Im folgenden werden wir von Dementi jedenfalls nur unter der Bedingung einiger Vorbemerkungen sprechen.

»Man zeichnet nie etwas auf, ohne eine Auswahl zu treffen«, schrieb einmal André Gide, wobei er vor allem an persönliche Erinnerungen dachte. »Dabei ist es besonders störend, daß man Zustände verwirrender Gleichzeitigkeit nur hintereinander darstellen kann.« Das ist treffend beobachtet. Wir Historiker lassen die darin enthaltene Lehre allzu oft außer acht. Als ob die »streng objektive« Chronologie, auf die wir so stolz sind, nicht auch etwas Künstliches an sich hätte, wenn wir Luthers verschiedene Denkweisen mit Nummern versehen und diese dann nacheinander einzeln aufrufen wie ein Buchhalter hinter seinem Pult.

»Ich bin ein Mensch des Dialogs«, betonte André Gide. »Alles in mir kämpft und widerspricht sich.« Einen ähnlichen Satz könnte man auch in Luthers *Tischreden* finden. Allerdings würde man mit Nietzsche gegen das Wort »Dialog« protestieren und statt dessen lieber sagen: Ein Deutscher, wie zum Beispiel Martin Luther, der von sich sagt: »Ich fühle, zwei Seelen, ach, in meiner Brust!«, vertut sich um einige Seelen. Luther und Faust sind Zeitgenossen. Bedenken wir also, bevor wir Widersprüche kritisieren, ob wir nicht möglicherweise Gefühle für neu halten, deren erste Äußerung oder deren Wiederholung wir wahrzunehmen versäumt haben.

Ein zweiter Aspekt kommt hinzu, der sich eigentlich von selbst versteht: Wir können den Reformator heute nicht mehr als gescheiterten Architekten darstellen, den schlechte Kunden dazu zwangen, seine Pläne zu ändern. Die Geschichte der Beziehungen Luthers zu seinen Zeitgenossen erscheint uns nämlich ungleich komplizierter als unseren Vätern. Aus Luther einen Menschen zu machen, der sich in der Auseinandersetzung mit seinen Gegnern selbst verleugnet und seine Persönlichkeit wechselt wie eine Schlange ihre Haut, nur, um seinen Einfluß auf die Volksmassen durch eine radikale Kehrtwende zurückzugewinnen, hieße sowohl Luther wie seine Zeitgenossen zu unterschätzen. Weder war er in der Lage, sich derart bedenkenlos zu ändern, noch konnten ihn jene durch eine ebenso vollständige Anpassung imitieren. Zwischen ihnen und ihm, zwischen ihm und ihnen gab es einen Austausch, viele Wirkungen und Gegenwirkungen.

Die folgenden Bemerkungen versuchen, diese seelischen und geistigen Wechselwirkungen zu erhellen.

Zwickau

Vom 4. bis 9. Dezember 1521 war Luther, der unter seiner Isolierung litt und außerdem darauf brannte, die Ereignisse anders kennenzulernen als nur aus kurzen Briefen, der Wartburg entflohen und heimlich in Wittenberg aufgetaucht.[1] Dort hatte er seinen Freunden neuen Mut gemacht; anschließend war er in sein Vogelnest im Land der Lüfte zurückgekehrt. Erleichtert und zufrieden beschloß er, noch bis Ostern dort zu bleiben. Es waren aber noch keine drei Monate vergangen, als er am 1. März 1522 plötzlich seinen Zufluchtsort wieder verließ. Als Ritter verkleidet, so trafen ihn zwei junge Schweizer eines Abends im *Schwarzen Bären* zu Jena,

eilte er in sein geliebtes Wittenberg. Er sollte nie mehr auf die Wartburg
zurückkehren.

Unterwegs schrieb er am 5. März in Borna bei Leipzig seinem Kurfürsten einen berühmt gewordenen Brief.[2] Ein langer und sehr inhaltsreicher
Brief, der für das Verständnis Luthers außerordentlich wichtig ist: heftig,
autoritär und hochmütig, wunderbar frei und ungezwungen und zugleich
äußerst sanftmütig, menschlich und exaltiert, kurzum: heroisch. Dies ist
einer jener Texte, die auch vier Jahrhunderte später nichts von ihrer
Lebendigkeit verloren haben. Aus diesem Brief kann und muß man alles
herauslesen, was Luther mit sich brachte, als er in diesem schneidend kalten Frühjahr 1522 in die aufgebrachten Städte und grollenden Dörfer hin-
abeilte.

Zunächst erinnerte er den Fürsten daran, daß er in seinem, also des
Kurfürsten, Interesse auf die Wartburg gegangen sei. »Ich hab E. K. F. G.
gnug getan, daß ich dies Jahr gewichen bin, E. K. F. G. zu Dienst. Denn der
Teufel weiß fast wohl, daß ich's aus keinem Zag getan habe. Er sahe mein
Herz wohl, da ich zu Wormbs einkam, daß, wenn ich hätte gewußt, daß
so viel Teufel auf mich gehalten hätten, als Ziegel auf den Dächern sind,
wäre ich dennoch mitten unter sie gesprungen mit Freuden.« Noch immer
dieses Bedauern und diese Angst; noch immer dachte Luther enttäuscht,
verwirrt und voller Zweifel an das Vergangene, so heroisch es auch war.
Jetzt, da er den ihm von Friedrich angewiesenen Zufluchtsort verließ,
dachte er als erstes wieder an ihn. Konnte er vielleicht glauben, daß
Luther ihn durch seine plötzliche Entscheidung kompromittieren und
zwingen wollte, seine Karten auf den Tisch zu legen, also zu erklären, daß
er das Edikt von Worms nicht anwenden würde? Diesem möglichen Verdacht mußte man zuvorkommen, und der von der Wartburg Entwichene
bemühte sich lebhaft darum. »Ich hab's auch nicht im Sinn, von E. K. F. G.
Schutz begehen. Ja ich halt, ich wolle E. K. F. G. mehr schützen, denn sie
mich schützen könnte. Dazu, wenn ich wüßte, daß mich E. K. F. G. könnte
und wollt schützen, so wollt ich nicht kommen.«

In der Tat: Luther kam »gen Wittenberg in gar viel einem höhern
Schutz denn des Kurfürsten [...]. Gott muß hie allein schaffen, ohn alles
menschlich Sorgen und Zutun. Wer am meisten gläubt, der wird hie am
meisten schützen. Dieweil ich denn nu spür, daß E. K. F. G. noch gar
schwach ist im Glauben, kann ich keinerlei wege E. K. F. G. fur den Mann
ansehen, der mich schützen oder retten könnte.« Friedrich könne nichts

weiter tun, als die Dinge geschehen lassen, wobei ihm Luther genau seine Pflichten nannte: »Fur den Menschen soll E. K. F. G. also sich halten: nämlich der Oberkeit als ein Kurfürst gehorsam sein und Kaiserl. Maj. lassen walten in E. K. F. G. Städten und Ländern an Leib und Gut, wie sich's gebührt nach Reichs Ordnung, und ja nicht wehren noch widersetzen noch Widersatz oder irgend ein Hindernis begehren der Gewalt, so sie mich fahen oder töten will. Denn die Gewalt soll niemand brechen noch widerstehen denn alleine der, der sie eingesetzt hat.« Und Luther schloß: »Wenn sie selb kämen, mich zu holen, oder ihre Gesandten, so hat E. K. F. G. dem Gehorsam gnug getan. [...] Denn Christus hat mich nicht gelehrt, mit eines andern Schaden ein Christ zu sein.«

Noble Worte von unzweifelhafter Aufrichtigkeit. Luther trotzte keiner imaginären Gefahr. Friedrich wußte das. Noch am Tag vor Luthers Abreise hatte er ihm befohlen, auf der Wartburg zu bleiben oder wenigstens den Ausgang des Nürnberger Reichstags abzuwarten, der für März 1522 einberufen war und in dessen Verlauf mehrfach schlimme Drohungen sowohl gegen den Mönch als auch gegen seinen hohen Beschützer ausgesprochen werden sollten.[3] Luther sprach ehrliche und kräftige Worte, aus ganzer Seele. Doch inwiefern können sie uns am Vorabend seiner Rückkehr ins Gemenge etwas über ihn selbst mitteilen?

Sein Leben zu opfern; allein, unbewaffnet und unschuldig einem Traum nachhängend, durch das Feuer zu gehen; sich so weit vorzuwagen, daß im Augenblick des instinktiven Innehaltens vor der plötzlichen Gefahr kein Zurückweichen mehr möglich ist, sondern nur noch ein Ausweg notwendig und leicht erscheint, der Tod – Millionen und Abermillionen von Menschen waren und sind dazu fähig. Auch Luther, der genau spürte, wer er war und was er konnte, wollte sich als Märtyrer opfern. Ebenso wie jene, die nur Anhänger waren, nur Diener eines Ideals, und selber nichts aufgebaut hatten.

Doch welche zwingende Notwendigkeit veranlaßte den Reformator, im März 1522 dem Wunsch Friedrichs des Weisen zuwiderzuhandeln und überstürzt nach Wittenberg zurückzukehren?

Im Mai 1520 waren in Zwickau, einer kleinen sächsischen Stadt nördlich des Erzgebirges und des hussitischen Böhmen, Unruhen ausgebrochen. Thomas Müntzer, ein Priester und Schwärmer, der sich auf die Handwerker und insbesondere auf die Tuchweber stützen konnte, hatte versucht, ein »Königreich Christi« zu errichten – ein Königreich ohne König, ohne Stadtrat, ohne geistliche oder weltliche Autorität, auch ohne Gesetze, Kirche oder Gottesdienst. Die freien Subjekte dieses Reiches, die sich unmittelbar auf die Heilige Schrift beriefen, sollten die Wohltaten eines Kommunismus erfahren, dessen paradiesischer Traum die schlichten Gemüter faszinierte. Der erschreckte Stadtrat von Zwickau reagierte mit äußerster Härte. Massenverhaftungen zerschlugen die Bewegung. Müntzer floh. Seine Mitstreiter ebenso. Am 27. Dezember 1521 kamen drei von ihnen, der Tuchmachermeister Nikolaus Storch, Thomas Drechsel und Markus Thomae, genannt Stübner, nach Wittenberg, wo sie eine sichere Zuflucht vermuteten. Das war genau drei Wochen, nachdem Luther von seinem Ausflug auf die Wartburg zurückgekehrt war.

Kaum in Wittenberg eingetroffen, begannen die drei Apostel als Gottesmänner voller Gnaden und direkter Offenbarungen des Heiligen Geistes zu missionieren. Die Fremdartigkeit ihrer Lehren, ihre visionäre Zuversicht und die Mischung aus Bewunderung und Verachtung, mit der sie über Luther als kleinmütigen Reformer sprachen, der den wahren Propheten auf ihrem Weg ins Absolute allenfalls das Sprungbrett einer bodenständigen Theorie bieten konnte – all dies und auch ihre Reden gegen die Wissenschaft als Quelle der Ungleichheit, ihre Verherrlichung der Handarbeit und ihre Aufrufe zum Bildersturm, die in den Gemütern von einfachen Menschen uralte abergläubische Vorstellungen erweckten, wie sie von Frauen, Heilern und Schwärmern überliefert wurden und von denen wir nie Genaueres erfahren werden, deren Einfluß auf die Menschen jener Zeit jedoch kaum zu überschätzen ist – all dies machte die Zwickauer Flüchtlinge, die »*prophetas cygnaeos*«, innerhalb weniger Wochen beunruhigend populär. Unter ihren ersten Zuhörern befand sich auch Karlstadt, der plötzlich von der neuen Gnade berührt wurde und den Schwärmern ohne Titel den nicht zu unterschätzenden Beistand eines Gelehrten oder, wie wir heute sagen würden, eines bekannten und repräsentativen Intellektuellen verschaffte.

Bald schritten die Propheten zur Tat. Sie stürmten die Kirchen und verwüsteten sie fürchterlich. Stand nicht geschrieben: »Du sollst dir kein Bildnis machen?« Die Unruhe wuchs. Niemand versuchte, Storch und seine Gehilfen aufzuhalten. Melanchthon wußte nicht mehr, was er tun sollte. Die unglaubliche Selbstsicherheit der Neuankömmlinge beeindruckte diesen schüchternen Mann, der ständig fürchtete, Gottes Geist zu verkennen und ihn zu verleugnen, wenn er an ihm vorüberginge. Deshalb rief er Luther um Hilfe: Nur er könne in diesem Durcheinander Klarheit schaffen und Menschen und Dinge wieder an ihren Platz rücken. Er allein, mit dem Scharfsinn des authentischen Propheten.

Luther zögerte nicht. Er machte sich sofort auf den Weg. Etwa aus Angst, in der Gunst des Volkes von Rivalen, von Konkurrenten überholt und ersetzt zu werden? Das ist Unsinn. Es schien ihm einfach seine Pflicht, dem Hilferuf Melanchthons zu folgen und sich um die christlichen Schafe zu kümmern, die ihm anvertraut waren. Außerdem war Luther davon überzeugt, daß diese Propheten nicht von Gott, sondern vom Teufel geschickt waren. Jedenfalls benutzte der Teufel sie in seinem Kampf gegen die Wahrheit. Daher mußte man sie bloßstellen und entlarven. Auch wurden inzwischen von verschiedensten Seiten scharfe Maßnahmen gegen diese Männer, die bereits der Zwickauer Stadtrat vertrieben hatte, gefordert. Genau das wollte Luther aber verhindern. Seine erste Sorge war: kein Blutvergießen, keine Folter! Bereits am 17. Januar 1522 schrieb er an Spalatin: »Ich will nicht, daß sie gefangen genommen werden, vor allem nicht von denen, die sich auf uns berufen. [...] Wir werden die beiden brennenden Enden dieser Fackel gewiß ohne Blutvergießen und ohne das Schwert ordentlich löschen. [...] Du aber sorge dafür, daß unser Fürst sich nicht mit dem Blut jener neuen Zwickauer Propheten seine Hände befleckt.«[4] Sein Glaube an das WORT diktierte ihm diese Zeilen. Hatte nicht Gott ihn zum Herold und Exegeten des WORTES berufen? War er nicht unbedingt verpflichtet, es wie eine Mauer gegen die hinterhältigen Angriffe des Teufels aufzurichten? Was wogen schon die Interessen des Kurfürsten, dessen Rücksichten auf das Reich oder die politische Vorsicht? Am 6. März traf Luther in Wittenberg ein. Am Vortag hatte er Friedrich dem Weisen von Borna aus seinen berühmten Brief geschrieben. Drei Tage später, am Sonntag, den 9. Dezember, stieg er auf die Kanzel und sprach. Acht Tage lang.

Acht Tage lang predigte er: einfach und kraftvoll, mit unwiderstehlicher Klarheit, ungewöhnlicher Milde und einem feinen Gespür für Maß und Gerechtigkeit. Männer und Frauen, Gelehrte und einfache Menschen aus dem Volk konnten nun ihren Bedarf an Enthusiasmus ausgiebig decken, denn Luther war ein verführerischer Redner, der seine Fähigkeiten machtbewußt einsetzte. Jetzt bekamen sie wieder einen Helden, ihren

Helden. Auch sein Körperbau entsprach dem eines Helden, eines kräftigen, etwas vulgären Volkstribuns, der mit beiden Beinen fest auf dem Boden stand und dessen Brust unter dem Trommeln seiner Fäuste vibrierte. Doch unter einer breiten, gewölbten Stirn blickten Luthers seltsam leuchtende Augen und in den Schwingungen seiner Rede klang jene Freude mit, die seit Jahrhunderten die Menschen ergreift, wenn Glocken vom Turm des Bergfrieds läuten.

So wurden innerhalb einer Woche die Herzen zurückerobert, und auch die Aufrührer ließen sich von dieser gelassenen Kraft beeindrucken. Luther hatte Recht gehabt, als er behauptete, daß das WORT, wie er es verkünde, souverän sei. Und da es auch anderswo Unruhen gab und die Menschen sich betören ließen, ging er auf Reisen. Man sah ihn und hörte ihn voller Bewunderung in Altenburg, in Borna, in Zwickau selbst, sogar in Erfurt und in Weimar. Überall derselbe Erfolg. Die Menschen waren hingerissen von seiner Kraft und seiner meisterlichen Gelassenheit. Luthers wunderbarer Idealismus erwies sich deutlich sichtbar als eine einzigartige, erobernde und beherrschende Macht. Jede seiner Reisen bedeutete einen weiteren Sieg.

Predigen oder handeln?

Doch schon am nächsten Tag mußte man von vorne anfangen. Für einen Tribun im Vollbesitz seiner Fähigkeiten und Talente war es leicht, seine Zuhörer zu fesseln und genau dahin zu bringen, wohin er sie haben wollte. Aber daneben gab es noch die Ausschüsse, die unter verschiedensten Namen gebildet wurden und die geduldig, hartnäckig, ja geradezu unbesiegbar waren.

Luther war noch nicht abgereist, als man schon wieder begann, über ihn herzuziehen, ihm seine Zaghaftigkeit und seine Halbheiten vorzuwerfen, bald wird es regelmäßig heißen: seinen Verrat. Darin lag die Tragik der Situation: Denn die Männer, denen Luther nun die Massen abspenstig machen wollte, beriefen sich auf Luther selbst, auf sein Beispiel und seine Rebellion, um ihn zu übertreffen; indem sie ihn mit Füßen traten, glaubten sie schon, ihm weit überlegen zu sein. Alle, die mystischen Individualisten, denen es nur darauf ankam, ihre Seele in die Abgründe des Unsichtbaren zu stürzen und dort wollüstig zu wälzen, und die nur für sich (ohne Kirche, Gottesdienst oder Gelehrsamkeit) den traurigen Rausch dieser einsamen Lust genießen wollten; oder die schwärmerischen, sektenhaften Täufer auf der Suche nach einem Gottesreich, das nur Auserwählten und Geistbesessenen vorbehalten ist, die dort in völliger Gleichheit die Freuden eines grenzenlosen Kommunismus genießen – sie alle schienen Luther einen Spiegel mit ihrem Abbild vorzuhalten und zu sagen: Sieh her! Das bist du. Du selbst in jenen Tagen, da du noch mutig warst. Wie kannst du uns tadeln? Alles, was wir gesagt haben, hast du schon vor uns gesagt. Wir sind nur konsequenter und auch unabhängiger und gehen deshalb deinen Weg zu Ende. Du jedoch hast dich gedrückt und am Wegesrand niedergelassen, um uns kopfschüttelnd vorbeiziehen zu sehen! Eine sehr geschickte Argumentation, deren Erfolg Luther bald zu spüren bekam.

Als er am 24. August 1522 nach Orlamünde reiste, um in der Gemeinde seines früheren Gefährten Karlstadt zu sprechen, versammelte sich das Volk drohend vor dem Haus des Schöffen, der ihn empfing, und beschimpfte ihn in seinem Wagen: »Fahr hin in tausend Teufels Namen«, riefen einige, und »brich dir den Hals, ehe du zur Stadt hinaus kommst!« Mehrere Handwerker, vor allem ein Schuster, traten als Laienprediger auf und hielten ihm lächerliche Zitate entgegen. Das Ganze machte auf Luther einen denkbar schlimmen Eindruck. Zumal er ein paar Tage zuvor in Jena Karlstadt selbst begegnet war. Der Zusammenstoß war heftig gewesen. Nachdem Luther gegen den »Geist von Allstedt« gepredigt hatte, wie er es nannte, also gegen den Geist von Aufruhr und Totschlag, den die Bilderstürmer und Kirchenverwüster in seinen Augen vertraten, suchte ihn der verbitterte Karlstadt kurzerhand im Gasthof *Zum schwarzen Bären* auf. Eine merkwürdige Szene, die rasch zur Konfrontation führte. In aller Form und vor Zeugen forderten sich die beiden Theologen heraus. Karlstadt war verkrampft und verbissen, Luther dagegen trug eine ironische Gelassenheit zur Schau, die aber durch seine Worte widerlegt wurde. Er zog einen Gulden aus seiner Tasche, den er seinem Gegner überreichte. Dieser zeigte den Versammelten die Münze: »Liebe Brüder, das ist Arrogo, ein Zeichen, das ich Macht habe, wider Doktor Luther zu schreiben. Und ich bitte euch alle, ihr wollt mir's bekannt machen und Zeugen sein.« Dann bog er die Münze krumm, steckte sie in seinen Beutel und gab seinem Gegner die Hand darauf. Luther trank auf

Karlstadts Wohl, und dieser erwiderte seinen Trinkspruch. Anschließend wechselten beide noch ein paar Floskeln – und trennten sich mit einem Händedruck.[5]

Die Tradition beschreibt Luther als Reformator und Mann der Tat: Angesichts all dieser Widerstände sei er in sich gegangen, und nachdem er die verschiedenen Aspekte des Problems mit klarem Blick analysiert hätte, fällte er seine Entscheidung und handelte. Es war zwar spät, aber das Spiel war noch nicht verloren.

Auf der einen Seite stand die große Gruppe der katholischen Fürsten, die Luther bedrohten, seine Anhänger verfolgten und seine Schriften vernichteten. Aus Treue zur Tradition, aber auch aus Angst vor Unruhen, die schon latent zu spüren waren. Doch nicht nur die Fürsten sahen Unruhen kommen. Auch in den Städten gab es einflußreiche und gebildete Bürger, die Luther anfangs unterstützt hatten, solange er mit Erasmus zusammenging (Männer wie Willibald Pirckheimer zum Beispiel, der Nürnberger Patrizier und Freund von Dürer). Sie ahnten das drohende Gewitter und traten nun, müde, enttäuscht und schwankend geworden, den Rückzug an.

Auf der anderen Seite standen die Extremisten, jene, die Luther beschuldigten, seine Gedanken nicht konsequent zu Ende zu verfolgen. Was warfen sie ihm vor? Daß er viele, allzu viele Riten, Bräuche und Sakramente des Katholizismus beibehielt und auch, daß er nicht wie sie und zusammen mit ihnen das Reich Christi auf Erden verwirklichen wollte; daß er die Herrschaft der Fürsten als notwendig und gottgewollt hinstellte; kurzum, daß er nicht mit ganzer Kraft für eine politische und soziale Revolution eintrat, deren Morgenröte sie bereits heraufziehen sahen.

Zwischen diesen beiden Gruppen stand die kleine Truppe der treuen Anhänger Luthers: voller Vertrauen, aber etwas beunruhigt, weil sie eigentlich der Meinung waren, daß ihr Führer sie allzu sehr auf der Stelle treten ließ. Gewiß, wenn Luther sprach, unterlagen sie ganz seinem Einfluß. Sein wunderbarer, naiver Optimismus und seine liebevolle Großzügigkeit berauschten und verzauberten sie. Anschließend, wenn er wieder schwieg, kamen ihnen manche geheimen Zweifel. Warum zögerte er so lange, anstelle der Kirche, die sie auf sein Wort hin verlassen hatten, eine völlig neue, klare, weiträumige und moderne Kirche zu gründen, seine

Kirche, ihre Kirche, mit einer wohlgefügten Ordnung, genau geregelten Zeremonien, eindeutigen Dogmen und einheitlichen Riten?

Das Spiel war tatsächlich offen. Ein Mann der Tat hätte es gespielt. Wie? Je nach Temperament. Es gab sehr verschiedene Wege, die Sache anzugehen. Man konnte entweder alle Brücken abbrechen und sich in einer gut fundierten, im altdeutschen Boden verankerten Kirche verschanzen, die allen Asyl und ein uneinnehmbares Bollwerk gegen Reaktion und Revolution bieten würde. Oder man konnte sich im Gegenteil an die Spitze der Bewegung stellen; die Extremisten überführen und zerschlagen, während man ihre Truppen anführte; sich an das äußerste Ende einer ungeheuren Flutwelle stellen, die alles vernichten und dem Sieger ein freigefegtes Feld und einen weiten Spielraum für den notwendigen Wiederaufbau bieten würde. Ein Mann der Tat ist ein Freund des Risikos. Doch Luther? Er spürte nicht einmal, daß gehandelt werden mußte.

Lassen wir alle Erklärungen beiseite, die nichts erklären. Gewiß war Luther aufgrund seiner Herkunft ein Kleinbürger mit beschränkter Perspektive. Aufgrund seiner langen klösterlichen Laufbahn war er ein kontemplativer Mensch: das Gegenteil von Politikern oder Juristen, die er auch instinktiv haßte. Er wußte nichts von der Welt, die ihn umgab. Was politische, wirtschaftliche oder soziale Probleme anging, so hatte er in seiner Schrift *An den christlichen Adel*, in der er einige Lösungen vorschlug, bewiesen, wie wenig er davon verstand. Mag sein. Doch wichtig, ja entscheidend ist, daß diese Fragen 1524 ebenso wie schon 1520 für ihn eigentlich gar nicht existierten.

Luther war ein Verkünder des Wortes. Dieses WORT so zu lehren, wie es der Herrgott ihm offenbarte und zu predigen aufgab, war seine Mission auf Erden. Seine einzige Mission. Doch er meinte, daß sich dieses WORT nicht auf die Probleme des Jahrhunderts anwenden ließe. Das Evangelium kümmerte sich nicht um weltliche Dinge. Es will nicht wissen, ob auf Erden Gerechtigkeit herrscht, oder wie man dafür sorgt, daß sie sich durchsetzen kann. Es lehrt die Christen im Gegenteil, daß sie leiden, erdulden und Ungerechtigkeit hinnehmen müssen – das ist ihr menschliches Los, das sie mit demütigem Herzen annehmen müssen. Sonst sie sind eben keine Christen.

Man suche also nicht bei Luther (weder beim Luther von 1523, noch bei seinem Vorgänger, dem Luther der großen Schriften von 1520) nach einem Handlungsmotiv, um mehr Gleichheit auf Erden durchzusetzen. Luther lebte zwar in dieser Welt – als Mensch. Er war Deutscher und mit den deutschen Verhältnissen verbunden, den menschlichen Gesetzen unterworfen und von vielfältigen Institutionen regiert. Als solcher mag er über die Politik der Fürsten, die Lage der Bauern oder die Geschäfte der Bankiers eine möglicherweise richtige oder falsche Meinung gehabt haben. Tatsächlich hatte er sie auch; und wenn man seine *Tischreden* liest, möchte man manchmal hinzufügen: leider. Doch das ist unwichtig. Denn Luther kümmerte sich nicht um irdische Reiche. Sein Glauben war allein auf das Blut Christi gerichtet und kannte keine andere Sorge. Und was die Gründung einer lutherischen Kirche mit genau definierten Dogmen, ordentlich geregelten Riten und Zeremonien anging, so hatte sich Luther auch in dieser Hinsicht 1523 oder 1524 nicht geändert.

Kirche und Staat

Eine lutherische Kirche? Wie oft hatte er nicht gegen dieses Wort und diesen Gedanken protestiert! »Sie glauben nicht an den Luther, sonder an Christo selbst [...], den Luther lassen sie fahren, er sei ein Bub oder heilig [...]. Denn ich kenne selbs auch nit den Luther, will ihn auch nit kennen; ich predig auch nichts von ihm, sunder von Christo. Der Teufel mag ihn holen, wenn er kann: er lasse aber Christum mit Frieden bleiben, so bleiben wir auch wohl.«[6] Immer wieder hatte er auf die Gefahr der Uniformität hingewiesen. »Es scheint mir nicht ratsam, die Unseren in einem Konzil zu versammeln, um einheitliche Zeremonien festzulegen. [...] Wenn eine Kirche die andere nicht von selbst in diesen Äußerlichkeiten nachahmen will, wozu braucht man dann Konzilsbeschlüsse, die sich alsbald in Gesetze und Seelenstricke verwandeln?« Den Kirchen müsse es freigestellt bleiben, einander als Modell zu dienen oder eigene Bräuche zu pflegen, solange die geistige Einheit gewahrt bleibe: »die des Glaubens und des Wortes«.[7]

Deshalb ist es müßig, zu erwarten, daß Luther über das Bilderverbot, das Abendmahl in beiderlei Gestalt oder über die Beichte, also die brennenden Fragen des Augenblicks, an denen sich die Meinungen entzweiten, ein definitives Urteil verkündete. Allen, die darauf bestanden, seine

Meinung zu hören, antwortete er ausweichend: Lappalien, bedeutungs-
lose Details usw. In einem Brief vom 15. Dezember 1524 an die Straßburger Christen sprach er dies offen aus: Karlstadts großer Irrtum bzw. einer
seiner Irrtümer bestehe darin, das Volk glauben zu machen, daß das
Wesen des Christentums im »Bildsturmen, Sacrament sturzen und Taufe
hindern« liege.[8] Für Luther ist das nur »Rauch und Dampf«![9] Im übrigen
gelte: »Paulus spricht 1. Kor. 8, 4: Wir wissen, daß Götze nichts ist in der
Welt. Ists nichts, warumb sollt man dann der Christen Gewissen fangen
und martern umb nichts willen?« Vor allem verkündete Luther allenthalben: »Die Beichte [ist] gut, wann sie ungezwungen und frei ist.«[10] Oder
auch: »Die Messe [ist] nicht Opfer, noch gute Werke, sondern nur ein
Testament, und Gottes Wohlthat.« Darin erkennen wir den Mann wieder,
der 1523 ohne Umschweife erklärt hatte: »Weyl aber niemant zum glauben und Evangelio zu dringen ist, soll man die ubrigen personen, so ynn
klostern, es sey alters, bauchs odder gewissens halben, bleyben, nicht aus-
stoßen noch unfreuntlich mit yhn handeln. [...] man muß hie ansehen,
das solch person aus gemeyner blindheyt und yrtum yn solchen stand
geratten sind und nichts gelernet, da mit sie sich erneren kunden.«[11] Und
es war auch Luther, der bis zum Herbst 1524 (genau bis zum Nachmittag
des 9. Oktober) darauf beharrte, die Kutte der Augustiner zu tragen.
Sicher aus Protest und um den Papst zu verhöhnen, aber auch, wie er
schrieb, zur Unterstützung der Schwachen.[12]

Man drängte ihn, man schob ihn, man flehte ihn an. Alles, was man damit
erreichte, war, daß er noch einmal seine bereits erprobten Lösungen über-
dachte, vertiefte und, weil er sich nun seiner Gefühle sicherer war, noch
bewußter dafür entschied, nicht zu handeln. Aber unter diesem Druck
entwarf er wenigstens die Grundstrukturen eines Gottesdienstes. Natürlich nur provisorisch und bruchstückhaft. Wie hätte es auch anders sein
können?

Da das Seelenheil der Menschen allein vom Glauben an Christus
abhing, mußte jeder äußere Kult die freie Verständigung zwischen Gott
und dem Gläubigen behindern. 1523 war Luther jedoch bereit, sich über
die Ordnung des Gottesdienstes zu äußern. Im Dezember desselben Jahres veröffentlichte er seine *Formula Missae et Communionis* für die Wittenberger Kirche. Anschließend arbeitete er an seiner deutschen Meß-
liturgie. Im Januar 1526 erschien die *Deutsche Messe und Ordnung*

Gottesdienst. All dies war nicht sehr kohärent und logisch, zeigte aber sein ständiges Bemühen um einen Ausgleich in diesen Fragen. Um Kompromisse. Diese kann man wie abgelaufene Schuhe benutzen: nach einer gewissen Zeit wirft man sie weg. Wäre es jedoch allein nach ihm gegangen, hätte Luther nie etwas derartiges publiziert. Die wirklichen Gläubigen halten ihren Gottesdienst im Geiste ab. Nur für die Einfachen und die Unwissenden machte er widerwillig diese Zugeständnisse. Sie waren durchaus begrenzt, denn im Unterschied zu den »Zeremonisten«, die die sichtbare Kirche genau umgrenzen wollten, war Luther davon überzeugt, daß es nicht seine Aufgabe sei, sie zu organisieren, zu leiten und ihren Besitz zu verwalten. Das wollte er dem Staat überlassen. Daran läßt sich ablesen, wie zweitrangig und unwichtig all dies für ihn war.

Doch was ist mit diesem Staat, mit der Politik und den Fürsten? Schon in seiner *Treuen Vermahnung* hatte sich Luther zu diesen brennenden Fragen geäußert. Da sie aber weiter eine Rolle spielten und sich nun auch die Täufer dazu äußerten, und zwar im Geiste unnachgiebiger Gewalt; da sich drohende Wolken über Deutschland zusammenballten, die so schwarz waren, daß sogar die Blinden und Gleichgültigen gezwungen waren, sie wahrzunehmen, wiederholte er im Dezember 1522 in seiner Schrift *Von weltlicher Obrigkeit* ausführlicher und mit noch mehr Nachdruck und Methode, was er schon früher gesagt hatte.

Man kann Luther nicht gerade vorwerfen, die Fürsten geliebt zu haben. Seine Äußerungen über Friedrich den Weisen wurden oben bereits zitiert. Er war stolz darauf, dem Fürsten nie begegnet zu sein.[13] Als Christ und Verkünder des WORTES verachtete er die Großen dieser Welt; er verheimlichte dem Volk nichts von ihren Lastern, ihren Ausschreitungen oder gar ihren Verbrechen. Er sah die Unruhen voraus, die sich gegen sie zusammenbrauten. »Das Volk ist überall aufgeregt und hat auch Augen im Kopf«, schrieb er am 19. März 1522 an Wenzeslaus Link; »es will und kann mit Gewalt nicht unterdrückt werden. Es ist der Herr, der dies tut: Er verbirgt diese Bedrohungen und Gefahren vor den Augen der Fürsten, ja, durch ihre Blindheit und Gewalttätigkeit wird er es vollziehen, so daß ich mir schon vorstellen kann, ich sehe Deutschland im Blut schwimmen.«[14] Die Zeiten waren lange vorbei, in denen die Fürsten Menschen ungestraft wie wilde Tiere jagen konnten. Doch mußte man sich gegen diese ungerechten und grausamen Despoten, gegen diese bösartigen Tyrannen erheben, nur weil sie Christenmenschen knechteten? Das wäre dumm und gottlos. Auch diese abscheulichen Fürsten waren von Gott gewollt. Und wenn seine Vorsehung es so bestimmt haben sollte, würden sie büßen. Ansonsten aber ist jeder Versuch von Menschen, sich gegen sie zu erheben, mehr als lächerlich – eine Blasphemie.

Die Fürsten sind eine Geißel, aber eine Geißel Gottes. Sie sind »Gottis stockmeyster und henncker, und seyn gotlicher zorn gebraucht yhr, zu straffen die bösen und eußerlichen fride zu hallten.« Luther wurde hier wieder zum leidenschaftlichen Prediger, der die Nichtigkeit der Großen beschwörte: »Es ißt eyn grosser herr unßer Gott. Darumb muß er auch solch edelle, hochgeporne, reyche hencker und böttel haben.«[15] Also sind diese hochmütigen und unsympathischen Personen notwendig, legitim und – trotz all ihrer Fehler – zu respektieren. Zumindest in weltlichen Dingen, dem einzigen Feld, wo Fürsten Fürsten sind und die Guten sie voller Resignation und Barmherzigkeit zu ertragen haben, während sie an verantwortungslose Übeltäter denken: an Lumpen und Verbrecher, die Stock und Kerker brauchen. In geistlichen Dingen gibt es dagegen nur noch Christen in Gegenwart ihres Gottes.[16] Auch sollten sich die Fürsten keine Sonderrechte anmaßen; sie sollten nicht versuchen, über Glaubensfragen zu entscheiden und den Christen vorzuschreiben, was sie zu glauben haben und was nicht. Für ihre Untertanen gilt entsprechend das Gegenteil: Der Geist der Vergebung und der Barmherzigkeit, wie ihn das Evangelium predigt, wird allein im Königreich Christi herrschen; auf der Erde dagegen regieren nicht Vergebung, Barmherzigkeit oder Gnade – sondern Zorn und strenge Gerechtigkeit, das heißt das rational begründete Recht der Menschen.

Luther blieb damit seinen früheren Gedanken treu und beharrte auf einem strengen Gegensatz von geistlichem und materiellem Leben. Nach wie vor definierte er den Menschen als eine Mischung aus christlichem und weltlichem Wesen. Der weltliche Mensch war Herrschaftsverhältnissen und Fürsten unterworfen und mußte sich an die Gesetze halten; der christliche Mensch war davon befreit und deshalb wirklicher Priester und König. Eine scharfsinnige Lösung, zumindest auf dem Papier: Denn dort läßt sich die Grenze zwischen den beiden Reichen ohne Schwierigkeit ziehen. Würde diese subtile Unterscheidung aber auch dann noch gelten, wenn es zur Krise käme und in den Köpfen der Menschen ein heftiger Konflikt zwischen christlichen Gefühlen und weltlichen Pflichten ausbräche? Schon im Sommer 1524 lieferten die schwäbischen Bauern die Antwort.

Die Bauern

Der Bauernkrieg: die große Kehrtwende Martin Luthers. So will es jedenfalls die traditionelle Geschichtsschreibung. Vielleicht trifft dies zu, vielleicht aber auch nicht.

Wir wollen hier nicht über den Aufstand von 1524/25 sprechen und auch nicht über die anderen Revolten, die ihm vorangegangen sind, oder über die Männer unterschiedlichster Herkunft und Haltung, die sich als Führer oder Ausführende daran beteiligt haben.[17] Daß Martin Luther von Anfang an und von beiden Parteien einbezogen wurde, kann uns allerdings nicht überraschen. Für die einen war er selbstverständlich der Vordenker und Urheber des Aufstands; seine Lehren, seine Predigten und sein schlechtes Vorbild hatten dazu verleitet; und ebenso wie man die Aufrührer bestrafen mußte, mußte man diesen Handlanger des Teufels zur Rechenschaft ziehen, der im friedlichen Deutschland Wind gesät und Sturm geerntet hatte. Die anderen dagegen begrüßten in Luther den überzeugten Anwalt aller Unterdrückten, den geborenen Anführer aller Rebellen und den zwangsläufigen Gegner jeglicher Tyrannei. Und waren nicht gerade die Bauern die wahren Anhänger des Evangeliums gegenüber den Fürsten? Stand nicht an erster Stelle ihrer Artikel die Forderung, ihre Pfarrer selbst wählen zu dürfen[18], damit sie ihnen das heilige Wort übersetzen und unverfälscht predigen, ihnen zum Gebet Gelegenheit geben und den wahren Glauben einprägen? Seien wir also nicht überrascht, wenn Luther Ende April 1525, als er endlich eingriff, seine berühmte *Ermahnung zum Frieden auf die zwölf Artikel der Bauernschaft in Schwaben. Auch wider die räuberischen und mörderischen Rotten der andern Bauern* veröffentlichte.[19]

Die Absicht ist klar, die These simpel. Eine kurze Einleitung, dann folgen zwei getrennte Ansprachen an die Fürsten einerseits und – wesentlich ausführlicher – an die Bauern andererseits. Zum Schluß richtet er noch einige Ermahnungen an beide Parteien. Was will Luther damit erreichen? Will er prüfen, ob die Forderungen der Bauern gerecht oder ungerecht sind? Will er einen politischen und sozialen Konflikt schlichten? Keineswegs. Ihm geht es allein um eine Glaubensfrage.

Die Bauern behaupten: Wir sind weder Rebellen noch Aufrührer, sondern Wortführer des Evangeliums. Unsere Forderungen rechtfertigen sich aus dem Evangelium. Allein gegen diesen Anspruch wendet sich Luther.

Und zwar mit beispielloser Heftigkeit und Leidenschaft. Den Fürsten hat er nur wenig und nichts genaues zu sagen: Daß sie im Unrecht sind, wenn sie die Verkündung des Evangeliums verbieten, und auch, wenn sie ihrem Volk zu schwere Lasten aufbürden. Sie sollten vor dem Zorn, den sie verursacht haben, zurückweichen und »an den Bauern handeln als an den Trunkenen oder Irrenden«. Das wäre vernünftig und gerecht im menschlichen Sinne des Wortes. Außerdem sei die Obrigkeit nicht dazu berechtigt, mit ihren Untertanen willkürlich umzugehen. Aber dann, nach dieser etwas farblosen Rede im Konditional, findet Luther zu seiner klaren und sonoren Stimme zurück – wenn er sich an die Bauern wendet und ihnen kräftig die Leviten liest. Wie, das Evangelium sei mit ihnen und auf ihrer Seite? Welch ein Unsinn! Selbst wenn man ihn, Luther, verbrennen oder in Stücke reißen wollte – bis zu seinem letzten Atemzug werde er die Wahrheit verkünden: Das Evangelium rechtfertigt nicht den Aufruhr, sondern verurteilt ihn. Jeden Aufruhr.

Sie, die Bauern, sagen: Wir haben recht, sie haben unrecht. Wir werden unterdrückt, und sie sind ungerecht. Mag sein. Luther geht sogar noch weiter. Er sagt: Ich glaube es auch. Na und? »Das die oberkeyt böse und unrecht ist, entschuldigt keyn weder rottery noch aufrur.«[20] Das Evangelium lehrt: »Yhr sollt dem ubel nicht widderstehen! [...] Und wer dich auf eynen backen schlegt, dem halt den andern auch dar.«[21] Aber Luther selbst? Hat er nie das Schwert gezogen? Nie selbst den Aufruhr gepredigt? Nein, sondern Gehorsam. Und genau deshalb hat Gott sein Leben gegen den Papst und alle Tyrannen beschützt und die Verbreitung des Evangeliums gefördert. Jene aber, die der Natur folgen und das Übel nicht erleiden wollen, seien Heiden. Die Christen kämpfen nicht mit dem Schwert oder mit Büchsen. Ihre Waffen sind das Kreuz und die Geduld. Selbst wenn die Obrigkeit, die sie unterdrückt, tatsächlich ungerecht ist, haben sie nichts zu befürchten, denn Gott wird jene ihre Ungerechtigkeit bitter büßen lassen. Bis dahin allerdings müssen sich die Christen beugen, gehorchen und leiden – und zwar schweigend.[22]

Das also ist die *Ermahnung zum Frieden*. Man kann leicht darüber spotten und die Diskrepanzen, ja die groteske Komik betonen: während es auf der einen Seite um Aufruhr und Haß, um kämpfende und brennende Dörfer geht, steht auf der anderen Seite Doktor Martin Luther, die Augen zum Himmel erhoben, und läßt aus ganzer Seele und mit aufgeblasenen Backen, während er nichts anderes hört oder sieht, seine christlichen Flötentöne erklingen. Das ist sehr einfach. Doch es gibt etwas, das man nicht sagen sollte: daß Luther erst 1525 aus der Defensive heraus pharisäerhafte Argumente erfunden habe.

Seine Lehre? Sie entstand nicht erst als Reaktion auf den Bauernaufstand. Lag sie nicht schon seinem Brief an Friedrich den Weisen vom 5. März 1522 zugrunde? »Denn die Gewalt soll niemand brechen noch widerstehen denn alleine der, der sie eingesetzt hat; sonst ists Empörung und wider Gott.«[23] Und bestimmte sie nicht auch seine Schrift von 1523, *Von weltlicher Obrigkeit*, wo zwischen christlichem und weltlichem Reich unterschieden und letzterem unbedingter Gehorsam geschuldet wird, auch wenn seine Ordnung ungerecht ist? »Da her kompt das ware sprichwort: ›Wer wydderschlegt der ist unrecht.‹ *Item*, ›niemant kan seyn eygen richter seyn‹.«[24] Nein, Luther hat 1525 wirklich nichts erfunden, als er den Leibeigenen und Bauern zurief, zu resignieren und sich zu unterwerfen. Und als er hinzufügte: Die einzige Freiheit, um die ihr euch sorgen solltet, ist die innere Freiheit, und die einzigen Rechte, die ihr legitimerweise fordern dürft, sind die eures Gewissens. Solche Sätze, verzweifelten Bauern, die wie Tiere um ihr Leben kämpfen, an den Kopf zu werfen, mochte wie blanker Hohn erscheinen. Doch indem Luther an ihnen festhielt, stand er mit sich selbst in Einklang. Er blieb durchaus der wahre Luther, der von Leipzig, von Worms und von der Wartburg.

Es spottet sich leicht. Doch sind ein schlauer Franzose oder auch ein hämischer Antilutheraner die besten Führer, um einen Luther und mit ihm die deutsche Reformation zu begreifen und darüber hinaus einen der aufregendsten Aspekte des Deutschtums in der Geschichte zu verstehen?

Michelet war anderer Meinung, denn in seinen *Mémoires de Luther* schrieb er (und zwar gerade in bezug auf die *Ermahnung zum Frieden*): »Nirgendwo sonst hat Luther solche Höhen erreicht.« Gewiß, als er diese Textsammlung zusammenstellte, war der Historiker ganz besonders für die strömende Kraft und leidenschaftliche Macht des religiösen Gefühls empfänglich, das den Reformator ganz und gar beherrschte, verzauberte, erfüllte und davontrug. Dieses unwiderstehliche Gefühl, das von Herzen kam und sich anfangs schäumend, voller Wirbel, schließlich dann in vollem Strom über die Welt ergoß, erklärte genau das, was zu erklären war: Luthers historisches Schicksal, seine Macht über die Menschen, seine geheimnisvolle, lebendige Ausstrahlung. Noch etwas anderes kommt hinzu. Was die Krise von 1525 so bedeutsam macht, ist, daß sie alle Schleier zerriß, so daß man nun zum ersten Mal bei Tageslicht die gefährlichen Folgen der Worte und der historischen Handlungen Martin Luthers betrachten und ermessen konnte.

Sicher haben die Historiker recht, die für die Tatsachen empfänglich sind und daher feststellen, wie sehr Luthers Haltung zu diesem Zeitpunkt die Bauern, die Aufständischen und überhaupt all jene empörte und verletzte, die die von einem unerschrockenen Augustinermönch ausgelöste Bewegung weit über die Grenzen hinaustreiben wollten, die er selbst ihr gesteckt hatte. Sie betonen auch zu Recht, daß Luther, nachdem er von hoher Warte seine *Ermahnung* erteilt und mit theoretischen Argumenten gegen den Aufruhr gepredigt hatte, am Ende immerhin seine Hoffnung auf Schlichtung äußerte – und sich anschließend keineswegs schweigend, mitleidig und gelassen aus dem Getümmel heraushielt. Im Frühjahr 1525 weitete sich der Bauernaufstand immer mehr aus. Überall wurden Städte geplündert, Burgen bezwungen und Klöster verwüstet. In Thüringen verkündete Thomas Müntzer das Gemeineigentum, und in seinen Aufrufen mit dem unheilvollen Refrain »*dran, dran!*«[25] beschwor er seine Anhänger, das Blut an ihren Schwertern nicht erkalten zu lassen. Doch allmählich hatten sich auch die Fürsten organisiert. Am 15. Mai 1525 wurde Müntzers Heer bei Frankenhausen zerschlagen, er selbst gefangen und bald darauf hingerichtet. Am 18. Mai vernichtete Herzog Anton die Bauernhaufen bei Lupfstein und eroberte anschließend Zabern. Im Juni wurden die fränkischen Bauern bei Königshofen geschlagen. Dann begann die Vergeltung, und sie war schrecklich. In einem verwüsteten, von rauchenden Trümmern übersäten Deutschland, wo über verwilderten Feldern und leeren Stallungen das Schreckgespenst einer Hungersnot aufkam – ließen die Fürsten nun ihrerseits die Köpfe rollen.

Luther, jener Luther, der im Dezember 1522 in seiner Schrift *Von weltlicher Obrigkeit* mit Nachdruck verkündet hatte, ein Richter müsse streng sein, die Obrigkeit müsse hart und jede Bestrafung ohne falsche Sentimentalität bis zur Grausamkeit gehen, weil Barmherzigkeit nicht von dieser Welt sei; Luther, der 1524 in seiner Schrift *Wider die himmlischen Propheten* gemeint hatte, der einzige Weg, *Herrn Omnes* zum rechten Leben zu veranlassen, bestehe darin, ihn »mit gezwang unter dem schwerd und gesetz eusserlich frum« zu machen, »wie man die wilden thiere mit keten und kercker hellt«[26]; Luther, der im selben Buch die Ver-

Abbildung 24: Thomas Müntzer. Kupferstich von Christoph von Sichem.

treibung Karlstadts mit dem Satz begründet hatte: »So meyne ich, das land sey der fursten zu Sachsen und nicht D. Carlstads, darynnen er eyn gast ist, und nichts hat. [...] Solt eyn hauss herr nicht recht und macht haben, eynen gast odder knecht heyssen aus zihen, er müsste denn zuvor ursache sagen und das recht mit yhm ausstehen, so were es ia eyn armer gefangener haus herr ynn seym eygen gut, und der gast würde selbst haus herr seyn«[27]; dieser Luther war kein Mann, der seine Meinung angesichts der Ausschreitungen und der Ausdehnung der Bauernaufstände von 1525 änderte. Bedenkt man außerdem, daß vielfach versucht wurde, ihn selbst mit hineinzuziehen, und daß ihn die Einwände, Angriffe und direkten Vorwürfe im Innersten trafen, weshalb er sich aus Trotz immer weiter vorwagte, ist es kaum überraschend, daß er Ende Mai 1525 nach den ersten Siegen der Fürsten und dem Beginn der Strafmaßnahmen erneut zur Feder griff und eine Schrift *Wider die räuberischen und mörderischen*

Rotten der Bauern zu Papier brachte, die an blutrünstiger Härte und Gewalttätigkeit kaum zu überbieten war.[28]

Auch seine Briefe waren damals äußerst aggressiv. »Daß man den Bauren will Barmherzigkeit wünschen: sind Unschuldige drunter, die wird Gott wohl erretten und bewahren, wie er Lot und Jeremia tät.«[29] Das erinnert beinahe an das berühmte: Tötet sie alle, Gott wird die seinen schon erkennen![30] »Tut er's nicht, so sind sie gewiß nicht unschuldig, sondern haben zum wenigsten geschwiegen und bewilligt.« Und an Amsdorf schrieb er in einem Brief vom 30. Mai: »Ich bin der Meinung: es ist besser, daß alle Bauern erschlagen werden als die Fürsten und Obrigkeiten, und zwar deshalb, weil die Bauern ohne Gewalt von Gott das Schwert nehmen [...]. Deshalb gebührt den Bauern keine Barmherzigkeit, keine Geduld, sondern der Zorn und der Unwille Gottes und der Menschen.«[31] Dann erfuhr er von der Festnahme Müntzers: »Wohlan, wer den Münzer gesehen hat, der mag sagen, er habe den Teufel leibhaftig gesehen in seinem höchsten Grimm. O Herr Gott, wo solcher Geist in den Bauren auch ist, wie hohe Zeit ist's, daß sie erwürget werden wie die tollen Hunde!«[32] Und er, der Gebannte von Worms, der Mann, über den feierlich die Reichsacht verhängt wurde, erklärte nun ohne Umschweife: »Eyn aufrurischer mensch, den man des bezeugen kan, [ist] schon ynn Gotts und Keyserlicher acht, das, wer am ersten kan und mag den selben erwurgen, recht und wol thut. [...] Gleich als wenn man eynen tollen hund todschlahen mus, schlegstu nicht, so schlegt er dich und eyn gantz land mit dyr.«[33]

Nun versteht man den mörderischen Zorn seiner Schrift vom Mai 1525: »Drumb, liebe herren, loset hie, rettet hie, hellft hie, Erbarmet euch der armen leute; lude, steche, schlage, würge hie, wer da kan.«[34] Darüber vergaß er sogar seine eigene Theologie, denn er behauptete zum Schluß: »Sölch wunderliche zeytten sind itzt, das eyn Furst den hymel mit blutvergissen verdienen kan, das denn andere mit beten.«

Die zwei Reiche

Die Folgen einer solchen Haltung kann man sich denken. Luther isolierte sich. Viele Menschen, darunter gerade die Eifrigsten, die seine Worte einst tief bewegt und ergriffen hatten, wandten sich von ihm ab. Sei's drum.

Sollte er deshalb seine Meinung ändern und in alte Irrtümer zurückfallen? In diesen tragischen Stunden mit ihren aufgezwungenen Problemen begann Luther, wieder einmal die Kette seiner Gedanken zu prüfen – und sich seiner Überzeugungen zu versichern.

Die Welt ist schlecht, sagte man bei den Katholiken. So schlecht, daß der Mensch, solange er in sie hineingeworfen ist, trotz aller Anstrengungen und so heldenhaft sie auch sein mögen, in seinen Handlungen und Beschlüssen stets von seiner grundsätzlichen Schlechtigkeit behindert wird. Wer also einem hohen Ideal von Opfer und Heiligkeit nacheifert, hat nur einen Ausweg: der Welt zu entfliehen. Er muß sich zu Lebzeiten aus der Gesellschaft der Lebenden zurückzuziehen und außerhalb des Jahrhunderts an abgeschiedenen Zufluchtsorten eine Existenz aus Gebet, Demut und Verzicht führen. Er muß sich Gott als Bußopfer für die eigenen und für die Sünden der anderen hingeben.

Chimären und Blasphemie, hatte Luther dazu gesagt. Die Welt ist die Welt. Gott selbst hat das Schauspiel inszeniert, das hier gegeben wird. Und er hat uns auch als Akteure in diese tragische und elende Szene gestellt. Also sollten wir nicht versuchen zu fliehen. Sondern in der Zeit leben. Als Fürsten oder Kaufleute, als Richter, Henker oder Landsknechte sollten wir die Aufgaben erfüllen, die uns übertragen werden. Wir sollten sie annehmen, aus Liebe zu all jenen, die davon abhängig sind. Doch als Christen sollten wir geistig in einer anderen Sphäre leben, wo wir allein mit unserem Seelenheil beschäftigt Milde, Barmherzigkeit und alle hohen Tugenden üben wollen, die nichts mit der irdischen Welt zu tun haben – dem Reich des Zorns, der Gewalt und des Schwertes.

Zwar müssen wir uns den politischen, wirtschaftlichen und juristischen Notwendigkeiten fügen und den Druck der Gesetze, die blutigen Seiten des Krieges und die Ungerechtigkeiten der Fürsten hinnehmen: ein schmerzliches Opfer. Und eine so ausgeprägte Persönlichkeit wie Luther spürte natürlich, daß er im engen Rahmen des irdischen Lebens zu ersticken und bei jeder kleinsten Bewegung das Ganze zu zerbrechen drohte. Er spürte es und wußte es. Doch umso lauter schrie er: »Laßt uns stille stehen. Wozu alles zerstören, um ein größeres Haus zu bauen? Beugen wir uns den harten Notwendigkeiten der irdischen Welt, auch um den Preis andauernden Zwangs. Was bedeutet das schon, wenn sich dafür unsere Seele, unsere Christen- und Gläubigenseele, aus dem Käfig befreien kann? Im hellen Äther des himmlischen Reiches, wo es weder

Gesetze, noch Zölle, noch Grenzen gibt, kann sie sich an ihrer Macht berauschen und ihre königliche Freiheit auskosten. Furchtlos wandert sie vom Gipfel der Tugend zum Abgrund des Lasters und gelangt nach einer Reise durch Schmutz und Unrat in den unschuldigen Genuß inneren Friedens. Schließlich, am Ende ihrer Erfahrungen, tritt sie in direkte und unmittelbare Kommunikation mit der Quelle aller schöpferischen Energie, dem allmächtigen Beweger: Gott. In der Flamme, die ihn umgibt und die alle entzündet, die sich ihm nähern mit dem schrecklichen Gedanken daran, wer sie sind, mit dem pathetischen Gefühl ihrer Unwürdigkeit und einem grenzenlosen Vertrauen in seine Barmherzigkeit, schmilzt alles dahin, verflüssigt sich: Sünden und Laster, Leiden und Schwächen, Unrat und Schlacke. Das bedeutet vollkommene Befreiung und Vergebung, den Eintritt in das Reich, in eine Sphäre, wo das Gesetz aufgehoben, die Sünde vernichtet, der Tod besiegt und die Seele jenseits von Gut und Böse ist. Das ist das Heil durch den Glauben.«

Doch welche Gewißheit gibt es für den Christen? Gott läßt sich in ihm nieder, durchdringt und beseelt ihn; er verwandelt sein Leben in eine ununterbrochene Folge fruchtbaren Schaffens und sein Herz in eine unversiegbare Quelle der Liebe. Die Werke der Menschen ergeben sich aus dem Glauben, den sie nähren. Damit entsteht ein endloser Kreislauf. Der Glaube geht »ausz in die werck unnd kumpt widder durch die werck zu sich selb, gleich wie die son auffgeht bisz an den nidergang und kompt wider bisz zu dem auffgang«.[35] Was bedeuten angesichts solcher Aussichten, deren Wonnen der Mensch erfahren kann, die Leiden dieser Welt, die Zwänge hienieden?

1525. Der Bauernaufstand. Wie ein Blitz durchzuckte er den Nebel der Illusionen. Und nun erlebte Luther den gemeinen Mann, wie er wirklich war: mit der Sense in der Hand und erhobenem Spieß, arm, ungebildet und derb. Der die Wände seines Kerkers nicht mehr hinnahm, sondern mit seiner ganzen wilden Kraft erschütterte. Ihm die wunderbaren Früchte der christlichen Freiheit versprechen? Das wäre der reine Hohn gewesen. An seinem Leiden teilhaben und seine Forderungen übernehmen? Niemals. Denn das wäre gegen Gott. Auch könnte man Luthers Argument gegen die Bilderstürmer – Wenn die Bilder ohne Wirkung sind, warum sich dann gegen sie auflehnen? – ebensogut auf die Fürsten anwenden: Welche Macht haben sie über die Seelen? Keine. Warum sich

Abbildung 25: Bauern foltern den Ablaßprediger »Rychardus Hinderlist«. Feder-
zeichnung von Niklaus Manuel Deutsch in seinem 1525 verfaßten Fastnachtsspiel
»Der Ablaßkrämer«.

also gegen eine Tyrannei erheben, die den wahren Menschen gar nicht erfaßt? Also, keinerlei Zusammenarbeit mit den Aufrührern. Man muß sie vielmehr hart bestrafen, ihnen rücksichtslos auf die lästerlichen Mäuler hauen.

Um diesen Preis würde alles wieder gut, würde alles sich wieder zufriedenstellend fügen. Auf der einen Seite gab es die Helden: einige wenige Genies und einzelne starke Persönlichkeiten, die in der Lage waren, äußerliche Zwänge mit Gleichmut zu ertragen und alle Widrigkeiten und Niedrigkeiten hinzunehmen, ohne sich die Mühe zu machen, zu protestieren oder Widerstand zu leisten; denn in ihrem Innern verfügten sie über die wahre Freiheit und die übermenschliche Freude, jeder Knechtschaft zu entgehen, alle Gesetze für nichtig zu halten und gegenüber den mechanischen Notwendigkeiten den Aufstand des freien Geistes durchzuführen. Diesen Helden stand die Masse gegenüber: Sie war allen Zwängen unterworfen und mußte deren heilsame Strenge erfahren; auch sie hatte rein theoretisch eine innere Freiheit, aber sie war unfähig, sie zu nutzen, und führte ihr Leben im Rahmen eines patriarchalischen Staates, der stellvertretend für alle handelte und vorsorgte, also gleichsam die Rezepte eines mehr oder weniger aufgeklärten Despotismus auf diese menschliche Schafherde anwandte.

Im lutherischen Gesellschaftsgefüge gab es daher einen scharfen Kontrast zwischen einem pharisäerhaften und ängstlichen Moralismus, großen Erfolgen im Kleinen und Passivität und Feigheit im Großen auf der einen Seite, und einem visionären Glauben einzelner heldenhafter Genies auf der anderen Seite, denen nichts und niemand etwas vorschreiben konnte und deren Geist unendliche Räume durchschritt – während ihr Körper auf Erden, im irdischen Schmutz steckenblieb. Waren es Bürger? Ja, Bürger des himmlichen Reiches. Auf Erden wollten sie weder regieren noch etwas verbessern. Als gehorsame Untertanen und musterhafte Beamte lieferten sie ein Vorbild völliger Unterwerfung unter die Befehle eines Fürsten, der sich letztlich über alle gebeugten Nacken erhob und allein über eine Macht verfügte, die ihm niemand bestritt.

Damit zeichnete sich im Frühjahr 1525 die ganze Geschichte, die ganze Philosophie des lutherischen Deutschland ab. Zumindest in den Ermahnungen und vielleicht auch in den Träumereien eines Luther, der zutiefst verunsichert war und deshalb umso heftiger seine Gewißheiten proklamierte.

Kapitel 10

NACH 1525: IDEALISMUS UND LUTHERANERTUM

Wer in Martin Luthers Briefen aus diesen Jahren der Krise immer wieder auf Formulierungen des Bedauerns stößt – Warum hat der Herrgott das Opfer meines irdischen Lebens, das ich ihm aus reinem Herzen anbot, nicht angenommen? Warum ist er den Spitzbuben und Henkern in den Arm gefallen? –, stellt sich unweigerlich eine Frage: Drückt sich hier nicht vielleicht in mystischer Sprache das dumpfe, aber starke Gefühl eines Menschen aus, der einen sehr hohen, für andere völlig unerreichbaren Gipfel erklommen hat, sich dort aber nicht einzurichten vermag und Angst hat, daß er sich dort nicht halten kann?

In Wittenberg, in Worms, auf der Wartburg und – nach seiner Rückkehr – erneut in Wittenberg hatte Luther sich selbst und andere mit seinem unnachgiebigen Idealismus berauscht. Ohne Rücksicht auf Kontingenzen, ohne Rücksicht auf die Mächtigen dieser Welt, hatte er seinen Glauben hinausgeschrien. Er hatte gleichsam das schöne, heldenhafte und lebensvolle Gedicht der christlichen Freiheit entworfen. Indem er den romantischen Glanz und die Schattenseiten seiner Hoffnungen und Zweifel in Gott auf die anfangs verwunderten, dann eroberten Volksmassen projizierte, hatte er nacheinander die souveräne Allmacht der Gnade und die klägliche Ohnmacht des menschlichen Willens in sehr kontrastreichen Liedern besungen. Er, der einsam gebliebene Mönch, erhaben und rein in seiner symbolischen Kutte. Dann aber waren Neider aufgetaucht. Rivalen, Gegner, denen er die Zunge gelöst hatte und die nun die Freiheit, die sie ihm verdankten, dazu nutzten, ihn zu verleumden, zu verspotten und – sich gegenseitig überbietend – seinen Ruf zu ruinieren. Auf ihren Appell hin, unter ihrem Einfluß hatte sich das gemeine Volk, arm und ungebildet wie es war, zu einem Aufstand gegen Fürsten, Gesetze und hergebrachte Sitten erhoben. Die christliche Freiheit, die 1520 noch so strahlend schien, verwandelte sich dadurch in eine schreckliche Karikatur. Kein Zweifel, Luther wäre lieber gestorben, als diesem Schauspiel beizuwohnen. Hatte er nicht alles, was er zu sagen hatte, längst gesagt?

Pro fide: *Erasmus oder die Vernunft*

Luther war nicht gestorben. Also mußte er sich anpassen. Doch es gibt viele Wege sich anzupassen. Wir können hier nicht den oder die Wege im Detail darstellen, die er auswählte. Das würde ein weiteres, vollkommen neues Buch erfordern. Statt dessen wollen wir uns unserer Fragestellung entsprechend auf die psychologischen Aspekte beschränken und lediglich einige Haltungen, einige Reaktionen Luthers nach 1525 so gut es geht herausarbeiten.

Es war nicht Luthers Art, als er getroffen wurde, zu sagen: Ihr habt gewonnen! – und dann abzutreten. Einige Wildgewordene hatten sich zusammengeschlossen, um sein Werk zu vernichten. Seine Überzeugungskraft schien erschöpft. Doch er wich nicht zurück. Er fing nicht an, sich zu »widersprechen« oder zu »dementieren«, sondern er stand wie ein Fels. Er war bereit zu kämpfen. Er wollte zeigen, daß er Recht hatte, daß allein seine Partei die richtige und nur der von ihm gepredigte Christus der wahre sei. Und so wandte er sich gegen jene, die ihn umgaben und deren Sichtweise eigentlich von der seinen nicht weit entfernt war. Er zog nicht etwa einen scharfen und deutlichen Trennstrich um seine Lehre; er definierte sie auch inhaltlich nicht sonderlich streng. Sondern er griff einfach alle an, die er im Verdacht hatte, daß sie sie erneut reformieren wollten, und ging dann entsprechend seiner bereits erprobten und bekannten Taktik (die bei ihm jedoch eher auf Instinkt als auf Berechnung gründete) zum Gegenangriff über.

Seine Situation war in jeder Hinsicht unbequem. In den Jahren 1523 und 1524 hatte Luther erhebliche Schwierigkeiten, um im materiellen Sinne des Wortes überleben zu können. Seine Briefe enthalten eine lange Reihe

von Klagen. Der Kurfürst von Sachsen erwies sich als knauserig und acht-
los, als ob er ihn schon vergessen hätte.[1] Luther schlug sich durch, so gut
er konnte. Er war nicht allein. Alle, die mit Rom gebrochen hatten und
sich von der Kirche distanzierten, strömten nach Wittenberg, um »den
Mann von Worms« zu sehen, ihn um Rat zu fragen, ihn um Hilfe und
Unterstützung zu bitten. Sie kamen aus Deutschland, den nordischen
Ländern, aus England und sogar aus Frankreich. Es kamen auch Frauen,
Nonnen, die aus ihrem Kloster geflohen waren oder von ihrer Familie verstoßen wurden und nun Luther, dessen Stimme die Klostermauern durch-
brochen hatte, um ihr täglich Brot, um eine Zuflucht und möglichst auch
eine Bleibe zu bitten. Allen diesen Menschen mußte er beistehen und sie
unterbringen. Er flehte und drohte, manchmal bäumte er sich sogar
wütend auf. Friedrichs Verhalten schien ihm unzumutbar. Einmal schrieb
er an Spalatin: »Ich denke, daß wir für den Fürsten keinerlei Last darstellten oder darstellen, sondern eher von Nutzen sind. Vielleicht betrachten Sie es nicht als einen Nutzen, daß wir das Evangelium wieder haben
entstehen lassen. Dabei dient es nicht bloß Ihrem Seelenheil, sondern
bringt auch einen nicht unerheblichen weltlichen Gewinn, der schon in
den Taschen des Fürsten verschwunden ist und mit jedem Tag mehr verschwindet.«[2] Aus diesem und einigen anderen Briefen spricht die Bitter-
keit darüber, so viel von sich gegeben zu haben und doch nur Gleichgültigkeit zu ernten.

Trotzdem ließ Luther nicht locker. Ende 1524, Anfang 1525 veröffentlichte er eine Abhandlung mit dem Titel *Wider die himmlischen Propheten, von den Bildern und Sakrament*, worin er sich frontal gegen die
mystischen Spiritualisten wandte, die bloß ihre Seele in die Tiefen des
Göttlichen versenken wollten. Er hörte nicht auf, die Täufer und Schwärmer, die Anhänger Karlstadts und Müntzers mit seinen Sarkasmen und
Invektiven zu verfolgen. Was die Bauern anging, die ihre klobigen Panti-
nen über ihren harten Schädeln schwenkten und sich unter dem traditionellen Symbol des *Bundschuhs* sammelten, so erklärte er ihnen kategorisch, was er von ihrem aufrührerischen Evangelium hielt. Doch diese
Kämpfe genügten ihm nicht. Er verließ jetzt sogar die antirömische Ein-
heitsfront und verteidigte seine eigene Lehre von der realen Präsenz
Christi mit aller Entschiedenheit gegenüber den Führern der aleman-
nischen und rheinischen Reformation: Zwingli, Oekolampadius oder
Bucer.

Den Straßburger Gläubigen gestand er 1524, wie schwer ihm diese Entscheidung gefallen war: »Das bekenne ich, wo D. Carlstadt oder Jemand anders vor fünf Jahren mich hätte mögen berichten, daß im Sacrament nichts dann Brod und Wein wäre, der hätte mir einen großen Dienst than. Ich hab wohl so harte Anfechtunge da erlitten, und mich gerungen und gewunden, da ich gern heraus gewesen wäre, weil ich wohl sahe, daß ich damit dem Papstthum hätte den größten Puff können geben.«[3] Doch was konnte er tun? »Ich bin gefangen, kann nit heraus: der Text ist zu gewaltig da, und will sich mit Worten nit lassen aus dem Sinn reißen.« Hier machte sich Luther etwas vor. Es war sein Gefühl, sein religiöser Instinkt, der ihn »gefangen« hielt. Denn ohne sein Herz zu verändern oder seine Seele zu verkaufen, hätte er nicht aufhören können, im Abendmahl mit dem Fleisch und dem Blut Christi die erregende Substanz eines Gottes einzunehmen, der ihn durchdrang und seine Kräfte steigerte. Sein ganzes Wesen empörte sich gegen die allzu vernünftigen Auffassungen der Schweizer und ihre Theologie ohne Mystik. In seinem Pamphlet *Wider die himmlischen Propheten* wandte er sich denn auch gegen Karlstadts These, daß es unvernünftig sei anzunehmen, der Leib Jesu-Christi ließe sich so klein machen. Unvernünftig vielleicht, rief er aus, aber wer die Vernunft zu Rate zieht, glaubt an kein Mysterium mehr! Damit war das große Wort heraus.[4] Damit war der Feind bezeichnet, gegen den Luther – als gläubiger Christ und nicht als Führer – blindlings ankämpfte, sobald er ihn erkannt hatte.

Es war derselbe Geist und derselbe Feind, den er damals auch in Erasmus bekämpfte. Luther war noch nicht Luther, als er schon, wie wir gesehen haben, im Autor des *Enchiridion* die klare Intelligenz verabscheute, die sich auf ihre Klarheit etwas zugute hält, und die Vernunft, die dem Mysterium und allen dunklen Wahrnehmungen der Intuition feindlich gegenübersteht. In der Sammlung Cordatus findet sich eine erstaunliche Aussage vom Frühjahr 1533: »Es gibt keinen Glaubensartikel, so eindeutig er durch Gottes Wort auch bestätigt sein möge, über den sich nicht ein Erasmus, also die Vernunft, lustig machen könnte.«[5] *Ab Erasmo, id est, ad ratione*. Damit begreifen wir das Geheimnis eines fürchterlichen Hasses, eines unbedingten und erschreckenden Haßgefühls, wie es gerade Gottesmänner entwickeln können: der Haß auf die Sünde, die sich im Nachbarn verkörpert, der bis zu Mordphantasien führen kann. Wie die Sammlung der *Tischreden* belegt, eiferte Luther in diesen Jahren immer wieder gegen Erasmus. Dennoch war er bereit, er, der sich nie von Rücksichten leiten ließ, wenn sein Blut einmal in Wallung geraten war, diesen wilden Haß viele Monate lang beinah verborgen zu halten; noch im April 1524 schrieb er dem »König der Amphibologie«, der »Giftschlange« Erasmus, einen langen Brief, um ihm noch ein letztes Mal einen Handel anzubieten: »Vor allen Dingen veröffentliche keine Schriften gegen mich, wie auch ich nicht gegen Dich veröffentlichen will.«[6] Unter allen Ehrungen, die der große Humanist zu Lebzeiten erhielt, kenne ich keine schönere und keine, die eine größere unfreiwillige Hochachtung verriete, gerade weil sie von einem so siegesbewußten Gegner kam.

Doch am Ende war das Duell nicht zu vermeiden. Es war Erasmus, der als erster angriff. Aus inzwischen bekannten Gründen veröffentlichte er am 1. September 1524 seine berühmte Diatribe über den freien Willen. Allein schon die Wahl des Themas zeugte wieder einmal von seiner scharfen und lebhaften kritischen Intelligenz. Luther durchschaute das und sprach es in seiner Antwort deutlich aus: »Du als einziger bist von der Sache selbst ausgegangen, das heißt vom eigentlichen Kern, und hast mir nicht mit den nicht dazu gehörenden Fragen über das Papsttum, das Fegefeuer, den Ablaß und ähnliche Dinge zugesetzt. […] Du allein hast den Kernpunkt erkannt und die Hauptsache angegriffen. Dafür danke ich dir von Herzen.«[7] Im übrigen erschien Luthers Replik, *De servo arbitrio*, erst ganz am Ende des Jahres, nämlich am 31. Dezember 1525, und erst im September, also ein Jahr nach dem Angriff des Erasmus, hatte er mit der Niederschrift begonnen. Sein Gegner war stark, und die Aussicht, gegen ihn antreten zu müssen, mußte auf jeden, so kühn er auch sein mochte, einschüchternd wirken. Sobald sich Luther jedoch entschieden hatte zu schreiben, strömten ihm die Gedanken kraftvoll, wortreich und mit unbändiger Heftigkeit zu. Denn seine gesamte Glaubensauffassung stand auf dem Spiel.

Es wurde bereits häufig darauf hingewiesen: Statt ihren Schriften die Titel *Vom freien Willen* und *Vom geknechteten Willen* zu geben, hätten beide Gegner sie ebensogut *Vom natürlichen Glauben* und *Vom übernatürlichen Glauben* nennen können. Zwischen göttlicher Allmacht und menschlicher Initiative konnte Erasmus, der halbe Rationalist, einen Mittelweg suchen und dabei gelassen hinnehmen, daß das lebhafte Gefühl der irrationalen Allmacht Gottes in Frage gestellt wurde, während Luther genau darin die einzige und unverzichtbare Garantie seiner subjektiven Heilsgewißheit erblickte. Für den Autor des *Servo arbitrio* gab es keinerlei Kompromiß. Da er keinen Weg sah, seinen persönlichen Glauben an die absolute Allmacht Gottes mit der These vom freien Willen zu vereinbaren, da er sich auch gegen den Gedanken auflehnte, daß der menschliche Wille den göttlichen Willen in irgendeiner Weise beschränken oder durchkreuzen könnte, stürzte er sich seinem Temperament entsprechend in eine Extremposition. Er leugnete schlicht und einfach den freien Willen. Er verkündete wieder einmal, daß alles, was dem Menschen zustößt, auch sein Seelenheil, nur die Folge einer absoluten und souveränen, unwiderstehlich und kontinuierlich wirkenden Ursache ist: Gott, jener Gott, der »in uns allen wirksam ist«. Für Luther war dies nicht etwa eine philosophische, vernünftig und argumentativ begründete These, sondern der spontane Ausruf eines Gläubigen, der seinen Glauben bekennt, »aus vollem Herzen und ohne ein Blatt vor den Mund zu nehmen«; es war der leidenschaftliche Protest eines Christen, der »sein liebes Jesulein nicht verkaufen will« und der infolge seiner Erfahrungen, weil er immerzu an die »geistigen Ängste, die göttliche Geburt, den Tod und die Hölle« denkt, durch die hindurch er seinen Gott gesucht und gefunden hat, den erlösenden Frieden nur im gänzlichen Verzicht, nur in der vollständigen Abdankung seines eigenen Willens findet, den er in die Hände des Allmächtigen legt.

Seinen Zeitgenossen jedoch war es kaum möglich, sich als neugierige Beobachter dieser religiösen Psychologie zu beschäftigen, so interessant sie auch war. Sie erlebten vielmehr den heftigen Zusammenstoß zweier »Willen«, des freien und des geknechteten, und den endgültigen, unheilbaren Bruch zwischen dem humanistischen Denken und dem christlichen Gefühl, wie Luther es verstand. Die einen klatschten Beifall, den anderen tat es leid. Doch nach dieser spektakulären Kontroverse mußte man sich entscheiden. Von nun an war es unmöglich, die Treue zu Luther und seinen Lehren mit der Bewunderung für Erasmus und sein positives, kritisches Werk zu vereinbaren, ohne einen der beiden Gegner zu verraten. Darüber hatte sich Luther allerdings keine Sorgen gemacht. Er war einfach nur blindlings seinem Charakter gefolgt. Er hatte Tatsachen geschaffen. Er hatte eigenhändig einen neuen Graben zwischen der gelehrten Gruppe der Erasmianer und der kleinen

Truppe der strengen Lutheraner ausgehoben, deren Anführer offenbar weniger darauf hinarbeitete, sein Gefolge zu vergrößern, als es zu verkleinern.

Der Welt zum Hohn: Katharina

Ihr Anführer? Gegen eine solche Bezeichnung hätte Luther sicher protestiert. Und zwar mit Recht. Denn ein wirklicher Anführer, ein Menschenführer, hätte wohl alles getan, um solche Brüche zu vermeiden oder wenigstens zu verschleiern. Statt sich wütend gegen Erasmus zu stellen, hätte er im Gegenteil versucht, den Humanisten – was immer er gesagt oder geschrieben haben mochte – mit sanfter, unüberwindlicher Hartnäckigkeit als Vorläufer und notwendigen Wegbereiter zu grüßen. Daß Luther solche Überlegungen fremd waren, mochte er als Beweis dafür werten, daß er noch immer ein unverbesserlicher Idealist war, der allein von einer inneren Kraft getrieben wurde, die stärker war als jede Berechnung. Doch er übersah dabei, daß sein voranstürmender Idealismus inzwischen konservativ geworden war. Er versuchte nicht mehr, Thesen zu überdenken, auch wenn sie seine Gefühle zunächst verletzten, um sie sich aneignen zu können; er versuchte nicht mehr, sie zu absorbieren, sein Denken zu erweitern und seine Gefühle zu bereichern. Ganz im Gegenteil: er machte Unterschiede, grenzte ab und verwarf. Doch indem er aufhörte, sich zu bereichern, verarmte er.

Blieb er aber nicht trotzdem derselbe, mit seinen plötzlichen Ausbrüchen, seiner Leidenschaftlichkeit und seinem Temperament, das wild und harmlos zugleich war und ihn für maßvollere Menschen so anziehend und so abstoßend machte? Die Heftigkeit seiner religiösen Empfindungen verschlug ihm manchmal selbst den Atem. Doch statt sie zu besänftigen, war er noch stolz auf sie. Er genoß es, andere und vielleicht auch sich selbst zu verunsichern. Er zelebrierte geradezu seine Vorliebe für Späße und Provokationen. Im Juni 1525 bestätigte er dies noch einmal mit Nachdruck. Er heiratete Katharina von Bora, eine junge entlaufene Nonne.

Wie oft hatte er gesagt, daß er nie heiraten werde! Noch am 30. November 1524 hatte er dieses Thema in einem Brief an Spalatin berührt:

»Bei der Gesinnung, die ich gehabt habe und noch habe, wird es nicht geschehen, daß ich heirate. Nicht, daß ich mein Fleisch und Geschlecht nicht spüre – ich bin weder Holz noch Stein –, aber mein Sinn steht der Ehe fern, da ich täglich den Tod und die verdiente Strafe für einen Ketzer erwarte.«[8] Allerdings fügte er im selben Brief hinzu: »Ich bin in der Hand Gottes als eine Kreatur, deren Herz er jede Stunde und jeden Augenblick ändern und wieder ändern, töten und lebendig machen kann.« Auch im April vertrat er noch die gleiche Auffassung: »Wundere Dich nicht darüber, daß ich selbst nicht heirate, wo ich doch ein so berüchtigter Liebhaber bin.«[9] Zwei Monate später war er mit der sanften und fügsamen Katharina von Bora vermählt.

Wir werden nie erfahren und es ist auch müßig darüber nachzudenken, inwieweit Luther seine eigene psychische Verfassung in einem Brief an seinen Kollegen Amsdorf mit folgendem Satz umschrieb: »Ich empfinde nicht fleischliche Liebe noch Hitze, sondern verehre meine Frau.«[10] Waren die Gründe, die der Frischvermählte seinem Freund gegenüber anführte, um seine Heirat zu rechtfertigen, etwa die einzigen und wahren? »Ich hoffe, daß ich noch eine kurze Zeit leben werde[11], und ich habe diesen letzten Gehorsam meinem Vater, der mich in der Hoffnung auf Nachkommenschaft dazu aufforderte, nicht abschlagen wollen. Zugleich wollte ich auch das mit der Tat bekräftigen, was ich gelehrt habe, denn so viele Kleinmütige finde ich bei so großem Lichte des Evangeliums.« Sollte man also in der eigenartigen und für die Zeitgenossen reichlich mysteriösen Überstürzung dieser binnen weniger Tage beschlossenen Verbindung ein letztes, spektakuläres Dementi erblicken, das Luther selbst all jenen entgegenhielt, die überall verkündeten, daß der Held sich längst in einen Feigling und der Mann von Worms in einen Fürstenknecht verwandelt habe?

Auch wenn sich Luther offenbar kaum um die materiellen Folgen seiner Handlungen und Erklärungen kümmerte, bekam er zweifellos die Nachwirkungen der dramatischen Ereignisse zu spüren, die ihn alle in irgendeiner Weise betrafen: der Bauernaufstand, die Hinrichtung Müntzers – »sein Tod liegt auf meinem Hals«, sagte er öfters[12] –, die Verbannung Karlstadts, das Duell mit Erasmus oder die Verleumdungskampagnen der Täufer und Schwärmer auf der einen Seite, der Katholiken auf der anderen, stets war seine Mitverantwortung im Spiel. Insofern könnte

man seine plötzliche Heirat als Symptom einer Unruhe und einer Verwirrung interpretieren, für die es in diesen bewegten Jahren zahlreiche Indizien gibt: die Verwirrung eines Mannes, der in einem großen Traum lebt,
aber plötzlich von bösartigen Feinden aufgeweckt wird und aus dem
Himmel auf den harten Erdboden fällt.

Das ist sicher nicht falsch. Doch es kommt noch etwas hinzu, jene
starke Empfindung nämlich, die Luther in einem Brief vom 5. Januar
1526 an Schuldorp beschreibt, der gerade seine eigene Nichte geheiratet
hatte: »Ich habe auch eine Nonne genommen zu der Ehe, wiewohl ich es
hätte mügen gerathen, und nicht sonderliche Ursache gehabt, denn daß
ich es dem Teufel und seinen Schuppen, den großen Hansen, Fursten und
Bischoffen, zu Trotz gethan habe, welche schlecht unsinnig wollen werden, daß geistliche Personen sollen frei sein. Und wollt gern noch mehr
Aergerniß anrichten, wenn ich nur was mehr wußte, das Gott gefiele und
sie verdrösse.«[13] Eine deutliche, wenn auch etwas kümmerliche Umset-
zung einer komplexen Geistesverfassung, der wir schon mehr als einmal
begegnet sind: provokativ und trotzig gewiß, daneben auch sprachlich
unmäßig, vor allem aber von jenem Gefühl bestimmt, das ihm 1521 sein
esto peccator et pecca fortiter und einige Jahre später, 1530, seinen
erstaunlichen Brief an Hieronymus Weller diktierte.[14] Darin schildert
Luther mit erstaunlicher Hingabe und Ausführlichkeit, wie man den Teufel mittels Alkohol und Heiterkeit austreibt, eine Methode, die naiv und
feinsinnig zugleich ist: »Bisweilen muß man reichlicher trinken, spielen,
scherzen und sogar irgendeine kleine Sünde tun aus Haß und Verachtung
gegen den Teufel, damit wir ihm keine Gelegenheit lassen, uns wegen der
allergeringsten Dinge ein schlechtes Gewissen zu machen [...]. Darum,
wenn der Teufel einmal sagen sollte: Trinke nicht; sollst du ihm so antworten: Aber vornehmlich um deswillen will ich trinken, weil du es ver-
bietest, und sogar reichlich trinken. So muß man immer das Gegenteil
dessen tun, was der Satan verbietet.« Und Luther fügte hinzu: »Was für
eine andere Ursache, meinst du, habe ich dafür, daß ich [den Wein] so
unvermischt trinke, ganz frei schwatze, öfter esse, als daß ich den Teufel
verspotte?« Und dann folgte der berühmte Ausruf, der schon soviel Tinte
aus konfessionellen Tintenfässern hat fließen lassen und noch fließen lassen wird, mal schwarze und mal rote: »Wollte Gott, ich könnte irgendeine
treffliche Sünde begehen, nur um den Teufel zu verspotten, damit er ein-
sieht, daß ich keine Sünde anerkenne und mir keiner Sünde bewußt bin.«

Abbildung 26: Katharina von Bora, Luthers Frau. Gemälde aus der Werkstatt Lucas Cranachs d. Ä.

So schrieb jener Luther, von dem Melanchthon seufzend meinte: *Utinam Lutherus etiam taceret*; ach, wenn Luther doch nur schweigen würde! So legte er als einer der ersten und im Namen einer großen Gemeinschaft verwandter Geister das öffentliche Bekenntnis jener Menschen ab, die von Bedenken, Gewissensbissen und Ängsten geplagt werden und daraufhin die Flucht nach vorn antreten, um ihre Ängste nach außen zu projizieren und sie in irgendeiner klassifizierbaren, greifbaren, allgemein-menschlichen Sünde Gestalt annehmen zu lassen; und wenn sie sich dann dieser Sünde mit gleichsam befreiender Wollust hingeben, suchen sie gerade in der Übertreibung einen Weg, dem inneren Henker zu entfliehen, ihren Dämon zu bändigen und »das Blau des Himmels« wieder zu erblicken.

Der Obrigkeit gehorchen

Wie man sieht, gab die traditionelle Geschichtsschreibung eine völlig unzureichende Darstellung der Realitäten. Nein, Luther wollte seine Vergangenheit keineswegs verleugnen. Als Menschen und Ereignisse ihn gleichermaßen unter Druck setzten, verbarg er sich selbst das Ausmaß seines Rückzugs, indem er sich plötzlich gegen seine unmittelbaren Gegner stellte. Er stürzte sich sogar auf andere, die ihn gar nicht bedrängten, nur um ein Beispiel zu geben und seine Stärke zu beweisen. Wie aber stand es um seine Lehre, seine Ideen und seine früheren Behauptungen?

Sicher hielt er mit ganzer Seele an ihnen fest. In seinem Herzen und im ständigen Dialog mit seinem Gewissen schwor er sich: Nein, ich werde nicht widerrufen! Das war auch ehrlich gemeint. Doch man kann nicht monatelang folgenlos über die Einwände und Gedanken von Gegnern nachdenken, die einen unermüdlich bekämpfen. Hat man erst einmal ernsthaft damit begonnen, ihre Lehre daraufhin durchzusehen, was an ihr alles abzulehnen ist, ergibt sich unweigerlich eine stille Abarbeitung von Geist zu Geist und eine allmähliche Anpassung der Doktrin, die halb willentlich, halb unbewußt erfolgt, jedoch zur Begründung einer kämpferischen Haltung notwendig ist. Genauso erging es auch Martin Luther, zumal er vom Temperament her ein Polemiker war.

Wir können hier nicht alles anführen. Auch haben das die Theologen mit ihrer gewohnten Subtilität und ihrer Fähigkeit, die flüchtigen Nuancen eines äußerst dichten Denkens zu erfassen, längst getan. Greifen wir nur einige der auffälligsten Beispiele heraus.

Es entsprach kaum Luthers ursprünglichem Empfinden, ein festumrissenes Credo zu formulieren, seinen Glauben in einer begrenzten Anzahl von Artikeln zu fixieren und dann zu erklären: Jenseits dieser Texte ist kein Seelenheil möglich. Hatte er nicht früher einmal die Buchstaben dem Geist gegenübergestellt und die Freiheit gefordert, jeden Mangel an Frömmigkeit beim Namen zu nennen, auch wenn er in der Bibel stünde?[15] Natürlich nicht im Namen des Prinzips der freien Forschung – ein solcher Gedanke hätte ihn sicher mit Schrecken erfüllt –, sondern als innerer Beweis dafür, daß der Christ das lebendige WORT in seinem Herzen erfährt. Doch jetzt erging er sich zunächst in opportunistischen Äußerungen: »Darumb rühme nur nicht viel vom Geist, wenn du nicht das offenbärliche, äußerliche Wort hast; denn es wird gewißlich nicht ein guter Geist sein, sondern der leidige Teufel aus der Hölle. Denn der Heilige Geist hat seine Weisheit und Rath, und alle Geheimniß in das Wort gefasset, und in der Schrift offenbaret.«[16] Zwar stellte er seine früheren Kühnheiten nicht offen in Frage, aber er ließ sie nun wie ein vorsichtiger Bürger auf sich beruhen. Stattdessen wurde nun das WORT wieder mit dem Buchstaben identisch, was äußerst folgenreich war. Bald tat er sogar noch einen Schritt weiter, indem er meinte, daß kein einziger Buchstabe unnütz überliefert sei und erst recht kein einziges Wort. Statt eines Papstes aus Fleisch und Blut begann damit allmählich ein Papst aus Papier seinen sterilen Schatten über den neuen Glauben zu werfen.

Ein anderes Beispiel. Luther hatte gesagt: »Der Christ steht über den Gesetzen.« Die Schwärmer hatten das aufgegriffen und die Massen aufgerufen, es in die Tat umzusetzen. Halt! Kehren wir noch einmal vorsichtig zurück. Die Erfahrung war eindeutig. »Bisher habe ich die Torheit begangen, von den Menschen etwas anderes als menschliche Reaktionen zu erwarten. Ich glaubte, daß sie sich vom Evangelium leiten lassen würden. Aber die Wirklichkeit zeigt, daß die Leute das Evangelium mißachten und durch Gesetze und das Schwert gezwungen werden wollen.«[17] So begab sich also der energische Opponent von 1520, der Mann mit dem Instinkt eines Quertreibers, der auf verschiedenste Art und bei allen Gelegenheiten das alte libertäre Thema entfaltet hatte: *Lege lata, fraus legis nascitur*[18] – Zölle erlassen, heißt, den Schmuggel ins Leben rufen –; so begab sich Luther jetzt auf die Suche nach einem Gesetz. Er suchte es nicht im Neuen Testament. Er las nicht noch einmal die Bergpredigt, es sei denn im Hinblick auf sich und seine engsten Mitarbeiter, *sibi et amicis*. Er griff direkt zum Alten Testament.

Früher hatte er die Zehn Gebote zu den veralteten Elementen der jüdischen Frömmigkeit gezählt. Jetzt baute er sie vor den Gläubigen wieder auf: »Denn für die harten Köpfe, und rohen, frechen Leute, muß man haben Mosen mit seinem Gesetz, und Meister Hannsen [Johannes] mit Ruthen, Feuer, Schwert und Galgen.«[19] Darüber sei nicht zu diskutieren. Man mußte gehorchen, ohne wenn und aber. Die »vorwitzige und schädliche Frage ›Warum‹« sei verboten[20]; man müsse ihm einfach gehorchen: *rund und rein*[21], wie es an einer Stelle heißt.[22] Willst du dich etwa nicht wie alle anderen an die gemeinsame Regel halten? Dann geh! Der Weg ist frei, und die Straßen des Exils wurden für Quertreiber gebaut. Vielleicht wird dich eine von ihnen irgendwann in ein Land führen, wo der Fürst deine Auffassungen teilt und seinen Untertanen zur Norm gemacht hat. Dann wirst du dich niederlassen und selbst jedem Andersdenkenden sagen: Verschwinde! Gehe dorthin, woher ich komme ...

Doch was ist mit dem Schwert? Es gibt die Fürsten und den Staat, der die neue Ordnung »erhält«. Früher, zu Zeiten des reinen Idealismus, war der Fürst eine Plage, der Staat eine Strafe; der freie Christ akzeptierte sie bloß aus Barmherzigkeit für die Schwachen, die beides brauchten. Jetzt dagegen stellte Luther seine Vorbehalte und Einschränkungen sowie die Verpflichtung des freien Christen zur Barmherzigkeit zurück. Der Staat ist eine göttliche Einrichtung: das ist wichtig. Immer wieder entfaltete Luther in seinen Schriften aus den Jahren 1529, 1530 und 1533 dieses Thema: Er war es, er allein, der die absolute Macht der Fürsten zum ersten Mal als von Gott gegeben legitimierte.[23] »Wir haben«, betonte er 1525 stolz, »mit unserer Lehre der Obrigkeit ihr ganzes Recht und ihre volle Macht gegeben und damit etwas verwirklicht, was die Päpste nie tun konnten oder wollten.«

In der Tat: In den »Zeiten des Papsttums«, wie es an anderer Stelle heißt, ging man nicht davon aus, daß Untertanen bedenkenlos Befehle ausführen mußten, auch dann, wenn sie ungerecht waren. Vielmehr glaubte man, daß gegen solche Befehle oder auch gegen Befehle, die von einer illegitimen Obrigkeit ausgingen, Widerstand angebracht sei. Doch welche Obrigkeit war illegitim? Jede Obrigkeit ist legitim, dozierte Luther, denn sie existiert nur durch den ausdrücklichen Willen Gottes. Dem schlimmsten Tyrann ist ebenso zu gehorchen wie dem väterlichsten König. Und dessen Taten? Gott will sie so, wie sie sind. Seine Befehle? Gott läßt zu, daß er sie erteilt. Die Fürsten, alle Fürsten sind Stellvertreter Gottes. Sie sind selbst gleichsam Götter, und Luther nahm bereits Bossuet vorweg, wenn er 1527 schrieb: »Die Richter [werden] Götter genannt, von ihres Ampts wegen, darümb, daß sie an Gottes statt sitzen und sind Gottes Diener.«[24] An anderer Stelle drückte er denselben Gedanken noch drastischer aus: »Die Fürsten dieser Welt sind Götter, das gemeine Volk ist der Satan.«[25] Wie kann man sich also auflehnen? Wer würde das jetzt noch wagen? In wessen Namen? Nein, da ist es immer noch besser, »wenn Tyrannen hundert Ungerechtigkeiten gegen das Volk verüben, als daß das Volk eine einzige Ungerechtigkeit gegen die Tyrannen verübt«. So ergießt sich ein ganzer Schwall von Sprüchen aus Martin Luthers Mund, derbe, sprichwörtliche Redensarten, in denen sich eine dürftige Lebenserfahrung undifferenziert zusammenfaßt: Bänke sollen nicht auf Tische steigen ... Kinder sollen nicht auf dem Kopf der Eltern essen ... Aphorismen sächsischer Philister. Sie erinnern den Leser an die bescheidene Herkunft des Propheten, der leider ins Eislebener oder Mansfelder Kleinbürgertum, unter Bergknappen und Kleinunternehmer zurückfällt, nachdem er zuvor die allerhöchsten Höhen erklommen hatte.

Es ist daher kaum überraschend, daß Luther diesem unmittelbar durch Gott autorisierten Staat immer weitreichendere Rechte zugesteht: zum Beispiel über die Reinheit und die innere Gesundheit der Kirche zu wachen, indem er ihre Bildungsinstitute kontrolliert, sich ihrer Rechtgläubigkeit versichert und Ketzer ausschließt. In Wahrheit konnte er 1533 mit vollem Recht schreiben: »Sint der Apostel Zeit [hat] kein Doctor noch Scribent, kein Theologus noch Jurist, so herrlich und klerlich die gewissen der weltlichen stende bestettigt, unterricht und getröstet, als ich gethan habe, durch sondere Gottes Gnade, das weis ich für war.«[26]

Die gewissen der weltlichen stende[27]: Dieser Satz erweitert das Problem. Er bringt eine neue Gesamtkonzeption des Lebens zum Ausdruck, die Luther in diesen Jahren der Abkapselung zunehmend ausbildete. Gott hat einen Teil seiner Macht an die Fürsten delegiert. Denn die Welt ist in ihrer Totalität eine göttliche Welt. Also ist die hochmütige Gleichgültigkeit, mit der sie der Idealist von 1520 betrachtete, nach 1530 nicht mehr angebracht. Die irdischen Güter gewinnen in seinen Augen nun geradezu absoluten Wert. Sind es nicht Gaben Gottes? Sie zu nutzen, heißt, ihm wohlgefällig sein; sie sich durch eigene Arbeit anzueignen, heißt, ihm gefallen. Weist er nicht jedem von uns hernieden seine Aufgabe zu, seinen »Beruf« und seine »Bestimmung«? Zwar bleibt die Unterscheidung zwischen den beiden Bereichen, dem geistigen und dem weltlichen, bestehen. Doch der Kontrast wird geringer und verliert an Bedeutung. Im Grunde ist es kein Kontrast mehr, sondern bloß noch eine Abstufung.

Und so ist es in allem. *Philosophiam de coelo in terram evolavit*: Man könnte diesen alten Ausspruch ironisch auch auf den Luther nach 1525 anwenden. Genauer: Er, der sich früher nur für das interessierte, was wir heute in unserem Jargon als lebendige Spontaneität, schöpferische Autonomie, *élan vital* und inneren Antrieb bezeichnen, berief sich jetzt immer häufiger auf den mechanischen Zwang von Gesetzen, auf obrigkeitliche Zwänge und Unterdrückungsmaßnahmen sowie auf den gesellschaftlichen Druck eines Milieus. Notwendigkeit wurde zum Gesetz.

Doch das alles ist nicht so einfach. Luther verleugnete seine früheren Positionen nicht. Zuweilen griff er durchaus auf sie zurück und wiederholte sie. Auch spürt man, daß er sie im Grunde seines Herzens weiter aufrechterhielt. Ob völlig unverändert, ist eine andere Frage. Sie waren jetzt nicht mehr Glaubensartikel, sondern eine Art Ideal. Ein Ideal, das er sich für den eigenen privaten Gebrauch sowie den seiner Freunde, also einer kleinen Gruppe von Menschen aufhob, die in der Lage waren, ihm über die steinigen Wege seiner Offenbarung zu folgen, ohne sich zu verirren.

Mit anderen Worten, Luther war viel zu verantwortungsbewußt, um seine gesamte Argumentation angesichts einer neuen Situation über den Haufen zu werfen, seine früheren Pläne einfach aufzugeben und kurzerhand ein neues Gedankengebäude zu errichten, nur weil es die Umstände so erforderten. Er war ein nervöser, unruhiger, unbeständiger Mensch, der ganz auf sich bezogen lebte; doch angesichts von Schwierigkeiten, angesichts von Protesten der einen Seite und Übertreibungen der anderen, auch angesichts der groben Dummheit der Massen, war er zu plötzlicher Empörung, Resignation oder heftigen Wutausbrüchen in der Lage. Da kam dann der alte Luther zum Vorschein, der »gemeine Mann«, der sich erregte, drohte und nur noch von Peitschen und Ruten sprach. Oder der im Gegenteil davon träumte, jenseits aller Gruppierungen, in denen sich Unwissende und Gebildete mischen, eine Gemeinschaft wahrer Evangelisten zu gründen, die sich in einem rein geistigen Gottesdienst zusammenfinden und unter aufgeklärten Christen verwirklichen würden, was Luther den gewöhnlichen Menschen nicht mehr anbieten mochte. Doch dann kam das Schreckgespenst des anabaptistischen »Sektierertums« auf, und Luther, der Feind Müntzers und Karlstadts, organisierte gar nichts mehr. Statt dessen sprach er und schrieb er für *Herrn Omnes*[28], weil es nötig war. Und zwar in dessen Sprache, seiner »Vulgata«, wie man im 16. Jahrhundert sagte. Eine wichtige, viel zu wenig beachtete Tatsache: Nach 1525 schrieb Luther fast nur noch auf Deutsch. Er verzichtete auf das Lateinische, die Universalsprache und die Sprache der Gebildeten. Er wandte sich nicht mehr an die Christenheit, sondern nur noch an Deutschland, ja nicht einmal das: nur noch an das lutherische Sachsen. Es ist daher kaum überraschend, daß das Luthertum in Europa nach 1530 auf der Stelle trat und sogar zurückweichen mußte. Luther selbst begrenzte seine Anstrengungen im Laufe der Jahre und in dem Maße, wie er auf Katholizität verzichtete, in aller Bescheidenheit auf seine Wittenberger Gemeinde.

Es gibt also Widersprüche, gewiß. Doch keine systematischen. Plötzliche Schübe, Explosionen und Einfälle. Aber kein ständiges Bemühen um Anpassung, niemals.

Luther selbst hatte seinen Platz im Leben gefunden. Er wurde schwerfälliger. Nachdem er geheiratet hatte, trieb er die Späße eines dicken, vulgären Ehemanns. Ohne Scheu nahm er seine Käthe, seine »teure Hälfte«, seine »keyserin Ketha« in die Arme. Kinder wurden geboren. Zuweilen mußte er durch Handarbeit etwas dazuverdienen. Er drechselte oder betätigte sich als Gärtner oder Uhrmacher. Der Kurfürst hatte ihm sein ehemaliges Kloster zur Verfügung gestellt, und dort lebte er nun wie ein Durchschnittsbürger, ehrbar und würdig inmitten von Geschrei und Gewimmel, nasser Wäsche und schmutzigen Windeln. Ein dicker, schwerfällig gewordener Mann, dessen Bauch immer umfänglicher wurde. Auch seine untere Gesichtshälfte wurde immer feister. Der leidenschaftliche Mönch mit den feurigen Augen, der Augustiner auf den Kupferstichen von 1520 ist nicht mehr zu erkennen. Wenn man die Porträts des Doktors aus den Jahren 1530 oder 1533 betrachtet, wird man das peinliche Gefühl nicht los, ähnliche Durchschnittsmänner schon in mancher deutschen Stadt gesehen zu haben. Zu viele und in zu vielen Städten. Für jeden, der die feinen Gesichtszüge von Prälaten kennt, die wie lebende Kunstwerke katholischer Frömmigkeit wirken – schmale Lippen, feine Züge und in klaren Augäpfeln der verschleierte Reflex eines ewigen Feuers – bleibt die agressive Vulgarität des schwerfälligen Luthers der späten Jahre eine Überraschung.[29]

Der Doktor jedoch lehrte und katechisierte in Wittenberg weiter. Er aß und er trank. Ab und zu bekam er ein Faß bleichen Rotweins, und an Feiertagen verzichtete er auf sein heimisches Bier zugunsten eines guten Schoppens. Man schickte ihm Beinkleider, und er dankte den Spendern. Er feierte diese kleinen Freuden mit Sprüchen, die manchmal etwas überraschen. Doch sein Ansehen blieb unangetastet. Auch seine Tugenden. Er kannte weder Geiz noch Sparsamkeit. Er schenkte gern. Er zeigte sich schlicht und zugänglich für alle. Bald nahm er auch zahlende Gäste in sein Haus auf. Diese Privilegierten wurden allgemein beneidet, denn sie aßen am Tisch des großen Mannes und sperrten die Ohren auf, um alles zu hören. Oftmals schwieg Luther. Ohne ein Wort zu sagen, setzte er sich an den Tisch. Man respektierte dann sein grüblerisches oder träumerisches Schweigen. Aber häufig sprach er auch. Dann kamen schwerfällige und manchmal derbe Sätze über seine Lippen, denn je älter der Meister wurde, desto mehr liebte er Zoten und skatologische Sprüche.[30] Manchmal jedoch verwandelte sich dieser Körper, der immer dicker und häßlicher wurde, in einen völlig anderen Menschen. Er wurde zum Dichter, der lauter frische und spontane Dinge über die Natur, die Schönheit der Blumen, das Zwitschern der Vögel und den tiefen, leuchtenden Blick der Tiere sagen konnte.[31] Gewiß ohne große Raffinesse. Doch es ist, als ob wir unter der Führung eines sensiblen und guten Menschen mit neuem Herzen und frischen Augen einen sentimentalen Besuch in einem jener ländlichen Gärten voller Rosen und duftender Nelken unternehmen, den uns die rheinischen Maler so oft beschrieben haben. Oder es ist wie ein Spaziergang in dem kindlichen Paradies, das er so gerne beschrieb[32]: Dort gibt es Hunde, Katzen und alle den Menschen vertrauten Tiere; die Hunde jedoch tragen ein goldenes Fell und ihre Haare sind mit Perlen besetzt; in ihrer ganzen Pracht laufen sie zwischen Schlangen umher, die nicht mehr giftig sind, und zwischen Raubtieren, die nicht mehr beißen;

die Menschen aber werden unschuldig sein und mit all diesen Tieren spielen: *et cum ipsis ludemur* ...

Das sind etwas einfältige Phantasien. Doch sie gefallen dem Doktor, wenn er nicht gerade amüsiert dem Spiel der Wolken folgt, die er besonders liebt und die ihm häufig Anlaß zu Allegorien sind: »Die Wolken, die vorbeiziehen, ohne zu regnen, sind wie die falschen Evangelisten, die sich rühmen, Christen zu sein; doch sie bringen keine guten Früchte.«[33] Da war also der Prophet in Luther eingeschlummert. Manchmal wachte er wieder auf.

Jedoch nicht, um zu handeln. Sondern im Gegenteil: um zu verkünden, daß jedes Handeln nutzlos und daß es das allerbeste sei, sich in Gottes Schoß zu flüchten und ihm gegenüber jeden eigenen Willen, jede menschliche Initiative aufzugeben. In diesem Punkt machte Luther keinerlei Zugeständnisse, und man kann ihm gewiß nicht vorwerfen, daß er sich aus Kalkül oder Opportunitätsgründen zum fügsamen Schleppenträger und Helfershelfer der Fürsten gemacht habe. Er kannte sie. Er wußte, was er von ihnen persönlich zu halten hatte. Er war keineswegs ihr Pflichtverteidiger oder ihr diplomatischer Repräsentant. In gewisser Hinsicht war er sogar eher ihr Opfer. Bis zum Schluß und bei jeder Gelegenheit zeigte er mit allem Nachdruck, daß die Reformation in seinen Augen keine Politik darstellte, und daß ihr Erfolg für ihn nicht von Schlachten oder Verhandlungen abhing. Als Zwingli und Philipp von Hessen im Kampf gegen Karl V. eine Liga aller Gegner der kaiserlichen Politik vorschlugen und dabei auch die Türken einbeziehen wollten, stellte sich einer dagegen, und das war Luther. Er weigerte sich, dieses Unternehmen zu unterstützen. Wieder einmal verkündete er mit äußerster Schärfe, daß niemand das Recht habe, mit der Waffe in der Hand gegen seinen legitimen Fürsten, den Kaiser, zu kämpfen. Und diese Haltung Luthers trug sicher wesentlich zur Katastrophe von Mühlberg bei.

Ironie der Schicksale: Johann Friedrich, der Neffe Friedrichs des Weisen, verlor in dieser Schlacht nicht nur seine Freiheit, sondern auch seine Kurwürde; und er verdankte dies nicht zuletzt dem Schützling seines Onkels, dem Luther der Wartburg. Doch bereits nach der Schlacht von Kappel hatte Luther freudig triumphiert und seinem wilden Haß freien Lauf gelassen. Als ein Mann, der lehrte, daß der Zweck unter bestimmten Umständen die Mittel heilige, erklärte er eines Tages, wenn man Cordatus glauben darf: »Es ist viel besser und ein Werk der Liebe, man verdamme Zwingeln und Oecolampadium, ob man ihnen gleich Gewalt thut, auf daß man die Lebendigen erhalte und abschrecke.«[34] Doch wir können auch an den folgenden Äußerungen nicht vorbeigehen: »Wenn es ein Bündnis [mit den Sakramentierern] gegeben hätte, wäre das Blut der Schweizer über uns gekommen.«[35] Oder auch: »Zwinglius Schrei und ließ sich hören: ›uns soll nichts hindern, laßt uns hindurch reißen, in dreyen Jahren wird man sehen, daß Spanien, Frankreich, Engeland und ganz Deutschland wird zum Evangelio treten und es annehmen‹. Aber mit diesem seinem gedichten Siege und Victorie machte er sich selbst zu schanden, dem Evangelio einen bösen Namen, daß es verlästert ward und stärkte das Papstthum.«[36]

Hier wird nicht nur ein unbarmherziges Urteil gefällt – »Zwingli ist wie ein Mörder gestorben!«[37] –, sondern hier kommt die Freude eines Mannes zum Ausdruck, der die politische Inaktivität zum absoluten Gesetz erhoben hat und sich nun ausnahmsweise zu den weltlichen Vorteilen seiner Enthaltung beglückwünscht. »Ausharren«. Luther harrte aus und flüchtete sich zuweilen in seltsame Prophezeiungen. Die Welt ist so schlecht, die Fürsten sind so feige und alle irdischen Mächte sind ihren Verpflichtungen derart untreu, daß man meinen könnte, der Antichrist habe schon gesiegt. Und bereitet sich Christus nicht schon darauf vor, ihn zu bezwingen? Vermehren sich nicht die Anzeichen seiner Ankunft, die Vorzeichen des Jüngsten Gerichts? Luther wartete, Luther kündigte an. Er setzte Termine fest. Als der Türke sich mit verstärkter Wut auf Deutschland stürzte, begrüßte er ihn als Gog und Magog, die an die Pforten der christlichen Welt klopften. Ostern 1545, das wußte er und sagte er, würde sich das große Mysterium erfüllen. Das irdische Universum würde zusammenbrechen. Und die Gerechten würden das ewige Leben erlangen.

Luthertum und Lutheranertum

Um diese Träumereien zu verstehen, die im übrigen damals viele Menschen teilten, um sich diese Faszination eines dramatischen und unmittelbar bevorstehenden Jenseits zu erklären, muß man sich die eher enttäuschende Realität und die alltäglichen Erfahrungen des verbürgerlichten, gezähmten Propheten vor Augen führen, der auf tausenderlei Art von seinem Eheleben gefesselt war. Allerdings schlecht gezähmt und schlecht gefesselt. Denn über die ehelichen Beziehungen sprach er stets etwas merkwürdig und wie ein Mann, der schwer versteht und sich bisweilen auflehnt.

Er war noch immer ein Mönch, der Keuschheit gelobt hatte und von Zweifeln geplagt wurde. Er hatte zwar eine Arznei gefunden, einen Ausweg, ein Mittel, die Plage des Konkubinats und der Unzucht zu heilen, die allzu viele Geistliche vor den Augen des spöttischen Volkes schamlos praktizierten, doch blieb er in dieser Hinsicht sein Leben lang gehemmt. Später versuchte er, seine Sicht der christlichen Ehe zu erweitern und flexibler zu gestalten. 1532 behauptete er sogar, die Ehe sei die Grundlage von Wirtschaft, Politik und Religion.[38] Gelegentlich führte er das noch weiter aus. Die Ehe sei von Gott gesegnet, sie sei die erste Lebensform, die dem Schöpfer gefallen habe, weshalb er sie empfehle, verteidige und verherrliche. Gibt es sie nicht auch überall in der Natur, wo Tiere, Pflanzen, ja sogar Steine und Mineralien zueinander finden?[39] Einmal – noch vor Panurge und dem achten Kapitel des *Tiers-Livre*[40] – ging er sogar soweit, die Geschlechtsteile zu den ehrlichsten und schönsten am ganzen menschlichen Körper zu erklären, *honestissimae et praestantissimae partes corporis nostri*, weil sie die Gattung erhalten und fortpflanzen.[41] Seine forsche Antwort bezüglich der Eunuchen ist bekannt.[42] All das scheint sehr kohärent. Doch früher hatte Luther die ehelichen Pflichten als Sünde bezeichnet. Damals hatte er noch die Vorurteile eines gewissenhaften Mönchs; hinzu kam sein allgemeiner Pessimismus, seine Auffassung von der Erbsünde und der allgemeinen Verderbnis des Menschen seit Adams Sündenfall. *Honestissimae partes?* Gewiß, doch *per peccatum* wurden sie zu den allerschändlichsten Körperteilen, *turpissimae factae sunt*. Eine schwerwiegende Folgerung, denn Luther reduzierte die Ehe damit auf die Befriedigung eines natürlichen Instinkts.

Für ihn war dieses Bedürfnis ebenso allgemein und unvermeidlich wie andere physische Notwendigkeiten, wie »Essen, Trinken, Speien oder zum Stuhl gehen«. Anschließend erklärte er allerdings: »Doch es ist eine Sünde, und daß Gott sie den Eheleuten nicht anrechnet, geschieht aus reiner Barmherzigkeit.« Er blieb also unentschieden, und dieser Konflikt der Gefühle führte dazu, daß er kaum einen Unterschied machte zwischen Ehe, Unzucht oder Ehebruch. Wenn nur ein Bedürfnis zu befriedigen ist, ist dann nicht auch letzteres denkbar? Damit wird einer zweiten Ehe die

Tür geöffnet und die *Nebenehe*[43] erscheint sogar als heilsam und befrei-
end. Diese schiefe Ebene führte geradewegs zu Philipp von Hessen, seiner
Margarete von der Sale und dem »Beichtrat« von 1539. Doch begreift
man jetzt Luthers berühmte und berüchtigte Aussprüche: »will fraw
nicht, ßo kum die magd!«[44] Oder die von Cordatus überlieferte Bemerkung: »Ach, lieber Herr Gott, welch ein groß, aber seltsam Ding ists
doch, Weib und Kinder recht lieb haben!« Und dann ließ der Gottesmann
wieder einmal seinem alten, antilegalistischen Anarchismus freien Lauf:
»Denn das Gesetz wirkt doch Zorn, auch in weltlichen und zeitlichen
Dingen. Was wir müssen thun, daran geschieht uns wehe, und thuns nicht
gern. [...] Also können wir einen Hurenbalg wol lieb haben; ein ehelich
Gemahl aber können wir nicht so lieben. Drüm, Weib und Kind lieben ist
ein Zeichen eines frommen Ehemannes.« Das alles wirkt befremdend, es
überrascht und schockiert uns. Und es vermittelt etwas von dem Unbehagen und der Nervosität eines Mannes, der bereit war, ins kalte Wasser zu
springen und zu schwimmen, sich aber manchmal fragte: Warum sollte
ich mich nicht ertrinken lassen?

Doch fand Luther nicht wenigstens unter seinen Schülern und Freunden einen intellektuellen und moralischen Trost? An seinem Tisch saßen
biedere junge Leute, die zwar guten Willens, aber mittelmäßig waren:
Mitläufer und Schmeichler, die allenfalls dazu taugten, die improvisierten
Lehren des Meisters in trockene Regeln zu übersetzen. Und unter seiner
Lehrkanzel hockte das grobe und gemeine Volk; um in diese Dickschädel
einige elementare Wahrheiten hineinzuzwingen, mußte man auf jede Dif-
ferenzierung verzichten. Was aber bedeutete für diese Leute die geistige
Herrschaft über die Welt, wie sie das neue Evangelium den Gläubigen
erlaubte, dieser inbrünstige und schöpferische Glauben, der allein »rechtfertigen« konnte? Nichts, sagte Melanchthon 1546 betrübt – also in
Luthers Todesjahr. Doch Luther selbst sagte: »Die Bauern sind Rohlinge.
Sie glauben, daß wir die Religion erfinden und nicht, daß Gott sie gemacht hat [...]. Wenn man sie befragt, antworten sie: i-a, i-a. Aber sie
begreifen nichts.«[45] Leider hatte er auch von den Bürgern keine bessere
Meinung. Wie weit seine Skepsis ging, belegt der folgende von Veit Dietrich im April 1532 überlieferte Scherz: »Ich, wenn ich wollte – *si vellem* –,
ich könnte ganz Wittenberg mit drei Predigten wieder zu den alten Irrtümern zurückführen. Mit Ausnahme von Philippus und zwei oder drei
unter euch, aber das sind nur wenige. Natürlich würde ich das, was ich

früher gelehrt habe, nicht verurteilen. Ich würde es sogar besonders loben. Ich würde lediglich ein kleines *aber* anfügen. ›Das alles ist völlig richtig, *aber* ... wir müssen uns höher entwickeln ...‹«[46] Eine solche Aussage ist geradezu erschreckend. Doch er hatte sicher Recht, wenn er seinen Tischgenossen immer wieder erklärte: »Es ist schwerer, den Leuten den Papst auszutreiben, als ihnen Christus zu lehren.« Und was ist von jenem seltsamen Dialog zu halten, der sich im Januar 1533 zwischen Käthe und ihm entspann?[47]

»Doctor Martin fragte sein Weib: ›Ob sie auch gläubte, daß sie heilig wäre?‹ Da verwunderte sie sich, und sprach: ›Wie kann ich heilig sein? bin ich doch eine große Sünderin!‹ Darauf sagte D. Martin: ›Sehet nur da den päpstischen Gräuel, wie er die Herzen verwundet, Mark und alles Inwendiges eingenommen und besessen hat, also daß sie nichts mehr sehen können denn nur die äußerliche persönliche Frömmigkeit und Heiligkeit, so ein Mensch selbr für sich thut!‹ Und er wandte sich zu ihr und sprach: ›Gläubst du, daß du getauft und ein Christen bist, so muß du auch glauben, daß du heilig bist. Denn die heilige Taufe hat solche Kraft, daß sie die Sünde ändert und verwandelt; nicht daß sie nicht mehr fürhanden wären, und nicht gefühlet würden, sondern, daß sie nicht verdammmen.‹« Diese gleichermaßen treuherzige und kühne Theorie ist durch und durch lutherisch. Doch wie reagierte Katharina von Bora auf diese Lektion? War sie, die ja alltäglich mit dem Doktor zusammenlebte, in diesem Sinne lutherisch? War sie es mehr und anders als all die vielen, für die Luthers Lehre nur bedeutete: Tod des Papstes, Kelch beim Abendmahl, verheiratete Pastoren und Wurst am Freitag – oder wie Rabelais sagte: *andouilles* statt Fastnacht? Und was ist, von Katharina von Bora einmal abgesehen, mit den anderen, intelligenteren und wichtigeren? Was ist vor allem mit Melanchthon?

Bekanntlich hatte dieser feinsinnige Humanist und Hellenist am Anfang seiner Karriere die neue Lehre mit dem Glanz seiner literarischen Bildung unterstützt und verdiente deshalb gewiß den Titel eines Meisterschülers. 1535 veröffentlichte er mit seinen *Loci Communes* die erste solide, genaue und offizielle Zusammenfassung der lutherischen Doktrin. Die Gedanken seines Meisters hatten ihn vollständig durchdrungen. Er war eine Art zweiter Luther, jedoch ohne dessen enorme Lebenskraft und erstaunliche schöpferische und erfinderische Phantasie, aber auch ohne den Schwung und die brennende prophetische Leidenschaft des Augustiners. Melanchthon war sehr viel logischer als Luther, er konnte besser organisieren und war außerdem ein äußerst friedfertiger und versöhnlicher Mensch: geradezu prädestiniert, Luther den Humanisten akzeptabel zu machen, ihn bei den Anhängern des Erasmus einzuführen – wenn Luther dies nur gewollt hätte.

Dann kam die Krise von 1525. Aber nicht die des Bauernkrieges. Darüber waren sich beide einig. Auch der sanfte Philipp geriet vollkommen außer sich, wandte sich gegen das *vulgum pecus* und billigte Luthers Haltung ohne jeden Vorbehalt. Er stand den Aufständischen in gewisser Hinsicht sogar noch unbarmherziger, noch feindlicher gegenüber, weil sein Haß mit Verachtung und Ekel gemischt war. Doch 1525 heiratete Luther. Und diese Heirat überraschte, ja schockierte Melanchthon. Denn einerseits war er ein Mann ohne physische Bedürfnisse und andererseits dachte er über den Tag hinaus, auch über Wittenberg und Kursachsen hinaus. Für ihn war diese Heirat ein Fehler. Er vermochte nicht zu erkennen, was Luther dabei gewann, sondern sah nur, was er verlor. Und 1525 markierte auch den bewußten, offenen und unwiderruflichen Bruch mit Erasmus, den heftigen Zusammenstoß zweier Auffassungen, zwischen denen keinerlei Vermittlung mehr möglich war. Melanchthon aber schätzte Erasmus, bewunderte ihn und konnte sich Luthers wilden Attacken gegen ihn nicht anschließen.

Also begann er nachzudenken. In aller Nüchternheit. Als 1527 in Wittenberg die Pest ausbrach, ging er nach Jena. Auf diese Weise entzog er sich Luthers direktem Einfluß, seiner persönlichen Wirkung. Er wurde zum auswärtigen Beobachter. Er sah, wie die Menschen um ihn herum den Halt verloren, aus der Bahn geworfen wurden, wenn sie das Joch der alten Disziplin abgeschüttelt, die lutherischen Lehren aber nicht wirklich verstanden hatten, nicht bis zu ihrem Kern vorgedrungen waren. Er sah eine moralische, religiöse und soziale Unordnung, die ihn erschreckte. Vor allem die moralische Unordnung. Denn ein jeder interpretierte nun die Lehre von der Rechtfertigung durch den Glauben und vom Seelenheil durch die göttliche Gnade nach eigenem Belieben, nach egoistischen und niedrigen Maßstäben. Wozu sollte man sich da noch anstrengen, an sich arbeiten, ein besserer Mensch werden oder Gutes tun? Man konnte einfach abwarten, ohne seine Instinkte irgendwie im Zaum zu halten oder seine schlechten Neigungen zu bremsen. Gott würde kommen und das

Gute vollbringen, das wir selbst nicht vollbringen können. Darüber erschrak Melanchthon und reagierte.[48]

Nein, es war ein Fehler, daß Luther die Prädestination lehrte und gegen Erasmus sein ungeschicktes, aggressives und gefährliches Buch *Vom geknechteten Willen* veröffentlichte. Es war ein Fehler, das unwissende Volk durch die Leugnung der Willensfreiheit von jeder Anstrengung, jeder persönlichen moralischen Initiative abzuhalten. Das hatte Melanchthon schon 1525 in lateinischer Sprache in seinen Visitationsartikeln und noch deutlicher 1532 in seinen Vorlesungen über den Römerbrief ausgesprochen. In den *Loci communes* von 1535 führte er es dann weiter aus. Der menschliche Willen und die menschliche Mitwirkung erhielten bei der Erlangung des Seelenheils wieder einen gewissen Stellenwert. Oder wie die Theologen sagen: Melanchthon wurde erneut »Synergist«. Gegen Luther, der behauptete: Gott rettet, wen er will – sagte er: Nein, Gott rettet, jeden, der es will.[49]

Soweit zur Prädestination. Schon 1535 hatte Melanchthon aufgehört, an sie zu glauben. Doch reichte das aus? Gab es nicht noch weitere Ursachen für den zunehmenden moralischen Verfall der Massen? Mußte nicht auch die Theorie der Rechtfertigung allein durch den Glauben revidiert werden? Also forderte Melanchthon, der sich damit in einem weiteren Punkt von Luther entfernte, eine moralische Vorbereitung und Buße des künftigen Gläubigen. Eine Buße, die nicht mehr, wie bei Luther, eine Folge des Glaubens sein sollte, sondern von Melanchthon mit dem Gesetz und der natürlichen Vernunft verknüpft wurde. Selbst wenn ein Christ den Glauben empfangen hatte und bekehrt worden war, blieb ihm immer noch etwas zu tun. Er mußte weiterhin kämpfen, um die Herrschaft der Sünde in seinem Innern zu brechen, und allein dieser Kampf machte ihn zum Heiligen. Auf diesem doppelten Begriff von Buße und Heiligkeit basierte eine Theorie des christlichen Lebens, die sich von Luthers Lehre grundsätzlich unterschied. Der Eintritt in dieses Leben geschah zwar durch die Gnade, doch ein Fortschritt erfolgte nur durch die Wiederherstellung der Gottähnlichkeit des Menschen, durch dessen Verbindung zu Gott und mittels guter Werke. Diese Gedanken Melanchthons haben ihn überlebt und in der lutherischen Kirche erhebliche Wirkungen gezeigt. Sie gingen immer mehr in ihre Lehre ein und ersetzten langfristig sogar die Gedanken des Meisters.

Wie reagierte Luther darauf? Schon zu seinen Lebzeiten vollzog sich im

Denken seines geliebten Schülers diese Abmilderung, diese Korrektur, diese unterschwellige Überarbeitung seiner Lehren. Im Denken, aber auch in seinen Werken und Schriften aller Art. Luther las sie und studierte sie. Manchmal fühlte er sich betroffen. Doch er sagte nichts. Er, der sonst immer schnell gegen andere Opponenten zu Felde zog, schrieb keine seiner typischen aggressiven und apodiktischen Abhandlungen. Man hat den Eindruck, daß er nichts sah oder nichts sehen wollte. Ein seltsames Schauspiel: Luther lebte zwar noch und herrschte über eine ergebene Schülerschar, die ihm die Gedanken von den Lippen ablas. Doch neben diesem lebenden, respektierten und vielfach konsultierten Luther entstand bereits ein Lutheranertum, das sich von seinem eigenen Lutheranertum in vieler Hinsicht unterschied. Ihm vielleicht sogar widersprach. Denn die Prädestination oder die Mitwirkung des Menschen am Seelenheil waren nicht gerade unbedeutende und zweitrangige Fragen.

Für diese seltsame Haltung des Meisters, dem sein eigener Lieblingsschüler teilweise widersprach, gibt es sicher nicht bloß eine Erklärung. Wir sollten auch nicht versuchen, Luthers außerordentlich komplizierte Seele, die sich stets allen Schleichwegen, die ins Chaos führten, wunderbar anpaßte, durch die unterirdischen Galerien und Gänge, die Winkel und Verstecke zu folgen, in denen sie sich bewegte. Erst recht sollten wir die klassische Gegenüberstellung von Melanchthon und Luther, von Melanchthonscher und lutherischer Theologie vermeiden. Was uns an Melanchthons Initiativen interessiert, ist nicht das Schauspiel eines Mannes, der sich nach und nach gegen einen anderen stellt, der ihn zuvor intellektuell großgezogen hat; es ist auch nicht der Konflikt zweier »großer Männer«, zweier Fixsterne der Theologie. Sondern die Reaktion, die entsteht, wenn die ursprünglichen, direkt vom Erfinder, vom religiösen »*trouvère*« stammenden Auffassungen mit dem kollektiven Geisteszustand einer Masse zusammentreffen, die seinen Anweisungen nur folgt, um sie für ihre eigenen Zwecke umzubiegen. Denn was ist die Theologie Melanchthons anderes als die Adaption des lutherischen Denkens für die Bedürfnisse eines Bürgertums, das Luther als seinen Befreier begrüßt hatte – doch um den Preis welcher Mißverständnisse?

Es geht also nicht um Luther und Melanchthon. Sondern um Luther und die Menschen seiner Zeit, um eine Gruppe, die durch ein Individuum beinflußt wird, und um ein individuelles Denken, das vom kollektiven Denken reduziert wird. Letztlich geht es also um einen Kompromiß, der

Abbildung 27: Totenbildnis von Martin Luther von Lucas Cranach dem Jüngeren, nach 1546.

ebenso schief und faul ist wie alle Kompromisse, aber trotzdem lebensfähig, weil er nicht das Werk eines Theoretikers ist, der abstrakt Gesetze verkündet – sondern das Ergebnis einer Erfahrung, die glücklich und grausam zugleich war.

SCHLUSSBEMERKUNGEN

Dua gentes sunt in utero tuo, et duo
populi ex ventre tuo dividentur.
Genesis, XXV, 23[1]

Anton Lauterbach hat in seinem Tagebuch eine recht ergreifende Tisch-
rede überliefert.[2] Am 27. Juni 1538 aß Martin Luther zusammen mit
Magister Philipp Melanchthon in Wittenberg. Beide waren bedrückt und
sprachen über die Zukunft.

»[Es] würde wüste durch einander gehen, Keiner würde den Andern
hören, noch folgen, oder ansehen in der Lehre. ›Es wird ein Iglicher‹, sagte
D. M. [Doktor Martinus], ›wollen Rabbi seyn, wie Osiander und Grickel
[Agricola], daher werden denn große Aergerniß und Zürüttung kommen.
Darum wäre es das Beste, man verkäme es mit einem Concilio. Aber die
Papisten wollen nicht, scheuen und fürchten sich als die Fleddermäuse,
ans Licht zu kommen.« Melanchthon stimmte ihm zu: »Wollte Gott«, rief
er aus, »unsere Fürsten und Stände machten doch ein Concilium, Zusam-
menkunft und Einigkeit, beide in der Lehre und Ceremonien, daß nicht
ein Iglicher nach seinem Kopfe so vermessen und freventlich herfür sich
dürfte brechen, und es machen, wie er wollte nach seinem Sinn […].
Wahrlich, die Kirche hat ein elend und jämmerlich Ansehen, die unter so
großer Schwachheit und Aergerniß verborgen liegt.«

Ein Gespräch unter Besiegten? Über Philipp Melanchthon brauchen
wir uns keine Sorgen zu machen. Doch was ist mit Luther, hatte er wirklich Grund, an diesem Abend so betrübt und verzweifelt zu sein? War er
tatsächlich besiegt?

I

Gewiß, wenn er sich umschaute, sah er mehr Trümmer als Bauwerke. Überall lagen sie herum. Ein gewaltiger Trümmerhaufen, für den nicht allein er die Verantwortung trug, denn noch viele andere und kräftige Arbeiter hatten mit ihm zusammen oder ohne ihn die Ereignisse vorangetrieben. Doch mit welch mächtiger Schulter hatte er, Martin Luther, das gewaltige Werk der Zerstörer unterstützt? Aus zehn altchristlichen Ländern war der Papst vollständig oder partiell vertrieben. Der Kaiser war nur noch eine regionale Macht, und das Reich war uneiniger denn je. Die religiösen Parteibildungen verschärften die politischen Antagonismen und trieben die nationalen Gegensätze auf die Spitze. Vor allem aber wurde die Kirche in Stücke geteilt und sowohl in ihrer materiellen Struktur wie in ihrem spirituellen Anspruch in Frage gestellt. Die Kirche, die uralte, ökumenische Kirche, wurde als papistische Kirche für überflüssig erklärt, für schädlich und rein menschlichen Ursprungs. Auch die Priester wurden um ihre Heiligkeit gebracht und durch von Zivilbehörden kontrollierte Beamte ersetzt; in Schimpf und Schande wurden sie aus dem alten Gebäude vertrieben, dessen Größe und Macht sie einst begründet hatten.

Der Trümmerhaufen war gigantisch. Doch was hatte Luther Neues errichtet? Was hatte er auf dem eroberten Gebiet erbaut?

Reformation und Freiheit: Das war viele Jahre lang die Losung, der Schlachtruf seiner Anhänger. Reformation? Luther war kein Reformator. Er schien es nur zu sein. Denn was wollte er, als er sich 1517 gegen die Kirche stellte? Deutschland reformieren? Eine lutherische Kirche gründen? Keineswegs. Luther war aufgebrochen, um die geistigen Grundlagen der christlichen Kirche zu verändern. Luther war fröhlich und voller Zuversicht aufgebrochen, seinen Gott in sich und auf seiner Seite wissend, um verlorene Quellen wiederzufinden, die nicht mehr in den Kirchhöfen oder in den Kreuzgängen der Klöster entsprangen. Wie sein Freund, der alte Cranach, auf seinen zugleich naiven und komplizierten Bildern, träumte auch er vom *Jungbrunnen*. Und er wußte, an welchem wunderbaren Ort diese Wasser endlos sprudelten. Die gesamte Christenheit lud er ein, davon zu trinken.

Martin Luther war gescheitert. Zwar gab es einzelne Gläubige und auch Gruppen, Gemeinschaften, Völker und Staaten, die sich überzeugen ließen und bereit waren, ihn als Führer zu akzeptieren und vertrauensvoll aus jenen Quellen zu schöpfen, die er ihnen wies. Doch war dieser Teilerfolg nicht zugleich eine Niederlage, da der Neuerer aus der Kirche entfernt, ausgeschlossen und exkommuniziert worden war und diese Kirche ohne und gegen ihn ihren Weg fortsetzte, ihren jahrhundertelangen Marsch auf bewährten Routen – die traditionelle Kirche mit ihrer Hierarchie, ihren vom Papst ernannten Bischöfen und ihren Päpsten in ununterbrochener Folge. Es gab sie immer noch, diese uralte Kirche mit den immer gleichen Grundfesten. Schon in Kürze sollte sie sich ihrerseits auf dem Konzil zu Trient eine neue Jugend geben und gleichsam ein thomistisches Bad nehmen; sie sollte also auf jenen Thomismus zurückgreifen, den Luther instinktiv als Rivalen und Todfeind verabscheute. Und sie sagte zu Luther, sie versäumte nicht ihm zu sagen: »Du behauptest, der Mann Gottes zu sein. Beweise es uns, beweise, daß du von ihm und nicht vom Anderen geschickt bist! Gerade dein Mißerfolg, dein relativer, aber offenkundiger Mißerfolg widerlegt dich!« Damals war dies ein sehr einleuchtendes Argument, das ein Luther nicht wirklich zerstreuen konnte. Er war nämlich kein liberaler Protestant des 20. Jahrhunderts. Auf die Rolle eines einfachen Sektenführers reduziert zu werden, das war für ihn, was auch immer er tun und beanspruchen mochte, eine Niederlage.

Reformation und Freiheit. Zwar hatte Luther mit ungeheurer Heftigkeit am Joch des Papstes und der Kirche gerüttelt. Seine Anhänger hatte er vollkommen davon befreit. Doch konnte man triumphieren, wenn das alte drückende Joch durch das noch viel drückendere Joch der Fürsten und des Staates ersetzt wurde, der von Gott geschaffen und eingesetzt war, um über die Interessen, die Sitten und sogar die Dogmen der christlichen Gemeinschaft zu wachen? Rühmte sich Luther nicht, die weltliche Allmacht der Obrigkeit neu begründet und fester denn je etabliert zu haben, ihre Legitimität wiedergefunden und erneuert zu haben, sie gleichsam neben die geistige Allmacht Gottes gestellt zu haben? Was aber die geistige und moralische Befreiung, die Gewissensfreiheit im heutigen Sinne, ja die Gedankenfreiheit angeht, so hätte es der alternde Luther von 1538, der Luther des Gesprächs mit Melanchthon, kaum gewagt, sie als Wohltat für die Menschheit zu beanspruchen.

Luther war gescheitert. Wir brauchen uns heute nicht einmal mehr zu fragen, ob wir nicht Grund haben, uns über dieses Scheitern zu freuen. Denn in dem vielschichtigen und kohärenten Projekt des Augustiners; in seinem Anspruch, der gesamten christlichen Welt als Preis für ihren Glauben eine strenge, obstinate, ja wütende Negation jeder menschlichen Würde und Größe außerhalb der göttlichen Gnade aufzuzwingen (was im Jahrhundert der Renaissance und für viele im Sinne eines wahren Humanismus erzogene Geister äußerst schockierend war); in seiner leidenschaftlichen These vom *geknechteten Willen*, die nicht nur Erasmus gegen ihn aufbrachte, sondern auch viele freiheitlich denkende Menschen seiner Zeit, von Rabelais bis Giordano Bruno und Campanella; und schließlich auch in dem Versuch eines ganz und gar christlichen Christen, die Einheit der Christenheit auf neuer Grundlage wiederherzustellen und ein *Credo* zu predigen, das alles verwarf, was eine Elite gerade zu schätzen, zu verteidigen und zu fördern begonnen hatte – in all dem steckten in Wahrheit so viele anachronistische Chimären, die einzig dazu dienen mochten, in schlaflosen Nächten das Gehirn eines Mönchs zu erfreuen, der kaum wußte, was in seinem Jahrhundert vorging!

II

Gegen eine alte, baufällige Windmühle sollten wir nicht unsere schönsten Lanzen richten. Nehmen wir einfach nur Luthers alte Unterscheidung wieder auf, die ihm so oft geholfen hat, um sie auf ihn selbst anzuwenden. Es gibt die Erde und das überirdische Jenseits. Es gibt das irdische Reich und das göttliche Reich. Die Sphäre des Zeitlichen und die Sphäre des Geistigen und Heiligen.

Auf Erden scheint Luther gescheitert zu sein. Weil er sich, ganz wie der Gläubige, dessen Idealbild er zeichnete, überhaupt nicht dafür interessierte, was auf Erden vorging. Er kümmerte sich nie um materielle Eroberungen. Er bewegte sich zwischen ihnen wie ein Schauspieler in der Bühnendekoration. Er war voller Sorglosigkeit und seelischer Entsagung.

Was er auf Erden hinterließ, war daher bloß eine schlechte Kopie des Gebäudes, das jeder einigermaßen talentierte Architekt hätte errichten können, der von seiner Aufgabe erfüllt und überzeugt gewesen wäre, ein schönes und dauerhaftes Werk zu vollbringen, ohne große Mühe anhand von Luthers Ideen und nachdem dieser bereits mit kräftiger Hand den

Boden bereitet hatte. Doch es reicht nicht aus, zu sagen, daß das institu-
tionelle Lutheranertum mit all seinen Schwächen und Mängeln, wie es am
Ende des 16. und zu Beginn des 17. Jahrhunderts in Deutschland unter
der Schirmherrschaft kleiner, engherziger und selbstgefälliger Fürsten und
unter der formalen Kontrolle der Behörden verwirklicht wurde, mit seinen immer wieder durch fleißige Theologen mit mikroskopischen Fähigkeiten aufpolierten Dogmen – zu sagen, daß dieses Lutheranertum den
Mann von Worms, den Autor der großen Schriften von 1520 verriet,
reicht eben nicht aus. Er hätte sich dessen geschämt, wenn es ihm nicht
ohnehin fast völlig fremd gewesen wäre.

Doch es bleibt noch die geistige Ebene. Also die andere Sphäre. Und
damit jener Luther, der keineswegs ein Baumeister war, der nur an die
Nachwelt dachte und über dem Portal eines stattlichen Hauses am liebsten ohne alle Ironie das alte bürgerliche Distichon hätte einmeißeln lassen:

> *Stet domu haec, donec fluctus formica marinos*
> *Ebibat, et totum testudo perambulet orbem.*

Im Gegenteil: dieser Luther war der erste, kräftigste und vielleicht auch
vielseitigste aus der diskontinuierlichen Reihe heroischer Genies, Philosophen und Dichter, Musiker und Propheten, die zwar nicht alle ihre
ungestümen Wünsche, ihre starken, aber auch konfusen Sehnsüchte und
das Unbehagen einer unentschiedenen Seele in die Sprache der Töne übersetzt haben, aber dennoch zu Recht als musikalische Genies gelten können. Das alte Deutschland hat sie der Welt geschenkt, und in ihren dichten Werken ebenso wie in den Wäldern der germanischen Sage, die mal
vom Licht durchtränkt, mal in undurchdringliche Dunkelheit gehüllt
sind, findet es voller Stolz die ewigen Züge seines gierigen Charakters, der
mit geradezu kindlichem Appetit alle Schätze und Ehren dieser Welt
anhäuft, um sie einsam zu genießen – sie zu ordnen ist seine Sache nicht.

Luther als einer der Väter der modernen Welt. In Frankreich bedient
man sich gern dieser Formulierung oder anderer mit ähnlichem Beiklang.
Man mag sie ruhig aufgreifen und selber vertreten, sofern man ausdrücklich unterstreicht, wie unfreiwillig diese Vaterschaft war und wie wenig
das unerwünschte Kind den Hoffnungen seines Erzeugers entsprach.[3]
Indem er lebte, indem er sprach, indem er sich selbst darstellte, hat Luther
dann seinerseits, wie viele andere auch, Situationen geschaffen, die wie-

derum geistige oder moralische Konsequenzen nach sich zogen, die er keineswegs beabsichtigt hatte. Insofern verdient der Reformator, der die Kir-
chenspaltung vollzog und die Einheit nicht wiederherstellte; die katholische Kirche materiell schwächte und beeinträchtigte; günstige Bedingungen für die Entstehung unzähliger Sekten schuf; die Laien zur Diskusssion
religiöser Fragen anhielt und die Bibel den Blicken der Neugierigen aus-
setzte – aus all diesen und noch einigen anderen Gründen ganz sicher den
Dank von Menschen, die er stets bekämpft und verabscheut hat. Daß er
es Bossuet und vielen anderen überhaupt erst ermöglicht hat, auf jeweils
eigene Art die *Geschichte der Variationen der protestantischen Kirchen*[4]
zu schreiben, ist vielleicht sein Ruhmestitel. Jedenfalls ist es eine ungeheure Ironie der Geschichte. Der alte Proudhon macht sich an einer Stelle
über jene Abessinier lustig, die »vom Bandwurm befallen sind und einen
Teil davon entfernen, aber stets darauf achten, seinen Kopf zu behalten«.
In genau der gleichen Position befand sich für diesen Böttchersohn aus
der rue du Petit-Battant mit dem burgundischen Humor auch Martin
Luther. Es fiel ihm dabei nicht schwer zu bemerken, daß sich der kritische
Geist nie genau umgrenzen läßt; es sei eben völlig unmöglich, »die Kritik
im Namen der Kritik zu führen« und einen geistigen Steppenbrand zu verhindern. Proudhon hatte Recht, und man kann die Conclusio seiner
Révolution sociale démontrée par le Coup d'Etat du Deux-Décembre[5]
noch heute ebenso wie 1852 unterschreiben. Die Darstellungsform mag
etwas veraltet sein, doch in dem Maße, wie Proudhons hinreißender Satz:
»Die Religion ist für uns eine Archäologie der Vernunft« zutrifft, können
wir Luther als *Vorläufer* begrüßen. Ein unfreiwilliger, versteht sich. Doch
wir können und müssen noch etwas mehr tun.

Das lutherische Deutschland der vergangenen Jahrhunderte, das
Deutschland der offiziellen Theologen und Pastoren im Dienste der *Klein-
staaterei*[6] (Napoleon sprach von den *ânes héréditaires*, den »Erbeseln«),
hat Luther fast vollkommen ignoriert und aller Welt signalisiert, daß es
nichts, aber auch gar nichts mit dem wunderbaren Idealismus, dem leidenschaftlichen Elan und dem lebendigen Glauben des freien Christen
von 1520 gemein hatte. Aber Luthers Geist schwebte trotzdem über den
germanischen Wassern. Welche wirklich wichtigen Tatsachen der deutschen Geschichte, im weitesten Sinne des Wortes, oder welche besonders
charakteristischen Formen des deutschen Denkens und Fühlens erhalten
nicht eine neue Beleuchtung, wenn man eine noch so minimale Kenntnis

des Werks, der Lehre und des tiefen Glaubens des Wormser Propheten hat? Doch erklären nicht auch umgekehrt diese Tatsachen und diese Formen Luther?

III

Natürlich können wir sagen: Seht diesen Mann! Er war zum Meditieren begabt, doch völlig ungeeignet zum Handeln! Während er noch den Himmel zu erstürmen meinte, reichten ein paar Maulwurfshügel, um ihn zum Stolpern zu bringen. Eine persönliche Unfähigkeit, wie es scheint, ein bloßes Mißgeschick. Doch sollte Luther in Deutschland etwa der einzige unter den wirklich großen Männern sein, der seine Revolution nicht zu Ende führen konnte?

Eine typisch französische Formulierung übrigens, die uns ganz selbstverständlich aus der Feder fließt. Was bedeutet sie für einen Deutschen, wenn es zutrifft, daß Revolutionen in Deutschland stets persönliche bleiben und daß ihre Urheber sich als heroische Genies nie darum kümmern, die Erde mit platzraubenden, leblosen Gebäuden vollzustellen: dafür gibt es Maurer, Bauunternehmer, auch Architekturberater, die im Dienst und unter der Aufsicht von Pastoren und Fürsten stehen; und das ist auch gut so, denn freie Geister haben mit solchen Arbeiten nichts zu schaffen. Worauf es ihnen allein ankommt und was sie völlig ausfüllt, ist, sich ihre eigene revolutionäre Wahrheit zu erobern, zu erfassen und anzueignen; auf den Trümmern der alten, von der zerstörerischen Gewalt ihrer Aufrichtigkeit aufgewühlten Zustände eine persönliche und autonome Ordnung zu errichten; und während sich die Masse mit einfachen Arbeiten abmüht, mit Hilfe des Denkens in direkte Verbindung zum Göttlichen zu treten. Der Rest? Luther war keineswegs der einzige, der ihn verachtete. Wozu das alles? – sagten die einen wie anderen. Wer vom berauschenden Wein des Absoluten getrunken hat, was kümmern den noch eure kleinen irdischen Weinernten?

All dies sollten wir bedenken, wenn wir verstehen wollen. Mit seinen klaren, genauen und einheitlichen Unterteilungen entspricht das metrische System unserem logischen Empfinden. Doch ist es hinreichend flexibel, um die subtilen Verhältnisse zu erfassen, die die Architekten vergangener Zeiten, die von diesem trockenen Dezimalsystem noch nichts wußten, mit Hilfe anderer Maßeinheiten für ihre Bauten berechneten und vorsahen? Hören wir also auf, in den deutschen Revolutionären, deren Scheitern oder geringe Handlungsbereitschaft wir – je nach Standpunkt – bedauern, vom Pech verfolgte Abgeordnete der Konstituante oder unfähige Mitglieder des revolutionären Konvents zu sehen. Rufen wir uns lieber die Gestalt des Doktor Faustus vor Augen, der jedes äußere Ansehen verdammt, alle Illusionen durchschaut und alles verflucht, was der Mensch am liebsten besitzen möchte: Frauen und Kinder, Knechte und Pflugscharen, den goldenen Mammon, die große Liebe, ja sogar die Hoffnung, den Glauben und den Schmerz. Alles reißt er nieder, was zum irdischen Glück gehört; er zertrümmert das Universum mit harter Hand, um es in seinem Herzen umso schöner wieder aufbauen zu können; und die Geister, die dem Drama voller Entsetzen beiwohnen, verschwinden mit den Trümmern einer ganzen Welt im Nichts. Währenddessen aber bewegen sich die verblendeten Menschen auf der Erde, denen diese geistigen Katastrophen völlig gleichgültig sind, vermutlich weiterhin – entsprechend den Befehlen ihrer Führer – im Kreise.

Damit kommen wir zum anderen Aspekt der Dinge. Der Boden, für den sich die heroischen Genies nicht interessieren und auf dem sie nur ihren Körper abstellen, während ihr Geist in höheren Regionen schwebt – dieser Boden wird von Hirten mit Wachhunden besetzt. Sie erteilen Befehle, geben Anweisungen und regieren. Sie bestimmen das Ziel, ihr Ziel. Die Massen marschieren einfach nur fügsam und im vorgeschrieben Rhythmus. Widerstandslos und mühelos beugen sie sich der auferlegten Disziplin. Sie fügen sich den Strukturen einer sichtbaren Kirche, die eng mit dem Staat verbunden ist. Dieser unterstützt jene mit ganzer Kraft. Die Kirche wiederum läßt den Staat an ihrem göttlichen Status einer unmittelbar von Gott gewollten und begründeten Institution teilhaben, der man keinen Widerstand leisten kann und darf. Und das alles ist Luther. Das alles ist auch Deutschland, von Luther bis heute. Wer aber kann in diesem Komplex von Tatsachen, Ideen und Gefühlen im einzelnen unterscheiden, was Deutschland von Luther oder umgekehrt Luther von Deutschland übernommen hat?

Man hat gesagt, das Lutheranertum sei eine Lebensauffassung. Folglich könnte man es überall im Leben der Deutschen untersuchen. Das ist wahr. Luther wird als einer der Väter der modernen Welt und des modernen Geistes bezeichnet. Man kann es so sehen. Daß er einer der Väter der deutschen Welt und des deutschen Geistes war, steht jedenfalls außer Zweifel. Doch nur insofern es diesen »deutschen Geist« oder auch diesen »modernen Geist« überhaupt gibt.

Am 27. Juni 1538 hatte Philipp Melanchthon, der Humanist, der von guter Literatur lebte und während der langen sächsischen Winter (ob er wollte oder nicht) von hellenischen Lichtstrahlen erwärmt wurde, dieser Gemäßigte, für den das Wort Vernunft noch seinen Sinn bewahrte, allen Grund, sich zu beklagen. Etwa gegenüber Luther? Der jedenfalls hatte kaum das Recht, sich gehenzulassen und das gleiche zu sagen, was jeder seiner Freunde und sogar jeder seiner Feinde mühelos und wie selbstverständlich hätte sagen können. Wie so oft, ließ er einfach nur den Menschen in sich sprechen, den beleibten Mann, der wie ein behäbiger Bürger in seinem Wittenberger Haus zu Tische saß. Dieser Mann mochte zu recht betrübt sein. Nicht aber der Prophet. Denn der hatte sich keineswegs geirrt: Es gibt keine Zölle, keine Gefängnisse für Gedanken. Sie lassen sich nicht einfangen und sind nahezu unzerstörbar.

Gedanken hatte Luther in ganz Deutschland so reichlich gesät, daß etwas davon überleben würde. Was bedeutete schon die sächsische Kirche mit ihren Dogmen und Pastoren, ihren Gotteshäusern und Ritualen, im Vergleich mit dem großartigen Nachruhm, den sich der Idealist von 1520 in ganz Deutschland erwarb? Großartig und erschreckend zugleich. Denn von Magister Philippus, den Luther stets als jemand darstellt, der mit schwierigen politischen Fragen und dem Schicksal des Reiches beschäftigt ist, und Luther selbst, der sich immer nur für sich, für sein Gewissen und sein Seelenheil interessierte – von diesen beiden hatte am Ende nur der zweite eine zwar logische, aber unvorhergesehene politische Wirkung. Eine mächtige gewiß. Doch ob sie für die Menschen und das Glück dieser Welt besonders segensreich war? Das ist eine ganz andere Frage. Und zumindest an dieser Stelle ist es nicht die unsere.

Wir wollen über Luther kein Urteil fällen. Welcher Luther sollte das auch sein, und nach welchen Maßstäben sollten wir ihn beurteilen? Nach seinen eigenen? Nach unseren? Oder nach den Maßstäben des gegenwärtigen Deutschland? Wir haben lediglich versucht, bis an die unmittelbaren Grenzen einer Gegenwart, die wir kaum mit der nötigen Gelassenheit einschätzen können, die kurvenreiche und sich schließlich gabelnde Bahn eines posthumen Schicksals nachzuzeichnen.

ABKÜRZUNGEN

Luther-Werkausgaben

EA = *D. Martin Luthers sämmtliche Werke*, Erlangen 1826-1857.

Enders = Ernst Ludwig Enders (Hg.), *D. Martin Luthers Briefwechsel*, Frankfurt am Main 1884 ff.

WA = *D. Martin Luthers Werke. Kritische Gesamtausgabe*, Weimar 1883 ff.

Walch = Martin Luther, *Werke*, hg. von Johann Georg Walch, 2. Aufl., 23 Bde., St. Louis/Missouri 1880-1910 (Nachdruck: Bad Oynhausen 1986/87).

LD = Luther Deutsch, hg. von Kurt Aland, 11 Bde., Göttingen 1957-1974;

AS = Martin Luther, Ausgewählte Schriften (»Insel-Ausgabe«), hg. Karin Bornkamm u. Gerhard Ebeling, 6 Bde., Frankfurt/Main 1982;

Weitere Literatur

Denifle = Heinrich Denifle, *Luther und Luthertum in der ersten Entwickelung quellenmäßig dargestellt*, 2. durchges. Aufl., 2 Bde., Mainz 1904-1906.

Scheel, Dokumente = Otto Scheel (Hg.), *Dokumente zu Luthers Entwicklung (bis 1519)*, Tübingen, 2. erw. Aufl. 1929.

Strohl I = Henri Strohl, *L'évolution religieuse de Luther jusqu'en 1515*, Straßburg 1922.

Strohl II = Henri Strohl, *L'épanouissement de la pensée de Luther de 1515 à 1520*, Straßburg 1924.

Will = Robert Will, *La liberté chrétienne. Etudes sur le principe de la piété chez Luther*, Straßburg 1922.

ANMERKUNGEN

Kapitel 1
Von Julius Köstlin zu Heinrich Denifle

* [Trotz intensiver Recherchen und Nachfragen bei mehreren Luther-Forschern konnte dieses Zitat, das jedenfalls nicht aus den *Historien* des Mathesius stammt, bisher nicht nachgewiesen werden.]

1 Ich denke hier vor allem an Henri Strohl, den bedeutenden und unvoreingenommenen Straßburger Luther-Forscher.

2 [Vgl. Lucien Febvre, »Capitalisme et Réforme«, *Foi et Vie*, 57, 1934, S. 119-138; erneut in: ders., *Pour une histoire à part entière*, Paris 1962, S. 350-366; dt. Übers. in: ders., *Das Gewissen des Historikers*, Berlin 1988, S. 117-131.

3 [Vgl. Frantz Funck-Brentano, *Luther* Paris, 1934.]

4 Siehe meine Ausführungen in: *Le problème de l'incroyance au XVIe siècle. La religion de Rabelais*, Paris 1943, wo ich versucht habe, eine Methode zu skizzieren.

5 EA, *Opera varii argumenti*, I, S. 15-24; Scheel, Dokumente, Nr.8.

6 Vorwort Melanchthons zu *Tomus II omnium operum M. Lutheri*, Wittenberg 1546; Nachdruck in *Corpus Reformatorum, Melanchtonis Opera*, VI, Sp. 155-170; Scheel, *Dokumente*, Nr. 7.

7 *Luthers Tischreden in der Mathesischen Sammlung*, ed. Ernst Kroker, Leipzig 1903, S. 192 (Nr. 232, 24. August 1540); WA, *Tischreden*, IV, Nr. 5187, S. 704 [*lat*].

8 Eine gute Auswahl findet sich bei Strohl, I, S. 78-79.

9 Zu diesem und den beiden folgenden Texten vgl. EA, *Politische deutsche Schriften*, XXXI, S. 273 (1533), sowie Scheel, *Dokumente*, Nr. 61; EA, *Exegetische deutsche Schriften*, XLIX, S. 300 (1537), sowie Scheel, *Dokumente*, Nr. 46. EA, *Opera exegetica latina*, VII, S. 72 (1540-1542) [dt. Übers. nach: Walch, II, Sp. 318 f.] sowie Scheel, *Dokumente*, Nr.18.

10 Zu diesem und zum folgenden Text vgl. EA, *Exegetische deutsche Schriften*,

XLIX, S. 27 (1537), sowie Scheel, *Dokumente*, Nr. 45; EA, *Exegetische deutsche Schriften*, XLV, S. 156 (1539), sowie Scheel, *Dokumente*, Nr. 27.

11 [Im Original Deutsch.]
12 EA, *Opera varii argumenti*, I, S. 15 [dt. Übers. nach: LD, 2, S. 19-20]. Vgl. Scheel, *Dokumente*, Nr.8, S. 16-17; Strohl, I, S. 140.
13 Siehe die kommentierte Bibliographie.
14 Denifle, I, S. XXV.
15 [Im Original Deutsch.]
16 Denifle, I, S. XXIV.
17 Johann Karl Seidemann, *Anton Lauterbachs Tagebuch auf das Jahr 1538*, Dresden 1872, S. 36; WA, *Tischreden*, III, S. 598, Nr. 3767; Scheel, *Dokumente*, Nr. 41.
18 Nicolaus Ericeus, *Sylvula Sententiarum*, 1566, S. 174; Scheel, *Dokumente*, Nr.76.
19 Denifle, I, S. 400-422.
20 Ebenda, S. 376-381.
21 Ebenda, 423 ff.
22 Enders, I, Nr. 11, S. 29.
23 Denifle, I, S. 430 ff.; 441-447.

Kapitel 2
Revisionen I: Vor der Entdeckung

1 Ernst Troeltsch, *Die Bedeutung des Protestantismus für die Entstehung der modernen Welt*, München, Berlin 1911.
2 WA, Bd. I, S. 557 f. [dt. Übers. nach: Walch, XVIII, Sp. 150]; Scheel, *Dokumente*, Nr. 94.
3 *Corpus Reformatorum (Melanchtonis Opera)*, Bd. VI, Sp. 158; Scheel, *Dokumente*, Nr.7, S. 5.
4 »Denifle ist ein hervorragender Gelehrter, aber seine Interpretationen bleiben oftmals äußerlich« (Jacques Maritain, Notes sur Luther, in: *Nova et vetera*, 1928, Nr. 4, S. 386).
5 EA, *Commentarii in Epistolam S. Pauli ad Galatas*, III, S. 20 [dt. Übers. nach: Walch, IX, Sp. 687 f.]; Scheel, *Dokumente*, Nr. 52.
6 Paul Vignaux (*Luther commentateur des Sentences*, Paris 1935) hat sehr schön gezeigt, was man alles aus solchen Studien für das historische Verständnis eines religiösen Denkens und einer religiösen Entwicklung gewinnen kann.
7 Denifle, I, S. 500 ff. Dagegen wendet sich Scheel.
8 Denifle, I, S. 569-590. Vgl. Strohl, I, S. 89-102, der auf neuere Arbeiten hinweist.
9 Denn »er suchte eher die Gewißheit seiner eigenen Heiligkeit und das Gefühl, ohne Sünde zu sein, als die Annäherung an Gott durch die Liebe« (Maritain, Notes sur Luther, in: *Nova et vetera*, 1928, Nr. 4, S. 387).
10 [Vgl. Félix Kuhn, *Luther, sa vie, son oeuvre*, 3 Bde., Paris 1883-1884.]

11 Über Luthers Beziehungen zu Staupitz siehe das ausgezeichnete Kapitel bei Strohl, I, S. 111 ff. Vgl. auch die sehr dichten Angaben bei Scheel, *Luther*, II, S. 193 ff.

12 Nicolaus Ericeus, *Sylvula Sententiarum*, 1566, S. 174; Scheel, *Dokumente*, Nr.76: *non de mulieribus, sed von den rechten Knotten*. Siehe die Interpretation bei Scheel, *Luther*, II, S. 130-135.

13 Man spricht häufig davon als einem einfachen Brief, vielleicht, weil er bei Enders, I, S. 196 ff., abgedruckt ist. Siehe dazu Scheel, *Dokumente*, Nr. 93.

Kapitel 3
Revisionen II: Die Entdeckung

1 Das »Turmerlebnis« ist ein schönes Beispiel für die Heldensage, an der Katholiken und Protestanten abwechselnd weiterstricken. In einer in der Sammlung Cordatus überlieferten Äußerung (Juni/Juli 1532) berichtet Luther von seiner Bekehrung: »Als ich einmal in diesem Turm saß (in dem sich der geheime Ort der Mönche befand, *secretus locus monachorum*), dachte ich nach ...« etc. (WA, *Tischreden*, III, Nr. 3232a, S. 228). Das stille Örtchen der Mönche, was für ein Fund! Luthers Bekehrung fand also »auf der Latrine« statt, wie Paquier [Denifles französischer Übersetzer] triumphierend schrieb (*Luther et le luthéranisme*, II, Paris 1911, S. 316, Anm. 2). Eine andere Version (WA, *Tischreden*, III, Nr. 3232c, S. 228) ersetzt freilich den *locus secretus* durch das *hypocaustum*: »*Cum semel in hac turri et hypocausto specularer.*« Damit wäre also das Luthertum gerettet! In einer dritten Version [Nr. 3232b] ist allerdings von *cloaca* die Rede. Das ist alles noch viel aufregender als der Tintenfleck auf der Wartburg!

2 Strohl, I, S. 153.

3 *Commentarii in Romanos*, ed. Ficker, II, S. 143-144.

4 Trotz mancher Texte aus diesem Zeitraum, die wie Reminiszenzen wirken, und abgesehen auch von Veränderungen, die Luther selbst später an seiner ursprünglichen Auffassung in dieser Hinsicht vornahm. Denifles Behauptung, daß der Begriff des Glaubens bei Luther und Melanchthon »immer im Fluß« gewesen sei (Denifle, I, S. 626 f.), ist nicht ganz von der Hand zu weisen.

5 *Commentarii in Romanos*, fol. 142; ed. Ficker, II, S. 104-106.

6 Enders, I, Nr. 25, S. 63 [dt. Übers. nach: LD, X, S.17].

7 WA, *Tischreden*, I, Nr. 654, S. 308.

8 *Commentarii in Romanos*, ed. Ficker, II, S. 78.

9 Strohl, II, S. 86.

10 WA, II, S. 13.

11 Scheel, *Luther*, II, S. 295. Für weitere Einzelheiten siehe Heinrich Boehmer, *Luthers Romfahrt*, Leipzig 1914.

12 So versucht zum Beispiel A. V. Müller, ein zum Protestantismus konvertierter Dominikaner, in Luthers Lehren traditionelle Themen einer früheren augustini-

schen Schule nachzuweisen: *Luthers theologische Quellen*, Gießen 1912; ders., *Luthers Werdegang bis zum Turmerlebnis*, Gotha 1920, etc. Zum Augustinismus auf dem Konzil von Trient siehe weiter unten S. 129.

13 WA, I, S. 8 ff. Vgl. EA, *Opera varii argumenti*, I, S. 29-41 [dt. Übers. nach: Walch, IX, Sp. 1733 ff.]. Es handelt sich um eine Predigt, die Luther für Georg Gascov verfaßte, einen Prämonstratenser, der Propst des Klosters Leitzkau war. Der Text wurde erst 1708 gedruckt. Die Datierung auf 1512 ist unsicher.

14 *Commentarii in Romanos*, ed. Ficker, I, S. 122.

15 Friedrich Nietzsche, *Morgenröthe*, in: *Werke*, hg. von Giorgio Colli u. Mazzino Montinari, Bd. V/1, Berlin, New York 1971, S. 60-64.

Kapitel 4
Die Ablaßaffäre

1 Aloys Schulte, *Die Fugger in Rom 1495-1523*, I, Leipzig 1904, Kap. IV, S. 93 ff.

2 [Anspielung auf die spanische Thronkandidatur der Hohenzollern, die zur Entstehung des deutsch-französischen Krieges von 1870 beitrug.]

3 Diese Personalunion bestand nach Albrechts Tod weiter.

4 Man findet diese Bulle zusammen mit anderen von uns erwähnten Dokumenten in der ausgezeichneten kleinen Quellensammlung von Walther Koehler, *Dokumente zum Ablaßstreit von 1517*, Tübingen 1902.

5 Aufgrund von Nachreden Johann Oldecops.

6 Zu diesem Aspekt vgl. Scheel, *Luther*, II, Kap. II, S. 169 ff. (u. a. nach Paul Kalkoff, *Ablaß und Reliquienverehrung an der Schloßkirche zu Wittenberg*, Gotha 1907).

7 [Im Original Deutsch.]

8 Charles Du Plessis d'Argentré, *Collectio Judiciorum de Novis Erroribus*, Paris 1724, I, S. 306 f.

9 WA, I, S. 142 ff.; EA, *Opera varii argumenti*, I, S. 235 ff.

10 WA, I, S. 221 ff. Vgl. Strohl, II, S. 169 ff.

11 WA, I, S. 229. Vgl. Strohl, II, S. 223 ff. [Dt. Übers. nach: AS, I, S. 28-37].

12 Vgl. z. B. *Extraits de Luther*, hg. von Maurice Goguel, Paris 1925, S. 42 f. [WA, L, S. 539].

13 WA, I, S. 65-66 [Dt. Übers. nach: Walch, XIX, Sp. 736-742].

14 *Alioquin, Papa est crudelis si hoc miseris animabus non concedit gratis, quod potest, pro pecunia necessaria ad Ecclesiam, concedere.*

15 WA, I, S. 94. Das genaue Jahresdatum dieser Predigt vom 31. Oktober ist nicht gesichert. Früher sagte man 1517; die Weimarer Herausgeber schreiben 1516.

16 Enders, I, Nr.48, S. 113 ff.

17 *Non adeo accuso praedicatorum exclamationes, quas non audivi; sed doleo falsissimas intelligentias populi ex illis conceptas* (Enders, I, S. 115). [Dt. Übers. nach: LD, X, S. 27).

18 D'Argentré, *Collectio Judiciorum*, I, S. 308; Augustin Renaudet, *Préréforme et humanisme à Paris au temps des Guerres d'Italie (1494-1517)*, Paris 1916, S. 108.

19 D'Argentré, *Collectio Judiciorum*, I, S. 340; Renaudet, *Préréforme et humanisme*, S. 297.

20 [Anspielung auf François Rabelais.]

Kapitel 5
Deutschland im Jahr 1517 und Luther

1 Richard Ehrenberg, *Das Zeitalter der Fugger. Geldkapital und Kreditverkehr im 16. Jahrhundert*, 3. Aufl., 2 Bde., Jena 1922.

2 Der Papst erinnerte den Kaiser gerne daran.

3 Wir nennen dazu keine Literatur. Ganze Bibliotheken wären zu erwähnen.

4 WA, *Tischreden*, II, Nr. 1428, S. 98 (1532).

5 Henri Pirenne hat sie in seinem Meisterwerk *Les villes du Moyen Age*, Brüssel 1927 [Nachdruck: Paris 1992], beschrieben.

6 Dies ist die berühmte Antwort Gargantuas an Grandgousier im 40. Kapitel von Rabelais' *Gargantua*: »Aber, sagte Grandgousier, sie beten doch für uns. – Nichts weniger als das, antwortete Gargantua ...« Und so weiter ... [*Gargantua und Pantagruel*, I, hg. von Horst u. Edith Heintze, Frankfurt/Main 1974, S. 142].

7 [Im Original Deutsch.]

8 EA, XLVIII, S. 136. Zu den beiden vorangehenden Zitaten vgl. *Commentarii in Romanos*, ed. Ficker, II, S. 177; de Wette, II, S. 138-139; EA, LIII, S. 104 [dt. Übers.: AS, VI, S. 47].

9 Enders, I, Nr. 69, S. 173. Luther an Sylvius Egranus [dt. Übers.: LD, X, S. 40 f.].

10 Enders, I, Nr. 154, S. 430-431 [dt. Übers.: LD, X, S. 56 f.].

11 [Walch, XIX, Sp. 4 f.]

12 [Siehe weiter unten Kap. 10, S. 221.]

Kapitel 6
Erasmus – Hutten – Rom

1 Über Erasmus' Leben vor 1517 vgl. Augustin Renaudet, »Erasme ... jusqu'en 1517«, *Revue historique*, Bd. 111/112, 1912/1913; für die Zeit von 1518 bis 1521 vgl. ders., *Erasme. Sa pensée politique et son action*, Paris 1929; für die späteren Jahre siehe die *Etudes érasmiennes*, Paris 1939, desselben Autors.

2 *Opus Epistolarum Erasmi*, hg. von P. S. Allen, II, Nr. 904, S. 445-446 [*lat*].

3 Ebenda, II, Nr. 501, S. 416 [*lat*].

4 Ebenda, S. 417-418.

5 Enders, I, Nr. 25, S. 63-64 [dt. Übers.: LD, X, S. 17].

6 WA, *Tischreden*, III, S. 139: »*Ex animo odi Erasmum*«; S. 140: »*Inter scriptores nullum aeque odi ut Hieronimum qui solum nomen habet Christi*«.

7 Enders, I, Nr. 34, S. 88 [*lat.*].

8 *Opus Epistolarum Erasmi*,II, Nr. 401, S. 225-226: »*Non alia re magis gloriantes quam Erasmum vidisse, virum de litteris scripturaeque sacrae arcanis meritissimum.*«

9 André Meyer, *Etude critique sur les relations d'Erasme et de Luther*, Paris 1909, S. 13-14.

10 [Im Original Deutsch.]

11 Zur anfänglichen Politik des Erasmus gegen Luther vgl. die scharfsinnigen Anmerkungen bei Renaudet, *Erasme. Sa pensée religieuse*, S. 48 und bes. S. 50 ff.

12 Zum *Enchiridion* von 1504 vgl. Renaudet, *Préréforme et humanisme*, S. 429-435; J. B. Pineau, *Erasme. Sa pensée religieuse*, Paris 1924, Kap. VI, S. 101 ff.

13 *Opus Epistolarum Erasmi*, III, Nr. 858, S. 361 ff. [dt. Übers.: Erasmus von Rotterdam, *Ausgewählte Schriften*, hg. von Werner Welzig, I, Darmstadt 1968, S. 1-53; dort das folgende Zitat: S. 35].

14 Er zeichnet sich schon in dem langen Brief an Volz ab (*Opus Epistolarum Erasmi*, III, Nr. 858, S. 372): *Non utique illius condonationes, sed praefert id, quod ex Christi doctrina certius esse.*

15 Enders, I, Nr. 167, S. 488; *Opus Epistolarum Erasmi*, III, Nr. 933, S. 516 [dt. Übers.: LD, X, S. 58-60].

16 Paul Kalkhoff, *Ulrich von Hutten und die Reformation (1517-1523)*, Leipzig 1920. Vom selben Autor siehe auch: *Huttens Vagantenzeit und Untergang*, Weimar 1922.

17 Ulrich von Hutten, *Schriften*, hg. von Eduard Böcking, Leipzig 1859, I, Nr. 75, S. 167 (an Hermann von Neuenar) [*lat.*].

18 Ebenda, I, S. 313. Brief Huttens an Eobanus Hessus: »*Lutherus in communionem huius rei accipere non audeo, propter Albertum principem.*«

19 Enders, II, Nr. 234, S. 207, 16. Oktober 1519 [*lat.*].

20 [Im Original Deutsch.] Enders, II, Nr. 300, S. 392, Crotus Rubeanus an Luther: »*Franciscus de Syckingenn, magnus dux Germaniae nobilitatis*«.

21 Enders, II, Nr. 234, S. 207: »*Quando progreditur Rex sacrificulus, tot Cardinales, tot Protonotarii, tot Episcopi [...] circa ipsum glomerantur, quot famelicae aves ad putrida cadavera [...]. Sequitur Eucharistia in quodam asino, in extrema cohorte, quam impudicae mulieres ac prostituti pueri constituant.*«

22 Petrus Balan, *Monumenta Reformationis Lutheranae*, Regensburg 1884, Dok. Nr. 63, 15. August 1521, S. 166: »*Ma è possibile che [...] a sede Apostolica possi revocare il beneficio quale gli ha dato et conferito in altri ...*«

23 Ebenda, Dok. Nr. 54, S. 132: »*Non potei però fare di non responder audacemente quanto aquella parola: ›Vostro Papa‹, che, se erano christianir, il Pap era cosi ben suo como nostro.*«

24 Vgl. den weiter oben in Anm. 21 zitierten Text.

25 [WA, *Briefe*, I, S. 543.]

26 Eine brauchbare Darstellung des Luther-Prozesses in Rom findet sich bei Ludwig von Pastor, *Geschichte der Päpste*, Berlin 1928, Bd. IV/1, Kap. VIII.

27 Jules Paquier, Artikel »Luther«, *Dictionnaire de théologie catholique*, IX, 1926, Sp. 1199-1202. Über das Europa der Rechtfertigung zur Zeit der ersten Zusammenkünfte des Konzils von Trient siehe das bemerkenswerte Kapitel in: Marcel Bataillon, *Erasme et l'Espagne*, Paris 1937, S. 533 ff.

28 WA, II, S. 66 ff. Der Text ist kurz (S. 69-73) und in Paragraphen unterteilt.

Kapitel 7
Der Idealist von 1520

1 Enders, II, S. 208, Luther an Melanchthon, 1. August 1521. In Anbetracht seiner Bedeutung zitieren wir den Text in vollem Umfang: »*Si gratiae praedicator es, gratiam non fictam, sed veram praedica; si vera gratia est, verum, non fictum peccatum ferto. Deus non facit salvos ficte peccatores. Esto peccator et pecca fortiter, sed fortius fide et gaude in Christo, qui victor est peccati, mortis et mundi. Peccandum est, quamdiu sic sumus […]. Sufficit quod agnovimus […]. Dei agnum, qui tollit peccatum mundi.*« Und dann kommt ein anderer berühmter Satz: »*Ab hoc, non avellet nos peccatum, etiamsi millies uno die fornicemur aut occidamus …*« Schließlich dann die Folgerung mit antithetischem Ausgleich: »*Ora fortiter; es enim fortissimus peccator*« [WA, Briefe, II, S. 370 ff.].

2 Vgl. Renaudet, *Erasme, sa pensée religieuse*, S. 88 ff.

3 Böcking, *Huttens Schriften*, I: *Epistolae*, S. 355; Enders, II, Nr. 310, S. 408. Zu den zeitgenössischen Editionen und Übersetzungen dieses Briefes siehe Böcking, I, S. 55* f. (Index).

4 Vgl. die Bibliografie in: Böcking, I, S. 1* ff. Huttens Schriften sind dort chronologisch verzeichnet.

5 *Bulla Decimi Leonis contra errores* [ebenda, V, S. 301 ff.; das folgende Zitat: S. 302].

6 *Ein Klag über den Luterischen Brandt zu Mentz*, 4 Bl., 40; *Clag und Vormanung gegen dem übermässigen unchristlichen Gewalt des Bapsts*, 26 Bl., 40; *Anzöig wie allwegen sich die Romischen Bischöff oder Bäpst gegen den teutschen Kayseren gehalten haben*, 8 Bl., 40, usw. Vgl. Böcking, I, S. 64* ff.

7 Enders, II, Nr. 323, S. 432: »*A me quidem, jacta mihi alea, contemptus est Romanus furor et favor.*« [Vgl. LD, X, S. 76.]

8 Enders, II, Nr. 274, S. 332: »*Deus bone, quantae sunt tenebrae, nequitiae Romanensium.*«

9 Zit. nach Jules Paquier, *L'Humanisme et la Réforme. Jérôme Aléandre. De sa naissance à la fin de son séjour à Brindes*, Paris 1900, S. 154. Vgl. dort das gesamte 7. Kapitel.

10 [Die Großschreibung signalisiert hier und im folgenden, daß auch Febvre *Parole* mit einer Majuskel schreibt.]

11 *Von der Beichte*, WA, VIII, S. 157; zit. bei Strohl, II, S. 325.

12 *Von weltlicher Obrigkeit*, WA, XI, S. 264; zit. bei Strohl, II, S. 325.

13 [WA, XI, 269.]

14 [Dt. Übers. nach: Walch, XIX, Sp. 822.]

15 Weitere Zitate bei Will, S. 198-200.

16 [WA, *Briefe*, II, S. 456.]

17 [Genauer Beleg nicht zu ermitteln.]

18 [*Vom geknechteten Willen.*] Für all dies siehe Will, S. 248-249.

19 [Im Original Deutsch.]

20 [Französischer Historienmaler des 19. Jahrhunderts.]

21 Enders, III, Nr. 414, S. 113: »*Respondebo ergo Carolo Imperatori, solius palinodiae causa vocatum me non venturum: quando quidem idem sit, ac si jam illuc venissem et hic rediissem.*«

22 Ebenda: »*Certissimum autem habeo, illos non quieturos sanguinarios, donec occiderint me.*«

23 Enders, III, Nr. 390, S. 73 [dt. Übers.: LD, X, S. 81].

24 Enders, III, Nr. 430, S. 121: »*Verum Christum vivit, et intrabimus Vormaciam, invitis omnibus portis infernis et potentatibus aeris*« [LD, X, S. 83.]. Zum Worms-Aufenthalt siehe auch Luthers kuriosen Bericht in der Sammlung Cordatus (WA, *Tischreden*, III, S. 281-287).

25 *Deutsche Reichstagsakten unter Kaiser Karl V.*, hg. von Adolf Wrede, Gotha 1896, II, S. 555: »*Nisi convictus fuero testimoniis scripturarum aut ratione evidenti [...], victus sum scripturis a me adductis et capta conscientia in verbis Dei; revocare neque possum nec volo quicquam, cum contra conscientiam agere neque tutum neque integrum sit. Gott helff mir, Amen.*« Siehe ebenda [S. 555 f., Anm. 1] auch die Diskussion über den traditionellen Zusatz: »Hier stehe ich, ich kann nicht anders.« [Die deutsche Fassung wird nach der von Joachim Rogge edierten zweisprachigen Ausgabe zitiert: *1521-1971. Luther in Worms. Ein Quellenbuch*, Witten 1971, S. 98-101.]

26 [Im Original Deutsch.]

27 Dieser erstaunliche Text ist wiedergegeben bei Anselmo Braamcamp, *Noticias da Feitoria de Flandres*, Lissabon 1920, S. 116.

28 Erwähnt in Enders, III, Nr. 426, S. 128; abgedruckt in EA, LIII, Nr. 28, S. 64 [WA, *Briefe*, II, S. 305].

29 Enders, III, Nr. 424, S. 126. Der Brief stammt von der Ebernburg: »*Opus esse video gladiis et arcubus, sgittis et bombardis, ut obsistatur cacodaemonum insaniae [...]. Non carebis defensoribus, neque deerunt unquam vindices tibi.*«

30 Ebenda: »*Alioqui ad ipsos muros concitassem aliquam turbam pileatis istis.*«

31 Vgl. Will, S. 161-163.

32 [Im Original Deutsch.]

33 Will, S. 161.

Kapitel 8
Die Monate auf der Wartburg

1 WA, *Tischreden*, II, S. 431: »*Cardinalis Augustae dixit de me: iste frater habet profundos oculos; ideo et mirabiles phantasias in capite habet.*«

2 *De Abroganda Missa Privata*, Ausgabe von 1521 (Universitätsbibliothek Straßburg, E 151, 124), fol. Aiii: »PROTESTOR IMPRIMIS ADVERSUS *eos, qui insanis vocibus sunt in me clamaturi, quod, etc.*« [Vgl. WA, VIII, 407 ff.; dt. Übers. nach: Walch, XIX, Sp. 1068 f.].

3 *Resolutiones Disputationum de Indulgentiarum virtute*, Ausgabe von 1518, Wittenberg (Universitätsbibliothek Straßburg, E 151, 126), fol. A 4 v°.: »*Primum protestor, me prorsus nihil dicere aut tenere velle, nisi quod in et ex Sacris Literis [...] habetur et haberi potest.*« [Vgl. WA, I, S. 525 ff.; dt. Übers. nach: Walch, XVIII, Sp. 101.]

4 Ebenda: »*Errare quidem potero, sed haereticus non ero.*« [dt. Übers. nach: Walch, XVIII, Sp.102.]

5 [Im Original Deutsch.]

6 [Im Original Deutsch.]

7 [Wörtlich: »die Hinausgegangenen«. Anspielung auf die politischen Flüchtlinge während des italienischen *Risorgimento*, aber auch während des Faschismus.]

8 Vgl. die schöne zweibändige Ausgabe von Jan Veth und Müller: *Albrecht Dürers niederländische Reise*, Berlin-Utrecht 1918, Bd. 1, S. 80 (Eintrag v. 17. Mai 1521). Der Appell an Erasmus und die geradezu pathetische Beweinung Luthers nehmen vier große Spalten ein (S. 80-82). [Im folgenden zit. nach: Heiko A. Oberman, Hg., *Die Kirche im Zeitalter der Reformation*, Neukirchen [4]1994, S. 66-67.]

9 *Opus Epistolarum Erasmi*, ed. P. S. Allen, IV, Oxford 1922, Nr. 1219, S. 544: »*Et arbitror fas esse tacere quod verum est, si non sit spes fructus.*« Vgl. ebenda auch den für Erasmus so typischen Satz: »*Si Lutherus omnia vere scripsisset, mihi tamen magnopere displiceret seditiosa libertas.*«

10 »*Ego hic otiosissimus et negotiosissimus sum*« (An Spalatin, 10. Juni 1521; Enders, III, Nr. 441, S. 171; WA, *Briefwechsel*, II, S. 354).

11 »*Ut tu me difficile nosses, cum ipse me jam dudum non noverim*« (An Spalatin, 14. Mai 1521; Enders, III, Nr. 435, S. 155).

12 Vgl. Enders, III, S. 149, 171, 189, 199, 204 [*lat.*].

13 »*Nunc sum hic otiosus, sicut inter captivos liber*« (15. Mai 1521; Enders, III, S. 150). »*Ego otiosus hic et crapulosus sedeo tota die. Bibliam Graecam et Hebraeam lego*« (14. Mai; ebd., S. 154). Zu vergleichen mit dem in Anm. 10 zitierten Brief, wo Luther hinzufügte: »*Hebraica et Graeca disco et sine intermissione scribo*« (ebd., S.171), womit sich erklärt, was er unter *otiosus* verstand. Vgl. ferner seinen Brief vom 26. Mai: »*Cum sim eremita, anachorita, verreque monachus*« (ebd., S. 164).

14 »*Tractat me vir loci hujus ultra meritum longe*« (Enders, III, Nr. 441, S. 171).

15 »*Displicuerunt mihi literae tuae [...] quod me extollis nimio [...]. Confundit ac*

discruciat me tua egregia ista suspicio mei, cum ego hic insensatus et induratus sedeam in otio proh dolor parum orans, nihil gemens pro ecclesia Dei, quin carnis meae indomitae uro magnis ignibus: summa, qui fervere spiritu debeo, ferveo carne, libidine, pigritia, otio, somnolentia ac nescio an quia vos non oratis pro me [...]aversus sit« (Enders, III, S. 189). Siehe auch: »*Orate pro me, quaeso vos; peccatis enim immergor in hac solitudine*« (an Melanchthon, 13. Juli 1521; ebd., S. 192). »*Adhuc sum stertans et otiosus ad orandum et opponendum ut mihi vehementer displiceam et onerosus sim, forte, quod solus sim, et vos me non juvetis*« (an Spalatin, 9. September 1521; ebd., S. 230). »*Non tamen sum monachus, assunt enim multi et mali et astuti daemones, qui mihi tempus, quod ajunt, eludunt sed moleste*« (an Spalatin, 1. November 1521; ebd., S. 243). Man wird uns dankbar sein, daß wir diese umstrittenen Texte in ihrem wahren Wortlaut wiedergeben.

16 Vgl. in Anm. 15 die Anspielung auf die *multi et mali et astuti daemones*.

17 [Im Original Deutsch.]

18 [Im Original Deutsch.]

19 Ich kann an dieser Stelle nur auf das verweisen, was ich über die Sprache der Menschen des 16. Jahrhunderts in meinem Buch: *Le problème de l'incroyance au XVIe siècle. La religion de Rabelais*, Paris 1942, S. 461-487, geschrieben habe.

20 Will G. Moore, *La Réforme allemande et la littérature française. Recherches sur la notoriété de Luther en France*, Straßburg 1930, S. 27-45. Siehe auch die neueren Bemerkungen von Maurice Gravier (der Moore nicht zu kennen scheint) in der Einleitung zu seiner Text-Auswahl: *Les grands écrits réformateurs*, Paris 1944.

21 WA, XXX/2, S. 68.

22 Zu diesem speziellen Aspekt siehe Moore, S. 32-33: kluge Überlegungen, aber nicht weit genug entwickelt.

23 WA, *Deutsche Bibel*, I, S. 633.

24 Bekanntlich gab es drei päpstliche Bullen gegen Luther: die Bulle *Exsurge Domine*; ferner eine in Rom verfaßte, aber aufgrund der Bedenken Aleanders nicht publizierte Bulle, die nicht erhalten ist; und schließlich die Bulle *Decet Romanum Pontificem* vom 3. Januar 1521, die Luther und seine Anhänger endgültig aus der Kirche ausschloß.

25 [Im Original Englisch.]

26 Enders, III, Nr. 435, S. 154; 14. Mai 1521 [*lat.*].

27 Ebenda, S. 129; 9. September 1521 [*lat.*].

28 Ebenda, S. 151; 12. Mai 1521: »*Ego mirabilis captivus, qui et volens et nolens hic sedeo*« (WA, *Briefe*, II, Nr. 409, S. 336).

29 »*A non pro me oras ut secessus iste quem invitus admisi, operetur aliquid majus in gloriam Dei? [...] Verebar ego, ne aciem deserere viderer. [...] Nihil magis opto quam furoribus adversariorum occurere objecto jugulo*« (Enders, III, S. 148) [dt. Übers.: AW, VI, S. 35]. Ein halbes Jahr später erwähnte er in einem Brief an Nikolaus Gerbel noch einmal das gleiche Gefühl: »*Ego quidem arbitrarbar, cervicem*

esse objectandam publico furori, sed illis aliud visum« (Enders, III, S. 240; 1. September 1521).

30 Enders, III, S. 219: »*Principem esse et non aliqua parte latronem esse, aut non aut vix possibile est; eoquem majorem quo major Princeps fuerit.*« [Dt. Übers. nach: LD, X, S. 98].

31 Pierre de Brantôme, *La vie des dames galantes*, ed. Bouchot, 5e discours, II, S. 80.

32 Enders, III, S. 327; 12. April 1522: »*Ego natura mea ab aula abhorreo.*«

33 Ebd., III, Nr. 465, S. 246; 11. November 1521: »*Primum non feram, quod ais, non passurum Principem, scribi in Moguntium [...]. Potius te et Princioemipsum perdam et omnem creaturam [...]. Non sic, Spalatine; non sic, Princeps! sed pro ovibus Christi resistendum est summis viribus lupo isti gravissimo, ad exemplum aliorum!*« (WA, Briefe, II, Nr. 438, S. 402). [Dt. Übers. nach: AS, VI, S. 37 f.].

34 Enders, III, Nr. 479, S. 280; 17. Januar 1522 [*lat.*].

35 Enders, III, Nr. 461, S. 240. Dieser Satz schließt an eine Aufzählung von Schriften an, die Luther kurz zuvor verfaßt hatte: alle in deutscher Sprache, *omnia vernacula*, wie er unterstreicht.

36 Enders, III, S. 163. Dort auch die folgenden Zitate: S. 148, 164, 165, 189, 230, 236 [dt. Übers. z. T. nach: LD, X, S. 91-92].

37 Enders, III, Nr. 465, An Spalatin, 11. November 1921, S. 247: »*Soli nos sumus, ex quibus exigitur, ne canis mutiat?*« [dt. Übers.: AS, VI, S. 38 f.]. Vgl. auch seine Apologie der Gewalt gegenüber Erasmus in seinem Brief an Spalatin vom 9. September 1521 (Nr. 455, S. 229): »*Illorum scripta, quia abstinent ab increpando, mordendo, offendendo, simul nihil promovent.*« Die ewige Anklage des Revolutionärs gegen den Reformisten.

38 Enders, III, Nr. 451, S. 215: »*At mihi non obtrudent uxorem*« [dt. Übers.: LD, X, S. 97].

39 Enders, III, Nr. 454, S. 222-227 [dt. Übers.: LD, X, S. 100-102].

40 WA, VIII, S. 678: »Nemlich das durch das wort Christi, wilchs ist der geyst, stang und schwerd seynes mundisz, wirt seyne buberey, trigerey, schalkheyt, tyranney, vorfurerey auffdeckt und fur aller welt blosz tzu schanden werden.«

41 Ebenda, S. 683.

42 Ebenda, S. 679-680.

Kapitel 9
Wiedertäufer und Bauern

1 Enders, III, S. 253, an Spalatin: »*Vittembergae apud Philippum meum in aedibus Amsdorffianis*«.

2 Hinweis bei Enders, III, Nr. 485, S. 296; Text in: EA, LIII, Nr. 40, S. 104; de Wette, III, S. 137 ff.; WA, Briefe, II, Nr. 455, S. 453-457.

3 Enders, III, Nr. 484, S. 292: »Instruction, was unser lieber getreuer Johann Oswald an Doct. Luther werben soll« (Lochau, Ende Februar 1522).

4 Enders, III, Nr. 480, S. 286 [*lat.*].

5 Diese Details stammen aus einem Bericht von Martin Reinhard, einem Prediger aus Jena und Freund von Karlstadt, der unter dem Titel *Acta Jenensis* bekannt wurde. Darin werden die Gespräche in Jena wie auch Orlamünde geschildert (WA, XV, S. 323 ff.). Zur Symbolik der Szene mit dem Geldstück vgl. WA, XV, S. 339, Anm. 3. Zu Luthers Meinung über Reinhard vgl. Enders, V, Nr. 835, S. 39 (Brief an Amsdorf, 27. Oktober 1524).

6 An Hartmuth von Kronberg, März 1522. Anmerkungen in: Enders, III, Nr. 494, S. 308; Text in: EA, LIII, Nr. 45, S. 119 ff. (hier S. 127) sowie in: de Wette, II, S. 161 (S.168).

7 Enders, V, S. 52-53; An Nikolaus Hausmann, 17. November 1524 [*lat.*].

8 Hinweis in: Enders, V, Nr. 855, S. 83; Text in: EA, LIII, Nr. 111, S. 270-277; de Wette, II, Nr. 642, hier: S. 577-578.

9 [Im Original deutsch.]

10 An Michael von der Straßen, 16. Oktober 1523; Hinweis in: Enders, IV, Nr. 719, S. 246; gedruckt: EA, LIII, Nr. 86, S. 218.

11 Vorrede zur *Ordnung eines gemeinen Kastens* für die Gemeinde zu Leisnig, Ende Januar 1523; Hinweis in: Enders, IV, Nr. 620, S. 71; gedruckt: EA, XXII, S. 106; de Wette, II, S. 382 [hier nach: WA, XII, S. 12].

12 »*Nam et ego incipiam tandem cucullum abjicere, quem ad sustentationem infirmorum et ad ludibrium Papae hactenus retinui*« (an Capito, 25. Mai 1524; Enders, IV, Nr. 797, S. 348).

13 WA, XVIII, S. 85, *Wider die himmlichen Propheten*: »Ich habe meyn leben lang mit dem selben fursten nie key Wort geredt noch hören reden, dazu auch seyn angesicht nie gesehen denn eyn mal zu Worms fur dem Keyser.« Die Schrift V*on weltlicher Obrigkeit* findet sich in: WA, XI, S. 229-281.

14 Enders, III, Nr. 498, S. 316 [dt. Übers. nach: AS, VI, S. 55]. Und Hesekiel zitierend fuhr er fort: »*Ora cum tuis nobiscum, et ponamus nos murum contra Deum pro populo in insto die furoris sui magni.*« Dieser Brief endet mit dem berühmten »*Sobrius haec scribo et mane, piae plenitudine fiduciae cordis*«, in dem Denifle das zynische Geständnis eines Trunkenbolds sah!

15 WA, XI, S. 268; *Von weltlicher Obrigkeit*.

16 So hat Gott zwei Regierungen geschaffen. Die eine ist geistlicher Art und wird vom Heiligen Geist unter Mitwirkung Christi geleitet; sie ist für die Christen und frommen Menschen bestimmt. Die andere ist weltlicher Art und beherrscht die Gottlosen und Bösen, die sie zur Ruhe zwingt (ebenda).

17 Siehe dazu das ausgezeichnete Buch von Günther Franz, *Der deutsche Bauernkrieg*, München, Berlin 1933 [Darmstadt [12]1984].

18 Dies war der erste der sogenannten *Zwölf Artikel der Bauernschaft*.

19 WA, XVIII, S. 279-334.

20 [Ebenda, S. 303.]

21 [Ebenda, S. 309.]

22 »Da habt yhr alle beyde teyl ewer gewis urteyl von Gott, das weys ich fur war.«
   Das ist die Schlußthese (WA, XVIII, S. 333-334).

23 Siehe oben S. 190-192.

24 WA, VIII, S. 680-681.

25 [Im Original deutsch.]

26 WA, XVIII, S. 66.

27 Ebenda, S. 100.

28 WA, XVIII, S. 344-361.

29 de Wette, II, S. 669 [WA, Briefe, III, S. 515].

30 [Anspielung auf den Kreuzzug gegen die Katharer und die Niedermetzelung der
   Bevölkerung von Béziers im Jahr 1209.]

31 Enders, V, Nr. 935, S. 183: »*Ego si sentio, melius esse omnes rusticos caedi, quam
   Principes et magistratus, eo quod rustici sine autoritate Dei gladium accipiunt
   [...]. Nulla misericordia, nulla patientia rustici debetur, sed ira et indignatio Dei
   et hominum*« [dt. Übers.: LD, X, S. 155].

32 Enders, V, Nr. 934, S. 181; EA, LIII, S. 306 [WA, Briefe, III, S. 516].

33 [WA, XVIII, S. 358.]

34 WA, XVIII, S. 361.

35 Zit. bei Will, S. 246 [WA, VI, S. 249].

Kapitel 10
Nach 1525: Idealismus und Lutheranertum

1 Enders, V, Nr. 849, S. 74, 27. November 1524: »*Notum est ingenium Principis,
   quod viros levipendit.*«

2 Ebenda: »*Et substantia mundi non parva ad marsupium Principis redire coepit ac
   quotidie magis redit.*«

3 Hinweis in: Enders, V, S. 83; gedruckt in: EA, LIII, Nr. 111, S. 270 ff.

4 [WA, XVIII, S. 182 ff.]. Vgl. auch die bei Léon Cristiani, *Du luthérisme au protestantisme*, Paris 1908, S. 118, zitierte Passage (WA, VI, S. 290-291) sowie viele
   andere.

5 WA, *Tischreden*, III, Nr. 3316, S. 264 [*lat.*].

6 [LD, X, S. 143.]

7 WA, XVIII, S. 786 [dt. Übers. nach: LD, III, S. 332 f.].

8 Enders, V, Nr. 450, S. 77: »*Animus est alienus a conjugis, cum exspectem quotidie
   portem et meritum haereticis supplicium.*« [Dt. Übers.: LD, X, S. 174.]

9 Enders, V, Nr. 916, S. 157, 16. April 1525: »*Nolo hoc mireris, me non ducere, qui
   sic famosus sum amator.*« [Dt. Übers. nach: LD, X, S. 175.]

10 Enders, V, Nr. 957, S. 204, 21. Juni 1525: »*Nec amo, nec aestuo, sed diligo
   uxorem.*« [Dt. Übers. nach: LD, X, S. 159.]

11 Zur Interpretation des ersten Satzes: »*Spero enim me breve tempus adhuc victurum*«, vgl. Enders, V, Nr. 850, S. 77, 30. November 1524: »*Spero autem quod (Deus) non sinet me diu vivere.*«

12 Vgl. WA, *Tischreden*, I, Nr. 446 (Slg. Veit Dietrich, Anfang 1533), S. 195: »*Sic occidi Muncerum etiam*, der todt ligt auff meim hals. *Feci autem ideo quia ipse voluit occidere meum Christum.*«

13 Hinweis in: Enders, V, Nr. 1022, S. 303, der auch den Adressaten identifiziert; abgedruckt in: EA, LIII, S. 364; de Wette, III, Nr. 771, S. 83-84.

14 Es gibt mehrere Briefe an Weller aus dem Jahr 1530, die alle interessant sind. Der hier zitierte Brief stammt vermutlich vom Juli und ist bei Enders unter der Nr. 1737 (Bd. VIII, S. 160) veröffentlicht [dt. Übers. nach: Walch, XXIa, Sp. 1534].

15 Zum folgenden siehe: Will, S. 107-110.

16 [EA, LI, S. 98.]

17 Enders, VI, S. 6; Brief an Spalatin, 7. Januar 1527 [dt. Übers. nach: Walch, X, Sp. 690].

18 WA, *Tischreden*, III, Nr. 2948a und 2948b, S. 113 (Slg. Cordatus, Februar 1533).

19 [EA, IV, S. 82.]

20 [EA, *op. ex.*, IV, S. 167; dt. Übers.: Walch, I, Sp. 1127.]

21 [Im Original Deutsch.]

22 Zum folgenden siehe: Will, S. 296 ff.

23 Georges de Lagarde, *Recherches sur l'esprit politique de la Réforme*, Paris 1926, S. 209 ff.

24 [EA, XLI, S. 209.]

25 »*Principes mundi sunt dei, vulgus est Satan.*« WA, *Tischreden*, I, Nr. 171, S. 79 (Slg. Veit Dietrich, Anfang 1532). Weitere Texte: EA, XLI, S. 209; WA, XXVIII, S. 612; WA, XVI, 106, usw.

26 WA, XXXVIII, S. 103.

27 [Im Original deutsch.]

28 [Im Original deutsch.]

29 In der ersten Ausgabe seines Buches hat Denifle diesen Luther-Porträts eine ziemlich boshafte und in ihrem Subjektivismus etwas selbstgefällige Studie gewidmet.

30 Liebevoll – oder haßerfüllt – hat Denifle viele Beispiele dafür gesammelt; siehe das Sachregister in Bd. I/2 seines Buches.

31 Siehe zum Beispiel: WA, *Tischreden*, III, Nr. 2849, S. 26: »*Oculi sunt donum praestantissimum omnibus animantibus datum, etc.*«

32 WA, *Tischreden*, I, Nr. 1150, S. 568 (Slg. Veit Dietrich und Nikolaus Medler, 1530).

33 WA, *Tischreden*, III, Nr. 3174a, S. 210 (Slg. Cordatus, 1532) [*lat.*].

34 WA, *Tischreden*, III, Nr. 2845a, S. 22 (Slg. Cordatus, Ende 1532).

35 WA, *Tischreden*, I, Nr. 140, S. 61 (Slg. Veit Dietrich, Ende 1531) [*lat.*].

36 WA, *Tischreden*, III, Nr. 2891b, S. 56 (Slg. Cordatus).

37 Nach einem Bericht von Johannes Schlaginhaufen.

38 WA, *Tischreden*, III, Nr. 2815, S. 6 (Slg. Cordatus, 1532).

39 WA, *Tischreden*, I, Nr. 1531, S. 4 (Slg. Veit Dietrich, 1531): »*Coniugium ets in tota natura [...]. Etiam arbores maritantur, item gemmae.*« Zur Ehe im 16. Jahrhundert und ganz allgemein zur Geschichte der Ehe vgl. Lucien Febvre, *Amour sacré, amour profane. Autour de l'Heptaméron*, Paris 1944; dt. Übers. in Vorbereitung.

40 [Anspielung auf das »Dritte Buch« von Rabelais' *Gargantua und Pantagruel*.]

41 EA, *Opera exegetica latina*, I, S. 412 (Kommentare zur Genesis), Kap. 3-7.

42 »Ich wolt mir lieber zwey par ansetzen, den eins ausschneiden.« WA, *Tischreden*, III, Nr.2865a, S. 38 (Slg. Cordatus, 1532).

43 [Im Original deutsch.]

44 WA, X/2, S. 290. Dieser Satz hat natürlich unendliche Debatten hervorgerufen. Vgl. z. B. Grisar, II, S. 505.

45 WA, *Tischreden*, III, Nr. 3594, S. 440 (Slg. Lauterbach u. Weller); ebd., Nr. 3366, S. 292 (Slg. Cordatus) [*lat.*].

46 WA, *Tischreden*, I, Nr. 247, S. 103 [*lat.*].

47 WA, *Tischreden*, III, Nr. 2933, S. 94-99 (zahlreiche Fassungen).

48 Zum folgenden gibt es zahlreiche Darstellungen. Vgl. zum Beispiel André Chavan, »Melanchthon et la prédestination«, in: *Revue d'histoire et de philosophie religieuses*, 1924, S. 250-263, der sich u. a. auf Reinhold Seebergs *Dogmengeschichte*, Bd. IV/2, stützt.

49 Vgl. WA, *Tischreden*, III, Nr. 3900, S. 591.

Schlußbemerkungen

1 [»Zwei Völker sind in deinem Leibe, und zweierlei Leute werden sich scheiden aus deinem Leibe.«]

2 [WA, *Tischreden*, III, Nr. 3900, S. 694 f.]

3 In einer bemerkenswerten Passage seiner *Notes sur Luther* (*Nova et Vetera*, 1928, Nr. 4, S. 410) stimmt Jacques Maritain mit mir in diesem Punkt überein – endet dann allerdings mit einer Verurteilung der modernen Welt, was nicht gerade meiner Auffassung entspricht. Er schreibt sehr treffend: »Luther selbst war zwar kein moderner Mensch, und er war auch kein *Protestant*. Aber das hinderte ihn nicht, am Anfang der Moderne zu stehen, ebenso wie er am Anfang des Protestantismus steht. Gerade das macht seinen Fall so interessant. Er war ein zerrissener Katholik und verhinderter Heiliger, der sich auf falsche und fanatische Weise (wobei er im Grunde sein Ich zum Zentrum und einzigen Gesetz machte) über einige große antike Wahrheiten hermachte, die in seinem Umkreis zu sehr in Vergessenheit geraten waren (Vertrauen in Jesus Christus und Selbstverachtung, das Gewissen als unmittelbare Richtschnur unserer Handlungen, die Unmöglichkeit für den gefallenen Menschen, einen Zustand natürlicher Vollkommenheit zu erreichen, ohne die Gnade Christi usw.), weshalb bei ihm das Grundprinzip moderner Irrtümer sicht-

bar wird.« Und Maritain fügt hinzu: »Ganz sicher war der Gedanke einer indivi-
duellen Religion Luther zuwider. [...] Aber indem er die christlichen Gemeinden
von der ›römischen Tyrannei‹ und der geistigen Herrschaft des Stellvertreters Christi befreite, riß er sie in Wirklichkeit aus der einheitlichen Körperschaft Christi heraus, um sie statt dessen, ohne es zu wollen, in die weltliche Körperschaft der politischen und sozialen Gemeinschaft einzuschließen und damit letzten Endes der Herrschaft jener Fürsten auszuliefern, die er verabscheute.« Es war mir wichtig, diese
schwer zugängliche Passage ausführlich zu zitieren.

4 [Jacques Bénigne Bossuet, *Histoire des variations des églises protestantes*, Paris
  1730.]
5 [Pierre-Joseph Proudhon, *La révolution sociale démontrée par le coup d'Etat du
  deux-décembre*, Paris 1852.]
6 [Im Original deutsch.]

BIBLIOGRAPHIE

Die folgende kommentierte Bibliographie wurde von Lucien Febvre 1928 zusammengestellt und 1944 erweitert. Für die vorliegende Ausgabe wurden fast alle Angaben bibliographisch überprüft und manchmal ergänzt. Inhaltliche Zusätze sind durch eckige Klammern gekennzeichnet. Am Schluß werden darüber hinaus einige der wichtigsten Titel der seit 1945 erschienenen Literatur aufgeführt. (Peter Schöttler)

Die Literatur zu Luther ist so unüberschaubar wie ein Ozean. Schon 1906 zählte Böhmer 2000 Bände, ohne dabei Aufsätze, Broschüren usw. mitzurechnen. Seither ist die Flut gewaltig angestiegen. Was tun, um darin nicht zu ertrinken? Die Spezialisten wissen Bescheid; das folgende Verzeichnis ist also nicht für sie bestimmt. Es soll nur einige grundlegende Hinweise auf Editionen und Übersetzungen von Luthers Werken geben sowie einzelne wirklich wichtige Arbeiten anführen, die den Einstieg in ihr Studium erleichtern. Für Details verweise ich auf die weiter unten erwähnten Spezialbibliographien von Gustav Wolf und Karl Schottenloher.

I. Luthers Werke

A. Gesamtausgaben

Es gibt sieben Ausgaben. In der Regel bezieht man sich aber nur auf die beiden letzten, die sogenannte Erlanger Ausgabe und die Weimarer Ausgabe.

Die *Erlanger Ausgabe*, in Oktavbänden gedruckt, ist am weitesten verbreitet und umfaßt:

a. 67 Bände der Werke in deutscher Sprache: *D. Martin Luthers Sämmtliche Werke*; Bd. I, 1826; Bd. LXVII b, 1857 (die Bde. I bis XX und XXIV bis XXVI in 2. Auflage,

1862-1880 und 1883-1885). Die Bde. XXIV-XXXII enthalten historische Texte zur Reformation in deutscher Sprache; die Bde. LIII-LVI die *Briefe* in deutscher Sprache; die Bde. LVII-LXII die *Tischreden*. Die Bde. LXVI-LXVII sind Registerbände.

b. 33 Bände der Werke in lateinischer Sprache: *Lutheri Opera*, Bd. I-XXIII: *Opera exegetica*; Bd. XXIV-XXVI, *Commentaria in Epistolam S. Pauli ad Galatas*; Bd. XXVII-XXXIII, *Opera ad Reformationis historiam pertinentia*, 1865-1873.

Die *Weimarer Ausgabe*: *D. Martin Luthers Werke, Kritische Gesamtausgabe*, deren erster Band 1883 erschienen ist, wird ungefähr 80 Bände im großen Quartformat umfassen. Sie steht kurz vor dem Abschluß. [Inzwischen mit Ausnahme einiger Registerbände abgeschlossen: 74 Bde.] Leider ist sie relativ teuer, nicht sehr handlich – es gibt keine Einzelregister, ein Gesamtregister ist noch nicht erschienen – und außerhalb Deutschlands wenig verbreitet. Sie wird von Fachleuten herausgegeben und ist chronologisch angeordnet.

Zu dieser Ausgabe gehören als Sonderbände: 1. *Die Deutsche Bibel*, Bd. I, 1906; Bd. IX, 1. Teil, 1937 [inzwischen abgeschlossen: 15 Bde.]. 2. *Die Tischreden*, hg. von Ernst Kroker, Bd. I, 1912, Bd. VI mit Register, 1921: eine ausgezeichnete Arbeit. 3. Der *Briefwechsel*, dessen Edition vorbereitet wird [inzwischen abgeschlossen: 18 Bde.].

[Die Benutzung der verschiedenen Luther-Ausgaben wird entscheidend erleichtert durch die chronologische und systematische Erschließung des Gesamtwerks durch Kurt Aland: *Hilfsbuch zum Lutherstudium*, 3. Aufl., Witten 1970.]

B. Luthers Korrespondenz

Eigentlich hätte die von Ernst Ludwig Enders bearbeitete Ausgabe, *Luthers Briefwechsel*, 18 Bde., 1884-1923 (Bd. I-XI hg. von Enders, Bd. XII-XVI, hg. von Gustav Kawerau, Bd. XVII-XVIII, hg. von Paul Flemming und Otto Albrecht) alle vorhergehenden Ausgaben überflüssig machen können, wenn Enders in den ersten elf Bänden auch die Briefe in deutscher Sprache abgedruckt hätte, statt sie nur zu erwähnen und auf die Ausgaben von Wilhelm M. L. de Wette (*Luthers Briefe, Sendschreiben und Bedenken*, 5 Bde., Berlin 1825-1828, und ein Supplementband, hg. von Johann Konrad Seidemann, 1856) und Johann Konrad Irmischer (Teil der Erlanger Ausgabe, Bde. LII-LVI, 1853-1856, nur Briefe in deutscher Sprache) zu verweisen. Die neue Edition, die der *Weimarer Ausgabe* beigeordnet ist (hg. von Otto Clemen, Bd. I, 1930; Bd. VIII, 1938, reicht bis 1539), führt alle Briefe zusammen. Jeder Band enthält eine Konkordanz zu den Ausgaben von de Wette und Enders [inzwischen abgeschlossen: 18 Bde., davon 8 Bde. Register].

C. Auswahlausgaben, Einzelausgaben, Übersetzungen

Es gibt mehrere Sammlungen ausgewählter Schriften. *Luthers Werke für das christliche Haus*, hg. von Otto Scheel, 2. Aufl., Berlin 1905, 8 Bände sowie 2 Ergänzungsbände, enthält hilfreiche Anmerkungen. *Luthers Werke in Auswahl*, hg. von Otto Clemen, 4 Bde., Bonn 1912-1913, ist als Studentenausgabe konzipiert [Nachdruck: Berlin 1983]. Eine neuere Ausgabe, *Grundzüge evangelischer Lebensformung nach ausgewählten Schriften Martin Luthers*, Leipzig 1930, wurde von Arnold E. Berger zusammengestellt.
[Wichtig und nützlich sind darüber hinaus folgende Editionen:

Martin Luther, *Werke*, hg. von Johann Georg Walch, 2. Aufl., 23 Bde., St. Louis/Missouri 1880-1910 (Nachdruck: Bad Oynhausen 1986/87).
Luther Deutsch, hg. von Kurt Aland, 11 Bde., Göttingen 1957-1974.
Calwer Luther-Ausgabe, hg. von Wolfgang Metzger, 12 Bde., München-Heidelberg 1964-1966.
Ausgewählte Werke (»Münchener Ausgabe«), hg. von H. H. Borcherdt u. Georg Metz, 13 Bde., 3. Aufl., München, 1948-1965.
Ausgewählte Schriften (»Insel-Ausgabe«), hg. von Karin Bornkamm u. Gerhard Ebeling, 6 Bde., Frankfurt/Main 1982.
Martin Luther Studienausgabe, hg. von Hans-Ulrich Delius, 5 Bde., Berlin (Ost) 1979-1992.]

Natürlich gibt es zahlreiche Einzelausgaben. Erwähnt seien nur: *Luthers Vorlesung über den Römerbrief*, hg. von Johannes Ficker, Leipzig 1908; 4. Aufl. 1930 (eine endgültige Edition erscheint im Rahmen der Weimarer Ausgabe) [vgl. WA, Bd. LVI-LVII], sowie *Luthers Vorlesung über den Hebräerbrief*, hg. von Emmanuel Hirsch und Hanns Rückert, 2 Bde., Leipzig 1929 [WA, Bd. LVII].
In der preisgünstigen und handlichen Reihe *Kleine Texte für Vorlesungen und Übungen* sind neben einem sehr nützlichen Glossar von Alfred Götze mehrere bedeutende Schriften oder Sammlungen erschienen: *Kleiner Katechismus. Der deutsche Text in seiner geschichtlichen Entwicklung*, 1912; *95 Thesen nebst dem Sermon von Ablaß und Gnade*, hg. von Otto Clemen, 1917; *Von Ordnung, Gottesdienst, Taufbüchlein, Formula Missae*, 1909, etc.

D. Französische Übersetzungen

Zu den älteren Übersetzungen siehe Jules Paquier, Art. »Luther«, in: *Dictionnaire de Théologie Catholique*, Bd. IX, 1926, Sp. 1146-1335, sowie vor allem das unten zitierte Buch von Moore. Die 1835 von Jules Michelet publizierten *Mémoires de Luther*, 2 Bde., bieten eine bemerkenswerte Auswahl von Briefen und Tischreden. Der kleine *Luther* von Maurice Goguel, Paris 1926, enthält kurze – allzu kurze – Auszüge aus den großen Werken.

1879 hat Félix Kuhn den Brief *An den christlichen Adel deutscher Nation* ins Französische übersetzt und im gleichen Jahr auch *Von der Freiheit eines Christenmenschen*; davon ist 1914 eine Neuübersetzung durch Léon Cristiani erschienen (*De la liberté du chrétien*). Fr. Th. Horning hat den Katechismus übersetzt, *Le grand catéchisme de Luther* (1854), J. Meyhoffer den Brief über die Einrichtung christlicher Schulen (im Rahmen einer Lausanner Habilitationsschrift mit dem Titel: *Les idées pédagogiques de Luther*, 1909), Louis Sauzin die *Tischgespräche* (4 Bde., 1932) und Denis de Rougemont die Schrift über den geknechteten Willen (*Le serf arbitre*, 1936). Vor kurzem schließlich hat Maurice Gravier eine Auswahl publiziert, die jeweils den deutschen Originaltext mit der französischen Übersetzung konfrontiert: *Les grands écrits réformateurs*, Paris 1944 [2. Aufl., Paris 1955].

E. Dokumente

Hier sei nur auf die von Otto Scheel herausgegebene äußerst nützliche Quellensammlung verwiesen: *Dokumente zu Luthers Entwicklung bis 1519* (Tübingen 1911; 2. erw. Aufl. 1929). Für ikonographische Dokumente siehe: Paul Schreckenbach und Franz Neubert, *Martin Luther*, Leipzig 1916; 3. Aufl. 1921.

II. Arbeiten über Luther

Für eine kommentierte Bibliographie siehe: Gustav Wolf, *Quellenkunde der deutschen Reformationsgeschichte*, Gotha 1916 (Bd. II, 1. Teil, S. 167-276). Umfassend: Karl Schottenloher, *Bibliographie zur deutschen Geschichte im Zeitalter der Glaubensspaltung 1517-1585*, 6 Bde., Leipzig 1933-1940 [2. Aufl., Stuttgart 1956-1958; Bd. 7, hg. von Ulrich Thürauf, Stuttgart 1966].
[Siehe auch: *Bibliographie de la Réforme 1450-1648. Ouvrages parus de 1940 à 1955*, 3 Bde., Leiden 1958-1961.]

A. Arbeiten vor 1900

Das Milieu

Als Ausgangspunkt: Leopold von Ranke, *Deutsche Geschichte im Zeitalter der Reformation* (6 Bde., 1839-1847 [zuletzt hg. von Willy Andreas: 1957]. Als Mittelpunkt: Johannes Janssen, *Geschichte des deutschen Volkes seit dem Ausgang des Mittelalters* (1878 ff.; 14. Aufl. hg. von Ludwig von Pastor, 8 Bde., 1897-1917; mangelhafte franz. Übers.: *L'Allemagne et la Réforme*, 8 Bde., 1887 ff.). Als Schlußpunkt: Friedrich von Bezold, *Geschichte der deutschen Reformation* (Berlin 1886-1890).

Der Mann und das Werk

Zum klassischen Luther-Bild vor 1900 siehe Julius Köstlin, *Martin Luther. Sein Leben und seine Schriften*, 2 Bde., 1875; 5. erw. Aufl., bearb. von Gustav Kawerau, Berlin 1903. Weniger bedeutende Arbeiten sind erschienen von Max Lenz, Theodor Kolde, Adolf Hausrath usw. In französischer Sprache: Félix Kuhn, *Luther. Sa vie, son oeuvre*, 3 Bde., 1883-1884 (traditionelles Luther-Bild, nützliche Zitate).

Die Lehre

Meinungsbildend waren: 1. die systematische Untersuchung von Theodosius Harnack, *Luthers Theologie*, 2 Bde., 1862-1886 (2. Aufl. München 1927); 2. die historische Studie von Julius Köstlin, *Luthers Theologie in ihrer geschichtlichen Entwickelung und ihrem inneren Zusammenhange*, 2 Bde., 1863; 5. Aufl. Stuttgart 1903 [Neudruck: Darmstadt 1968].

Die Politik

Klassische Arbeiten sind: Rudolph Sohm, *Kirchenrecht*, Bd. I, München-Leipzig 1892, und Paul Rieker, *Die rechtliche Stellung der evangelischen Kirchen Deutschlands*, Leipzig 1893.

B. Arbeiten zwischen 1900 und 1927

Bibliographien bei Wolf und Schottenloher, wie zitiert. Ein kurzer Forschungsbericht bei Lucien Febvre, »Le progrès récent des études sur Luther: essai de mise au point«, *Revue d'histoire moderne*, 1, 1926, S. 24-26.

Das Milieu

Viele Monographien beschäftigen sich mit dem von Ernst Troeltsch in seinem Buch: *Die Bedeutung des Protestantismus für die Entstehung der modernen Welt*, München 1911, aufgeworfenen Problem. Vgl. auch derselbe, *Die Soziallehren der christlichen Kirchen und Gruppen*, Tübingen 1912. Dazu: Edmond Vermeil, »La pensée religieuse de Troeltsch«, in: *Revue d'histoire et de philologie religieuses*, 1921. Vgl. dagegen die Auffassungen eines reinen Historikers: Georg von Below, *Die Ursachen der Reformation*, Berlin/München 1917. In Frankreich ist vor allem Pierre Imbart de la Tour in *Les origines de la Réforme*, Bd. III, Paris 1914, auf Luther eingegangen.

Der Mann und das Werk

An erster Stelle: Heinrich Denifle: *Luther und Luthertum in der ersten Entwicklung*, Bd. I (2 Teile), Mainz 1904; 2. erw. Aufl. 1904-1906; Bd. II, aus dem Nachlaß hg. von Pater Albert Maria Weiss, 1905. Band I wurde von Jules Paquier ins Französische übersetzt, überarbeitet und von polemischen Ausfällen befreit: *Luther et le luthéranisme*, Bd. I, Paris 1910 (2. Aufl. 1913); Bd. II, 1911 (2. Aufl. 1914); Bd. IV, 1916. Denifles zweiter Band sowie der von Pater Weiss editierte Ergänzungsband, *Lutherpsychologie* (Mainz 1906), wurden nicht übersetzt.

Ein kluges Büchlein von Heinrich Boehmer, *Luther im Lichte der neueren Forschung* (Leipzig 1906; 4. Aufl. 1917), hilft bei der Orientierung innerhalb der Rekonstruktionsarbeiten, die auf Denifles Angriff folgten.

Zwei große Studien fassen die katholischen und die protestantischen Bemühungen in dieser unruhigen Periode zusammen. Pater Hartmann Grisar (S. J.) hat Denifles Unternehmen auf kluge Weise erledigt: Bd. I: *Luthers Werden. Grundlegung der Spaltung bis 1530*, Freiburg 1911 (mit Bibliographie); Bd. II: *Auf der Höhe des Lebens*, 1911; Bd. III: *Am Ende der Bahn*, 1912 (mit Zeittafel und Register). Der evangelische Theologe Otto Scheel hat zwei Bände einer großen Luther-Biographie vorgelegt, die das klassische Werk von Köstlin ersetzen wird: *Martin Luther. Vom Katholizismus zur Reformation* (Bd. I, *Auf der Schule und Universität*, 1916; Bd. II, *Im Kloster*, 1917). Lesenswert ist auch der Versuch einer liberalen Luther-Interpretation durch Karl Holl: *Gesammelte Aufsätze zur Kirchengeschichte*, Bd. I: *Luther*, 6. Aufl., 1923.

Die Lehre

Auf die Entdeckung von Ficker wurde bereits hingewiesen. Sie wird aufgenommen durch Otto Ritschls *Dogmengeschichte des Protestantismus*, die weit über den Lutheranismus hinausgeht: Bd. I, *Biblizismus und Traditionalismus*, Leipzig 1908; Bd. II, *Die Theologie der deutschen Reformation*, 1912; Bd. III, *Die reformierte Theologie des 16. und 17. Jahrhunderts*, 1926; Bd. IV. *Das orthodoxe Luthertum im Gegensatz zur der reformierten Theologie*, 1927. Bücher, die schwer zu lesen sind und kaum ausländische Literatur berücksichtigen, aber eine nützliche Gesamtschau der Theoriegeschichte während der Reformation bieten. Reinhold Seeberg, *Die Lehre Luthers*, 2 Bde., Leipzig 1917-1920, gibt eine gute historische Darstellung von Luthers Lehre.

In französischer Sprache stellt das Buch des Abbé Cristiani, *Du luthéranisme au protestantisme. Evolution de Luther de 1517 à 1528* (Paris 1911) einen beachtlichen Versuch dar, Luther zu verstehen. Der aus der Feder des Denifle-Bearbeiters Paquier stammende Artikel »Luther« im *Dictionnaire de théologie catholique* (Bd. IX, 1926) zeigt die Antipathien eines freilich gut informierten Katholiken. Aus protestantischer Sicht siehe die ausgezeichnete Arbeit von Henri Strohl: Bd. I.: *L'évolution religieuse de Luther jusqu'en 1515*, Straßburg 1922; Bd. II: *L'épanouissement de la pensée religieuse de Luther de 1515 à 1520*, Straßburg 1924 [2. überarbeitete

Aufl. unter dem Titel: *Luther jusqu'en* 1520, Paris 1962]. Schließlich sei noch auf die interessante Monographie von René Will hingewiesen: *La liberté chrétienne. Etude sur le principe de la piété chez Luther*, Straßburg 1922.

Die Politik

Für diese Periode sei hingewiesen auf: Georg von Below, *Die Bedeutungen der Reformation für die politische Entwicklung*, Leipzig 1918. In französischer Sprache: Georges de Lagarde, *Recherches sur l'esprit politique de la Réforme*, Paris 1926 (mit Bibliographie), sowie Edmond Vermeil, »Réforme luthérienne et civilisation allemande«, in: *Mélanges offerts à Charles Andler*, Straßburg 1924, S. 389-415.

C. Einige Arbeiten, die seit 1927 erschienen sind

Das Milieu

Zum Bauernaufstand siehe das ausgezeichnete Buch von Günther Franz, *Der deutsche Bauernkrieg*, München, Berlin 1933 (ergänzt durch zwei Quellenbände) [12. veränderte Aufl., Darmstadt 1984]. Siehe auch Maurice Gravier, *Luther et l'opinion publique* (Habilitationsschrift, Sorbonne, 1942) [gedruckt: Paris 1943], der die Flugschriften auswertet.

Die Entwicklung von Luthers Gedanken

Zum Ausgangspunkt: Paul Vignaux, *Luther commentateur des Sentences*, Paris 1935. Zu Luthers Paulinismus: Jean Baruzi, »Luther, interprète de Saint Paul«, in: *Revue de théologie et de philosophie*, 16, 1928, S. 5-29. Über Luther und Erasmus: Augustin Renaudet, *Etudes Erasmiennes (1521-1529)*, Paris 1939. Zum Gesamtwerk siehe auch die interessanten, allerdings parteilichen Notizen von Jacques Maritain: »Notes sur Luther«, in: *Nova et Vetera*, 1928, Nr.4 [erneut in: Jacques et Raïssa Maritain, *Oeuvres Complêtes*, Fribourg/Paris 1984, Bd. III, S. 599-634].

Monographien über Luther

Nach der Veröffentlichung des vorliegenden Buches erschienen in Frankreich (unter anderem): Hartmann Grisar, *Martin Luther. Sa vie et son oeuvre*, Paris 1931 (aufgrund der 2. Aufl. durch Mazoyer übersetzte Kurzfassung des großen Werkes von Grisar); Henri Strohl, *Luther. Esquisse de sa vie et de sa pensée*, Neuilly o.D.; Frantz Funck-Brentano, *Luther*, Paris 1934. Schließlich: Karsten Klaehn, *Martin Luther, sa conception politique*, Paris 1941, ein Buch, das eine bestimmte Luther-Literatur nach 1933 repräsentiert.

Wirkung und Verbreitung

Will G. Moore, *La Réforme allemande et la littérature française. Recherches sur la notoriété de Luther en France*, Straßburg 1930. Ergänzend zu diesem bemerkenswerten Buch siehe zu Rabelais: Lucien Febvre, *Le problème de l'incroyance au XVIe siècle: la religion de Rabelais*, Paris 1942 (bes. Teil II, 1. Buch, Kap. II); sowie zu Margarete von Navarra: Henri Strohl, *De Marguerite de Navarre à Louise Schepler*, Straßburg 1926; Lucien Febvre, *Amour sacré, amour profane. Autour de l'Héptaméron*, Paris 1944 [zuletzt: Paris 1971; deutsche Übers. in Vorbereitung].

Weitere Schriften von Lucien Febvre über Luther und die Reformation in Europa

Die Sozial- und Mentalitäten-Geschichte des 16. Jahrhunderts war Febvres wichtigstes Forschungsgebiet. In zahlreichen Büchern, Aufsätzen und Buchbesprechungen hat er die Reformation und die Reformatoren behandelt oder die neuere Forschungsliteratur kommentiert. Für ein vollständiges Verzeichnis dieser Publikationen siehe: Bertrand Müller: BIBLIOGRAPHIE DES TRAVAUX DE LUCIEN FEBVRE, Paris 1990. Im folgenden sind daraus nur die wichtigsten Ergänzungen zum vorliegenden Buch zusammengestellt (P. Sch.).

Philippe II et la Franche-Comté, Paris 1911; gekürzte Taschenbuchausgabe: Paris 1985.
Notes et documents sur la Réforme et l'Inquisition en Franche-Comté, Paris 1911.
Le Rhin. Problèmes d'histoire et d'économie, Paris 1931 (zus. mit Albert Demangeon); deutsche Übers.: *Der Rhein und seine Geschichte*, hg. von Peter Schöttler, Frankfurt/Main, New York 1994.
Le problème de l'incroyance au XVIe siècle: la religion de Rabelais, Paris 1942; zahlreiche Neuauflagen.
Origène et Des Périers ou l'énigme du Cymbalum Mundi, Paris 1942.
Amour sacré, amour profane. Autour de l'Héptaméron, Paris 1944; deutsche Übers. in Vorbereitung.
L'apparition du livre, Paris 1958 (zusammen mit Henri-Jean Martin).

Febvre verfaßte auch zahlreiche Aufsätze zum 16. Jahrhundert, von denen ein Teil in Sammelbänden zugänglich ist:

»L'entrée en scène de l'Humanisme« und »L'entrée en scène du Luthéranisme«, in: *Histoire générale des religions*, hg. von Maxime Gorce u. Raoul Mortier, Bd. 4, Paris 1947, S. 111-134.
Au coeur religieux du XVIe siècle, Paris 1957 (Aufsatzband).
Pour une histoire à part entière, Paris 1962 (Aufsatzband).

Mehrere Aufsätze erschienen in deutscher Übersetzung unter den Titeln:

Das Gewissen des Historikers, hg. von Ulrich Raulff, Berlin 1988.
Der neugierige Blick. Leben in der französischen Renaissance, Berlin 1989.

Ergänzungen 1945-1995

Die Literatur über Martin Luther und die Reformation schwillt weiter an. Die folgende Auswahl enthält neben einigen charakteristischen älteren Publikationen vor allem neuere Forschungsarbeiten und Standardliteratur, die in der Regel umfangreiche Bibliographien enthält (P. Sch.).

Hilfsmittel

Aland, Kurt: *Hilfsbuch zum Lutherstudium*, Witten ³1970.
Aland, Kurt: *Lutherlexikon*, Göttingen ⁴1983.
Lohse, Bernhard: *Martin Luther. Eine Einführung in sein Leben und Werk*, München ²1983.
Wolf, Herbert: *Martin Luther. Ein Einführung in germanistische Luther-Studien*, Stuttgart 1980.

Dokumente

Bott, Gerhard; Ebeling, Gerhard; Moeller, Bernd (Hg.): *Luther. Sein Leben in Bildern und Texten*, Frankfurt/Main 1983.
Fabisch, Peter; Iserloh, Erwin (Hg.): *Dokumente zur Causa Lutheri (1517-21)*, Münster 1988.
Junghans, Helmar (Hg.): *Die Reformation in Augenzeugenberichten*, Düsseldorf 1967.
Kastner, Ruth (Hg.): *Quellen zur Reformation 1517-1555*, Darmstadt 1994.
Laube, Adolf; Schneider, Annerose; Looß, Sigrid (Hg.): *Flugschriften der frühen Reformationsbewegung*, 2 Bde., Berlin (Ost) 1983.
Laube, Adolf; Schneider, Annerose; Weiß, Uleman (Hg.): *Flugschriften vom Bauernkrieg zum Täuferreich (1526-1535)*, 2 Bde., Berlin 1992.
Martin Luther 1483-1546. Dokumente seines Lebens und Wirkens, hg. von der Staatlichen Archivverwaltung der DDR, Weimar 1983.
Oberman, Heiko A. (Hg.): *Die Kirche im Zeitalter der Reformation*, Neukirchen-Vluyn ⁴1994.

Gesellschaft, Politik, Mentalitäten

Arnold, Martin: *Handwerker als theologische Schriftsteller. Studien zu Flugschriften der frühen Reformation (1523-1525)*, Göttingen 1990.
Bainton, Roland H.: *Erasmus. Reformer zwischen den Fronten*, Göttingen 1972 (aus dem Engl.).

Bensing, Manfred; Hoyer, Siegfried: *Der deutsche Bauernkrieg 1524-1525*, Berlin (Ost) 1982.

Blickle, Peter: *Die Revolution von 1525*, München 1975.

Blickle, Peter, *Die Reformation im Reich*, Stuttgart [2]1992.

Bouwsma, William J.: *John Calvin. A Sixteenth Century Portrait*, Oxford 1988.

Brandi, Karl: *Kaiser Karl V.*, München 1937.

Brandi, Karl: *Die deutsche Reformation*, Leipzig 1941.

Chaunu, Pierre: *Le Temps des Réformes: La crise de la chrétienté*, Paris 1975.

Delumeau, Jean: *Naissance et affirmation de la Réforme*, Paris [4]1983.

Delumeau, Jean: *Le catholicisme entre Luther et Voltaire*, Paris 1971.

Delumeau, Jean: *Angst im Abendland. Die Geschichte kollektiver Ängste im Europa des 14. bis 18. Jahrhundert*, 2 Bde., Reinbek 1985 (aus dem Franz.).

Dülmen, Richard van: *Reformation als Revolution. Soziale Bewegung und religiöser Radikalismus*, München 1977.

Ebert, Klaus (Hg.): *Thomas Müntzer im Urteil der Geschichte. Von Martin Luther bis Ernst Bloch*, Wuppertal 1990.

Gäbler, Ulrich: *Huldrych Zwingli. Eine Einführung in sein Leben und sein Werk*, München 1983.

Goertz, Hans-Jürgen (Hg.), *Radikale Reformatoren. 21 biographische Sizzen*, München 1978.

Goertz, Hans-Jürgen: *Pfaffenhaß und groß Geschrei. Die reformatorische Bewegung in Deutschland 1517-1529*, München 1987.

Greschat, Martin: *Martin Bucer. Ein Reformator und seine Zeit 1491-1551*, München 1990.

Guggisberg, Hans R.; Krodel, Gottfried (Hg.): *Die Reformation in Deutschland und Europa: Interpretationen und Debatten*, Gütersloh 1993.

Halkin, Léon E.: *Erasmus von Rotterdam*, Zürich 1989 (aus dem Franz.).

Hillerbrand, Hans J.: *Brennpunkte der Reformation*, Göttingen 1967 (aus dem Engl.).

Holborn, Hajo: *Ulrich von Hutten*, (zuerst: 1929) Göttingen 1968.

Holeczek, Heinz: *Erasmus Deutsch, I, Die volkssprachliche Rezeption des Erasmus von Rotterdam in der reformatorischen Öffentlichkeit 1519-1536*, Stuttgart-Bad Cannstadt 1983.

Höß, Irmgard: *Georg Spalatin 1484-1545*, Weimar 1956.

Huizinga, Jan: *Erasmus. Eine Biographie*, (zuerst: 1928) Reinbek 1993.

Jedin, Hubert: *Girolamo Seripando. Sein Leben und Denken im Geisteskampf des 16. Jahrhunderts*, (zuerst: 1937) 2 Bde., Würzburg 1987.

Jochimsen, Paul: *Die Reformation als Epoche der deutschen Geschichte*, hg. von Otto Schottenloher, München 1951.

Laub, Peter; Steinfeld, Ludwig (Hg.): *Ulrich von Hutten. Ritter, Humanist, Publizist 1488-1523*, Kassel 1988 (Ausstellungskatalog).

Lienhard, Marc; Weller, Jacob: *Straßburg und die Reformation*, Kehl 1981 (aus dem Franz.).

Locher, Gottfried: *Die Zwinglinianische Reformation im Rahmen der europäischen Kirchengeschichte*, Göttingen 1979.

Lortz, Joseph: *Die Reformation in Deutschland*, 2 Bde., Freiburg 1939-1940.

Lutz, Heinrich: *Reformation und Gegenreformation*, München 1979.

Lutz, Heinrich: *Das Ringen um deutsche Einheit und kirchliche Erneuerung 1490-1648*, Berlin 1983.

Maurer, Wilhelm: *Der junge Melanchthon zwischen Humanismus und Reformation*, 2 Bde., Göttingen 1967/69.

Moeller, Bernd: *Deutschland im Zeitalter der Reformation*, Göttingen 1977.

Moeller, Bernd: *Reichsstädte und Reformation*, Berlin 1987.

Oberman, Heiko A.: *Werden und Wertung der Reformation. Vom Wegestreit zum Glaubenskampf*, Tübingen [2]1979.

Oberman, Heiko A.: *Wurzeln des Antisemitismus, Christenangst und Judenplage im Zeitalter von Humanismus und Reformation*, Berlin [2]1983.

Oelrich, Karl Heinz: *Der späte Erasmus und die Reformation*, Münster 1961.

Ozment, Steven E.: *The Reformation and the Cities. The Appeal of Protestantism to Sixteenth-Century Germany and Switzerland*, New Haven 1975.

Peukert, Will-Erich: *Die große Wende. Das apokalyptische Saeculum und Luther. Geistesgeschichte und Volkskunde*, Hamburg 1948.

Rapp, Francis: *Réformes et Réformation à Strasbourg. Eglise et société dans le diocèse de Strasbourg 1450-1525*, Paris 1974.

Reinhard, Wolfgang (Hg.): *Bekenntnis und Geschichte. Die Confessio Augustana im historischen Zusammenhang*, München 1981.

Ritter, Gerhard: *Die Weltwirkung der Reformation*, München [2]1959.

Ritter, Gerhard: *Die Umgestaltung Europas im 16. Jahrhundert*, Berlin [2]1967.

Romano, Ruggiero; Tenenti, Alberto: *Die Grundlegung der modernen Welt. Spätmittelalter, Renaissance, Reformation*, Frankfurt/Main 1967 (aus dem Franz.).

Roper, Lyndal: *Das fromme Haus. Frauen und Moral in der Reformation*, Frankfurt/Main, New York 1995 (aus dem Engl.).

Schulze, Winfried: *Deutsche Geschichte im 16. Jahrhundert 1500-1618*, Frankfurt/Main 1987.

Scribner, Robert W.: *For the Sake of the Simple Folk: Popular Propaganda for the Reformation*, Cambridge 1981.

Skalweit, Stephan: *Reich und Reformation*, Berlin 1967.

Stern, Leo; Steinmetz, Martin (Hg.), *450 Jahre Reformation*, Berlin (Ost) 1967.

Vogler, Bernard: *Le monde germanique et helvétique à l'époque des Réformes 1517-1618*, 2 Bde., Paris 1981.

Wohlfeil, Rainer (Hg.): *Reformation oder frühbürgerliche Revolution?*, München 1972.

Wohlfeil, Rainer (Hg.): *Der Bauernkrieg 1524-26. Bauernkrieg und Reformation*, München 1975.

Wohlfeil, Rainer: *Einführung in die Geschichte der deutschen Reformation*, München 1982.

Luther und sein Werk

Arnold, Heinz Ludwig (Hg.): *Martin Luther*, München 1983.

Bainton, Roland H.: *Martin Luther*, Göttingen [7]1980 (aus dem Engl.).

Beutel, Albrecht: *Im Anfang war das Wort. Studien zu Luthers Sprachverständnis*, Tübingen 1991.

Beutel, Albrecht: *Martin Luther*, München 1991.

Beutin, Wolfgang: *Der radikale Doktor Martin Luther*, Köln 1982.

Boehmer, Heinrich: *Der junge Luther*, (zuerst: 1925) Stuttgart [6]1971.

Bornkamm, Heinrich: *Luther. Gestalt und Wirkungen*, Gütersloh 1975.

Bornkamm, Heinrich: *Martin Luther in der Mitte seines Lebens. Das Jahrzehnt zwischen dem Wormser und dem Augsburger Reichstag*, hg. von Karin Bornkamm, Göttingen 1979.

Borth, Wilhelm: *Die Luthersache (Causa Lutheri) 1517-1524. Die Anfänge der Reformation als Frage von Politik und Recht*, Lübeck 1970.

Bott, Gerhard (Hg.): *Martin Luther und die Reformation in Deutschland*, Frankfurt/Main 1983.

Brecht, Martin: *Martin Luther*, 3 Bde., Stuttgart 1981-1987.

Brendler, Gerhard: *Martin Luther. Theologie und Revolution*, Berlin (Ost) 1983.

Brooks, Peter N. (Hg.): *Seven-headed Luther. Essays in Commemoration of a Quincentenuary 1483-1983*, Oxford 1983.

Cranz, F. E.: *An Essay on the Development of Luther's Thought on Justice, Law and Society*, Cambridge/Mass. 1959.

Delumeau, Jean: *Le cas Luther*, Paris 1983.

Diwald, Helmut: *Luther. Eine Biographie*, Bergisch-Gladbach 1982.

Ebeling, Gerhard: *Luther-Studien*, 3 Bde., Tübingen 1971-1985.

Edwards, Mark U.: *Luther's Last Battles. Politics and Polemics 1531-46*, Ithaca/N. Y. 1983.

Erben, Johannes: *Grundzüge einer Syntax der Sprache Luthers*, Berlin 1954.

Erikson, Eric H.: *Der junge Mann Luther. Eine psychoanalytische und historische Studie*, Frankfurt/Main 1975 (aus dem Engl.).

Friedenthal, Richard: *Luther. Sein Leben und seine Zeit*, München 1967.

Garrish, R. A.: *Grace and Reason. A Study in the Theology of Luther*, Oxford 1962.

Green, V. H.: *Luther and the Reformation*, New York 1964.

Greiner, Albert: *Martin Luther ou l'hymne à la grâce*, Paris 1966.

Günter, Wolfgang: *Martin Luthers Vorstellung von der Reichsverfassung*, Münster 1976.

Hinrichs, Carl: *Luther und Müntzer. Ihre Auseinandersetzung über Obrigkeit und Widerstandsrecht*, Berlin [2]1962.

Iserloh, Erwin: *Luther zwischen Reform und Reformation. Der Thesenanschlag fand nicht statt*, Münster [3]1968.

Junghans, Helmar (Hg.): *Leben und Werk Martin Luthers von 1526 bis 1546*, 2 Bde., Göttingen 1983.

Junghans, Helmar: *Der junge Luther und die Humanisten*, Weimar 1984.

Kremers, Heinz (Hg.): *Die Juden und Martin Luther – Martin Luther und die Juden*, Neukirchen 1985.

Lau, Franz: *Luther*, Berlin ²1966.

Lienhard, Marc: *Martin Luther. Un temps, une vie, un message*, Genf ²1991.

Löcher, Kurt: *Martin Luther und die Reformation in Deutschland*, Gütersloh 1988.

Loewenich, Walter von: *Martin Luther. Der Mann und das Werk*, München 1982.

Lohse, Bernhard (Hg.): *Der Durchbruch der reformatorischen Erkenntnis bei Luther*, Darmstadt 1968.

Lohse, Bernhard (Hg.): *Der Durchbruch der reformatorischen Erkenntnis bei Luther. Neuere Untersuchungen*, Wiesbaden 1988.

Loock, Hans-Dietrich (Hg.): *»Gott kumm mir zu hilf«. Martin Luther in der Zeitenwende*, Berlin 1984.

Monteil, Michèle: *Martin Luther, la vie, oui la vie*, Paris 1983.

Oberman, Heiko A.: *Luther. Mensch zwischen Gott und Teufel*, Berlin 1982.

Olivier, Daniel: *Luthers Glaube. Die Sache des Evangeliums in der Kirche*, Stuttgart 1982 (aus dem Franz.).

Olivier: Daniel, *Der Fall Luther. Geschichte einer Verurteilung, 1517-1521*, Stuttgart 1972 (aus dem Franz.).

Press, Volker; Sievermann, Dieter (Hg.): *Martin Luther. Probleme seiner Zeit*, Stuttgart 1986.

Reuter, Fritz (Hg.): *Der Reichstag zu Worms von 1521. Reichspolitik und Luther-Sache*, Köln-Wien ²1981.

Ritter, Gerhard: *Luther. Gestalt und Tat*, (zuerst 1925) München ⁶1959.

Schrey, Heinz-Horst (Hg.): *Reich Gottes und Welt. Die Lehre Luthers von den zwei Reichen*, Darmstadt 1969.

Schwarz, Reinhard: *Luther* (= Die Kirche in ihrer Geschichte, Bd. 3/1), Göttingen 1986.

Siggius, Jan: *Luther and his Mother*, Philadelphia/Pa. 1981.

Steinmetz, David C.: *Luther and Staupitz. An Essay in the Intellectual Origins of the Protestant Reformation*, Durham, NC 1980.

Strauss, G.: *Luther's House of Learning: Indoctrination of the Young in the German Reformation*, Baltimore/London 1978.

Tracy, James D. (Hg.): *Luther and the Modern State in Germany*, Kirksville/Miss. 1986.

Veit, Patrice: *Das Kirchenlied in der Reformation Martin Luthers*, Stuttgart 1986.

Warnke, Martin: *Cranachs Luther. Entwürfe für ein Image*, Frankfurt/Main 1984.

Wolf, Gunther (Hg.): *Luther und die Obrigkeit*, Darmstadt 1972.

Wollgast, Eike: *Die Wittenberger Theologie und die Politik der evangelischen Stände. Studien zu Luthers Gutachten in politischen Fragen*, Gütersloh 1977.

Zschäbitz, Gerhard: *Martin Luther. Grösse und Grenze. 1. Teil (1483-1526)*, Berlin (Ost) 1967.

Wirkungsgeschichte

Aland, Kurt: _Martin Luther in der modernen Literatur_, Witten-Berlin 1973.

Assel, Heinrich: _Der andere Aufbruch. Die Lutherrenaissance. Aufbruch, Aporien und Wege: Karl Holl, Emmanuel Hirsch, Rudolf Hermann (1910-1935)_, Göttingen 1994.

Becke, Ulrich: _Die Welt voll Teufel. Martin Luther als Gegenstand psychohistorischer Betrachtung_, Diss. theol., Marburg 1981.

Bornkamm, Heinrich: _Luther im Spiegel der deutschen Geistesgeschichte_, Tübingen ²1970.

Friesen, Abraham: _Reformation and Utopia. The Marxist Interpretation of the Reformation and its Antecedents_, Wiesbaden 1974.

Hofmann, Werner (Hg.): _Luther und die Folgen in der Kunst_, München 1983.

Ingen, Ferdinand van; Labroisse, Gero (Hg.): _Luther-Bilder im 20. Jahrhundert_, Amsterdam 1984.

Johnson, Roger A. (Hg.): _Psychohistory and Religion: The Case of Young Man Luther_, Philadelphia 1977.

Joutard, Philippe (Hg.): _Historiographie de la Réforme_, Paris 1977

Lehmann, Hartmut: _Martin Luther in the American Imagination_, München 1988.

Löwe, Hartmut; Roepke, Claus-Jürgen (Hg.): _Luther und die Folgen_, München 1983.

Loewenich, Walter von: _Luther und der Neuprotestantismus_, Witten 1963.

Manns, Peter (Hg.), _Zur Bilanz des Lutherjahres_, Stuttgart 1986.

Manns, Peter (Hg.): _Zur Lage der Lutherforschung heute_, Wiesbaden 1982.

Scholder, Klaus; Kleinmann, Dieter (Hg.): _Protestanten. Von Martin Luther bis Dietrich Bonhoeffer_, Frankfurt/Main ²1992.

Schultz, Hans Jürgen (Hg.): _Luther kontrovers_, Berlin 1983.

Simon-Netto, Uwe: _Luther als Wegbereiter Hitlers? Zur Geschichte eines Vorurteils_, Gütersloh 1993.

Stauffer, Richard: _Die Entdeckung Luthers im Katholizismus. Die Entwicklung der katholischen Lutherforschung seit 1904 bis zu Vatikan II_, Zürich 1968 (aus dem Franz.).

Tieder, Irène: _Michelet et Luther. Histoire d'une rencontre_, Paris 1976.

Wolf, Gerhard Philip: _Das neuere französische Luther-Bild_, Wiesbaden 1974.

Zeeden, Ernst Walter: _Martin Luther und die deutsche Reformation im Urteil des deutschen Luthertums_, 2 Bde., Freiburg 1950-1952.

LUCIEN FEBVRE, LUTHER UND DIE DEUTSCHEN

Nachwort von Peter Schöttler

»An den Exzessen der Neuerer von gestern verwundert uns immer ihre Ängstlichkeit.«
Paul Valéry

»Die Tradition tötet das Erstaunen.«
Lucien Febvre (S. 149)[1]

In Erinnerung an Albert Rosenkranz (1876-1975)

Martin Luther ist keine beliebige historische Gestalt. Mit seinem Namen
verbindet sich ein Einschnitt der deutschen, ja der europäischen
Geschichte. Auch deshalb wurde er wie kein anderer zur Symbolfigur stilisiert: Luther – der Reformator, Luther – der Deutsche. Diesen Mythos
»Luther« zu dekonstruieren, fällt immer noch schwer. Zuviel steht auf
dem Spiel. Je nach konfessioneller oder geographischer Herkunft, je nach
politischem Lager zimmert sich jeder sein Luther-Bild zurecht. Auch in
der Geschichtswissenschaft gibt es natürlich keine einheitliche Interpretation. Es ist wie mit der Französischen Revolution: Das Ereignis ist zu
komplex und wirkungsmächtig, als daß der Meinungsstreit jemals abgeschlossen sein könnte. Das ist auch gut so. Doch ebenso wie die Revolution die französischen Historiker immer entzweite, gab es auch in bezug
auf Luther in der deutschen Geschichtsschreibung keinen neutralen Ort
und keine Gelassenheit der Diskussion: Jede Äußerung wurde bewertet
und im politisch-kulturellen Kräftefeld situiert.[2] Ob im preußisch-wilhel-
minischen Kaiserreich, im Weltkrieg oder während der Weimarer Republik, ob im »Dritten Reich« oder in der DDR, jede Beschäftigung mit
Luther, die von der jeweils herrschenden Meinung abwich, barg ein politisches Risiko.

Ebenso brisant waren Bücher, die von außen kamen. Luther, der deutsche Prophet, schien in den Augen vieler Historiker nur deutschen Lesern
verständlich zu sein. »Was er der Welt bedeutet, vermögen nur wir Deutschen ganz zu erfassen«, schrieb Gerhard Ritter 1923, »weil nur, wer seines Blutes und Geistes ist, ihn aus der Tiefe seines Wesens versteht.«[3] Also

war es undenkbar, daß in Frankreich ein ernstzunehmendes Luther-Buch geschrieben werden konnte. Hatte nicht schon Heine 1834 die französischen Vorurteile gegenüber dem »deutschesten Mann unserer Geschichte« beklagt?[4] Jedenfalls gab es im ganzen 19. und in der ersten Hälfte des 20. Jahrhunderts kein einziges französisches Buch über Luther, das von deutscher Seite ernsthaft rezipiert, als Bereicherung empfunden oder gar übersetzt wurde.

Auch Lucien Febvres Studie über Martin Luther, die 1928 erstmals erschien, bildet keine Ausnahme.[5] Wie wir noch sehen werden, war sich der Autor dieser Schwierigkeit durchaus bewußt. Er stellte gar nicht erst den Anspruch, Neues zur Luther-Forschung beizutragen. Er wollte lediglich das vorhandene Wissen zusammenfassen und »popularisieren«, freilich auch: darüber »reflektieren«, also das ausgebreitete Material zum Anlaß einer neuen, skizzenhaften Interpretation nehmen (S. 14). Keine vollständige Biographie und erst recht keine Polemik gegen den »ewigen Deutschen«, sondern ein Essay, ein Versuch, in dessen Mittelpunkt nicht bloß Luther und die Reformation, sondern ein *Problem*, eine *Frage* steht: Wie läßt sich »die Beziehung zwischen Individuum und Gesellschaft« und das Verhältnis von »persönlicher Initiative und sozialer Notwendigkeit« (S. 13) mit den Mitteln einer modernen Geschichtswissenschaft begreifen? Febvres Lösungsvorschläge und Antworten mögen heute, rund siebzig Jahre später, in manchem veraltet erscheinen. Doch dieses Buch, das sollte man bedenken, mußte den Weg zur Mentalitäten-Geschichte allererst erkunden. Vieles, was heute fast schon banal klingt und »fortgeschrittene« Leser die Nase rümpfen läßt, war damals neu, unkonventionell und wagemutig. Auch Febvre ist historisch zu lesen.

Entstehung und dreifacher Kontext

Lucien Febvre schrieb seinen *Luther* im Auftrag eines liberalen Pariser Verlages, in dessen Buchreihe *Christianisme* er 1928 erschien.[6] Der Historiker lebte damals in Straßburg, wo er seit der Neugründung der Universität 1919 den Lehrstuhl für frühneuzeitliche Geschichte innehatte.[7] Im Juli 1925 trat der Herausgeber der Reihe, der Religionshistoriker Paul-Louis Couchaud, mit der Bitte an ihn heran, ein kleines Einführungsbuch von ungefähr 200 Seiten zu verfassen. Als Abgabetermin wurde der 1. Februar 1927 vereinbart.[8]

Das 16. Jahrhundert war Febvres Spezialgebiet. Er hatte sich 1911 mit einer Arbeit über die Freigrafschaft Burgund unter Philipp II. habilitiert und eine Reihe von Aufsätzen zur Sozial- und Kulturgeschichte der französischen Renaissance veröffentlicht.[9] 1923 hatte er eine große Luther-Vorlesung gehalten[10], und gegenwärtig arbeitete er an einem Buch über Glauben und Unglauben im 16. Jahrhundert.[11] Darüber hinaus interessierte er sich für methodische Probleme: Wie läßt sich das Verhältnis von Individuum und Gesellschaft, von persönlichen Ideen und kollektiven Mentalitäten, von Initiative und Milieu historisch neu denken? Erst kürzlich hatte er eine vielbeachtete Studie über das Verhältnis von Geographie, Soziologie und Geschichtsschreibung vorgelegt.[12]

Natürlich wußte Couchaud, daß Febvre, obwohl katholisch getauft, wie viele Hochschullehrer seiner Generation Agnostiker war; er war ihm von dem Straßburger Kirchenhistoriker Alfaric empfohlen worden, der selbst ein ehemaliger Priester war, sich aber inzwischen zum republikanischen Laizismus bekannte.[13] Febvre war jedoch kein militanter Antiklerikaler. »Ich bin kein Kontroversprediger«, schrieb er damals in einer Rezension, »sondern ich versuche, Historiker zu sein«.[14] Bei einem so kontroversen Thema war damit schon viel gewonnen.

Denn auch in Frankreich oder von Frankreich aus betrachtet war Luther brisant. Neben Bismarck und Wilhelm II. und vielleicht auch Friedrich dem Großem war er die deutsche Symbolfigur schlechthin, eine Art deutscher »Nationalheiliger«, an dem vor allem von katholisch-konservativer Seite – zum Verdruß der französischen Protestanten – mit besonderer Vorliebe das historisch-religiöse Selbstverständnis des feindlichen Nachbarn erläutert wurde. *De Luther à Guillaume II* lautete die verkürzende Parole, die nach 1933 nur noch verlängert zu werden brauchte.[15]

Das Gros der französische Literatur über Luther war katholisch und nationalistisch geprägt. Selbst Autoren, die die Reformation nicht verwarfen, stellten unweigerlich die »Prioritätenfrage« und bemühten sich, die französische *Réforme* vor deutschen Einflüssen zu retten, wobei vor allem Lefèvre d'Etaples (Faber Stapulensis) als eigenständiger Reformator »vor« Luther präsentiert und Jean (Johannes) Calvin als der welthistorisch bedeutendere Kirchengründer bezeichnet wurde. Während des

Ersten Weltkriegs wurde diese Frontstellung gegen den »deutschen Luther« dann radikalisiert. Die auf deutscher Seite betriebene »Germanisierung« des Christentums, der Lutherkult, das große Reformationsjubiläum von 1917 und die Gründung der Luther-Gesellschaft im September 1918 boten dafür unzählige Anknüpfungspunkte.[16] Im Zeichen des Burgfriedens, der *Union sacrée*, bemühte sich ein von dem späteren Kardinal Baudrillard geleitetes *Comité catholique de propagande à l'étranger*, die im Ausland gehegten Vorbehalte gegenüber dem laizistischen Frankreich zu zerstreuen und statt dessen Deutschland und seine Verbündeten als lutherisch und ketzerisch zu verteufeln. Nachdem die gegen Luther gerichteten Bücher der österreichischen Patres Denifle und Grisar bereits vor dem Krieg große Aufmerksamkeit erregt hatten – Denifles Buch *Luther und Luthertum* (1904-1906) wurde 1908 durch Léon Cristiani in Auszügen popularisiert und zwischen 1910 und 1916 in vier Bänden ins Französische übersetzt – war es vor allem der Denifle-Übersetzer und -Bearbeiter Jules Paquier, der in zahlreichen Vorträgen und Publikationen als Luther-Kritiker hervortrat. Seine Bücher *Le protestantisme allemand. Luther-Kant-Nietzsche* (1915) und *Luther et l'Allemagne* (1918), in denen er z. B. behauptete, daß die Zerstörung der Löwener Universitätsbibliothek durch deutsche Truppen eine verspätete Rache Wittenbergs gewesen und das Luthertum nichts weiter sei als eine »Theologie der Barbarei«, »ein deutscher Mohamedanismus«[17], waren Kampfschriften. Sie bildeten symmetrische Gegenstücke zur deutschen Propaganda.[18] Auch von liberaler oder protestantischer Seite – mit Ausnahme der kleinen Schar der französischen Lutheraner – wurde die deutsche Variante der Reformation problematisiert, weil sie – im Unterschied zur französischen Réforme – den politischen Absolutismus legitimiert und die germanische Kasernenmentalität gefördert habe.[19]

Gegen diese Klischees schrieb Febvre an. Als Leutnant hatte er den Krieg an der Front erlebt und war mehrfach verwundet worden; er brauchte seinen Patriotismus nicht mehr zu beweisen. Als Wissenschaftler wußte er um die Schwäche der katholisch-chauvinistischen Luther-Kritik und wollte sie richtigstellen. Als Straßburger Professor ging es ihm ferner darum zu zeigen, daß die »französische Wissenschaft« keine simple Umkehrung deutscher Auffassungen war, sondern freie, vorurteilslose Forschung. In seiner Antrittsvorlesung von 1919 hatte er verkündet: »Eine Geschichtsschreibung, die dient, ist eine dienerische Geschichtsschreibung (*une histoire qui sert, est une histoire serve*). [...] Als Professoren der französischen Universität Straßburg sind wir keine zivilen Missionare eines offiziellen nationalen Evangeliums. [...] Wir führen die Wahrheit nicht wie eine Gefangene in unserem Troß mit. Wir suchen sie.«[20] Mit solchen Absichten stand Febvre keineswegs allein, aber in und außerhalb des akademischen Milieus gab es viele, die den glücklich errungenen Sieg jetzt propagandistisch überhöhen wollten, wobei bekanntlich die Rheinland-Frage und die Forderung nach Annektion des linken Rheinufers und der Saar zum Kristallisationspunkt der Auseinandersetzung wurden. Febvre, der im Rahmen der Straßburger Fakultät gegen die Vorlesungsreihe des Nationalisten Barrès votierte – sie fand trotzdem statt und wurde unter dem Titel *Le Génie du Rhin* publiziert – und später in seinem Rhein-Buch eine gesamteuropäische Konzeption des Rheintals entwarf[21], versuchte auch in seiner Studie über Luther, die manche Anspielungen auf dem Weltkrieg und die Gegenwart enthielt[22], die akute deutsch-französische Verfeindung zu unterlaufen und eine nicht-nationalistische Alternative zu formulieren. Auch wenn ihm dies vielleicht nicht in jeder Hinsicht gelungen ist, war allein schon der Versuch bemerkenswert.

Der Verlag erwartete von Febvre eines jener kleinen Einführungsbücher, wie sie im französischen Schul- und Hochschulsystem zur Vorbereitung von Prüfungen bis heute üblich sind. Doch der Historiker, der »Lehrbücher« haßte, weil sie in der Regel nicht wissenschaftlich problematisieren, sondern nur solche Fragen aufwerfen (dürfen), auf die es Antworten gibt – und zwar möglichst abfragbare! –, lehnte dies rundweg ab. Statt dessen schlug er einen »kurzen, klaren und dichten« Essay vor, der die »wichtigsten Züge einer Persönlichkeit« und die »wesentlichen Merkmale des Lutherischen Werks im Zusammenhang mit den religiösen, moralischen, politischen und wirtschaftlichen Problemen seiner Zeit« skizzieren sollte.[23] Der Herausgeber war einverstanden, und als er Febvre 1926 den Vertrag zuschickte, bestätigte es ausdrücklich das veränderte Konzept:

»Weder ein Lehrbuch noch eine Spezialstudie, sondern ein historischer Essay, von einem unabhängigen Standpunkt aus geschrieben, der Luther in seinem historischen Milieu, im Blick auf die Menschen seiner Zeit und die anderen großen Reformatoren situiert und sein Werk hauptsächlich im Blick auf die Geschichte des Christentums interpretiert.«[24]

Also machte sich Febvre ans Werk. Da er schon viel Material angehäuft hatte, glaubte er zunächst, das Manuskript innerhalb eines Jahres liefern zu können. Im April 1926 schrieb er seinem Mentor Henri Berr, daß der *Luther* in seinen Unterlagen schon »halb fertig« sei; der Rest werde sein »Zeitvertreib während der großen Ferien« sein.[25]

Wie gut Febvre die neueste, meist deutsche Literatur über Luther beherrschte und welche Schwerpunkte er für künftige Diskussionen setzen wollte, ergibt sich aus einem Forschungsbericht, den er in der Planungsphase seines Buches veröffentlichte.[26] Ähnlich wie in den ersten Kapiteln des späteren Buches skizziert er darin die jüngsten Etappen der katholischen Luther-Kritik und den durch diese Polemik ausgelösten Forschungsschub. Besonders positiv hebt er das Buch von Heinrich Boehmer, *Luther im Lichte der neueren Forschung* (1916), sowie die zweibändige Luther-Biographie von Otto Scheel (1916/1917) hervor. Auch die Schriften von Ernst Troeltsch, in denen die fortschrittsfeindlichen Züge der Reformation herausgearbeitet werden, erregen seine Aufmerksamkeit. Febvres Bilanz: Während im 19. Jahrhundert an einer Luther-Legende gestrickt wurde, sei dieses Heiligenbild nunmehr ins Wanken geraten; auch die Luther-Feiern von 1917 hätten – von außer-wissenschaftlichen Aspekten abgesehen – eine Verschiebung des Bildes von der politischen und kirchengeschichtlichen zur psychologischen und religiösen Interpretation deutlich gemacht. Dieser neue, prophetische Luther sei sehr viel menschlicher als der antipapistische Held der deutschnationalen Legende. Aber sein eigentümlicher Charakter mit einer Mischung aus Idealismus und »Quietismus«, also einer verblüffenden Passivität in brenzligen Situationen, wie sie zuletzt der Straßburger Theologe René Will betont hatte, bleibe nach wie vor geheimnisvoll. Febvre warnt deshalb vor der Gefahr einer unwissenschaftlichen Literarisierung:

»Wir leben in einer Zeit, in der [...] eine gewisse Religionspsychologie die Aufmerksamkeit der besten Geister auf sich lenkt. Wir dürfen aber nie vergessen, daß in ihren Rekonstruktionen stets etwas Romanhaftes steckt. Wie sollte man auch die verschiedenen Bewußtseinszustände, die sie beschreibt, von allen äußeren Einflüssen und Erfahrungen isolieren, um sie ganz unmittelbar in ihrer ursprünglichen Reinheit zu betrachten?«[27]

Für Febvre ist das eine durchaus verständliche Reaktion auf den »etwas trockenen und dürftigen Historismus von früher«. Doch die vorliegenden Darstellungen reichten nicht aus. Noch immer fehle ein Buch, das die Erträge der neueren Luther-Forschung zusammenführe: »Worin bestand die wahre, lebendige Verbindung zwischen dem privaten und dem öffentlichen Luther, der durch eine ungeheure Verkettung von Umständen zwischen 1517 und 1520 ins Rampenlicht gestoßen und damit zum Protagonisten verschiedenster Dramen wurde, die alle auf derselben Bühne aufgeführt wurden?« Und »was verband diese beiden Luther mit jenem Luther, den die Zeitgenossen wahrnahmen und interpretierten und den seine Schüler sowohl übersetzten als auch verrieten?« Über diese Probleme, die doch so wichtig seien, gebe es »noch« kein Buch. Kurzum, »es ist viel und gut gearbeitet worden, aber es bleibt noch immer genug zu tun.«[28]

Tatsächlich erwies sich der Luther-Essay dann als weit schwieriger, als Febvre ursprünglich gemeint hatte. Während er im Juli 1926 noch glaubte, das »Pensum« rasch »erledigen« zu können, weil er das Buch schon »im Griff« habe und »nur noch zu schreiben« brauche, mußte er zur Jahreswende zugeben, daß er den »Klotz« immer noch »am Bein« trage[29]. Den vereinbarten Termin konnte er also nicht einhalten. »*Martin Luther* liegt auf Eis«, schrieb er Ende Februar an Berr, »obwohl er zu zwei Dritteln fertig ist«.[30] Diese Verzögerung hatte zum Teil gesundheitliche Gründe. Seit dem Krieg litt Febvre an einer chronischen Nebenhöhlenentzündung, die sich im ungünstigen Straßburger Klima verschlimmerte und mehrfach operativ behandelt werden mußte (es gab damals keine Antibiotika). Allein 1927 wurde Febvre zweimal operiert.[31] Erst Ende November konnte er daher den Schlußpunkt unter das Luther-Manuskript setzen.[32] Aufgrund der Wirtschaftskrise war dem Verlag diese Verzögerung aber nicht ganz unrecht.[33] Im Mai 1928 wurde das Buch schließlich ausgeliefert.[34]

Neben Krankheit und Arbeitsüberlastung dürften auch inhaltliche Probleme zur Verzögerung beigetragen haben. Der »kleine Essay über Luther«, von dem er Pirenne gegenüber behauptet hatte, daß er keinerlei Originalität beanspruchen und allenfalls »gehobene Populärwissenschaft« (*haute vulgarisation*) sein werde, geriet ihm unter der Hand doch zu mehr als nur einer resümierenden »Zwischenbilanz« (*mise au point*).[35] Denn zu bescheidener Vulgarisierung fremder Forschungsergebnisse war Febvre weder willens noch fähig. Er konnte nur schreiben, wenn er ein interessantes Problem sah und eine Möglichkeit, es auf neue Weise zu formulieren oder zu lösen. Und er brauchte jeweils Gegner, an denen er sich abarbeiten konnte. Wie schon Roland Barthes beobachtete, war die wissenschaftliche Polemik sein »sokratischer Dämon«.[36] In diesem Fall richtete sie sich einerseits gegen die traditionelle protestantische Luther-Verherrlichung und andererseits gegen die Verzeichnung Luthers durch katholische Theologen wie Denifle, Grisar, Christiani oder Paquier.[37] In gewisser Hinsicht schrieb sich Febvre damit – wenn auch nur von weitem – in jene »Lutherrenaissance« ein, die als Reaktion auf die katholische Offensive eine Rückkehr zum »jungen Luther« und eine kritische Erneuerung der Forschung betrieb.[38] Wenn Febvre die These vertrat, Luther sei in der Hauptsache kein Gelehrter und auch kein Theologe gewesen, sondern ein Prophet (S. 109), stimmte er mit der Tendenz der neuesten deutschen Forschung (Troeltsch, Seeberg, Holl, Boehmer, Scheel usw.) überein, wie er sie in seinem Aufsatz von 1926 skizziert hatte. Was ihn jedoch unterschied und die Brisanz seines Buches ausmachte, war der mentalitätsgeschichtliche Blick, den er am Beispiel Luthers erstmals erprobte und der seinem »kleinen Essay« programmatischen Charakter verlieh.

Febvres Lutherprojekt: Möglichkeiten der Lektüre

Man kann dieses Buch – vielleicht nach einer ersten Lektüre, die sich ganz der Faszination des Textes überläßt – auf sehr verschiedene Weise lesen, je nachdem, ob man biographische, theologische, sozial- und mentalitätsgeschichtliche oder methodologische Aspekte in den Vordergrund rückt. Eine historiographische Lektüre jedoch, die den Text als Dokument begreift oder auch als »Monument«, das es zu dekonstruieren gilt, müßte alle diese Dimensionen verknüpfen und neu strukturieren. Louis Althusser nannte dies seinerzeit eine »symptomatische Lektüre«.[39] Im folgenden können wir dazu allenfalls Vorarbeit leisten, indem wir einige thematische Schwerpunkte und methodische Akzente des Buches näher betrachten. Auf diesem Hintergrund ist es dann möglich, Febvres Buch mit anderen Luther-Studien zu vergleichen, nach seiner Rezeption zu fragen und die Tragweite seiner Interpretation und Darstellung zu bewerten.

Bevor wir jedoch inhaltliche Elemente herausgreifen, sollten wir einen Blick auf das Ganze werfen: Wie geht Febvre vor? Wie hat er sein Buch aufgebaut? Was für eine »Biographie« schreibt er? Welche Erwartungen hat er an seine Leser? Was kennzeichnet seinen Stil?

Auch wenn Febvre ausdrücklich keine (traditionelle) Biographie schreiben will, ein Porträt ist sein Buch allemal. Und doch wird nicht Luthers Leben erzählt; das Buch fängt später an (1505, beim Eintritt ins Kloster) und hört früher auf (nach der Krise von 1525). Sogar für diesen Zeitraum wird nicht alles berichtet, was Luther erlebte oder für sein Leben wichtig war. Febvre scheint davon auszugehen, daß seine Leser nicht nur von Luther »gehört« haben, sondern schon Grundkenntnisse über sein Leben und die Geschichte der Reformation besitzen. Die Selbstverständlichkeit, mit der er lateinische Zitate einstreut, deutet darüber hinaus auf die Erwartung hin, humanistisch gebildete Leser zu finden, die es gewohnt sind, das eine oder andere nachzuschlagen und verschiedene Lektüren zu kombinieren. Das Buch stellt auch nicht den Anspruch, alle vorhandenen Luther-Darstellungen in verbindlicher Synthese zusammenzuführen. Im Gegenteil, Febvre betont, daß andere Luther-Interpretationen weiterhin möglich und legitim sind:

> »Ein Buch wie das vorliegende wäre gänzlich verfehlt«, heißt es gleich im ersten Kapitel, »würde es, indem es ein Luther-Bild nach dem persönlichen Geschmack des Autors zeichnet, nicht gleichzeitig seinen Lesern das lebendige, intensive Gefühl vermitteln, daß es noch viele andere und sehr verschiedene Luther-Darstellungen gibt, die allesamt beanspruchen, das Profil, das getreue und vollständige Porträt des Reformators zu zeichnen, wobei nur die Einfältigen glauben, daß es hier jemals Gewißheit geben kann« (S. 42).

Febvre ist sich der Ambivalenz des Genres »Biographie« durchaus bewußt. Er weiß um ihre Popularität, die sich konservativen Wahrnehmungsformen sowohl bei den Lesern wie auch bei vielen Historikern verdankt: Die Geschichte, so heißt es, werde von »großen Männern« gemacht und vom Historiker mittels »Einfühlung« nacherlebt und nacherzählt. Alles andere seien Rahmenbedingungen, Kulissen und Beleuchtungseffekte, für die sich zwar einzelne Fachleute interessieren, die aber die großen Ereignisse und Persönlichkeiten nur äußerlich, also »unwesentlich« tangieren. Febvres ganze Geschichtsschreibung ist gegen diese traditionelle Historie gerichtet.[40] In seinen Büchern und in der 1929 gemeinsam mit Marc Bloch gegründeten Zeitschrift *Annales*[41] setzt er sich für eine andere, *problemorientierte* Geschichtswissenschaft ein, die Individuen und Gruppen in komplexen Zusammenhängen und mit Hilfe sozialwissenschaftlicher Begriffe und Methoden zu denken versucht. Sein Buch über *Rabelais*, Blochs *Feudalgesellschaft* und Fernand Braudels

Mittelmeer-Buch können als unterschiedliche, jeweils modellhafte Verwirklichungen dieses Ansatzes gelten.[42] Aber ist nicht auch das Luther-Buch in diesem Kontext zu lesen? Zwar steht das Individuum Luther und nicht etwa die deutsche Gesellschaft des 16. Jahrhunderts im Mittelpunkt der Darstellung, doch die Art und Weise, in der Febvre seinen »Helden« einführt, beschreibt und durchleuchtet, ist eigentümlich genug, um auch beim unbefangenen Leser nachdenkliche Irritationen zu provozieren.

Schon das erste Kapitel ist ein Test: Wie in einem realistischen Roman wird der Eintritt des jungen Luther ins Schwarze Kloster zu Erfurt erzählt. Dann wird mit wenigen Federstrichen die Vorgeschichte nachgetragen. Schließlich folgt Luthers Reise nach Rom und sein Protest gegen den Ablaßhandel, der sich auf dem Wormser Reichstag dramatisch zuspitzt: *Hier stehe ich und kann nicht anders!* Doch plötzlich kommt die Ernüchterung, denn der Autor teilt uns mit, daß diese »wunderbar lebendige und dramatische Geschichte« zwar »der üblichen Art [entspricht], Ursprünge und Ursachen der protestantischen Reformation darzustellen«, aber leider ein Mythos sei (S. 33). Also noch einmal alles von vorn? Keineswegs. Nun folgt ein wissenschaftsgeschichtlicher Exkurs: Warum Luther früher so dargestellt wurde und warum man dieses Heiligenbild um die Jahrhundertwende in Frage stellte, ihm jedenfalls menschlichere Züge gab. Auch diese Kontroversen der Theologen und Historiker werden von Febvre dramatisiert, ja inszeniert: Denifle vs. Köstlin und Kolde; Lutheraner vs. Denifle usw. Ihn interessiert offensichtlich nicht das Detail, sondern die Wirksamkeit einer auch in Frankreich aufmerksam verfolgten Polemik, die zur kritischen Erneuerung der Lutherforschung führte.[43] Damit ändert sich die Konstellation, und Febvres Buch, das scheinbar chronologisch vorgeht – wenn auch nur von 1505 bis 1525 –, setzt im zweiten und dritten Kapitel mit Überschriften ein, die chronologisch und systematisch zugleich sind. Der Schwerpunkt liegt auf dem Begriff *Revisionen*: vor und nach der reformatorischen Entdeckung. Man kann das Buch in diesem Sinne Seite für Seite durchgehen: Auch wo eine biographische Melodie erklingt, bestimmen Traditionskritik oder konkrete Auseinandersetzungen mit katholischen und/oder protestantischen Lutherforschern den Rhythmus der Darstellung, wobei als Kontrapunkt zum tragischen Schicksal des Helden die ebenso tragische Entwicklung seines Vaterlandes anklingt. (Dazu weiter unten.) Die literarischen, romanhaften Züge des Buches, die einige Fachhistoriker ärgern mögen, die solche Darstellungsformen vorschnell als »historische Belletristik« verwerfen, dürfen insofern nicht überschätzt werden. Sie sind für Febvre ein eigenes Stilmittel, das er auf seine Weise mit analytischen Argumenten kombiniert und limitiert – jedenfalls in der Regel.[44]

Febvres Stil

Febvres Stil ist ein Phänomen. Kein anderer französischer Historiker dieses Jahrhunderts hat einen derart eigenen Sprachduktus ausgebildet. Kein anderer hat es gewagt, den üblichen akademischen Dauerton so nachhaltig zu durchbrechen. Febvres rhetorische und terminologische Variationsbreite erinnert allenfalls an sein Vorbild Michelet.[45] Da gibt es jähe Tempowechsel und ein kunstvolles hin und her zwischen Präsenz, Präteritum und *passé simple*. Extrem kurze Sätze im Telegramm-Stil, die manchmal nur aus einem Wort oder einem Datum bestehen. Daneben hochkomplizierte Satzkonstruktionen oder eine endlose Folge verknüpfter Hauptsätze, die dennoch, vor allem, wenn man sie laut vorträgt, an Klarheit nichts zu wünschen lassen. Je nach Bedarf kann der Autor das Tempo beschleunigen oder drosseln, einen Aspekt herausheben oder einen verwickelten Sachverhalt als Zusammenhang vorführen, manchmal freilich auch – das gehört bei Febvre dazu – eine kleine Bosheit unauffällig verstecken. (Daß sich diese Satzrhythmen im übrigen nicht ohne Schwierigkeiten in einer anderen Sprache nachahmen lassen, liegt auf der Hand. Damit erklärt sich zum Teil, warum Febvres Bücher und Aufsätze vergleichsweise selten und manchmal völlig unzulänglich übersetzt werden.)

Ein anderes Stilmerkmal, das ungleich mehr Risiken birgt, ist Febvre Vorliebe für Metaphern, die gelegentlich »bis an die Grenze dessen gehen, was wissenschaftlicher Prosa zuträglich ist. Wenn nötig auch darüber hinaus.«[46] Der *Luther* liefert dafür schöne Beispiele. Im Eifer der Darstellung verwischt der Autor gelegentlich sogar die Grenze zur Fiktion, indem er Situationen und Dialoge entwirft, die seine Interpretation anschaulich und oft auch überzeugend machen, aber erfunden sind. So legt er Luther, Erasmus oder Hutten an einigen Stellen Zitate in den Mund, die echt klingen und auf vorhandene Quellen anspielen, aber nie gesprochen wurden (vgl. z. B. S. 117, 125, 134). Desgleichen verwendet er die Technik des

inneren Monologs, um seinen Figuren Gedanken abzulauschen, die sie
nie zu Papier brachten (vgl. S. 209). Da er jedoch ansonsten immer davor
warnt, den Menschen zu unterschieben, was wir von ihnen nicht wissen
können, erscheinen solche rhetorischen Kunstgriffe – die natürlich stets
als solche erkennbar sind – etwas inkonsequent. Dennoch war Febvre
kein Anhänger der Literarisierung von Geschichtsschreibung, wie sie neuerdings wieder unter dem flotten Etikett »Auch Klio dichtet« modisch
geworden ist.[47] Eher schon hätte er seine Praxis der »sekundären Fiktio-
nalisierung«[48] als eine Art Provisorium auf dem Weg zu einer wissen-
schaftlicheren Darstellung bezeichnet. Wenn also gerade von deutscher
Seite Febvres »brillanter Stil« hervorgehoben wird – wobei man nie sicher
sein kann, ob dies lobend gemeint ist[49], wie auch umgekehrt die »deutsche Gelehrsamkeit« in Frankreich oft mit »schlechtem Stil« assoziiert
wird[50] –, ist vor einem Mißverständnis zu warnen.

In Wahrheit wirft Febvres Darstellungsweise eine ganz andere Frage
auf, nämlich die der Darstellbarkeit von Geschichte überhaupt. Wie
kaum ein anderer Historiker hat Febvre dieses Problem in seinen Texten
mitreflektiert, manchmal aphoristisch, manchmal durch »Regieanwei-
sungen«, manchmal auch durch methodische Zwischenbemerkungen.
Zum Beispiel am Anfang des 9. Kapitels:

»›Man zeichnet nie etwas auf, ohne eine Auswahl zu treffen‹, schrieb einmal André
Gide, wobei er vor allem an persönliche Erinnerungen dachte. ›Dabei ist es besonders
störend, daß man Zustände verwirrender Gleichzeitigkeit nur hintereinander darstellen kann.‹ Das ist treffend beobachtet. Wir Historiker lassen die darin enthaltene
Lehre allzu oft außer acht. Als ob die ›streng objektive‹ Chronologie, auf die wir so
stolz sind, nicht auch etwas Künstliches an sich hätte, wenn wir Luthers verschiedene
Denkweisen mit Nummern versehen und diese dann nacheinander einzeln aufrufen
wie ein Buchhalter hinter seinem Pult« (S. 189).

Geschichtsschreibung kann sich also nicht darauf beschränken, die sogenannten »Fakten« wie Perlen auf eine Schnur zu ziehen. Viele »Fakten«
stehen ohnehin nicht endgültig fest, sondern müssen durch Fragen und
Forschungen immer neu ermittelt werden. Der Historiker ist nicht nur
eine Art Archäologe oder Kriminalist, sondern auch ein Schriftsteller oder
Regisseur, der sein Material (Schriftstücke, Landkarten, Statistiken usw.)
aufgrund von Fragen und Problemen (»ohne Probleme gibt es keine
Geschichtsschreibung, sondern nur Erzählungen und Kompilationen«,
sagt Febvre[51]) arrangiert, inszeniert und insofern auch interpretiert. Im

Grunde gilt dies für jeden Historiker, nur daß manche über keinerlei Phantasie verfügen, weshalb ihre Inszenierungen von tödlicher Langeweile sind; andere versuchen sich in modischem Schnickschnack, wieder andere in Klassizismus. Das Publikum hat die Wahl. Febvre jedenfalls erfindet seinen eigenen Stil der problemorientierten Inszenierung: mal spektakulär, mal nachdenklich, mal ironisch und mal pathetisch, doch immer lebendig und quer zum herrschenden Trend. Daß er dabei oft große »Persönlichkeiten« in den Mittelpunkt stellt (Luther, Rabelais, Margarete von Navarra, Michelet usw.), ist ihm gelegentlich sogar aus den Reihen seiner eigenen Nachfolger an der Spitze der *Annales* vorgeworfen worden, die jahrzehntelang lieber Getreidesäcke zählten und das Brot der Gründerväter verspeisten. Doch im Zeichen der »epistemologischen Krise« und der »Rückkehr zur Biographie«[52] kann man heute vielleicht wieder entdecken, wie kunstvoll und überlegt Febvre seine *anderen*, seine *Anti*-Biographien konstruierte, die dem Individuum als Subjekt und Objekt der Geschichtsschreibung eine neue Chance gaben.

Der junge Luther

Betrachten wir nun einige Thesen und Weichenstellungen des Buches genauer. Febvre legt den Akzent auf den Luther der Kampfjahre: zwischen Erfurt und Worms, zwischen Wartburg und Wittenberg. Dagegen werden die letzten zwanzig Lebensjahre nur gestreift. Der alternde Doktor der Kapitel 9 und 10 bleibt schemenhaft. Nach 1525 scheint sich der Autor nicht mehr für seine Hauptfigur zu interessieren; alles ist entschieden, und es beginnt bereits der Ausklang. In die zweite Auflage seines Buches hat Febvre 1945 drei Abbildungen aufgenommen. Sie tragen die Untertitel: »der feurige Mönch mit dem inneren Blick« (Lucas Cranach, 1520), »der selbstsichere Kämpfer« (Daniel Hopfer, 1523) und »der Abgeschiedene von Wittenberg« (Heinrich Aldegrever, 1540). Das chronologische Grundraster wird damit unterstrichen, und der biedere, »abgekapselte« Luther der Spätjahre auch optisch gegen den feurigen und kämpferischen gestellt.

Diese Vernachlässigung des »mittleren« bzw. »alten« Luther könnte auf Bedenken stoßen, wenn eine Biographie oder umfassende Werkanalyse intendiert wäre. Immerhin stammen rund zwei Drittel der erhaltenen Luther-Texte aus dieser Lebensphase.[53] Doch Febvre will weder das eine noch das andere schreiben, und kaum ein Historiker bestreitet, daß der »junge Luther« die interessantere Figur ist. »Bis zum Jahr 1525«, heißt es z. B. bei Hermann Heimpel, »ist alles gesagt und getan. Was folgt, ist nicht so sehr die Geschichte Luthers als die Geschichte der Reformation und ihrer Begegnung mit den politischen Mächten. Seit 1525 schreitet endgültig die Geschichte über Luther hinaus: das Werk über den Meister. Die Anliegen der Nation und schließlich der christlichen Welt mischten sich in das Gespräch Luthers mit Gott.«[54]

Dieses merkwürdige Zwiegespräch, das Febvre fasziniert, ist bis heute ein Standardthema der Luther-Forschung geblieben. Unter dem Stichwort »Durchbruch der reformatischen Erkenntnis« streiten Kirchenhistoriker und Theologen noch immer über den Ort (das Studierzimmer oder der Abtritt?), die Bedingungen und das genaue Datum des »Turmerlebnisses«.[55] Es gibt Frühdatierer und Spätdatierer: »Wer für die Frühdatierung eintritt, nimmt zugleich an, daß Luther vor der Auseinandersetzung mit der katholischen Kirche im Kern eine neue Theologie lehrt, die irgendwann zu dem Konflikt mit Rom führen mußte. Wer hingegen für die Spätdatierung plädiert, ist damit zugleich der Ansicht, daß Luther in dem Kernstück seiner reformatorischen Theologie erst durch den Kampf gegen Rom entscheidend weitergeführt worden ist.«[56] Wieder andere bezweifeln, daß sich Luthers Wende überhaupt datieren läßt. Das Ganze erinnert ein wenig an die Diskussionen über den »epistemologischen Einschnitt« beim jungen Marx: Soll man ihn vor oder nach den »Pariser Manuskripten« ansetzen? Die meisten Autoren vermuten, daß Luther seine Rechtfertigungslehre schon 1513/14 »entdeckte«. Gestützt auf die Dokumentensammlung von Scheel[57], ist dies auch die These von Febvre:

»Plötzlich, wie durch einen Blitz, der alle vorher gefaßten Gedanken beleuchtete, erkannte Luther einen Ausweg, den er nie mehr vergessen sollte. Wann genau fand diese Bekehrung statt? War es Ende 1512? Oder etwa 1513? Auf jeden Fall war es vor der Jahresmitte 1514, und zwar im Turm des Wittenberger Klosters« (S. 58).

Doch Febvre ist kein Theologe. Er lehnt es ab, Luthers Abweichungen von der katholischen Orthodoxie und das Ausmaß seiner »Häresie« Schritt für Schritt zu taxieren: »Es steht dem Historiker nicht zu, darüber zu urteilen«, heißt es lakonisch (S. 128 f.). Ihn interessiert Luthers »Erfindung« vornehmlich unter historischen und psychologischen Gesichtspunkten. Dabei wehrt er sich gegen alle Versuche, spätere Aussagen des Reformators oder die Lehren der lutherischen Kirche auf den jungen Mönch zu projizieren. Er schreibt: »Nicht zu wissen, was man weiß, ist eine große Tugend« (S. 45). Diesem programmatischen Antifinalismus entspricht sein Mißtrauen gegenüber einer unkritischen Vorläufersuche.[58] Sollte Staupitz z. B., wie Luther 1545 behauptete, ihm »eine Lehre offenbart haben, die schon im voraus, gleichsam im Keim, die Lehre des Reformators enthielt?« (S. 54) Febvre hält dies für wenig glaubhaft. Nicht nur, weil Staupitz Generalvikar der Augustiner war, sondern weil ähnliche Gedanken bei unterschiedlichen Personen keineswegs den gleichen Effekt auslösen. Nicht Staupitz, sondern Luther vollzog den Bruch mit der Orthodoxie:

> »Wenn Luther also jenem Satz von Staupitz, daß ›die Buße mit der Liebe zur Gerechtigkeit und zu Gott beginnt‹ – einem Satz, den Staupitz sicher ohne jeden theoretischen oder systematischen Hintergedanken formulierte – einen doktrinalen Stellenwert gab, so deshalb, weil er in ihm ein ganzes Gedankenuniversum zum Leben erweckte, das ihm schon lange vertraut war und von dem Staupitz nichts ahnte. Allein aufgrund seines intellektuellen Reichtums verwandelte Luther eine Formel, die für jeden anderen ziemlich unbedeutend war, in einen mächtigen und wirksamen Schatz« (S. 55).

Auch was andere »Einflüsse« angeht, ist Febvre skeptisch. Natürlich sind Luthers Lektüren oder Begegnungen während des Studiums im einzelnen zu erforschen. Auch die neuerdings genauer nachgewiesenen Kontinuitäten zur spätmittelalterlichen Theologie hätten den Historiker sicher interessiert.[59] Aber er wäre wohl dennoch bei seiner These geblieben, daß ein Mann wie Luther keine »Mithelfer« brauchte, die ihm bei seiner »Befreiung« zur Seite standen (S. 55). Immer wieder unterstreicht er nämlich, daß der rebellische Luther ein einsamer Kämpfer war, der seine Stärke allein aus sich selbst, aus seinem Glauben bezog:

> »Jede Analyse von Einflüssen wirft ein ernstes Problem auf. Bis zu welchem Punkt ist ein menschliches Wesen, ein Individuum, dessen Aktionen und Reaktionen erklärt werden sollen, in seinem lebendigen Kern vom Spiel massiver Kräfte geprägt, mit dem der Historiker es umgibt? Es gibt Menschen, die sich allen Zugriffen so gefügig und vollständig unterwerfen, daß sie sich dabei selbst vernichten oder [...] mit anderen verschmelzen [...]. Aber es gibt auch Menschen, die verschlossen bleiben, undurchdringlich und unnahbar; alles scheint an ihnen abzugleiten, nichts bleibt haften. Luther, in seiner lebendigen Komplexität, ließ sich zwar auf vieles ein, doch er lieferte sich nie aus; er nahm sich von allen, aber er fand in seinem bereicherten Bewußtsein zu sich selbst zurück« (S. 133).

Der einsame Luther

Wer mit dem Stichwort *Annales* nur Wirtschafts-, Sozial- oder Strukturgeschichte verbindet, wird überrascht sein: Febvres *Luther* ist nichts von
alledem, obwohl der Reformator durchaus im Zusammenhang seiner
Zeit, also von Strukturen, betrachtet wird. Doch derselbe Historiker, der
seit dem Ersten Weltkrieg unablässig das Projekt einer neuen Zeitschrift
für Sozial- und Wirtschaftsgeschichte verfolgte und 1929 verwirklichte,
schrieb Bücher und Aufsätze, die auf den ersten Blick nach »Geistesgeschichte« aussehen. Febvre selbst sprach lieber von *histoire intellectuelle*
oder *histoire des mentalités*. Doch eigentlich liebte er solche Etiketten
nicht, es ging ihm stets um problemorientierte und insofern ausschnitt-
hafte Recherchen zur Gesamtgeschichte, zur *histoire totale*. Und ebenso
wie er die traditionelle Geistesgeschichte ablehnte, die alle großen historischen Vorgänge an theoretischen Texten festmacht, ohne sich je in die
Niederungen der Wirtschaftsarchive, der Klassenkämpfe und menschlichen
Alltagssorgen zu begeben, reagierte er allergisch auf jeden Versuch, intel-
lektuelle Ereignisse und Entwicklungen auf soziale oder wirtschaftliche
Faktoren zu reduzieren. Gewiß, er publizierte in den *Annales* auch Marxi-
sten, ja er trat in den dreißiger Jahren sogar selbst einige Male bei marxi-
schen Diskussionen auf; doch er blieb immer ein vehementer Gegner des
»Primats der Ökonomie« und eines »mechanischen Materialismus«, der
jeden Gedanken oder Denker nur als Verlängerung sozialer Interessen interpretiert.[60] Auch die viel zu simple Luther-Kritik, die Friedrich Engels mit
seiner Schrift über den Bauernkrieg lancierte, lehnte er ab; als das Buch
1929 ins Französische übersetzt wurde, meinte er böse, dies sei ein Dokument über Engels, als Geschichte des Bauernkrieges jedoch »ein Witz«.[61]

Febvre weigert sich also, Luther und seine reformatorische Entdeckung
»abzuleiten«. Er versucht auch nicht, den Augustinermönch in ein breites
alltags- und kulturgeschichtliches Panorama zu stellen. Dabei mangelt es
ihm weder an Interesse noch an Informationen – das belegen schon seine
Skizzen zur stadtbürgerlichen Welt.[62] Es handelt sich auch nicht um eine
Frage des Umfangs – obwohl er sein Manuskript vor der Drucklegung um
20 bis 30 Seiten kürzen mußte.[63] Sondern für ihn ist Luther kein Statist,
kein Komparse, dem seine Umwelt, seine Lehrer, seine Beschützer usw.
eine Rolle zuweisen und ein paar Ideen in den Mund legen. Zwar ist
Luther, wie jeder Mensch, ein Kind seiner Zeit, aber er »spiegelt« nicht

bloß Interessen oder Bedürfnisse wider. Febvre ist kein Hegelianer auf der Suche nach Agenten des »Weltgeistes«. Ihn interessiert der einsame Denker, der sich mit dem intellektuellen Instrumentarium seiner Zeit – in späteren Schriften spricht er von »mentaler Ausstattung«, von *outillage mental*[64] (dazu weiter unten) – gegen die herrschenden Dogmen wendet und zunehmend in die Position eines Ketzers, ja eines Propheten rutscht.

Damit weicht Febvre dem schwierigen Problem der Beziehungen zwischen Frühkapitalismus und Reformation keineswegs aus. Er schreibt ausdrücklich, daß sich viele Anhänger Luthers aus dem Stadtbürgertum rekrutierten und benennt auch ihre ökonomischen Interessen, die sich mit dem neuen Glauben besser vereinbaren ließen. Doch er weigert sich, Theologie und Ökonomie aufeinander abzubilden. Einige Jahre später hat er diese von Marx, Weber, Troeltsch, Tawney usw. thematisierten Zusammenhänge in einem eigenen Aufsatz offensiv diskutiert.[65] Er bestreitet sie keineswegs. Doch er besteht darauf, daß es nicht sozio-ökonomische Umstände waren und noch nicht einmal die »Mißbräuche« der Kirche – denn die gab es schon immer –, die Luther zum Rebellen machten und ihm seine Ideen und Empfindungen einflößten; auch umgekehrt reiche der protestantische Begriff des »Berufs« zur Erklärung der kapitalistischen Produktionsweise nicht aus. Febvre schreibt:

»Ökonomie, Religion. Sagen wir nicht: ›Das ist ganz einfach‹; es ist im Gegenteil ziemlich kompliziert. […] Es ist ein kompliziertes Spiel von Aktionen und Reaktionen. Da ist zunächst ein Luther, der sich um Opportunität nicht schert. Ein Gottesmann Luther, als Prophet auf Erden gekommen, um den Menschen die frohe Botschaft zu verkünden: die Entdeckung, die ihm, nach so vielen Ängsten und Nöten, endlich die befreiende Gewißheit gegeben hat. Dann kommen die Zeitgenossen Luthers, die sich in seiner Lehre einrichten, sie von innen ausstaffieren und ihren vitalen Anliegen entsprechend verändern, sie schließlich so gestalten, daß sie ihnen von größtmöglichem Nutzen ist. Schließlich die Rückwirkung, die auf die Menschen von der durch sie veränderten Lehre ausgeht. Denn schon bald geht sie über sie hinaus, beherrscht sie, formt ihr Denken und Fühlen, verändert und verstärkt ihre eigenen ursprünglichen Züge, […] prägt sie ihnen grundlich ein. Und schafft endlich im 17. Jahrhundert in Frankreich jenen Typ des asketischen Calvinisten, der in gewisser Weise ein abstraktes Geld verdient, akkumuliert und sich hütet, davon zu zehren; in England und bald auch in den Vereinigten Staaten jenen Typ des Puritaners, der, weil er ganz in der Erfüllung seiner Aufgabe, der Jagd nach Erfolg, aufgeht, allmählich die religiösen Gebote […] aufgibt und nur noch der Diener einer utilitären Moral unter der Maske des Pharisäers ist – einer Maske, die fällt und die rohen Züge des wahren Gesichts zeigt, die Fratze des Bankiers, des Händlers, dessen, der Gewinn einfährt und scheffelt und wie besessen dem Gold nachjagt.«[66]

Die Geschichte des Bauernkrieges von 1525 kommt ebenfalls nur am Rande vor, im Kontext von Luthers »Abkapselung«, seinem »Quietismus«, seiner Resignation gegenüber den Zeitläuften (Kap. 9). Auf Febvres Aversion gegenüber Engels wurde bereits hingewiesen. Er lehnt es ab, Luther als »Fürstenknecht« zu verurteilen. Für ihn bedeuten dessen Schriften gegen die »mörderischen Bauern« keine »Kehrtwende«, und die Lehre von den »zwei Reichen«, dem irdischen und dem göttlichen, »entstand nicht erst als Reaktion auf den Bauernaufstand« (S. 205). Der Gegner Müntzers war »durchaus der wahre Luther, der von Leipzig, von Worms und von der Wartburg« (ebd.). Doch im Unterschied vor allem zur katholischen Tradition betrachtet Febvre den Reformator auch nicht als Urheber des Aufruhrs, der den »Bundschuh« erst »geschmiert« habe.[67] In seiner Interpretation des Bauernkrieges als einer relativ unabhängigen Bewegung sieht er sich dann durch das 1933 erschienene Buch von Günther Franz bestätigt, auf das er in der zweiten Auflage lobend hinweist (vgl. S. 260, Anm. 17).[68] Heute, da die Bauernkriegsforschung ein wichtiges Terrain frühneuzeitlicher Sozialgeschichte bildet[69], mögen Febvres Desinteresse und auch manche abfälligen Formulierungen über fanatisierte Bauernhaufen überraschen. Doch erneut ist der Kontext zu beachten: Obwohl politisch der Linken nahestehend, sympathisierte Febvre eher mit Jaurès als mit Lenin. Den »kommunistischen« Träumen der Zwickauer Schwärmer brachte er also nicht jene Vorschußsympathie entgegen, die manche späteren Bauernkriegsforscher beseelte. Auch die regionale Vielfalt der bäuerlichen Widerstandsbewegungen konnte er allenfalls ahnen. Daß er sich der Skizzenhaftigkeit und Vorläufigkeit seiner Darstellung bewußt war, läßt sich im übrigen daran ablesen, daß er 1934, als Marc Bloch eine Buchreihe zur Agrargeschichte plante, einen Band über »Bauernkrieg und Reformation« vorschlug: Das Thema faszinierte ihn also noch immer.[70]

Luther in seiner Einsamkeit und die reformatorische Entdeckung als »innere Krise« (S. 84): Das ist Febvres Ausgangshypothese. Dieser Luther jedoch ist ihm – ist uns – ein völlig fremdes Individuum, ein Mensch des 16. Jahrhunderts, dessen besondere Psyche, dessen merkwürdige *Mentalität* der Historiker allererst begreifen muß. Denn auch wenn die Überlieferung im Falle Luthers vergleichsweise günstig ist – kein anderer deutscher Intellektueller jener Zeit hat so viel Schriftliches hinterlassen und wurde in seinen Äußerungen so genau protokolliert, auch bildliche Darstellungen sind reichlich vorhanden –, läßt sich diese Quellenmasse (ob in Latein oder Neuhochdeutsch) nicht ohne weiteres »lesen«. Es bedarf einer Methode. Febvre macht dazu keine langen theoretischen Ausführungen, aber er deutet an, worin seine Methode besteht; gleichzeitig grenzt er sich von anderen Interpretationsansätzen ab. Zunächst vom hagiographischen Modell, wie es im ersten Kapitel parodiert wird: Bruder Martin im Kampf gegen die Mißbräuche! Dann von Denifle, der sämtliche Äußerungen von und über Luther auf sexuelle Begierden hin durchforstet und damit Luther erklären will: »Apostel des Fleisches im Schlamme der Sinnlichkeit«![71] Schließlich auch von medizinischen oder psychoanalytischen Interpretationen. Während sich die Kritik der beiden ersten Modelle – Luther als Ersatzheiliger und Luther als Teufel – heute von selbst versteht, wirft die ironische Abfertigung der Psychoanalyse einige Fragen auf. Betrachten wir daher diese Passage (S. 46) etwas genauer.

Ein freudianischer Luther?

Es geht um Luthers Angstzustände. Was haben sie zu bedeuten? Sind seine späteren Äußerungen ernstzunehmen? War er manisch, war er depressiv? Litt er unter traumatischen Kindheitserlebnissen, sexuellen »Verfehlungen« (Masturbation), Halluzinationen? Worin bestanden seine geistigen Anfechtungen? Warum verhielt er sich so sprunghaft, so jähzornig und dickköpfig? Für Febvre lassen sich diese und ähnliche Fragen zum »gegenwärtigen Zeitpunkt«, also 1928, weder mit Hilfe medizinischer noch para-medizinischer Theorien beantworten. Ihm graust vor »jenen Amateurpsychiatern, die mit großer Geste die widersprüchlichsten Diagnosen über den kranken Luther verkünden« (S. 46). Und ebenso mokiert er sich über die »Zauberkunststücke jener Psychoanalytiker, die vor keiner Vereinfachung zurückschrecken und sich beeilen, Denifles Vorwürfen hinsichtlich der heimlichen Begierden Luthers die ach so bequeme Unterstützung der Freudschen Theorien über Libido und Verdrängung zu verschaffen« (ebd.). Was ist gemeint?

Der Name Denifle fällt nicht zufällig. Sein Buch hatte Luthers »Begierden« zum entscheidenden Thema gemacht (auch wenn es seit langem medizinische oder psychologische Luther-Deutungen gab[72]). Seither hatte die katholische Luther-Polemik, die fast durchweg von Priestern oder Mönchen geführt wurde, mit perversem Vergnügen auf ein paar Zitaten herumgeritten, von denen viele so gröblich fehlinterpretiert wurden, daß eine heimliche Identifikation zu vermuten war. Febvre weist spöttisch darauf hin (S. 46). Sein Hinweis auf die namenlosen »Amateurpsychiater« dürfte sich vermutlich gegen Autoren wie den Jesuiten Grisar richten, der 1911 eine psychopathologische Luther-Interpretation versuchte.[73] Die andere Spitze dagegen sollte wohl die Studie des amerikanischen Historikers Preserved Smith treffen, der 1913 zum ersten Mal eine psychoanalytische Deutung veröffentlichte und Luther erwartungsgemäß zum »typischen Neurotiker« erklärte.[74]

Solchen leichtfertigen Projektionen klinischer Begriffe und moderner Theorien auf einen Menschen des 16. Jahrhunderts mißtraut Febvre aus tiefster Überzeugung. In dieser Hinsicht ist sein Luther-Buch nur der erste Höhepunkt in einer langen Reihe von Polemiken gegen anachronistische Fehlinterpretationen – für ihn die »schlimmste aller Sünden«, die ein Historiker begehen kann.[75] Dahinter steckt immer ein aktuelles Vorurteil. In diesem Fall vermutet Febvre – deshalb das Stichwort Denifle –, daß eine Psychiatrisierung Luthers nur der Polemik nutzen kann, während sie die historische Forschung durch eine anachronistische Etikettierung behindert.

Das Kapitel Psychoanalyse scheint damit abgeschlossen. Und doch deutet etwas darauf hin, daß Febvre mit Freud noch nicht fertig ist, denn er fährt fort:

»Ein freudianischer Luther: Man ahnt schon im voraus, wie er aussehen wird, und falls ein unerschrockener Luther-Forscher uns dieses Bild tatsächlich vor Augen führt, verspürt man keinerlei Neugier, es genauer kennenzulernen. Könnte man nicht ebenso leicht einen lutherischen Freud konstruieren, also zeigen, daß der inzwischen berühmt gewordene Vater der Psychoanalyse selbst eines der dauerhaftesten Merkmale des deutschen Geistes repräsentiert, der sich in Luther mit solcher Macht verkörperte? Doch lassen wir das« (S. 46).

Febvre merkt es selbst: Unversehens ist er vom Thema abgekommen, hat seinem Vorurteilen freien Lauf gelassen: Von einen »freudianischen Luther« sei auch in Zukunft nichts Gutes zu erwarten. Dann folgt die verblüffende Umkehrung: das gleiche gelte für einen »lutherischen Freud«.

Die daran geknüpfte Frage wirkt abweisend-rhetorisch. Doch wenn man Febvres Vorliebe für kontrastierende Vergleiche kennt sowie auch für rhetorische Fragen, hinter denen sich echte verbergen, kommen Zweifel auf. Febvres Verhältnis zur Psychoanalyse ist jedenfalls komplizierter, als lange Zeit angenommen wurde. Von seiner Ausbildung her (Studium der Geschichte und Geographie) sowie aufgrund langjähriger Freundschaften mit Soziologen und Psychologen – wie z. B. Charles Blondel, der 1923 eine virulente Freud-Kritik verfaßte – neigte er stets dazu, vom Primat des Bewußtseins über das Unbewußte und des Kollektivbewußtseins über das Individualbewußtsein auszugehen. Doch wie an anderer Stelle gezeigt werden konnte[76], hat sich sein Verhältnis zur Freudschen Theorie im Laufe der Jahre geändert. Aus einem negativen Vorurteil wurde ab 1934/35 ein positives Vorurteil: nicht mehr, aber auch nicht weniger. Damals lernte Febvre eine Wiener jüdische Emigrantin kennen, Lucie Varga, die zu seiner Mitarbeiterin und Freundin wurde.[77] Im April 1935 reiste er dann selbst nach Wien, »die Wiege und Hauptstadt der Psychoanalyse«, wie er später sagte.[78] Freud hörte auf, für ihn ein Schreckgespenst zu sein – auch kein »lutherischer Freud« –, sondern wurde eine theoretische Referenz mit interessanten Methoden, auf die er in den folgenden Jahren mehrfach anspielte. Als ihm dann 1937 als Herausgeber der *Encyclopédie Française* das äußerst schwierige Manuskript eines kaum bekannten Psychoanalytikers namens Jacques Lacan zum Thema »Die Familie« vorgelegt wurde und viele Redakteure für Ablehnung plädierten, setzte er sich dafür ein, daß dieser (heute klassische) Text tatsächlich gedruckt werden konnte.[79] So machte sich Febvre um die französische Psychoanalyse verdient.

Doch lassen wir das. Während noch in den zwanziger Jahren eine ernstzunehmende freudianische Luther-Interpretation kaum denkbar war, legte Erik Erikson 1958 tatsächlich eine gründliche Psychoanalyse des »jungen Manns Luther« vor.[80] Ob Febvre auch diese Deutung von vornherein abgelehnt hätte? Gewiß, Erikson war weder Theologe noch Historiker, und seine Interpretation wurde von vielen Luther-Spezialisten im Detail kritisiert. Doch die Grundthese des Buches, der junge Luther habe aufgrund einer besonderen Sensibilität und heftiger Konflikte mit seinen Eltern eine schwere Identitätskrise durchgemacht, die er nur teilweise – im Kloster – bewältigen konnte, so daß sein späteres Verhalten davon mit geprägt wurde, ist völlig einleuchtend. Daß manche Begriffe wie

»Zwangsverhalten«, »Bisexualität«, »manisch-depressive Krise« usw. in
gewissen Kreisen noch immer Entsetzen auslösen, ist inzwischen belanglos. Jedenfalls gibt es keinen konfessionellen Zündstoff mehr. Strittig an
diesem »zugleich genialen und entstellenden« Buch (Heiko Oberman) ist
vielmehr seine, wie Kritiker meinen, fehlende Historizität.[81] Läßt sich die
Theorie des Unbewußten und der symbolischen Ordnung, wie sie Freud
im 20. Jahrhundert begründete, auf Menschen anwenden, die nicht bloß
tot sind (was für die Psychoanalyse ein methodisches Problem aufwirft),
sondern deren Psyche möglicherweise etwas anders strukturiert war? Wie
tief ist die Kluft zwischen damals und heute, und wie können wir sie wissenschaftlich überbrücken? Die Diskussion ist noch in vollem Gange und
ein Ende nicht abzusehen. Nachdem lange Zeit die Skeptiker das Sagen
hatten, nimmt neuerdings die Experimentierfreude der Historiker wieder
etwas zu, nicht zuletzt unter dem Einfluß der Geschlechterproblematik.[82]
Der in der Kritik an Erikson geäußerte Wunsch, Psychoanalytiker und
Fachhistoriker sollten doch zusammenarbeiten, ist punktuell sogar verwirklicht worden.[83] Vielleicht wird Luther also eines Tages einer weiteren
»Analyse« unterzogen werden.

Der fremde Luther

Was hat dagegen Febvre zu bieten, wenn er Luther anders porträtieren
will? Sein Ansatz, den er selbst als »historische Psychologie« bezeichnet
und der darauf zielt, »Menschen tatsächlich zu lesen« (S. 73), greift auf
keinerlei festumrissene Theorie zurück. Febvre ist weder ein Theoretiker
noch ein Anhänger von Theorien, die es »anzuwenden« gälte. Ihn interessieren allein historische Probleme, und zu ihrer Eingrenzung, Beschreibung und möglichst auch Lösung greift er – relativ pragmatisch, aber
keineswegs willkürlich – auf Begriffe und Anregungen aus den verschiedensten sozialwissenschaftlichen Disziplinen zurück. (Diese mit neuen
Fragestellungen verknüpfte Interdisziplinarität bewirkte später dann
auch den großen internationalen Erfolg der *Annales*.) Im vorliegenden
Buch ist dieses sozialwissenschaftliche Konzept im Hintergrund der
Begriff der »primitiven Mentalität«.
Für Febvre besteht zwischen den Menschen 20. Jahrhunderts und

denen des 16. eine tiefe Kluft. Nicht nur die Gesellschaft und der sichtbare Alltag der »Renaissance-Menschen«, auch ihr Denken und Fühlen ist uns eigentlich fremd. Nach Febvre wäre es völlig falsch, diese Differenz nun durch »Einfühlung« zu überwinden, das heißt durch die Projektion von Gedanken und Gefühlen aus unserer Gegenwart in jene Vergangenheit. Vielmehr gilt es, deren Fremdheit allererst auszuloten und möglichst genau zu beschreiben, um diese andere Welt besser zu begreifen. Nur so läßt sich die »Todsünde« des Anachronismus vermeiden. In einem Aufsatz, den Febvre 1927, also während der Arbeit am *Luther* veröffentlichte, hat er sein »Idealbild des Historikers« einmal wie folgt umrissen:

> »Er muß mit Hilfe seiner Gedanken und für jede Epoche, die er untersucht, das mentale Material der Menschen dieser Epoche zusammenstellen; er muß durch eine enorme Anstrengung sowohl an Gelehrsamkeit wie auch an Phantasie das gesamte physische, intellektuelle und moralische Universum der ihm vorangehenden Generationen rekonstruieren; er muß sich eine sehr strenge und genaue Vorstellung davon machen, wie unvollkommene Sachbegriffe und eine entsprechende Armut der Theorie zu Mängeln und Verzerrungen in allen Vorstellungen führen müssen, die sich eine bestimmte historische Gemeinschaft über die Welt, das Leben, die Religion oder auch die Politik bildet; und auf diese Weise muß er sich gegen jene schlimmen Anachronismen wappnen, die nur selten erkannt werden, aber die gefährlichsten von allen sind, wonach zwar nicht unbedingt die Soldaten bei Fornovo Musketen besaßen oder Napoleon auf Sankt-Helena ein Photo von Marie Louise, aber dafür kurzerhand aus Rabelais ein Freidenker oder aus Lamarck ein Darwinist *avant la lettre* gemacht wird.«[84]

Gegen anachronistische Interpretationen will Febvre auch Luther verteidigen. Er will ihn als Menschen seiner Zeit ernstnehmen. Deshalb hebt er in seinem Verhalten und Denken diejenigen Aspekte hervor, von denen er aufgrund seiner Forschungen über das 16. Jahrhundert weiß, daß sie Luther selbst oder seinen Zeitgenossen vermutlich besonders wichtig waren. Desgleichen betont er gewisse Inkonsequenzen, Widersprüche oder Derbheiten Luthers, um herauszustellen, daß sie damals wohl nicht als solche betrachtet wurden. So kann man Luthers »Sprunghaftigkeit«, die ein biederer katholischer Kritiker im 20. Jahrhundert als Symptom »geistiger Schwäche« deutet, im vormodernen Kontext der Reformation vielleicht als Indiz dafür lesen, daß hier ein Mensch nicht bloß gedanklich, sondern auch sprachlich und körperlich gegen die Konventionen seiner Zeit rebellierte.

Febvre *staunt* über Luther. Und während die traditionelle Geschichtsschreibung nicht bloß einen »guten«, sondern auch einen »vertrauten«

Reformator präsentiert, der sozusagen dem heimischen Pfarrer ähneln soll, will er dieses Erstaunen seinen Lesern übermitteln. Hier drei typische Passagen, in denen Luthers Fremdheit besonders deutlich wird:

»Luther war ein geborener Polemiker, der ständig nach Widersprüchen suchte, sich nicht um das Aufsehen scherte, das er damit erregte, und seine liebste Gangart war der Sprung. Jemand holte ihn ein? Schon nahm er Anlauf, war wieder ganz vorn und lachte über die Verfolger, die nach Atem rangen. Wurde er noch einmal eingeholt? Dann sprang er eben erneut und zwar diesmal soweit, daß der Waghalsige allein blieb, verblüfft und erschrocken zugleich. Aber er genoß es. Sogar wenn er friedlich war und ihn niemand drängte, bewegte er sich in Sprüngen, die ebenso lebhaft wie verwirrend waren. Solche Verhaltensweisen verblüffen uns. Seine Landsleute waren darüber erschrocken, aber weniger erschrocken als wir. Das ist nicht ganz so beruhigend, wie es klingt« (S. 134).

»Worauf es ankommt, ist allein die Maßlosigkeit der Argumentation, die uns verblüfft. Immer wieder verletzt sie unseren Sinn für das Maßvolle, von dem Spengler verächtlich sagen würde, daß es nichts Faustisches habe. Gewiß. Nur, wie leicht fiel es geschickten Beratern, diesen empfindsamen und impulsiven Mann, der so argumentierte, um sich dann blindlings in einen grenzen- und heillosen Ozean zu stürzen, zu manipulieren, vorzuschieben und anzustacheln!« (S. 134 f.).

»Es fällt schwer, einer solchen Dosierung zu widerstehen. Denn man hat es nicht mit einer argumentierenden Vernunft zu tun, mit einer völlig klaren und direkten Logik. Sondern mit einer Kreatur, die sich inmitten von Widersprüchen und Feindschaften behaupten muß; eine arme Kreatur, die sich gegen die unerbittlichen Gesetze des Denkens zur Wehr setzt und dabei zuweilen verirrt. Ein starker Mensch, der mit einem Sprung den Standpunkt des Absoluten einnimmt, alle Kontingenzen überblickt und verachtet und alle leidenschaftlichen Herzen für sich einnimmt und verzückt« (S. 162).

Sprunghaftigkeit, Maßlosigkeit, mangelnde Logik: Solche Charakterisierungen, die bei anderen Autoren polemische Überspitzungen wären, sind bei Febvre nicht (oder nur sehr bedingt) als Werturteile zu lesen. Vielmehr handelt es sich um Indizien »primitiver Mentalität«, oder umgekehrt: solche Formulierungen zeigen, daß Febvre bei Luther Verhaltensweisen wiederzuerkennen meint, die Soziologen und Ethnologen in den zwanziger Jahren als Merkmale »primitiver Mentalität« bezeichnen. Febvre selbst benutzt diesen Ausdruck allerdings nicht. Nur an einer Stelle spricht er von »Primitivismus« (S. 172). Sogar die Worte *mentalité* und *mental* kommen in diesem Buch selten vor. Und doch kann der Historiker mit Hilfe dieses Konzepts die Inkonsequenzen und Maßlosigkeiten seiner Figuren anders lesen. Er braucht sie weder zu verharmlosen noch zu denunzieren; er kann fasziniert zuschauen – wie ein Ethnologe, der auf einer Südseeinsel das Treiben der Eingeborenen beobachtet und jeweils überlegt, welche ungeschriebenen Regeln (und Ausnahmen) das Verhalten dieser Menschen bestimmen.

Das Konzept der »primitiven Mentalität«, an dem sich Febvre implizit orientiert, war in den zwanziger Jahren außerordentlich populär. Seit 1910 hatte es der Philosoph Lucien Lévy-Bruhl (1857-1939) in mehreren Büchern – von denen auch drei ins Deutsche übersetzt wurden – begründet und an »völkerkundlichem« Material entfaltet.[85] Lévy-Bruhl gehörte zum Umkreis Emile Durkheims und interessierte sich für die eigenartige Denkweise, die magischen Glaubensvorstellungen und Rituale der damaligen Kolonialvölker. Auch stellte er die abergläubischen, »unlogischen« Aspekte ihres Denkens besonders heraus und betonte die Kluft zur »logischen Mentalität« der »zivilisierten« Völker. Diese Grundthese löste heftige Diskussionen aus. Vor allem aber wurde sie zu einem verhängnisvollen pseudo-wissenschaftliche Schlagwort, das mit den Analysen Lévy-Bruhls kaum mehr etwas zu tun hatte. Dieser wurde ein Opfer seines Erfolgs und mußte erleben, wie seine kritisch gemeinten Studien konservativ banalisiert und umgedeutet wurden. Nach seinem Tod und dem Zweiten Weltkrieg geriet sein Werk deshalb schnell in Vergessenheit. An die Stelle der »primitiven Mentalität« trat das Modell des »wilden Denkens«, das – trotz mancher Anleihen bei seinem Vorläufer – eher die unterschwelligen Gemeinsamkeiten menschlicher Denkformen betont.[86]

Febvre übernimmt Lévy-Bruhls Konzept nur als heuristisches Prinzip. Noch in seinem *Rabelais* von 1942, in dem er das Panorama frühneuzeitlicher Mentalität skizziert, beruft er sich auf die Bücher des Philosophen, der einst sein Lehrer an der Ecole Normale Supérieure war.[87] Die erkenntnistheoretischen Debatten über das »prälogische Denken« lassen ihn dagegen kalt: »choses de philosophes«.[88] Ihm geht es allein darum, daß die »menschliche Psychologie« eine Geschichte hat und deshalb für frühere Jahrhunderte nicht *a priori* die gleichen Kriterien gelten dürfen wie für die Gegenwart.[89] Der »wilde« Luther wird damit jedoch keineswegs zum Wilden erklärt.

Febvre ist sich durchaus darüber im klaren, wie schwer es fällt, Luthers Weltbild »von innen« auszuleuchten. Der Historiker hat nämlich »keine Möglichkeit, im Nachhinein die geheimen Winkel von Luthers Seele zu erkunden.« Er muß sich an »Tatsachen und Texte« halten (S. 47), wobei

die Schwierigkeit darin besteht, diese »äußerlichen« Quellen so zum Sprechen zu bringen, daß sie Informationen über das Innenleben der betreffenden Person liefern. In vielen Passagen seines Buches skizziert Febvre
solche indirekten Zugänge zur religiösen, intellektuellen und emotionalen
Welt der Reformationszeit. Besonders eindrucksvoll ist der Abschnitt
über Luthers Sprache, die Febvre als konkrete Materialisierung von Mentalität zu lesen versucht (S. 170 ff.). Auch wenn er dabei nur ein Programm entwirft und seine Untersuchung auf Stichworte beschränkt,
deutet er tendenziell bereits das Projekt einer »Diskursanalyse« in menta-
litätshistorischer Perspektive an, wie es die Forschung Jahrzehnte später
aufgreifen wird[90]:

»Luthers Stil – was für ein wunderbares Studienobjekt wäre das! Dazu bräuchte man
allerdings keinen Philologen und Statistiker und auch keinen pedantischen Linguisten, sondern einen Menschen mit Fingerspitzengefühl. Einen Historiker, der zugleich
Psychologe ist. Der weiß und mehr noch, der errät. Der an dieser Sprache und durch
diese Sprache ein ganzes Zeitalter, eine ganze Epoche des Denkens darzustellen vermag. Eine Epoche, die von der unseren bereits ungeheuer weit entfernt ist – mit ihrem
beharrlichen Primitivismus und ihrer uns zum Teil fremden Logik, mit ihrer Vorherrschaft von Gehör und Geruchssinn gegenüber visuellen Darstellungen und ihrem
Übergewicht an musikalischer Leidenschaft« (S. 172; vgl. auch S. 18 f.).

Ein weiteres Beispiel für Febvres Fähigkeit, neue Perspektiven zu erfinden
und sofort zu konkretisieren, ist seine Skizze über Luthers Bücher, ihre
Herstellung, ihren Vertrieb und auch ihre äußere Präsentation:

»Wer heute diese Texte voller Gewalt und Aufruhr in den schmalen Oktavbänden der
Erlanger oder in den mächtigen Quartbänden der Weimarer Ausgabe liest, tut ihnen
geradezu unrecht. Denn in dieser Präsentation nähert man an sich ihnen mit der Seele
eines braven Gelehrten […]. Wer sie wirklich lesen will, […] um das Feuer zu spüren,
das von ihnen ausgeht, sollte die Originalausgaben zur Hand nehmen, also die Hefte,
die aus der Wittenberger Presse kamen: handlich, leicht, ohne jeden Prunk, aber in
einer klaren, die Augen, den Geist und die Phantasie beflügelnden Typographie. Hier
sind sie: zupackende und klangvolle Titel auf einem nach deutscher Art wunderschön
umrahmten Blatt; meist tragen sie weder Datum noch Verlegernamen, aber in großen
Buchstaben prangt der Name des Autors: *Doctor Martinus Luther Augustiner zu Wittenberg.* Oft ist sein Bildnis eingraviert: kein Unbekannter also und auch kein Schöngeist, sondern ein Mensch aus Fleisch und Blut« (S. 160 f.).

Wieder liefert Febvre Stichworte für eine Forschungsrichtung, die sich
erst nach dem Zweiten Weltkrieg hat etablieren können, nämlich die Sozialgeschichte des Buches. Noch kurz vor seinem Tod hat er selbst dazu

ein Gemeinschaftsprojekt angeregt: Buchgeschichte nicht als Anhäufung bibliographischer Informationen, sondern als subtiler Indikator für Mentalitäten und kulturellen Wandel.[91]

Der deutsche Luther

Mit dem einsamen Luther ist das heuristische Potential des Mentalitätsbegriffs jedoch nicht erschöpft. Denn sowohl das um die Jahrhundertwende lancierte Schlagwort als auch der daraus entwickelte sozialwissenschaftliche Begriff zielen ja auf *kollektive* Bewußtseinsformen und Verhaltensweisen.[92] Der Begriff wurde damals auch nicht nur auf Kolonialvölker, sondern ebenso auf Populationen im eigenen Land oder europäische Nachbarvölker angewandt. Seine schönste Bewährung erfuhr er dann während des Weltkrieges, als überall von der *mentalité allemande* die Rede war. Durkheim selbst publizierte darüber ein Buch[93], und auch Henri Berr engagierte sich mit einer Studie über den Gegensatz von »deutscher Mentalität« und »französischem Geist«.[94] Die soziologischen Möglichkeiten des Begriffs wurden dabei allerdings kaum genutzt, sondern völkerpsychologische Stereotypen aus dem späten 19. Jahrhundert erhielten einen neuen Anstrich.

Inwieweit Febvre diese Sichtweise damals – und sei es auch nur vorübergehend – teilte, ist nicht bekannt. Jedenfalls hat er sich nach dem Krieg nie nationalistisch engagiert und die überzogene Deutschland-Kritik von Berr in keiner seiner Publikationen zitiert.[95] Dennoch spielt der Begriff der »deutschen Mentalität« im *Luther* eine unterschwellige Rolle, denn die Mentalität des Augustinermönchs wird mehrfach als als typisch »deutsch« charakterisiert:

»Luther wäre nicht ›der Deutsche‹ gewesen, der er war«, heißt es z. B., »wenn er nicht in seinem Innern die etwas krankhafte Neigung besessen hätte, seine verborgenen Schwächen zu offenbaren, das teils sinnliche, teils traurige Bedürfnis, sie ans Tageslicht zu zerren, sowie schließlich auch den zwanghaften Wunsch, aus einem Haufen schamlos ausgestellter und breitgetretener Verfehlungen eine neue Reinheit und das befreiende Gefühl totaler Rechtfertigung zu beziehen« (S. 167 f.).

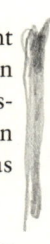

Febvre übernimmt also die jenseits des Rheins geläufige Stilisierung Luthers zum Repräsentanten »deutschen Geistes«. Aber was war

Deutschland im 16. Jahrhundert? Wieder gibt er eine Beschreibung, die auf »typisch deutsche« Merkmale anspielt und einen Gegensatz zur französischen Entwicklung suggeriert:

»Deutschland war ein Land ohne Einheit: das ist das wesentliche. Es gab Deutsche, sie waren zahlreich, kräftig und aktiv; sie sprachen miteinander verwandte Dialekte und besaßen mehr oder weniger die gleichen Sitten und Bräuche, die gleichen Lebens- und Denkgewohnheiten. Diese Deutschen bildeten eine ›Nation‹ im mittelalterlichen Sinne des Wortes. Aber sie waren nicht in einem einheitlichen und zentralisierten Staat zusammengefaßt, der wie ein harmonischer Körper seine Bewegungen von einem einzigen Gehirn aus lenken kann« (S. 94).

In seiner Anlehnung an das herrschende Deutschlandbild geht Febvre sogar so weit, an zwei Stellen Luther mit Hilfe des französischen Worts für »Rasse« zu charakterisieren (das wir allerdings anders übersetzt haben):

»Luthers Grobheit ist die eines Mannes aus dem Volk, eines Bergmannssohns, der in einfachen Verhältnissen aufgewachsen ist und den erblichen Makel seines Menschenschlags (*race*) in sich trägt, der sich von seiner niedrigen Herkunft noch nicht weit entfernt hat« (S. 107).

Und einige Seiten weiter:

»Luther ist in jeder Hinsicht ein Mann seines Volkes (*race*) und seines Landes. Seine Art zu denken, zu fühlen und zu handeln, ist von Grund auf deutsch. Das ist schon oft gesagt worden. Vielleicht sogar zu oft. Auch sollte man sich daran erinnern, daß er im Kloster nicht an die Deutschen, sondern an die Christen dachte. Und als er, nachdem er Gewißheit erlangt hatte, daran ging, sein Geheimnis anderen mitzuteilen, wandte er sich an alle Menschen und nicht nur an die seines Volkes (*race*) und seiner Sprache« (S. 123).

Wie ist das zu verstehen? Argumentiert Febvre etwa rassistisch? Natürlich nicht. Der Rassebegriff, der ja auch in Deutschland einen erheblichen Wandel erfuhr, bevor er im »Dritten Reich« schließlich zur Begründung für die Ausgrenzung und Ermordung ganzer Bevölkerungsteile benutzt wurde, war im Französischen lange Zeit anders konnotiert. Auch wenn ihn Gobineau im 19. Jahrhundert zum geschichtsphilosophischen Schlüsselbegriff erklärte, fungierte das Wort in der Alltagssprache bis in die Zeit nach dem Zweiten Weltkrieg als eine Art Synonym für »nationale Kultur«, wofür es im Deutschen den Begriff »Volkstum« gibt.[96] In diesem etwas altmodischen und durchaus schillernden, aber landläufigen Sinne verwendet Febvre das Wort *race*. Daß er dabei an Luthers nationale und

landschaftliche Herkunft denkt und keinerlei biologistische oder gar antisemitische Assoziationen verfolgt, ergibt sich sowohl aus dem Schluß des
letzten angeführten Zitats als auch aus der vorhin erwähnten Charakterisierung Freuds als eines quasi-lutherischen Repräsentanten deutschen
Geistes (S. 46). Auch sollte hier vielleicht hinzugefügt werden, daß Febvre
in den dreißiger Jahren – wobei die Konfrontation mit dem jetzt auch in
Frankreich um sich greifenden, in Deutschland zur Macht gelangten anti-
semitischen Rassismus sicher eine wichtige Rolle spielte – mehrfach gegen
einen biologistischen Rassebegriff zu Felde zog. Bereits in seinem Rhein-
Buch von 1931 widmete er diesem »blutigen Götzen« ein eigenes Kapitel
und erklärte: »Kein Franzose kann diesen Begriff dem Ausland gegenüber
benutzen, ohne das Selbstverständnis einer Nation zu verraten, die stets
jeden aufnahm, der in ihrer Mitte leben wollte und ihre Gesetze respektierte.« Nicht ohne Stolz wies er darauf hin, daß es französische Historiker waren, die seit dem 19. Jahrhundert den in Deutschland immer noch
beliebten Rassebegriff aus der Geschichtswissenschaft vertrieben hätten.[97] Auch den heftigen Antisemitismus des alten Luther, der im vorliegenden Buch nicht vorkommt, erwähnte er 1934 in seinem Aufsatz über
Kapitalismus und Reformation.[98] Sogar während der deutschen Besatzung von Paris, als Febvre zwar als »deutschfeindlich« eingestuft wurde,
aber weiter lehren durfte, scheute er sich nicht, in seinen Vorlesungen
seine jahrelange Kritik am Rassebegriff zu wiederholen.[99]

Doch zurück zum *Luther*: Die Verwendung des Wortes *race* und Febvres ethnische Charakterisierung des Reformators und seiner Umwelt werfen durchaus Fragen auf. Muß man nicht den Eindruck gewinnen, daß
der Autor hier gängige Vorurteile wiederholt, statt eine kritische Lesart
der Reformationsgeschichte vorzuschlagen? Wieder müssen wir das Buch
historisieren und symptomatisch lesen. Das Klischee vom »deutschen
Luther« stand damals völlig außer Frage. Auf beiden Seiten des Rheins
gab es niemanden, der den Reformator nicht als Inkarnation und Symbol
des »deutschen Geistes« ansah. Gerade unter den Bedingungen der Weimarer Republik versuchten die überwiegend konservativen deutschen
Historiker mit Luther und Bismarck gegen eine allzu konkrete Demokra-
tie und »westliche« Einflüsse zu argumentieren. Die Reformation wurde
dabei als Grundlage für den deutschen Sonderweg in die Moderne – unter Umgehung von Naturrecht, Aufklärung und Revolution ausge-
geben.[100]

Febvre war mit dieser Sichtweise wohlvertraut. Er kannte auch die kritischen Stimmen: Burckhardt und Nietzsche vor allem, aber auch die Schriften von Troeltsch. In seinem Buch, das von den aus der deutschen Ära übernommenen Beständen der Straßburger Universitätsbibliothek profitierte[101], mußte er darauf reagieren. Seine Lösung, wenn man dies so nennen kann, besteht darin, Luther zwar als genialen Deutschen anzuerkennen, seinen Anteil an der Reformation aber neu zu bewerten. Dabei dreht er den Spieß nicht einfach um, wie dies in Frankreich und auf katholischer Seite üblich war (der deutsche Luther als Kirchenspalter und Urheber des Machtstaats), sondern verschiebt gleichsam das Problem, indem er dessen verborgene Komplexität sichtbar macht. Indirekt stellt er damit alles in Frage: Luthers Repräsentativität ebenso wie die Kontinuität seines politischen Erbes.

Zwischen deutschem Lutherkult und französischer Lutherkritik nimmt Febvre eine Zwischenposition ein: Luther war zwar ein großer Deutscher, aber nicht im Sinne der Deutschen des 19. oder 20. Jahrhunderts; er war ein Freiheitsheld im Kampf gegen die römische Theokratie, aber angesichts konkurrierender Reformtheologen oder rebellierender Bauern versagte seine Liberalität; er war zwar Kirchengründer, doch im Grunde blieb er stets der einsame Grübler, das empfindsame Herz *à l'allemande* (S. 107). Die politische Reformation und das Luthertum mußten ihm erst durch einen »anonymen Helfer« abverlangt werden, der neben ihm auf die Bühne trat: »der ›deutsche Mensch‹ von 1517« (S. 92). Und dieser Deutsche war es dann, der die offizielle Reformation »zur Welt brachte und gleichzeitig abtrieb«, so daß mit dem Namen Luther nur »eine mißlungene Abschrift« des Originals unterzeichnet ist (ebd.). Deutlicher läßt sich Luthers Nichtidentität mit *dem* Deutschen, ja sogar seine »Unschuld« an der mit seinem Namen verbundenen kirchenpolitischen Umwälzung kaum formulieren.

Ein komplizierter Luther

Ist also der »deutsche Luther« am Ende doch nicht der wahre? Febvre ist vorsichtig. Er behauptet nicht, das Rätsel Luther endgültig lösen zu können. Sein traditionskritischer Gestus und die offene Darstellungsform des

Essays eignen sich eher zur Infragestellung bequemer Evidenzen als zur umfassenden Begründung schwieriger Wahrheiten. Er plädiert für einen *komplizierten Luther* voller Licht- und Schattenseiten, voller Nuancen: ein Dickkopf, aber kein Fanatiker, ein Querkopf, aber kein Querulant. Als Zertrümmerer der falschen Kirche und Gründer einer neuen Gemeinschaft der Heiligen ist Luther gescheitert. Schon zu seinen Lebzeiten nahm der Protestantismus einen anderen Weg, und sein Erbe wurde langfristig für politische Zwecke instrumentalisiert. Doch Febvre gehört nicht zu jenen »Einflußforschern« (S. 68), die einen Denker einerseits aus seinen »Vorläufern« erklären und andererseits für alles haftbar machen, was in seinem Namen begangen wird.[102] »Die Worte der Menschen führen ein eigenes Leben« (S. 157), und Luthers Wirkungsgeschichte steht auf einem ganz anderen Blatt.[103] Im Unterschied zu den meisten französischen Historikern seiner Zeit (mit Ausnahme einiger protestantischer Theologen) ist der Augustiner für Febvre keine völlig negative Figur. Eher eine tragische. An drei Stellen vergleicht er ihn mit Faust (S. 169, 190, 246). Wieder ein Klischee? In der Tat schrieb schon Pater Weiß, der Mitkämpfer Denifles: »Der Erzschwarzkünstler Dr. Faust ist nur der idealisierte Luther.«[104] Dagegen hatte in der protestantischen Tradition Luther solche teuflischen Anfechtungen natürlich überwunden. Febvre, der Goethe, aber auch Nietzsche kennt, kümmert das wenig. Ihm gefällt das pathetische Bild des Grüblers, so daß er der etwas schlichten »Zweiseelentheorie« der Luther-Feinde ironisch eins draufsetzt: »Ein Deutscher, wie zum Beispiel Martin Luther, der von sich behauptet: ›Ich fühle, ach, zwei Seelen in meiner Brust!‹, irrt sich um einige Seelen« (S. 190).

Kurz, für Febvre ist Luther eine hochkomplexe, faszinierende Figur, der nicht nur eine theoretische, sondern auch eine sprachliche Revolution gelingt, auch wenn die kirchenpolitische Umwälzung scheitert bzw. zu fremden Zwecken mißbraucht wird. Luthers Deutschtum ist dabei ebenso wie seine Modernität eine Frage des Blickwinkels. Hier »gabelt« sich gleichsam Luthers Schicksal: »Daß er einer der Väter der deutschen Welt und des deutschen Geistes war, steht jedenfalls außer Zweifel. Doch nur insofern es diesen ›deutschen Geist‹ oder auch diesen ›modernen Geist‹ überhaupt gibt« (S. 247). Ob sybillinisch oder gar ironisch, salomonisch sind die Schlußpassagen des Buches allemal.

Febvres »Luther« in der Diskussion

Wie wurde nun dieses Buch nach seinem Erscheinen aufgenommen? Obwohl Febvre einen Balance-Akt zwischen Wissenschaft und Essay, Einführungsbuch und Forschungsbeitrag gewagt hatte, war das Echo, soweit es sich rekonstruieren läßt, außerordentlich positiv.

Der Herausgeber Couchaud war nach der Lektüre des Manuskripts geradezu begeistert. Diese Art der Religionsgeschichte sei »völlig neu« und werde sicher »große Resonanz« finden. »Ich bin stolz, in meiner Reihe ein so bedeutendes Buch herauszubringen.« Im Auftrag des Verlages bot er dem Autor sofort an, drei weitere Essays nachzuschieben: einen *Erasmus*, einen *Calvin* und einen *Loyola*. Das Ganze könnte unter einem gemeinsamen Obertitel erscheinen.[105]

Das Buch wurde mit 3400 Exemplaren aufgelegt, von denen rund fünfzehnhundert im ersten Jahr verkauft wurden. Angesichts des Themas und der wirtschaftlichen Umstände eine beachtliche Zahl.[106] Bereits im folgenden Jahr kam in den Vereinigten Staaten eine Übersetzung heraus.[107] Später ging der Verkauf allerdings stark zurück. Febvre führte dies auf Versäumnisse des Verlages zurück und reagierte gereizt, als dieser 1935 die verbliebenen Exemplare mit einem neuen Umschlag ausstatten wollte.[108] Insofern übetrieb er, wenn er später behauptete, das Buch sei »schnell vergriffen« gewesen (S. 15). Die Möglichkeit einer zweiten Auflage zeichnete sich erst nach zehn Jahren ab.

Unter Historikern wurde Febvres Buch sehr wohlwollend aufgenommen. Henri Hauser, der Inhaber des Lehrstuhls für Wirtschaftsgeschichte an der Sorbonne und einer der besten Kenner des europäischen 16. Jahrhunderts, bezeichnete es als ein »Fest für den Geist«: »Eines jener Bücher,  die man schnell und mit stockendem Atem lesen muß, um sich vom Strom der Gedanken mitreißen zu lassen. Und die man dann noch einmal in Ruhe liest, Seite für Seite, um jeden Gedanken gründlich aufzunehmen.«[109] Ähnlich begeistert äußerte sich Henri Berr: Dies sei endlich einmal eine nicht-belletristische Biographie, die auf profundem Wissen beruhe und dennoch große literarische Qualitäten aufweise. Zugleich hob er die methodologischen, ja theoretischen Implikationen des Buches hervor, das sich nicht mit einer »kollektivpsychologischen« Erklärung Luthers zufrieden gebe.[110] Marc Bloch, Febvres Freund und Mitherausgeber der *Annales*, ließ es sich nicht nehmen, wenigstens in einer Fußnote auf das Werk hinzuweisen und es ausgerechnet von Jan Huizingas berühmtem Buch *Herbst des Mittelalters* positiv abzuheben, weil dort die Psychologie einer Zeit viel zu diffus dargestellt sei.[111]

Insgesamt hat das Buch, wie Febvre später vermerkte (S. 15), keine extrem negativen Kritiken erhalten, obwohl es durchaus Einwände gab.[112] Auch die Besprechungen von katholischer Seite waren keineswegs ablehnend. Der Philosoph Gabriel Marcel empfahl es sogar ausdrücklich zur Lektüre.[113] Allein der Neothomist Jacques Maritain, konvertierter Protestant und politisch zur äußersten Rechten zählend, warf Febvre vor, jetzt statt der üblichen Luther-Apologie eine »zynische Darstellung« anzubieten, die offenbar »besser zum Zeitgeist« passe. Die »Sympathie für den Helden« fungiere dabei als das »einzig legitime moralische Kriterium«. Dennoch sah Maritain einige Berührungspunkte mit seinem eigenem (negativen) Luther-Bild.[114]

Diese Kritik des berühmten Theologen hat Febvre offenbar eher geschmeichelt als geärgert. Jedenfalls zitierte er sie in mehreren Fußnoten der überarbeiteten Auflage von 1945. Worauf es ihm vor allem ankam, war, daß er von niemandem der konfessionellen Parteilichkeit geziehen wurde, denn er wollte, wie er ihn einer Rezension schrieb, in dieser Hinsicht »vollkommen neutral« bleiben.[115] Umso mehr amüsierte es ihn, immer wieder feststellen zu müssen, daß sein Buch mal als »protestantisch«, mal als »katholisch« eingestuft wurde: »Ich hätte nie gedacht, daß ich als Autor so schwer zu klassifizieren wäre.«[116] Das »schönste Lob« schien ihm darin zu bestehen, daß ein Rezensent vergeblich rätselte, welchem Lager der Autor eigentlich zugehöre.[117]

Demgegenüber kann es kaum überraschen, daß die deutsche Geschichtswissenschaft der zwanziger und dreißiger Jahre diesen »französischen Luther« fast vollständig ignorierte. Angesichts des Themas, aber auch wegen Febvres methodischem Zugang war die Rezeptionsbarriere zweifellos hoch. Umgekehrt gilt jedoch, daß Febvre erst vom Verlag gebeten werden mußte, bei der Versendung von Rezensionsexemplaren auch deutsche Zeitschriften zu berücksichtigen.[118] In diesen Jahren gab es eben noch keine eingespielten Kontakte zwischen deutschen und französischen Geisteswissenschaftlern. Während Marc Bloch auf dem internationalen Historikerkongreß von Oslo im Sommer 1928 wenigstens einige Verbindungen zu Wirtschaftshistorikern und Mediävisten knüpfte[119], besaß Febvre für den Bereich der Reformationsgeschichte keine entsprechenden

Gesprächspartner.[120] Sein Buch wurde dann auch weder in der *Histori-schen Zeitschrift* noch im *Archiv für Reformationsgeschichte* besprochen. Gerhard Ritter, einer der vielen Historiker, die »parallel« über das gleiche Thema arbeiteten, nahm Febvre erst nach 1945 zur Kenntnis.[121]

Die einzige deutsche Rezension, die sich bisher ermitteln ließ, erschien in der *Deutschen Literaturzeitung*. Ihr Verfasser war ein junger Königsberger Privatdozent der Theologie, Hans Joachim Iwand.[122] Er nahm seine Aufgabe ungewöhnlich ernst und erkundigte sich brieflich beim Verfasser über den Charakter der Reihe, in der das Buch erschienen war.[123] Für Iwand war dies ein Buch von »besonderer Bedeutung«, weil es das französische Publikum zum ersten Mal über die neueste deutsche Lutherforschung informiere. »Die dadurch notwendig gewordenen Korrekturen am traditionellen Lutherbild führt er [Febvre] mit aller Schärfe und unter steter Betonung des Gegensatzes durch. An die Stelle der mit Anekdoten überladenen, in Äußerlichkeiten aufgehenden Luthermythe will er die wirkliche Geschichte seines Lebens setzen.« Was die »historischen Dinge« angeht, hatte Iwand im Grunde keinerlei Einwände: »Ich [kann] nur gestehen, diese durch ihren Stil und ihren dramatischen Ablauf gleich vorzügliche Darstellung mit größtem Interesse gelesen zu haben.« Seine Bedenken betrafen allein Febvres Kommentare zur lutherischen Theologie. Er unterschätze den Stellenwert der *doctrina* bei Luther, die er vorschnell als »orthodoxes Luthertum« abqualifiziere. Auch die Darstellung der Zwei-Reiche-Lehre sei falsch; bei Luther gebe es keine »dualistische Scheidung, etwa nach dem Schema von Geist und Materie«. Vielmehr habe das Problem gerade darin bestanden, die in der »Vermischung« auftretenden Reiche zu differenzieren. Damit sei aber kein Rückzug des Christen in die »reine Innerlichkeit« verbunden. Was Iwand letztlich kritisierte, ist, daß Febvre zwar zu Recht die Person Luthers bzw. den »jungen Luther« in den Mittelpunkt stellte, doch die Bedeutung seiner Theologie, wie sie in Deutschland gerade wiederentdeckt wurde, unterschätzte. In einem zweiten Brief an Febvre betonte er dann auch, daß er mit seiner Kritik lediglich »gegen eine rein historische, kühl abwägende Betrachtung« protestieren wollte, obwohl auch diese Stellungnahme sich »im tiefsten Grund dem Buche selbst verdankt«.[124] Wirklich erstaunlich an dieser Besprechung ist allerdings nicht diese Kritik an theologischen Defiziten, sondern das Fehlen eines jeden »Protests« gegenüber den Ausführungen zum »deutschen Luther« und den politischen Folgen der Reformation.

Sollten also die Wächter des deutschnationalen Lutherbildes das Erscheinen dieses »fremden« *Luther* verschlafen haben? Es sieht so aus. Da bot sich 1936 eine in Paris lebende Deutsche an, das Buch zu übersetzen – natürlich vergeblich. Die potentielle Übersetzerin war durch den Schriftsteller Léon Werth, der mit Febvre befreundet war, auf das Werk aufmerksam geworden, hatte mit Lucie Varga darüber diskutiert und schließlich beim Callwey-Verlag in München angeklopft.[125] Dort war soeben eine französische Calvin-Biographie erschienen. Ihr Autor war der konservative katholische Historiker Pierre Imbart de la Tour, ein Intimfeind Febvres, der immer wieder die Engstirnigkeit und »geschwollene Rhetorik« des Akademiemitglieds kritisiert hatte.[126] Man stelle sich also vor: Febvres *Luther* aufgereiht neben Imbarts *Calvin* und vielen anderen braven Biographien in einem auf »historische Belletristik« spezialisierten Verlag des »Dritten Reiches«. Soviel Toleranz (oder Humor) war damals von keinem deutschen Verleger zu erwarten.

Erst während des Krieges treffen wir auf weitere Stellungnahmen deutscher Geisteswissenschaftler zu Febvres Buch. Das »Deutschlandbild« der Franzosen bekam im Rahmen des »Westfeldzuges« eine gewisse ideologische Bedeutung, denn man wollte Frankreich ja auch propagandistisch bezwingen. Als »Kriegseinsatz« erhielt der Breslauer Kirchenhistoriker Hans Leube den Auftrag, ein Buch über die »französische Lutherauffassung« zu schreiben. Nach Sichtung aller Publikationen kam er erwartungsgemäß zu dem Ergebnis, daß in »der [sic!] französischen Stellungnahme gegen [sic!] Luther der Universalismus gegen die völkische Sonderentwicklung [kämpft]«.[127] Deshalb habe auch in nicht-katholischen Kreisen im Zweifelsfall immer der »universale Kirchengründer« Calvin Vorrang. Nur im »deutschen Elsaß« habe in der Zwischenkriegszeit eine intensive Lutherbeschäftigung stattgefunden. Deshalb führt Leube auch Febvres Forschungsinteresse auf den »Einfluß des elsässischen Luthertums« zurück.[128] Inhaltlich wendet er sich dann vor allem gegen die »idealistische« Lutherdeutung des Franzosen: »Luther war kein religiöser Schwärmer und Sonderling, wie Febvre meint.« Hinter all dem stehe leider reine »Unkenntnis, die das politische Vorurteil geschaffen hat«.[129] Interessant ist nun, daß Leubes »völkische« Kritik 1943 ein Nachspiel hatte, als im besetzten Paris ein mehr oder weniger »kollaborierender« Germanist das Machwerk zwar lobend rezensierte, aber die pauschale Verurteilung von Febvres »ausgezeichnetem Buch« bedauerte. Leube antwortete sofort: »Es ist nicht richtig, daß meine Stellungnahme überall gleichmäßig ablehnend ist. L. Febvres Lutherbuch vermag ich wohl zu schätzen, wenn auch einige Bedenken gegenüber seiner Auffassung zur Sprache kommen mußten.«[130]

Febvre hat von dieser »Rezeption« seines Buches wohl kaum erfahren. Während der Besatzungszeit weigerte er sich strikt, die Kollaborationspresse zu lesen, und die obskure Zeitschrift des »Deutschen Instituts« interessierte ihn erst recht nicht. Was aber sollte er tun, wenn ihm ein Mitarbeiter dieses Instituts ein Buch über Luther ins Haus schickte? In der Tat erschien 1941 in einem von der Besatzungsmacht dirigierten Verlag ein kleines Buch mit dem Titel: *Martin Luther. Sa conception politique.*[131] Sein Verfasser, Karsten Klaehn, war vor dem Krieg Deutsch-Lektor in Paris gewesen und hatte während dieser Zeit bei dem Germanisten Vermeil ein »doctorat d'université« über Luthers Verhalten im Bauernkrieg begonnen. Aber statt an der Sorbonne wurde er 1940 in Rostock promoviert.[132] Als er wenig später Abteilungsleiter am »Deutschen Institut« in Paris wurde und dort u. a. für das Übersetzungsprogramm zuständig war, sorgte er prompt für eine französische Ausgabe seiner Dissertation. Das schien politisch einleuchtend, denn die Arbeit setzte sich ausdrücklich mit dem französischen Vorwurf auseinander, Luther habe in Deutschland eine fatale Tradition begründet. Für Klaehn war das Gegenteil richtig: Luthers Idealismus und seine Kritik an den aufständischen Bauern trugen zur Begründung eines positiven, »organischen« Staatsverständnisses bei, das in Bismarck – und man durfte hinzudenken: in Hitler – seine Vollendung gefunden habe.

Könnte es sein, daß Klaehn vor dem Krieg in einer von Febvres Vorlesungen am Collège de France gesessen hatte? Dessen Luther-Buch kannte er jedenfalls genau, und in der deutschen Fassung seiner Dissertation rechnete er ihn lobend zur »Straßburger Schule« der Reformationsgeschichte, die sich sowohl von der katholischen wie von der rationalistischen Luther-Kritik positiv unterscheide, weil sie stets »in lebendigem Kontakt« mit der deutschen Forschung geblieben sei: »Ihre kritischen Arbeiten reihen sich würdig in den Rahmen der deutschen ein, und ihre Werke über die Durchdringung deutschen und französischen Geistes stellen Werte ersten Ranges dar.«[133]

Febvre wußte natürlich nichts von dieser merkwürdigen Vereinnahmung, und er dürfte auch kaum den Nachruf gelesen haben, den der Chef des »Deutschen Instituts« 1943 auf seinen in Rußland gefallen Mitarbeiter verfaßte.[134] Daraus ging nicht allein dessen akademische Vita hervor, sondern auch seine Mitgliedschaft in der NSDAP seit 1931. Aber möglicherweise bekam Febvre die Besprechung des Buches von Klaehn im *Bulletin* des internationalen Historikerverbandes zu Gesicht, wo dessen Sekretär – ein weiterer Intimfeind Febvres, der mit den Besatzungsbehörden sehr gut auskam –, eine Hommage auf den an der Ostfront gefallenen jungen Kollegen anstimmte.[135] Hier geht es uns mit Febvre wie mit Luther, wir wissen nicht was er wirklich dazu dachte und müssen uns an »Tatsachen und Texte« halten (S. 47). Klaehns Buch, mit einer Widmung des Autors versehen, ist in der Bibliothek des Historikers erhalten. Nicht alle Seiten sind aufgeschnitten, und an einer Stelle, wo Febvre zitiert wird, steht am Rand ein Fragezeichen.[136] Doch überraschenderweise hat dieser das Buch gegen Ende des Krieges rezensiert.[137] Nur eine kurze und lapidare Notiz, aber kein Verriß. Zwei Dinge werden hervorgehoben: Klaehns Vorwurf an die Adresse der französischen Historiker, sie würden die deutsche Geistesgeschichte mißverstehen, weil sie sie an ihren humanistischen und rationalistischen Maßstäben messen, dreht Febvre einfach um: »Ich würde es begrüßen, wenn er [der Autor] uns erklären würde, was passiert oder zu passieren droht, wenn die anderen ihrerseits den Irrtum begehen, das Ideal ihres Landes zum Maßstab zu erheben, um ›die Geschichte ihrer Nachbarn zu wägen und zu beurteilen‹.« Dann weist er auf das »interessante Schlußkapitel« hin, in dem Luther als »Deutschlands Erzieher« präsentiert wird: »Es gibt viele Zimmer im Hause des Herrn. Luther ist eine so reiche Persönlichkeit, daß gute Maler viele verschiedene Porträts von ihm zeichnen können. Der Luther von Karsten Klaehn ist nicht der ganze Luther. Aber es ist ein Luther, den man beachten muß – ein beachtenswerter Luther, wenn man so will. Dieses Buch regt zum Nachdenken an.«

Diese vorsichtige und ironisch-kühle Besprechung – aber immerhin die einzige, die Febvre einem NS-Autor widmete[138] – steht im Zusammenhang, ja erklärt sich vielleicht mit Febvres erneuter Luther-Beschäftigung während des Krieges. Nachdem er 1942 endlich sein Rabelais-Projekt abgeschlossen hatte[139] und auch die Bücher über Des Periers und Margarete von Navarra im Druck waren, sollte auch der *Luther*, der einst den

Reigen eröffnet hatte und vergriffen war, zu neuem Leben erweckt werden. Im Vorwort zur zweiten Auflage, das mit »Januar 1944« datiert ist, weist Febvre wohl nicht zufällig auf das gewaltige Arbeitspensum des »Müßigen« auf der Wartburg hin (S. 18). Darin ist sicher auch eine ironische Selbstcharakterisierung des Historikers zu sehen, der während dieser finsteren Besatzungsjahre eine enorme Arbeit leistete.[140] Im übrigen antwortet dieses Vorwort auf Einwände und gibt Rechenschaft über Veränderungen (S. 15-19). Febvre hat jedoch nichts Grundlegendes verändert. Innerhalb der Kapitel führt er Zwischenüberschriften ein, fügt Anmerkungen hinzu und ergänzt die Bibliographie um neue Literatur. Dabei erwähnt er auch das Buch von Klaehn, weil es »eine bestimmte Luther-Literatur nach 1933 repräsentiert« (S. 272). Ferner stellt er ein Sachregister zusammen, das nicht auf Vollständigkeit zielt, sondern inhaltliche Schwerpunkte setzt. Es kommt ihm vor allem darauf an, das Buch noch lesbarer zu machen. Inhaltlich beschränkt er sich auf kleinste Korrekturen und Präzisierungen, zu denen auch der Begriff *repli sur soi* statt *repli*, »Selbstabkapselung« statt »Abkapselung«, im dritten Teil gehört. Zum Schluß meint er nur (diese Passage fiel ab 1952 weg):

»Möge dieses kleine Buch in seiner verjüngten Form Neugierde, Sympathie und gleichsam Berufungen wecken. Also einmal mehr dazu beitragen, die Menschen des 16. Jahrhunderts – diese kollektiven Helden – zu lieben und zu bewundern.«[141]

Febvres »Luther« nach dem zweiten Weltkrieg

Nach 1945, als die zweite und bald auch die dritte Auflage des Buches erschienen, veränderte sich dessen Rezeption grundlegend. Der internationale Erfolg der *Annales* als Zeitschrift, aber auch als Historikergruppe mit einer immer stärkeren Institutionalisierung, v. a. an der *sixième section* der *Ecole des Hautes Etudes* in Paris, schufen Einfluß und Aura. Das sorgte für eine weite Verbreitung der Publikationen der *Annales*-Mitarbeiter, führte allerdings gleichzeitig dazu, daß neue Rezeptionsbarrieren aufgebaut wurden. Febvres *Luther* z. B. wurde nun nicht mehr als Werk eines quasi-marginalen Historikers gelesen, sondern als ein »frühes« Buch – dabei war sein Autor 1928 bereits fünfzig Jahre alt – des »Kopfes« der *Annales*. Und die *Annales* wurden mit einigen Schlagworten wie *histoire totale*, Strukturgeschichte usw., vor allem aber mit sozial- und wirtschaftsgeschichtlichen Langzeitanalysen in Verbindung gebracht. Viele Konservative verdächtigten sie sogar des ökonomischen Determinismus bzw. Marxismus.[142]

Dieser Abwehrmechanismus wird, was Deutschland angeht, besonders deutlich an der Reaktion Gerhard Ritters, des einflußreichsten Historikers der Adenauer-Jahre, der zugleich ein Kenner der Reformationsgeschichte war und etwa zur gleichen Zeit wie Febvre einen vielgelesenen Essay über Luther verfaßt hatte.[143] Wie schon erwähnt, nahm er Febvres Buch mit über zwanzig Jahren Verspätung zur Kenntnis, und zwar gelegentlich einer Paris-Reise im Januar 1950.[144] Als Vorsitzender des im September 1949 neugegründeten Historikerverbandes bereitete er gerade die deutsche Teilnahme am internationalen Historikerkongreß vor, der im Sommer in Paris stattfinden sollte. Die *Annales* waren in aller Munde, und es war zu erwarten, daß ihre Fragestellungen den Kongreß dominieren würden.[145] Was Febvres *Luther* angeht, tat Ritter dann auch so, als ob dieses Buch erst 1945 erschienen sei.[146] Dabei bewies nicht nur Febvres Vorwort zur Neuauflage das Gegenteil, sondern Ritter selbst hatte 1942 eine begeisterte Besprechung von Leubes Kampfschrift gegen die französische »Lutherauffassung« geschrieben – eigentlich hätte er also schon damals – verspätet – die Existenz des Buches zur Kenntnis nehmen müssen.[147]

Ritter arbeitete Febvres Buch sorgfältig durch. Sein Exemplar ist mit zahlreichen Anstreichungen, Ausrufungszeichen und Fragezeichen versehen (v. a. bei den Schlußbemerkungen und Febvres These, Luther sei »kein Reformator«), aber er äußerte sich zunächst nicht. Erst als er 1955 auf dem internationalen Historikerkongreß in Rom das Hauptreferat über »Leistungen, Probleme und Aufgaben« der Frühneuzeitforschung hielt (oder vielmehr: halten *durfte*, denn auf dem Pariser Kongreß hatte kein deutscher Delegierter einen Vortrag halten dürfen), hielt er den Zeitpunkt für gekommen, sich in verbindlichen Worten, aber sehr entschieden mit »L. Febvre und seinen Anhängern« auseinanderzusetzen.[148] Tatsächlich richtete sich seine Kritik dann vornehmlich gegen Fernand Braudel und die sozialgeschichtlichen Großprojekte der aktuellen *Annales*, während Febvre als der Kopf im Hintergrund sogar ausdrücklich gewürdigt wurde – und zwar am Beispiel seines *Luther*. Ritter schrieb:

»Lucien Febvre hat 1945 [!] eine Biographie Luthers veröffentlicht, die ein feineres und tieferes Verständnis zeigt für die Eigenart seines Genies, als irgendein früherer mir bekannter französischer Autor. Aber am Schluß bekennt er selbst die tiefe, unüberbrückbare Fremdheit, die das rationale und demokratische Denken der modernen Franzosen von dieser ganzen Geisteswelt trennt.«[149]

Was sich in der diplomatischen Atmosphäre Roms noch freundlich anhörte, klang in heimischen Publikationen wesentlich schärfer. So erklärte Ritter – nach Febvres Tod – in einem Rundfunkvortrag zur europäischen Wahrnehmung der Reformation, die »Luther-Biograpie des großen Historikers Lucien Febvre, der heute drüben [*sic!*] als maßgebend gilt und schon durch ihren brillanten Stil besticht«, enthalte die »glänzendste« Formulierung der französischen Lutherkritik.[150] Ritter versuchte dann zu zeigen, daß »das Geschichtsbild, das sich die [*sic!*] Franzosen von Luther und der Reformation machen, zu ihrer geistigen Entfremdung von der deutschen Nachbarnation beigetragen hat und fortdauernd beiträgt.« Etwas Ähnliches sagte er übrigens auch von den Engländern. Kurzum, was der deutsche Historiker an Febvre kritisierte, war, wie er an anderer Stelle schrieb[151], eine »stark betonte Antipathie« gegen Luther, die er sich nicht zu erklären vermochte.

Es wäre nun interessant, Ritters eigene Luther-Darstellung, die er 1923 im Rahmen eines Sammelbandes und ab 1925 in Buchform publizierte und mehrfach überarbeitete[152] – unter den Titeln: *Luther. Gestalt und Symbol*, dann: *Luther der Deutsche* (ab 1933) und schließlich: *Luther. Gestalt und Tat* (ab 1943) –, mit dem Buch von Febvre im einzelnen zu vergleichen. Eine solche »synoptische Lektüre« ist an dieser Stelle natürlich nicht möglich.[153] Es fällt aber auf, daß in beiden Essays Luther vornehmlich als religiöser Prophet und nicht als Politiker interpretiert wird; beide zeigen Verständnis für seine Haltung im Bauernkrieg und betonen die innere Konsequenz seines Verhaltens; beide unterstreichen sogar sein »Deutschtum«. Doch nicht allein die Vorzeichen der Interpretation und die Schlußbilanz sind gegensätzlich, auch die Sprache, der Blickwinkel und die Untersuchungsmethoden. Trotz aller politischen Akzentverschiebungen, die Ritters Buch im Laufe der Jahrzehnte erfahren hat – 1943 betonte er z. B. regimekritisch die »Gewissensfreiheit«[154], und vom »ewigen Deutschen« war 1959 endlich nicht mehr die Rede –, markieren diese Darstellungen geradezu paradigmatisch die Alternativen, zwischen denen sich die europäische Geschichtswissenschaft in der Mitte dieses Jahrhunderts bewegte.

Daß sich dann längerfristig nicht die »deutsche« Geistes- und Politikgeschichte, wie sie Ritter repräsentierte, sondern die »französische« Neuorientierung international durchsetzte, ist bekannt. Febvres Werke wurden breit rezipiert und von Fernand Braudel, Robert Mandrou, Jean Delumeau oder Pierre Chaunu als Marksteine herausgestellt.[155] Doch in der Bundesrepublik, wo Ritter und andere vor der französischen »Kausalwissenschaft« warnten und die *Annales* in die Nähe eines »objektivistischen« Marxismus rückten, wurde lange Zeit kein einziges Buch von Bloch oder Febvre übersetzt.[156] Auch die Neue Linke übernahm in bezug auf die *Annales* weitgehend die alten Vorurteile mit anderen Vorzeichen. Erst Mitte der siebziger Jahre, indirekt gefördert durch den Rückgang »linker Theorie«, kam allmählich eine Übersetzungswelle in Gang, die unabhängig von der etablierten Historikerzunft französische Bücher, weil sie sich *anderswo* erfolgreich verkauften, zugänglich machte. Allein so ist es wohl zu erklären, daß jetzt erstmals auch ein Buch von Febvre, und zwar sein *Luther*, übersetzt wurde.

Diese erste deutsche Übersetzung, besorgt von Barbara Peymann, erschien 1976 im Ullstein-Verlag unter dem Titel: *Martin Luther. Religion als Schicksal*.[157] Erst als Hardcover und im selben Jahr als Taschenbuch. Sicher spekulierte der Verlag sowohl auf das Thema wie auch auf die internationale Reputation des Autors: »Lucien Febvres Lutherbuch ist ein klassisches Werk der französischen Historiographie«, verkündete zu Recht der Klappentext. Und doch, was leider kein Rezensent bemerkte[158], *dieses* Buch stammte eigentlich gar nicht von Febvre:

Es ähnelte zwar seinem *Luther* von weitem, doch schon die Reihenfolge der Kapitel war eine andere. Der erste Teil (»einsame Anstrengung«) war nach hinten gerutscht und bildete jetzt Teil III. Das Buch beginnt also mit der Ablaßaffäre und endet mit Febvres Interpretation der reformatorischen Entdeckung. Irgend jemand muß gemeint haben, dies sei dramatischer, gleichsam »leserfreundlicher«, als die vom Autor an den Anfang gestellte Auseinandersetzung mit obskuren Historikern der Jahrhundertwende. Leider blieb dies noch der harmloseste Eingriff, so daß es eben nicht möglich war, in der vorliegenden Neuausgabe einfach nur die richtige Reihenfolge wiederherzustellen. Das eigentliche Problem war der Text der Übersetzung, der sich sowohl sprachlich wie inhaltlich vom Original weit entfernte. Man liest gleichsam Französisch mit deutschen Wörtern, und oft noch nicht einmal das. Historische Namen oder Termini waren häufig falsch (statt Karl V. heißt es mehrfach »Heinrich V.«, statt der florentinische Papst »Papst Florentin« usw.). Luther-Zitate wurden in der Regel nicht aus Werkausgaben bezogen, sondern einfach aus dem Französischen zurückübertragen. Ganze Textpassagen fehlten. Fast alle idiomatischen Formulierungen wurden mißverstanden. Febvres Aphorismen und Thesen wurden gründsätzlich falsch oder unverständlich übersetzt. Wenn es z. B. bei Febvre nachdenklich heißt: »Nicht zu wissen, was man weiß, ist eine große Tugend« (S. 45), verkündete die Übersetzung eine Banalität: »Zu wissen, was man nicht weiß, ist eine große Tugend«.[159] Oder wenn der Autor an einer entscheidenden Stelle davon spricht, daß Luther die Kontrolle über sein Werk verlor, weil der »deutsche Mensch« es »zur Welt brachte und gleichzeitig abtrieb. Vor der Geschichte konnte Luther deshalb nur eine mißlungene Abschrift mit seinem Namen unterzeichnen« (S. 92), lautete die deutsche Übersetzung: Luthers Werk habe »sich vor der Geschichte nur als eine schlechte Nachahmung herausgestellt«.[160] Schließlich ging auch Febvres spezifischer Blick vollständig verloren, wenn z. B. aus seinen Beobachtungen über den »beharrlichen Primitivismus« und die »uns zum Teil fremde Logik« der *Mentalität* jener Zeit (S. 172) eine »Sprache« wurde, »die sich mit ihren beharrlichen Vereinfachungen, ihrer zum Teil unserer französischen Sprache gegenüber so fremden Logik [...] schon so weit entfernt hat«.[161] Aus der mentalen Kluft zwischen 16. und 20. Jahrhundert wurde also ein deutsch-französischer Sprachgegensatz konstruiert. Die Beispiele ließen sich beliebig fortführen. Vielleicht könnte man daraus sogar interessante Hinweise auf Lesegewohnheiten und Vorurteile gewinnen, mit denen auch eine bessere Übertragung zu rechnen hat. Doch wir wollen es bei dieser kurzen Begründung für die Notwendigkeit einer vollständigen Neuübersetzung bewenden lassen.

Zwischen historischer Biographie und Mentalitätengeschichte: Febvres »Luther« heute

Febvres Anspruch war bescheiden und ehrgeizig zugleich. Als 1930 der schottische Historiker MacKinnon eine großangelegte, vierbändige Luther-Biographie vorlegte, benannte Febvre in seiner Rezension sehr klar die Alternativen, zwischen denen auch er bei seiner Arbeit über Luther zu wählen hatte:

»Wer nicht in Deutschland geboren und ausgebildet ist, wer nicht mit Archiven und Quellen so eng vertraut ist, wie es nur ein Deutscher nach jahrelanger Arbeit vermag; wer auch nicht in einer Atmosphäre lebt, die kein Fremder je wirklich fühlen kann – eine Atmosphäre, in der sich Martin Luther als Deutscher par excellence bewegte und die weiterhin sein Werk umgibt –, hat […] nur zwei Möglichkeiten: entweder er bietet den Lesern seines Landes eine Darstellung, die so getreu und verständnisvoll wie möglich ist; zu diesem Zweck liest er dann zwar nicht ›alles‹, was über Luther geschrieben wurde – denn das ist völlig unmöglich –, aber doch das Wichtigste und Beste aus einer ungeheuer umfangreichen und weitschweifigen ›Literatur‹; und aufgrund dieser Lektüren versucht er dann, ein möglichst klares und genaues Gesamtbild zu entwerfen […]. So ist James MacKinnon verfahren. Worin besteht die Alternative? Man verzichtet auf eine ausführliche Darstellung der Fakten und wirft alle Ereignisse über Bord, die durch unendliche Exegesen belastet sind (nachdem man sie selber so genau wie möglich studiert hat); statt dessen versucht man, allein die psychologische und moralische Figur des ›Helden Luther‹ oder auch des ›Monstrums Luther‹ zu begreifen, zu erfassen, zu porträtieren – mit seinen verschiedenen Gesichtern, seinen Vorstößen und Rückzügen, seinen frenetischen Aufwallungen und elenden Zusammenbrüchen. Dies ist der Ansatz, den ich selbst kürzlich gewählt habe. Beide Möglichkeiten sind gleichermaßen legitim. Aber keine von beiden vermag das Thema grundlegend zu erneuern. Das kann nur Deutschen gelingen oder einem Historiker, der selbst zum Deutschen wird – viele Jahre lang.«[162]

Damit umriß Febvre nachträglich noch einmal die Grenzen seines Projekts: keine biographische Vollständigkeit, sondern ein kontrastreiches Porträt. Alles weitere wäre vermessen. Und doch läßt er in seinem Buch keinen Zweifel daran, daß er Luther mit »neuen Augen« (S. 173) betrachten will. Gegen die »traditionelle Geschichtsschreibung«, wie er immer wieder versichert, gegen konfessionelle, politische und historiographische Vorurteile. Zwar will Febvre »kein Urteil« über Luther fällen (im Sinne von pro oder contra), doch er riskiert durchaus eine Meinung. Febvre ist kein Konformist, vielmehr ein listig-vorsichtiger Nonkonformist: *oportet haereses esse.* Und als störend wird dieses Buch, auch wenn es inzwischen

ein »Klassiker« ist, nach wie vor empfunden: den einen ist es zu protestantisch, den anderen zu katholisch, manchen zu sozialgeschichtlich,
anderen zu psychologisch – und wieder anderen nicht »psychohistorisch«
genug.[163] Febvre hätte dafür wohl nur ein Schmunzeln gehabt und nach
den konkreten Alternativen gefragt. Schauen wir uns um: an Luther-Biographien, an Luther-Essays ist wahrlich kein Mangel. Viele sind das
Ergebnis langjähriger Quellenstudien und bedächtiger Exegesen. Andere
sind lediglich informativ. Auch konfessionelle Vorlieben treffen am Beispiel Luthers noch immer aufeinander. Nur wenige Bücher beschreiten
dagegen neue Wege, sei es, daß sie das biographische Genre artistisch
erneuern, sei es, daß sie Anregungen aus der »profanen« Geschichtswissenschaft verarbeiten (Begriffe, Methoden, Darstellungsformen), sei es,
daß sie den »Fall Luther« aus einer ungewohnten Perspektive wieder auf-
rollen.[164] Febvres *Luther* ist all das zugleich: ein ungewöhnlicher Text, ein
ungewöhnliches Methodenbuch und eine – zumindest damals[165] – ungewöhnliche Luther-Interpretation, die den *homo religiosus* aus einer post-
religiösen Perspektive zu verstehen sucht.

Anmerkungen zum Nachwort

Abkürzungen

AHES: Annales d'histoire économique et sociale
AESC: Annales. Economies, Sociétés, Civilisations
ARG: Archiv für Reformationsgeschichte
RCHL: Revue critique d'histoire et de littérature
RHM: Revue d'histoire moderne
RS(H): Revue de Synthèse (historique)
ZKG: Zeitschrift für Kirchengeschichte

1 Im folgenden verweisen alle Seitenangaben im Text auf das vorliegende Buch.
2 Vgl. Ernst Schulin, *Die Luther-Auffassungen in der deutschen Geschichtsschreibung*, in: Karl Lehmann (Hg.), *Luthers Sendung für Katholiken und Protestanten*,
   München-Zürich 1982, S. 94-115.
3 Gerhard Ritter, *Martin Luther*, in: Hans v. Arnim (Hg.), *Kämpfer. Großes Men-*

schentum aller Zeiten, Bd. 2, Berlin 1923, S. 99. Ritter weitete diesen Essay später zu einem Buch aus, das er mehrfach überarbeitete (*Luther. Gestalt und
Symbol,* München 1925). Zum Vergleich mit Febvres Luther-Buch siehe weiter
unten.

4 *De l'Allemagne depuis Luther* (1834). Deutsch: *Zur Geschichte der Religion und
Philosophie in Deutschland* (1. Buch), in: *Sämtliche Werke,* Bd. XI, München
1964.

5 *Un destin: Martin Luther,* Paris: Editions Rieder (Reihe »Christianisme«, hg. von
Paul-Louis Couchaud), 1928, 314 S.; 2. überarbeitete Auflage, Paris: Presses Universitaires de France, 1945, 218 S., 3 Abb.; 3. Aufl. 1952; 4. Aufl. (mit einer biblio-
graphischen Nachbemerkung von Robert Mandrou), 1968, 210 S.; 5. Aufl. unter
dem Titel: *Martin Luther, un destin,* 1988, 210 S. (Taschenbuchreihe »Quadrige«).
Der vorliegenden Übersetzung liegt diese letzte, auf der 2. bzw. 3. Auflage basie-
rende Druckfassung zugrunde, wobei die inzwischen veraltete Nachbemerkung
von Mandrou weggelassen wurde.

6 Dem Gerücht nach wurde die Reihe »Christianisme« von der katholischen Kirche
auf den *Index* der verbotenen Bücher gesetzt (so Febvre in seiner Rezension von:
James MacKinnon, *Luther and the Reformation,* Bd. IV, London 1930, in: RHM,
6, 1931, S. 397). Der Verlag Rieder, dessen bekanntester Autor Romain Rolland
war, fusionierte 1939 mit den Presses Universitaires de France.

7 Leider gibt es bisher weder eine wissenschaftliche Biographie L. Febvres noch eine
befriedigende Gesamtanalyse seines Oeuvres. Für kurze Porträts siehe: Fernand
Braudel, *Die Gegenwart von Lucien Febvre* (1953), in: ders., *Schriften zur
Geschichte 2,* Stuttgart 1993, S. 326-358, und Ulrich Raulff, *Der streitbare Prälat.
Lucien Febvre (1878-1956),* in: L. Febvre, *Das Gewissen des Historikers,* hg. von
U. Raulff, Berlin 1988, S. 235-251. Eine indirekte Charakterisierung ergibt sich
auch aus der Biographie von Lucie Varga, Febvres engster Mitarbeiterin; siehe:
P. Schöttler, *Lucie Varga – eine österreichische Historikerin im Umkreis der »Anna-
les« (1904-1941),* in: Lucie Varga, *Zeitenwende.* Mentalitätshistorische Studien
1936-1939, hg. von P. Schöttler, Frankfurt/Main 1991, S. 13-110. Einen Gesamt-
überblick vermittelt: Bertrand Müller, *Bibliographie des travaux de Lucien Febvre,*
Paris 1990. Vgl. ferner: Hans-Dieter Mann, *Lucien Febvre, la pensée vivante d'un
historien,* Paris 1971; Guy Massicotte, *L'histoire problème. La méthode de Lucien
Febvre,* Paris 1981. Zu der von Febvre 1929 gemeinsam mit Marc Bloch gegründeten Zeitschrift *Annales* siehe w. u. Anm. 41.

8 Paul-Louis Couchaud an L. Febvre, 3. 7. [1925]; Teilnachlaß L. Febvre; im Besitz
von Lucile Richard-Febvre, Paris (fortan zit.: TNL Febvre).

9 L. Febvre, *La première Renaissance française: quatre prises de vue* (zuerst 1925),
in: ders.: *Pour une histoire à part entière,* Paris 1962, S. 529-603. Zusammen mit
dem Aufsatz *Le marchand du XVIe siècle* von 1921 (ebenda, S. 428-453) wurden
diese Studien später auch als Buch publiziert: L. Febvre, *Life in Renaissance France,*
hg. von Marian Rothstein, Cambridge/Mass. 1977; dt. Übers.: *Der neugierige
Blick. Leben in der französischen Renaissance,* Berlin 1989.

10 Er veröffentlichte dazu in der Straßburger Universitätszeitung ein kommentiertes Literaturverzeichnis, das in stark modifizierter Form in sein Luther-Buch einging: *Martin Luther. Note bibliographique*, in: *Bulletin de la Faculté de Lettres de Strasbourg*, 1, 1923, S. 211-216. In Febvres Nachlaß, der neuerdings im *Institut mémoire de l'édition contemporaine* (IMEC), Paris, aufbewahrt wird (fortan zit.: NL Febvre/IMEC), sind zahlreiche Notizen und Manuskripte zur Reformationsgeschichte erhalten, darunter Fragmente jener Luther-Vorlesung sowie Vortragsnotizen vom Februar 1924 mit dem Titel *Pour comprendre Martin Luther*.

11 An diesem Großprojekt hat Febvre zeitlebens gearbeitet. Tatsächlich wurden aber nur Teile publiziert: *Le problème de l'incroyance au XVIe siècle. La religion de Rabelais*, Paris 1942; Neuausgabe: 1968 (engl. Übers. 1982); *Origène et Des Périers ou l'énigme du Cymbalum Mundi*, Paris 1942; *Amour sacré, amour profane. Autour de l'Héptaméron*, Paris 1944 (dt. Übers. i. Vorb.). Noch 1945 kündigte Febvre in der 2. Aufl. des *Luther* das baldige Erscheinen eines zweibändigen Werks *Les Religions du XVIe siècle* an.

12 *La terre et l'évolution humaine. Introduction géographique à l'histoire*, Paris 1922 (engl. Übers.: New York-London 1924).

13 P. L. Couchaud an L. Febvre, 3. 7. (1925) (TNL Febvre). Die Berufung von Prosper Alfaric (1876-1955) auf den Straßburger Lehrstuhl für Kirchengeschichte hatte 1919 heftigen Protest in katholischen Kreisen ausgelöst; 1933 wurde er vom Papst exkommuniziert. Auf Deutsch vgl. sein Spätwerk: *Die sozialen Ursprünge des Christentums*, hg. von Gertrud Pätsch u. Martin Robbe, Berlin (Ost) 1963.

14 L. Febvre, *Une étude sur l'esprit politique de la Réforme* (1927), in: ders.: *Combats pour l'histoire*, Paris 1953, S. 78.

15 Zur Geschichte der französischen Luther-Rezeption im 19. u. 20. Jh. siehe grundlegend: Gerhard Philipp Wolf, *Das neuere französische Lutherbild*, Wiesbaden 1974. Vgl. auch Beate Gödde-Baumanns, *Deutsche Geschichte aus französischer Sicht*, Wiesbaden 1971 (Kap. 1); Marc Lienhard, *Martin Luther im Spannungsfeld der deutsch-französischen Beziehungen im 19. und 20. Jahrhundert.*, in: *Luther*, 59, 1988, S. 45-52; Gerhard Philipp Wolf, *Das Luther-Jahr in Frankreich*, in: Peter Manns (Hg.): *Zur Bilanz des Lutherjahres*, Stuttgart 1986, S. 1-49.

16 Vgl. Gottfried Maron, *Luther 1917*, ZKG, 93, 1982, S. 177-221; ders., *Luther und die »Germanisierung des Christentums«*, ZKG, 94, 1983, S. 313-337. Auch zu früheren Luther-Jubiläen und zur politischen Luther-Verehrung im 19. Jh. liegen zahlreiche Studien vor.

17 Jules Paquier, *Luther et l'Allemagne*, Paris 1918, S. 162, 206, 285. Vgl. dazu Richard Stauffer, *Le catholicisme à la découverte de Luther*, Neuchâtel 1966, S. 28 ff.

18 Zur Symmetrie der Feindbilder vgl. Michael Jeismann, *Das Vaterland der Feinde. Studien zum nationalen Feindbegriff und Selbstverständnis in Deutschland und Frankreich*, Stuttgart 1992. Zur Rolle der Historiker im Großen Krieg vgl. auch: P. Schöttler, *Geschichtsschreibung in einer Trümmerwelt. Reaktionen französischer Historiker auf die deutsche Historiographie während und nach dem Ersten Weltkrieg*, in: Dieter Berg, Otto Gerhard Oexle (Hg.), *Mittelalterwissenschaft*

und Mittelalterbild in Deutschland und Frankreich im ausgehenden 19. Jahrhundert, Bochum 1996 (im Druck).

19 Vgl. Wolf, *Lutherbild* (wie Anm. 15), S. 234-240, sowie Philippe Joutard (Hg.), *Historiographie de la Réforme*, Toulouse 1977, S. 182 ff.

20 L. Febvre, *L'histoire dans un monde en ruines*, RSH, Bd. 30, 1920, S. 1-15.

21 Siehe dazu: P. Schöttler, *Lucien Febvres Beitrag zur Entmytholigisierung der rheinischen Geschichte*, in: L. Febvre, *Der Rhein und seine Geschichte*, Frankfurt/ New York 21995, S. 217 ff. (mit weiterer Literatur).

22 Vgl. im vorl. Buch u. a. S. 175, 192 (Weltkrieg und Tod), S. 193 (Kommunismus). Auch die Passagen über Luthers Privatleben, trocknende Windeln und schreiende Kinder (S. 228 u. 232) lassen eine autobiographische Sekundärlektüre zu, wenn man bedenkt, daß Febvre 1921 heiratete und zwischen 1922 und 1927 drei Kinder geboren wurden.

23 Ich zitiere hier indirekt aus zwei Briefen von P. L. Couchaud an Febvre vom 8. 7. 1925 und 3. 2. 1926 (TNL Febvre).

24 P. L. Couchaud an Febvre, 3. 2. 1926 (TNL Febvre). Der Verlagsvertrag ist datiert: 10.2.1926 (ebenda).

25 L. Febvre an Henri Berr, o. D. (April 1926); Nachlaß H. Berr, IMEC (fortan zit.: NL Berr). Für Auszüge aus der umfangreichen Korrespondenz Febvre-Berr danke ich Jacqueline Pluet, die zusammen mit Gilles Candar eine Edition vorbereitet, die 1996 im Verlag Fayard erscheinen soll.

26 L. Febvre, *Le progrès récent des études sur Luther. Essai de mise au point*, RHM, 1, 1926, S. 24-47. Vgl. auch seine Analyse der Reformation in Straßburg: *Un bilan: la France et Strasbourg au XVIe siècle*, in: *La Vie en Alsace*, 1925, Nr. 12, S. 239-244; 1926, Nr. 2, S. 32-39.

27 Ders., *Progrès récent* (wie Anm. 26), S. 46.

28 Ebenda, S. 46-47.

29 Ders. an H. Berr, 7. 7. 1926 und o. D. (Ende Januar 1927) (NL Berr).

30 Ders. an H. Berr, o. D. (Ende Februar 1927) (NL Berr).

31 Ders. an H. Berr, 22. 4. 1927 (NL Berr); ders. an H. Pirenne, 29. 11. 1927, in: Bryce u. Mary Lyon (Hg.) *The Birth of »Annales« History: the Letters of Lucien Febvre and Marc Bloch to Henri Pirenne (1921-1935)*, Brüssel 1991, S. 93 f.

32 Ders. an H. Berr 23.11.1927 (NL Berr); Ders. an H. Pirenne, 29. 11. 1927, in: *Birth of »Annales« History* (wie Anm. 31), S. 94. Das Vorwort des Buches ist dagegen mit »August 1927« zurückdatiert.

33 P. L. Couchaud an L. Febvre, 1. 2. 1927 (TNL Febvre).

34 L. Febvre an H. Pirenne, 27. 5. 1928, in: *Birth of »Annales« History* (wie Anm. 31), S. 99.

35 L. Febvre an H. Pirenne, 2. 1. 1927, ebenda, S. 87 f.

36 Vgl. Roland Barthes, *Sur Racine*, Paris 1963, S. 141.

37 Zur katholischen Luther-Kritik im 20. Jh. vgl. Stauffer (wie Anm. 17); Wolf, *Lutherbild* (wie Anm. 15), S. 141 ff.; Heinrich Lutz, *Zum Wandel der katholischen Luther-Interpretation*, in: Reinhart Koselleck, Wofgang J. Mommsen, Jörn

Rüsen (Hg.), *Objektivität und Parteilichkeit in der Geschichtswissenschaft*, München 1977, S. 173-198.

38 Siehe: Heinrich Assel, *Der andere Aufbruch. Die Lutherrenaissance. Aufbruch, Aporien und Wege: Karl Holl, Emmanuel Hirsch, Rudolf Hermann (1910-1935)*, Göttingen 1994. Zur Geschichte der Lutherforschung allg. vgl. Heinrich Bornkamm, *Luther im Spiegel der deutschen Geistesgeschichte*, Göttingen [2]1970; Bernhard Lohse, Martin Luther. Eine *Einführung in sein leben und sein Werk*, München [2]1983, S. 210 ff. (mit weiterer Literatur).

39 Vgl. Louis Althusser u. a., *Lire le Capital*, 2 Bde., Paris 1965.

40 Zu Febvres Kritik am Mythos von den »großen Männern, die Geschichte machen«, siehe sein Nachwort zu: A. B. Duff, F. Galy (Hg.), *Hommes d'Etat*, Paris 1936, III, S. 703-723. Vgl. auch seine programmatischen Aufsätze in: L. Febvre, *Combats* (wie Anm. 14); dt. teilw. in: ders., *Gewissen* (wie Anm. 7).

41 Zu dieser Zeitschrift, die die Geschichtswissenschaft des 20. Jh. revolutionierte, gibt es eine umfangreiche Literatur. Zur Einführung siehe: Michael Erbe, *Zur neueren französischen Sozialgeschichtsschreibung. Die Gruppe um die »Annales«*, Darmstadt 1979; Peter Burke, *Offene Geschichte. Die Schule der »Annales«*, Berlin 1991; Lutz Raphael, *Die Erben von Bloch und Febvre. »Annales«-Geschichtsschreibung und »nouvelle histoire« in Frankreich 1945-1980*, Stuttgart 1994; Matthias Middell, Steffen Sammler (Hg.), *»Alles Gewordene hat Geschichte«. Die Schule der »Annales« in ihren Texten*, Leipzig 1994 (mit ausführlicher Bibliographie).

42 L. Febvre, *Rabelais* (frz. 1942) (wie Anm. 11); Marc Bloch, *Die Feudalgesellschaft* (frz. 1939/1940), Frankfurt/Main-Berlin 1982; *Das Mittelmeer und die mediterrane Welt in der Epoche Philipps II.* (frz. 1949), 3 Bde., Frankfurt/Main 1990.

43 Im übrigen könnte eine genauere Rekonstruktion jener Kontroversen ergeben, daß die protestantische Traditionskritik auch ohne die Attacken Denifles zustande gekommen wäre bzw. unabhängig davon aufkam. Vgl. die in Anm. 38 zit. Literatur.

44 Zu Febvres Darstellungsweise vgl. Kurt-Victor Selge, *Die Darstellung Martin Luthers (bis zum Wormser Reichstag) in neueren Biographien und Reformationsgeschichten*, in: Reinhard Koselleck, Heinrich Lutz, Jörn Rüsen (Hg.), *Formen der Geschichtsschreibung*, München 1982, S. 266-289, eine der ganz wenigen differenzierten Lektüren des Luther-Buches in der Bundesrepublik. Über die Kontroversen in den zwanziger Jahren informiert: Christoph Gradmann, *Historische Belletristik. Populäre historische Biographien in der Weimarer Republik*, Frankfurt/New York 1993.

45 Febvre hat sich zeitlebens mit Michelet beschäftigt, aber nur ein kleines Buch über ihn publiziert: *Michelet, 1798-1874*, Genf-Paris 1946. Vor kurzem hat Paule Braudel eine seiner Vorlesungen über den großen Vorgänger ediert: *Michelet und die Renaissance*, Stuttgart 1995 (frz. 1992). Zur Sprache Michelets siehe: Roland Barthes, *Michelet*, Frankfurt/Main 1980 (frz. 1954). Michelets Luther-Deutung untersucht: Irène Tieder, *Michelet et Luther. Histoire d'une rencontre*, Paris 1976.

46 Raulff, *Der streitbare Prälat* (wie Anm. 7), S. 251.

47 Siehe dazu die kritischen Bemerkungen von Carlo Ginzburg in seinem Nachwort zu: Nathalie Z. Davis, *Die wahrhaftige Geschichte von der Wiederkehr des Martin Guerre*, München 1984.

48 Vgl. Hans Robert Jauss, *Der Gebrauch der Fiktion in Formen der Anschauung und Darstellung der Geschichte*, in: Koselleck/Lutz/Rüsen (wie Anm. 44), S. 415-451.

49 Vgl. z.B. Gerhard Ritters Bemerkung über das Luther-Buch, das durch seinen »brillanten Stil besticht« (*Luther und die Reformation*, in: Leonard Reinisch [Hg.], *Die Europäer und ihre Geschichte*, München 1961, S. 65 f.). Allerdings blieb der deutsche Historiker »unbestechlich«! Zu Ritters Kritik an Febvre siehe w. u. Auch das Rhein-Buch wurde 1939 als sprachliches »Feuerwerk« bewundert, das jedoch leider der »Stimmungsmache« zugunsten einer »Tendenz« diene. Vgl. die Rez. von Gottfried Pfeifer, in: *Rheinische Vierteljahrsblätter*, 6, 1939, S. 96. Dazu: Schöttler, *Entmythologisierung* (wie Anm. 21), S. 243 f.

50 Vgl. dazu Febvres Kritik an Gabriel Hanotaux, der nach dem Weltkrieg »französisches Genie« und »deutsche Gelehrsamkeit« einander gegenüberstellte und damit eine rein narrative Geschichtsschreibung »ohne Fußnoten« rechtfertigte (*Publication d'après-guerre dans le domaine de l'histoire moderne*, RSH, Bd. 34, 1922, S. 127 ff.).

51 L. Febvre, *Vivre l'histoire* (1941), in: Combats (wie Anm. 14), S. 22.

52 Vgl. zuletzt: Andreas Gestrich, Peter Knoch, Helga Merkel (Hg.), *Biographie – sozialgeschichtlich*, Göttingen 1988; Hedwig Röckelein (Hg.), *Biographie als Geschichte*, Tübingen 1993. Zur »epistemologischen Krise« vgl. Christoph Conrad, Martina Kessel (Hg.), *Geschichte schreiben in der Postmoderne*, Stuttgart 1994.

53 Genauer: 45 von 72 Bänden der »Weimarer Ausgabe«, 9 von 12 Briefbänden, 6 Bände Tischreden, ferner ein Teil der Bibelübersetzung. Nach: Helmar Junghans, *Lutherbiographien zum 500. Geburtstag des Reformators 1983*, in: *Theologische Literaturzeitung*, 110, 1985, Nr.6, S. 400-442.

54 Hermann Heimpel, *Luthers weltgeschichtliche Bedeutung*, in: ders., *Der Mensch in seiner Gegenwart*, Göttingen 1954, S. 142. Auch für Richard Friedenthal bildet das Jahr 1525 »die große Wende« und die Jahre 1530 bis 1546 »die Zeit der Resignation« (*Luther. Sein Leben und seine Zeit*, München 71982, S. 520 u. 606).

55 Siehe Bernhard Lohse (Hg.), *Der Durchbruch der reformatorischen Erkenntnis bei Luther*, Darmstadt 1968; ders. (Hg.), *Der Durchbruch der reformatorischen Erkenntnis bei Luther. Neuere Untersuchungen*, Stuttgart 1988.

56 Lohse, *Luther* (wie Anm. 38), S. 160. Vgl. auch die Diskussion bei Marc Lienhard, *Martin Luther. Un temps, une vie, un message*, Genf 1991, 384 ff.; Heiko A. Oberman, *Luther. Menschen zwischen Gott und Teufel*, Berlin 1982, S. 159 ff.

57 Vgl. auch Febvres lobende Rezension von: Otto Scheel, *Dokumente zu Luthers Entwicklung*, Tübingen 21929, in: RCHL, 64, 1930, S. 318-319.

58 Febvres Haltung erinnert in dieser Hinsicht an den theoriegeschichtlichen Antifi-

nalismus von Georges Canguilhem und Louis Althusser. Vgl. P. Schöttler, *Althusser and the Historiography of the »Annales« – an Impossible Dialogue?*, in: E. Ann Kaplan, Michael Sprinker (Hg.) *The Legacy of Althusser*, London 1993, S. 81-98.

59 Vgl. hier etwa die Forschungen von Heiko A. Oberman, die er in seinem Luther-Essay resümiert (wie Anm. 56).

60 Vgl. z. B. Febvres Kritik an den Arbeiten von Franz Borkenau oder Lucien Goldmann: *Pour une histoire* (wie Anm.9), S. 743-751; *De la théorie à la pratique de l'histoire*, AESC, S. 363-368.

61 L. Febvre, *Un livre périmé*, AHES, 2, 1930, S. 437-438; erneut in: *Pour une histoire* (wie Anm. 9), S. 454 f.

62 Siehe im *Luther* v. a. Kapitel 5. Vgl. auch das 3. Kapitel seines Rhein-Buches (wie Anm. 21).

63 P. L. Couchaud an L. Febvre, 27.12.1927 (TNL Febvre).

64 Vgl. bes. *Rabelais* (wie Anm. 11), S. 328 ff.

65 L. Febvre, *Capitalisme et Réforme*, in: Foi et Vie, 57, 1934, S. 119-138; erneut in: *Pour une histoire* (wie Anm. 9), S. 350-366; dt. Übers. in: *Gewissen* (wie Anm. 7), S. 117-131. (Leider enthält die dt. Übers. dieses Aufsatzes einige gravierende Fehler.) In Febvres Nachlaß sind zahlreiche Exzerpte und Notizen erhalten, die seine Lektüre der genannten Autoren belegen (NL Febvre/IMEC).

66 L. Febvre, *Gewissen* (wie Anm. 7), S. 126-129.

67 Zur älteren Luther-Rezeption vgl. Adolf Herte, *Das katholische Lutherbild im Bann der Lutherkommentare des Cochläus*, 2 Bde., Münster 1943. Febvre kannte diese Interpretation u. a. durch die großangelegte Reformationsgeschichte von Johannes Janssen (*Geschichte des deutschen Volkes*, Bd. II), deren französische Übersetzung er als Student ausführlich exzerpierte (NL Febvre/IMEC, Dossier »Luther«).

68 Vgl. auch seine Rezension des Buches von G. Franz (*Der deutsche Bauernkrieg*, München-Berlin 1933; Darmstadt [11]1977): *Les mouvements paysans en Allemagne*, AHES, 5, 1934, S. 390-392; erneut in: *Pour une histoire* (wie Anm. 9), S. 455-458). Wie an anderer Stelle gezeigt, basiert diese Rezension auf einem Konspekt von Febvres österreichischer Mitarbeiterin Lucie Varga, die zwischen 1934 und 1937 für ihn die deutsche und englische Fachliteratur exzerpierte (Schöttler, Lucie Varga, wie Anm. 7, S. 26 u. 88 f.).

69 Vgl. als Überblick: Horst Bruszello, Peter Blickle, Rudolf Endres (Hg.), *Der deutsche Bauernkrieg*, Paderborn 21991.

70 L. Febvre an Marc Bloch, o. D. (2. Hälfte 1934), Archives Nationales, Nachlaß M. Bloch, 318 Mi 2-3. Er schreibt: »Ich habe diese Dinge ziemlich genau verfolgt, sie sind sehr spannend.« Natürlich hat Febvre dieses Buch nie geschrieben, jedoch weiterhin Material gesammelt. Die geplante Buchreihe, *Les Paysans et la Terre*, ist ab 1941 im Verlag Gallimard tatsächlich erschienen, freilich ohne den Namen des Herausgebers, der unter der deutschen Besatzung als Jude nicht publizieren durfte.

71 Heinrich Denifle, *Luther und Luthertum in der ersten Entwicklung*, I, Mainz
    ²1904, S. 17; hier zit. nach: Ulrich Becke, *Die Welt voll Teufel. Martin Luther als
    Gegenstand psychohistorischer Betrachtung*, Diss. theol, Marburg 1981, S. 101.

72 Vgl. im einzelnen die Arbeit von Becke (wie Anm. 71).

73 Hartmann Grisar, *Luther*, 3 Bde., Freiburg 1911-1912.

74 Preserved Smith, *Luther's Early Development in the Light of Psycho-Analysis*, in:
    American Journal of Psychology, 24, 1913, S. 360-377.

75 L. Febvre, *Rabelais* (wie Anm. 11), S. 15.

76 Elisabeth Roudinesco, Peter Schöttler, *Lucien Febvre à la rencontre de Jacques
    Lacan, Paris 1937*, in: *Genèses*, 4, 1993, Nr. 13, S. 139-150.

77 Vgl. Schöttler, *Lucie Varga* (wie Anm. 7); ders., *Lucie Vargas Bücher*, in: *Werk-
    statt Geschichte*, 3, 1994, H. 7, S. 63-67.

78 Vgl. ders., *Die »Annales« und Österreich in den zwanziger und dreißiger Jahren*,
    in: *Österreichische Zeitschrift für Geschichtswissenschaften*, 4, 1993, S. 74-99.

79 Dt. Übers.: Jacques Lacan, *Die Familie*, in: ders., *Schriften III*, Olten/Freiburg
    1980, S. 39-100. Vgl. dazu: Roudinesco/Schöttler (wie Anm. 76); Elisabeth Rou-
    dinesco, *Jacques Lacan. Esquisse d'une vie, histoire d'un système de pensée*, Paris
    1993, S. 193 ff.

80 Erik H. Erikson, *Der junge Mann Luther. Eine psychoanalytische und historische
    Studie*, (zuerst: 1958) Frankfurt/Main 1975. Zur Diskussion von Eriksons Thesen
    vgl. Roger A. Johnson (Hg.), *Psychohistory and Religion. The Case of »Young
    Man Luther«*, Philadelphia/Pa. 1977.

81 Vgl. Heiko A. Oberman, »Wir sein pettler. Hoc est verum«. Bund und Gnade in
    der Theologie des Mittelalters und der Reformation, in: ZKG, 78, 1967, S. 232-
    252, hier: S. 240, sowie auch Lohse, *Luther* (wie Anm. 38), S. 37-39.

82 Vgl. z. B. Steven Greenblatt, *Schmutzige Riten. Betrachtungen zwischen Weltbil-
    dern*, Berlin 1991; Lyndal Roper, *Ödipus und der Teufel. Körper und Psyche in
    der Frühen Neuzeit*, Frankfurt/Main 1995; Philipp Sarasin, *Autobiographische
    Ver-Sprecher. Diskursanalyse und Psychoanalyse in alltagsgeschichtlicher Per-
    spektive*, in: *Werkstatt Geschichte*, 3, 1994, H. 7, S. 31-41.

83 Als Modell: Philippe Boutry, Jacques Nassif, *Martin l'Archange*, Paris 1985. Dazu
    und zur allg. Problematik interdisziplinärer Mentalitätengeschichte: P. Schöttler,
    *Mentalitäten, Ideologien, Diskurse. Zur sozialgeschichtlichen Thematisierung
    der »dritten Ebene«*, in: Alf Lüdtke (Hg.), *Alltagsgeschichte. Zur Rekonstruktion
    historischer Erfahrungen und Lebensweisen*, Frankfurt/New York 1989, S. 85-
    136.

84 L. Febvre, *De Linné à Lamarck et à Georges Cuvier* (zuerst: 1927), in: ders., *Com-
    bats* (wie Anm. 14), S. 334.

85 Lucien Lévy-Bruhl, *Das Denken der Naturvölker*, Wien 1921 (frz. 1910); *Die gei-
    stige Welt der Primitiven*, München 1927 (frz. 1922); *Die Seele der Primitiven*,
    Wien 1930 (frz. 1927). Dazu grundlegend: Dominique Merllié, *Le cas Lévy-
    Bruhl*, in: *Revue philosophique*, 1989, S. 419-448.

86 Vgl. Claude Lévi-Strauss, *Das wilde Denken*, Frankfurt/Main 1968 (frz. 1962).

Zur Kritik an Lévy-Bruhl vgl. zuletzt Geoffrey E. R. Lloyd, *Demystifying Mentalities*, Cambridge 1990.

87 Vgl. L. Febvre, *Rabelais* (wie Anm. 11), S. 17, 404 ff.

88 Ebenda, S. 466.

89 Überraschenderweise argumentieren heute viele Historiker wieder andersherum: Man dürfe die Andersartigkeit und Irrationalität frühneuzeitlicher Menschen nicht überschätzen. Doch auch sie greifen – im Rahmen der »historischen Anthropologie« – auf Erkenntnisse der soziologischen und ethnologischen Forschung zurück. Febvre war in dieser Hinsicht ein Pionier.

90 Zur wechselvollen Geschichte historischer Sprachanalysen vg. P. Schöttler, *Sozialhistorisches Paradigma und historische Diskursanalyse*, in: Jürgen Fohrmann, Harro Müller (Hg.), *Diskurstheorien und Literaturwissenschaft*, Frankfurt/Main 1988, 159-199.

91 Lucien Febvre, Henri Jean Martin, *L'apparition du livre*, Paris 1958. Zur neueren Buchforschung vgl. u. a. Roger Chartier, *Lesewelten. Buch und Lektüre in der frühen Neuzeit*, Frankfurt-New York 1990.

92 Vgl. Ulrich Raulff, *Die Geburt eines Begriffs. Reden von »Mentalität« zur Zeit der Affäre Dreyfus*, in: ders. (Hg.), *Mentalitäten-Geschichte*, Berlin 1987, S. 50-68; Schöttler, *Mentalitäten* (wie Anm. 83), S. 86 ff.; Annette Rieks, *Die französische Sozial- und Mentalitätsgeschichte als Basis einer Geschichte der glaubenden Menschen*, ZKG, 101, 1990, S. 58-79.

93 Emile Durkheim, *»L'Allemagne au-dessus de tout«. La mentalité allemande et la guerre*, Paris 1915; Neudruck: Paris 1991.

94 Henri Berr, *Le Germanisme contre l'esprit français. Essai de psychologie historique*, Paris 1991. Vgl. dazu P. Schöttler, *Henri Berr et l'Allemagne*, in: RS, Sonderheft *Henri Berr et son temps*, 1996 (im Druck).

95 Dies ist deshalb bemerkenswert, weil dieses Pamphlet als »Einführung« in die Reihe *L'Evolution de l'Humanité* präsentiert wurde, in der dann mehrere Bücher von Febvre erschienen.

96 Vgl. Werner Conze, Art. *Rasse*, in: Otto Brunner, Werner Conze, Reinhard Koselleck (Hg.), *Geschichtliche Grundbegriffe*, Bd. 5, Stuttgart 1984, S. 135-178, sowie das Nachwort von Jean Boissel zur Pleiade-Ausgabe der Schriften des Grafen Gobineau: *Oeuvres*, hg. von Jean Gaultier, Bd. 1, Paris 1983, S. 1216-1278 (hier: 1238).

97 Febvre, *Der Rhein* (wie Anm. 21), S. 13 und S. 31-42.

98 Vgl. Febvre, *Das Gewissen* (wie Anm. 7), S. 124. Antisemitische Auswüchse der Reformation hatte er schon 1925 in seinem Aufsatz über Straßburg im 16. Jh. geschildert (wie Anm. 26).

99 Siehe z. B. seine Vorlesung von 1942/43: *Michelet et la Renaissance* (wie Anm. 45), S. 195. Zu Febvres Verhalten während des Krieges, das ihm kürzlich heftige, aber wie ich finde unbegründete Kritik eingetragen hat, vgl. P. Schöttler, *Marc Bloch et Lucien Febvre face à l'Allemagne nazie*, in: Genèses, 5, 1995, Nr. 21, S. 87 ff.

100 Vgl. Bernd Faulenbach, *Ideologie des deutschen Weges. Die deutsche Geschichte in der Historiographie zwischen Kaiserreich und Nationalsozialismus*, München 1980, S. 125 ff.

101 In seinem Buch zitiert Febvre mehrere Folianten aus diesen Beständen (vgl. S. 257). Auch in seiner Bibliographie von 1923 vermerkte er ausdrücklich, daß fast alle Bücher von und über Luther in Straßburg vorhanden seien: *Martin Luther. Note bibliographique* (wie Anm. 10), S. 211. An anderer Stelle betonte er jedoch auch, daß die historische Seminarbibliothek »außer Luther, Friedrich II. und Bismarck« sehr dünn bestückt sei (*L'Institut d'Histoire moderne*, in: *Bulletin de la Faculté des Lettres*, 1, 1923, S. 228).

102 Nach dem Zweiten Weltkrieg war Febvre natürlich ein vehementer Gegner »anachronistischer« Vergleiche, z. B. zwischen Luther und Hitler (vgl. ders., *Un feuilleton ou comment vulgariser l'histoire*, AESC, 1, 1946, S. 154-157).

103 Vgl. dazu auch L. Febvre, *Postérités luthériennes*, AESC, 13, 1958, S. 67-71.

104 Heinrich Denifle, Albert Maria Weiß, *Luther und Luthertum in der ersten Entwickelung*, Bd. 2, Mainz 1909, S. 117 f.

105 P. L. Couchaud an L. Febvre, 27. 12. 1927; TNL Febvre. Febvre lehnte das Angebot nicht ab, zögerte jedoch angesichts seiner vielen anderen Projekte (Briefentwurf Febvres v. 4. 1. 1928, TNL Febvre). Tatsächlich hat er diese »Fortsetzungen« dann auch nie geschrieben.

106 Den jährlichen Verlagsabrechnungen zufolge sanken die Verkaufszahlen später auf 568 (1930), 120 (1931) und 161 (1932) (TNL Febvre).

107 *Martin Luther: a Destiny*, Übers. v. R. Tapley, New York: E. P. Dutton & Co., 1929. Sie wurde seither nicht wieder aufgelegt. Die nächsten Übersetzungen erschienen in Italien (1949), Spanien (1976) und der Bundesrepublik (1976).

108 L. Febvre an Editions Rieder, 19. 12. 1935 (Durchschlag), TNL Febvre.

109 RCHL, 95, 1928, S. 499-502 (hier: 499).

110 Henri Berr, *Luther et son milieu. A propos du »Martin Luther« de Lucien Febvre*, RSH, Bd. 48, 1929, S. 5-19.

111 Marc Bloch, Rez. Charles Blondel, *Introduction à la psychologie collective*, Paris 1928, in: *Revue historique*, Bd. 160, 1929, S. 399. Bloch hat Huizinga an anderer Stelle ausführlich und recht scharf kritisiert. Vgl. *Bulletin der Faculté de Lettres de Strasbourg*, 7, 1928/29, S. 33-35.

112 Einwände kamen z. B. von zwei Straßburger Kollegen: dem ev. Theologen Henri Strohl (*Revue d'histoire et de philosophie religieuses*, 8, 1928, S. 468-471), dem Febvre später mit Veränderungen in der 2. Aufl. entgegenkam, und dem Germanisten Edmond Vermeil (*Bulletin de la Faculté de Lettres de Strasbourg*, 7, 1928/29, S. 98-101), dem Febvres Ansatz zu soziologisch war.

113 Gabriel Marcel, *Un livre récent sur Luther*, in: *L'Europe Nouvelle* v. 30.6.1928, S. 889-890.

114 Jacques Maritain, *Notes sur Luther*, in: Nova et vetera, 3, 1928, Nr. 4, S. 377 ff; jetzt in: Jacques et Raïssa Maritain, *Oeuvres complêtes*, Bd. III, Fribourg-Paris 1984, S. 599-634, hier: 618 f. Zu Maritain vgl. Wolf, Lutherbild (wie Anm. 15),

S. 285 ff. – Eine von Febvre erwähnte ablehnende Rez. von Jules Paquier konnte bisher nicht ermittelt werden.

115 L. Febvre, Rez. Eugène Choisy, *Calvin, éducateur des consciences*, Neuilly 1926, in: RCHL, 44, 1927, S. 185.

116 Ders., Rez. Wilhelm Maurer, Heinrich Hermelink, *Reformation und Gegenreformation* (= *Handbuch der Kirchengeschichte*, Bd. III), Tübingen 1931, in: RCHL, 65, 1931, S. 467.

117 Vgl. ders., Rez. MacKinnon (wie Anm. 6), S. 397.

118 Editions Rieder an L. Febvre, 3. 5. 1928 (TNL Febvre).

119 In Oslo stellte M. Bloch z. B. Kontakte zu Alphons Dopsch, Hermann Aubin, Walther Vogel und Fritz Rörig her. Vgl. P. Schöttler (Hg.), *Marc Bloch – Fritz Rörig: correspondance (1928-1932)*, in: *Cahiers Marc Bloch*, H.1, 1994, S. 17-52. Zur frühen deutschen Wahrnehmung der *Annales* vgl. ders., *Zur Geschichte der »Annales«-Rezeption in Deutschland*, in: Middell/Sammler (wie Anm. 41), S. 40 ff.

120 Zu den Beziehungen der Annales-Historiker zu Deutschland und Österreich siehe: P. Schöttler, »*Désapprendre de l'Allemagne«: les »Annales« et l'histoire allemande pendant l'entre-deux-guerres*, in: Hans-Manfred Bock, Reinhart Meyer-Kalkus, Michel Trebitsch (Hg.), *Entre Locarno et Vichy. Les relations culturelles franco-allemandes dans les années 1930*, Paris 1993, S. 438-461; ders., *Die »Annales« und Österreich* (wie Anm. 78); ders., *Das »Annales-Paradigma« und die deutsche Historiographie (1929-1939). Ein deutsch-französischer Wissenschaftstransfer?*, in: Lothar Jordan/Bernd Kortländer (Hg.), *Nationale Grenzen und internationaler Austausch*, Tübingen 1995, S. 200-220; ders., *Entmythologisierung* (wie Anm. 21).

121 Ritters Handexemplar von Febvres *Luther* trägt den Kaufvermerk »1/50«, wobei es sich um die 2. Auflage von 1945 handelt (Universitätsbibliothek Düsseldorf, Sign. his k 135/l-925). Ich danke Herrn Dr. Hanns-Michael Crass, der mir dieses Exemplar kurzfristig zugänglich machte.

122 *Deutsche Literaturzeitung*, 50, 1929, S. 2138-2142. H. J. Iwand (1899-1960) publizierte bald darauf ein grundlegendes Buch über Luthers Begriff der Rechtfertigung. Während des »Dritten Reiches« gehörte er zur Bekennenden Kirche. Nach dem Krieg wurde er Ordinarius für Systematische Theologie in Göttingen und ab 1952 in Bonn.

123 H. J. Iwand an L. Febvre, 18. 8. 1929 (TNL Febvre). Leider ist Febvres Antwort laut freundlicher Auskunft des Archivs der Hans-Iwand-Stiftung in Beienrode (Harz) nicht erhalten.

124 H. J. Iwand an L. Febvre, 25. 1. 1930 (TNL Febvre).

125 Berthe (Berta?) de Waard an L. Febvre, 4. 1. 1936 u. 15. 3. 1936 (TNL Febvre).

126 [Pierre] Imbart de la Tour, *Calvin. Der Mensch, die Kirche, die Zeit*, München 1936. Es handelt sich um eine stark gekürzte Übers. des IV. Bandes von Imbarts *Les origines de de la Réforme*, Paris 1935. Zu Febvres Kritik vgl. RSH, Bd. 12, 1906, S. 72-88; RSH, Bd. 20, 1910, S. 159-170; RSH, Bd. 31, 1920, S. 113;

RCHL, 65, 1931, S. 465. Eine Verteidigung Imbarts gegen Febvre versucht: Dermot Fenlon, *»Encore une question«: Lucien Febvre, the Reformation and the School of the »Annales«*, in: *Historical Studies*, 9, 1974, S. 65-81.

127 Hans Leube, *Deutschlandbild und Lutherauffassung in Frankreich*, Stuttgart-Berlin 1941 (Reihe: *Frankreich, sein Weltbild und Europa. Gemeinschaftsarbeit der deutschen Romanistik*, hg. von Fritz Neubert), S. 185.

128 Ebenda, S. 141 f.

129 Ebenda, S. 148.

130 Maurice Boucher, *Über Hans Leube, Deutschlandbild und Lutherauffassung in Frankreich*, in: *Deutschland-Frankreich*, 2, 1943, H. 5, S. 75-78 (hier: 78); Hans Leube, ebd., S. 78-80 (hier 80).

131 Karsten Klaehn, *Martin Luther. Sa conception politique*, Paris, Verlag Sorlot, 1941, 191 S.

132 Ders., *Luthers sozialethische Haltung im Bauernkrieg*, Diss. phil. Rostock, 1940, 153 S. Die französische Fassung unterscheidet sich von der deutschen v. a. durch die Einleitung, die sich an französische Leser wendet, während in der deutschen Fassung die Entstehung der Arbeit und ihr besonderer Frankreich-Bezug erläutert werden.

133 Ebenda, S. 17.

134 Karl Epting, *Karsten Klaehn zum Gedächtnis*, in: *Deutschland-Frankreich*, 1, 1943, H.4, S. 135-136. Vgl. auch Bundesarchiv Zehlendorf (Berlin Document Center), Akte K. Klaehn (1913-1943), sowie Eckart Michels, *Das Deutsche Institut in Paris 1940-1944*, Stuttgart 1993, S. 74 ff.

135 Michel Lhéritier in: *Bulletin of the International Commitee of Historical Sciences*, XII, Nr. 47, Paris, Januar 1943, S. 212-215.

136 Bibliothek der Maison des Sciences de l'Homme, Paris, Sign. CRH 1748 (dort: S. 25).

137 L. Febvre, *Les deux réformateurs*, in: *Mélanges d'histoire sociale. Annales d'histoire sociale*, V, 1944, S. 120. Dort die folgenden Zitate. (Zu beachten ist, daß dieses *Annales*-Heft laut Druckvermerk [ebd.] erst im Januar 1945, also ein halbes Jahr nach der Befreiung von Paris, gedruckt wurde).

138 Die anderen deutschen Autoren, die er während des Krieges rezensierte, waren: Schleiermacher, Dilthey und Karl Hampe.

139 Vgl. dazu die subtile, aber in ihrer Schlußthese nicht ganz überzeugende Untersuchung von Nathalie Z. Davis: *Rabelais among the Censors (1940s, 1540s)*, in: *Representations*, Nr. 32, 1990, S. 1-32 (dt. Übers. in *Freibeuter*, Nr. 58, 1993).

140 Könnte man nicht auch Febvres Motto *durate*, das er vom Kanzler Karls V., seinem Landsmann Grandvelle, übernahm, mit Luthers *Ausharren* vergleichen? Zum Verhalten des Historikers während der Besatzung vgl. meinen in Anm. 99 zit. Aufsatz.

141 L. Febvre, *Luther*, 2. Aufl. (wie Anm. 5), S. 6. Diese Sätze und der ganze letzte Absatz des Vorworts zur 2. Auflage wurden ab der 3. Auflage von 1951 weggelassen.

142 Zum Nachkriegserfolg der *Annales* siehe die umfängliche Arbeit von Raphael (wie Anm. 41), deren Wertungen allerdings ein »linkes« Pendant zur konservativen *Annales*-Rezeption darstellen (s. meine Rez. in: *Die Zeit*, 30. 12. 1994). Für eine kurze Skizze zur deutschen »Abwehr« der *Annales* vgl. meinen oben zit. Aufsatz (Anm. 119).

143 Zu seiner Biographie siehe: Michael Matthiesen, *Gerhard Ritter. Studien zu Leben und Werk bis 1933, 2 Bde.*, Egelsbach-Köln-New York 1993, sowie für die spätere Zeit: Peter Schumann, *Gerhard Ritter und die deutsche Geschichtswissenschaft nach dem Zweiten Weltkrieg*, in: *Mentalitäten und Lebensverhältnisse. Rudolf Vierhaus zum 60. Geburtstag*, Göttingen 1982, S. 399-415.

144 Vgl. oben Anm. 121.

145 Zu Ritters dominanter Rolle in der Historikerzunft der Nachkriegsjahre vgl. Winfried Schulze, *Deutsche Geschichtswissenschaft nach 1945*, München 1989, bes. S. 159 ff. Zum Pariser Kongreß s. auch Karl Dietrich Erdmann, *Die Ökumene der Historiker. Geschichte der internationalen Historikerkongresse und des Comité international des Sciences historiques*, Göttingen 1987, S. 265 ff.

146 Vgl. Gerhard Ritter, *Leistungen, Probleme und Aufgaben der internationalen Geschichtsschreibung zur neueren Geschichte (16.-18. Jahrhundert)*, Florenz 1955, S. 189.

147 ARG, 39, 1942, S. 181.

148 Ritter, *Leistungen* (wie Anm. 146), S. 187 ff. und 294 ff. (Zitat: S. 299).

149 Ebenda, S. 189.

150 Ritter, *Luther und die Reformation* (wie Anm. 49), S. 66-67. Dort auch das folgende Zitat.

151 So Ritter über Febvres *Luther* in einer Anm. zur 2. Aufl. seines Buches: *Die Weltwirkung der Reformation*, München 1959, S. 167.

152 Zu diesem Buch bzw. diesen Büchern vgl. ausführlich: Matthiesen (wie Anm. 143), Bd. 1, S. 376-499, sowie Reinhard Junghans, *Die Lutherbiographie Gerhard Ritters im Wandel der Zeiten*, Vortrag auf dem 8. Intern. Luther-Kongreß in St. Paul, Minnesota, August 1993, 57 S. (Ich danke Herrn Dr. Junghans für die freundliche Überlassung einer Kopie seines Manuskripts.)

153 Interessante vergleichende Beobachtungen zu Febvre und Ritter finden sich auch in der vorzüglichen kleinen Studie von Selge (wie Anm. 44), S. 273 ff.

154 Bekanntlich wurde nicht erst nach dem Krieg und im Kontext der »Vergangenheitsbewältigung« die Kontinuität Luther/Hitler beschworen (vgl. Hartmut Lehmann, *Katastrophe und Kontinuität. Die Diskussion über Martin Luthers historische Bedeutung in den ersten Jahren nach dem Zweiten Weltkrieg*, in: *Geschichte in Wissenschaft und Unterricht*, 25, 1974, S. 129-149; Uwe Siemon-Netto, *Luther als Wegbereiter Hitlers? Zur Geschichte eines Vorurteils*, Gütersloh 1993). Schon während der NS-Diktatur wurde die Symbolfigur Luther gegensätzlich interpretiert, und G. Ritter hatte den Mut, 1938 gegen eine nazistische Umdeutung Luthers, wie sie ausgerechnet der angesehene Luther-Biograph Otto Scheel betrieb, öffentlich zu protestieren. Vgl. Hartmut Lehmann,

Luther als Kronzeuge für Hitler. Anmerkungen zu Otto Scheels Lutherverständnis in den dreißiger Jahren, in: Werner Paravicini (Hg.), *Mare Balticum. Festschrift für Erich Hoffmann*, Sigmaringen 1992, S. 413-427.

155 Vgl. z. B. Fernand Braudel, *Lucien Febvre et l'histoire*, AESC, 12, 1957, S. 177-182; Robert Mandrou, *Le renouvellement de l'historiographie de la Réforme: Lucien Febvre et la Réforme*, in: Joutard (wie Anm. 19), S. 339-351; ders., *Lucien Febvre. Ein Schicksal – Martin Luther*, in: Leo Stern/Max Steinmetz (Hg.), *450 Jahre Reformation*, Berlin (Ost) 1967, S. 217-220; Jean Delumeau, *Le cas Luther*, Paris 1983. Kürzlich hat Pierre Chaunu, der sich in seinen Schriften häufig auf Febvre und dessen *Luther* beruft, noch einmal das Aha-Erlebnis beschrieben, das ihm diese Lektüre bereitete: *L'instant éclaté. Entretiens avec François Dosse*, Paris 1994, S. 87 f.

156 Vgl. Schöttler, *Annales*-Rezeption (wie Anm. 119), S. 44 ff.

157 Frankfurt-Berlin-Wien 1976. Laut Auskunft des Ullstein-Verlages sind zu dieser Ausgabe leider keine Verlagsunterlagen mehr greifbar.

158 Vgl. z. B. die euphorische Rez. durch Christian Troebst in der FAZ v. 16. 11. 1976 oder auch die Rez. durch Gerhard Philipp Wolf in: ARG, Beiheft 6, 1977, S. 22. Beide Rez. betonen ausdrücklich den »brillanten« bzw. »glänzenden« Stil des Autors. Sollten sie vielleicht nur das französische Original gelesen haben?

159 Ullstein-Ausgabe (wie Anm. 157), S. 197.

160 Ebenda, S. 30.

161 Ebenda, S. 109.

162 L. Febvre, Rez. MacKinnon (wie Anm. 6), S. 396. Deshalb, so betont er, werde man sich auch weiterhin auf die großen deutschen Luther-Biographien stützen müssen.

163 Einige Beispiele neuerer Febvre-Kritik: Fenlon (wie Anm. 126); Jean Wirth, *Luther. Etude d'histoire religieuse*, Genf 1981, S. 11 ff.; Jean-Maurice Bizière, *Psychohistory and Histoire des Mentalités*, in: *Journal of Psychohistory*, 11, 1983, S. 89-109; André Burguière, *La notion de mentalité chez Marc Bloch et Lucien Febvre: deux conceptions, deux filiations*, RS, 104, 1983, S. 333-349; David Wotton, *Lucien Febvre and the Problem of Unbelief in the Early Modern Period*, in: *Journal of Modern History*, 60, 1988, S. 695-730; Pascale Gruson, *Edmond Vermeil (1878-1964)*, in: Michel Espagne, Michael Werner (Hg.), *Les études germaniques en France (1900-1970)*, Paris 1994, S. 171-193.

164 Hier nur zwei herausragende Beispiele: die Biographie von Friedenthal (wie Anm. 54) und der problemorientierte Essay von Oberman (wie Anm. 56). Als mentalitätsgeschichtliche Studie in der Tradition von Febvre siehe auch das Porträt eines anderen Reformators: William J. Bouwsma, *John Calvin. A Sixteenth Century Portrait*, Oxford 1988.

165 Wie schwungvoll und differenziert viele Themen einer kritischen Luther-Interpretation, die 1928 in Deutschland noch anstößig wirkten, inzwischen auch von eher konservativen Historikern diskutiert werden können, belegt eindruckvoll ein Essay von Thomas Nipperdey: *Luther und die moderne Welt*, in: ders., *Nachdenken über die deutsche Geschichte*, München 1986, S. 31-43.

BILDNACHWEISE

REGISTER

Dieses systematische Sach- und Personenregister wurde von Lucien Febvre für die 1945 erschienene 2. Auflage seines Buches konzipiert. Das Nachwort des Herausgebers ist darin nicht berücksichtigt. Kursiv gesetzte Zahlen beziehen sich auf Abbildungen.

I. Luther

Verschiedene Schriften

Commentarii in Romanos: 57, 60, 251, 252
Gegen das Papsttum in Rom: 138
Unterricht auf etliche Artikel: 130
An den christlichen Adel: 138, 140 185, 198
De captivitate: 108, 140
De libertate: 140, 157
Von der Beichte: 256
De abroganda Missa: 161, 257
Formula Missae, Deutsche Messe: 200-201
Ein feste Burg: 149
Resolutiones de Indulgentiis: 161-162
Treue Vermahnung: 184, 201
Ordnung eines gem. Kastens: 260
Von weltlicher Obrigkeit: 201, 205-206, 260
Ermahnung zum Frieden: 203-206
Wider die himmlischen Propheten: 206, 260, 261
De Servo arbitrio: 218, 236, 242
Tischreden: 24, 25, 114, 168, 199, 217, 248, 250, 251, 253, 254, 256, 257, 261, 262, 263

Luther, der Mensch

Bildnisse: 228-229, 262
L. als Esser und Trinker: 35-36, 44, 221, 229
L. als einfacher Mann: 229, 233-234
L. und Katharina: 25, 44, 108, 182, 219-221, 222, 228, 232-234
Derbe Späße und Zoten: 229
Materielle Schwierigkeiten: 214-215, 228
L. als Dichter und das Paradies: 229-230
Weltflucht: 230-231

Entstehung des Luthertums

Klosterleben: 23, 24, 27-28, 45, 47-48
Ängste und Qualen: 27-28, 40-41, 45, 48
Staupitz (siehe unten).
Luthers Lektüre: 49-50
Ockhamismus: 50-53
Reise nach Rom: 29-30, 67-68
Luthers Entdeckung: 31, 58-59, 61-62

Luthers Psychologie

Psychoanalyse?: 46
Hochmut: 40, 103
Sinnlichkeit: 40-41, 46-48
Maßlosigkeit und Herausforderungen: 107-108
Luther nein, Christus ja: 199
Anführer oder Angeführter?: 148

Grundlagen und Elemente des Glaubens

Justitia Dei: 31, 40, 59-61
Zürnender Gott: 27-28, 39-40
Sünde: 40-41, 58-62, 72, 221, 223
Concupiscentia carnis: 40-41, 47-48, 63
Opera legis: 61
Gute Werke: 52
Falsche Sicherheit: 65
Glauben: 60-61, 70, 145-147, 199, 200, 209-210
Rechtfertigung und Seelenheil durch den Glauben: 59-60, 63-64, 128
Wort Gottes: 106, 139, 143, 145, 146, 152, 157, 183, 194, 195, 198, 224
Bibel und Evangelium: 37, 41, 106, 139, 141, 145, 169-171, 175, 224-225
Gesetz und Evangelium: 41, 144
Freier oder unfreier Wille?: 217-218, 236, 242

Prädestination: 52, 61, 236
Wirkliche Präsenz: 215
Fegefeuer: 88, 130

Kirche und Sakramente

Universelle Geistlichkeit: 90, 143
Reich Christi: 193, 197, 199
Lutherische Kirche: 140-144, 184, 196, 199-200
Taufe: 200
Abendmahl in beiderlei Gestalt: 132, 182
Messe: 182-183, 199-200
Beichte: 183, 200
Gegen Sekten: 228

Moralische Fragen

L. und die Moral: 50-51, 63, 149
Befreiende Sünde: 134, 221, 223
Pecca fortiter: 108, 134, 221
L. als Gesetzesgegner: 224, 233
Gewissen: 157
Heirat: 232-233
Priesterzölibat: 181-182
Christ in der Welt: 146-147, 209-210, 227, 242
Wahrheit: 106

Politische Fragen

L. versteht nichts von Politik: 135, 148
Unabhängigkeit gegenüber den Fürsten: 176-177, 185, 201-202
Gottesgnadentum der Fürsten: 225
Gehorsam gegenüber der Obrigkeit: 202, 225-226
Geistlichkeit und Weltlichkeit: 202, 225-226, 243
Herr Omnes: 228

Gesamtbild

L. als Liberaler?: 157
L. als Reformator?: 70-71, 240-241
L. als Begründer der Moderne?: 243
Antirationalismus: 216
Si vellem?: 233
L. und Melanchthon (siehe unten).
L. als Deutscher: 92, 123, 125, 167, 179

II. VERSCHIEDENES

Albrecht von Brandenburg: 31, 78, 79, 89, 90, 178

Aleander (Kardinal): 122, 135, 150, 152, 159, 164

Aristoteles: 29, 69, 85

Augustinismus: 252

Beham (Sebald): 104

Biel (Gabriel): 50-52, 84

Bucer (Martin): 154

Bürgertum: 96

Cajetan (Kardinal): 64, 127-129, 131, 135, 161

Cranach (Lucas): 156

Crotus Rubeanus: 120, 125, 131, 138

Denifle (Heinrich): 33-42, 46-48, 105

Deutsche Kirche: 102-103

Dürer (Albrecht): 164, 197

Eck (Johannes): 120, 129, 135

Eisleben: 25

Erasmus (Desiderius): 90, *112*, 113-119, 131, 136, 164, 197, 214-216, 235

Faust: 190

Ficker (Johannes): 36

Freud (Sigmund): 46

Friedrich der Weise: 28, 81, 87, 127, 136, 150, *151*, 191-192, 230

Fugger (Jakob): 77, 80, 96-97

Gide (André): 189

Goethe (Johann Wolfgang): 169

Günther (Franz): 84-85

Holbein (Hans): 104

Huß (Johannes): 153, 154, 156, *175*

Hutten (Ulrich von): 32, 119-123, *123*, 125, 126, 137, 138, 140, 156, 163, 164

Karlstadt (Andreas): 181-182, 196-197

Konzil von Trient: 241, 252

Laillier (Jean): 90

Leitzkau: 252

Lombardus (Petrus): 29, 37

Maritain (Jacques): 250, 263

Melanchthon (Philipp): 24, 46, 131, 134, 166, 175, 176, *179*, 180, 194, 223, 233-237, 239, 247

Michelet (Jules): 205

Müntzer (Thomas): 192, 193, 206, *207*

Nietzsche (Friedrich): 71, 72, 252

Ockham (William): 50, 51

Paulus: 71, 72

Pirenne (Henri): 253

Proudhon (Pierre-Joseph): 244

Rabelais (François): 242, 252, *253*

Reliquien: 81-82, 86

Rom: 67-68, 121, 135-138

Scheel (Otto): 44, 67, 251, 252

Seripando (Girolamo): 129

Sickingen (Franz von): 121, 137, 164, 176

Spalatin (Georg): 61, 114, 153, 154, 176, 177, 178, 180, 215, 219

Spengler (Oswald): 134

Staupitz (Johann von): 28, *29*, 53-55, 69, 108, 131

Tauler (Johannes): 37

Tetzel (Johann): 81, 82, *83*, 85-89

Teufel: 167-168, 226

Troeltsch (Ernst): 43

Valla (Lorenzo): 138

Vitrier (Jean): 90-91

Weller (Hieronymus): 108, 221, 262

Wyclif (John): 90, 136

Zwingli (Ulrich): 115, 215, 231